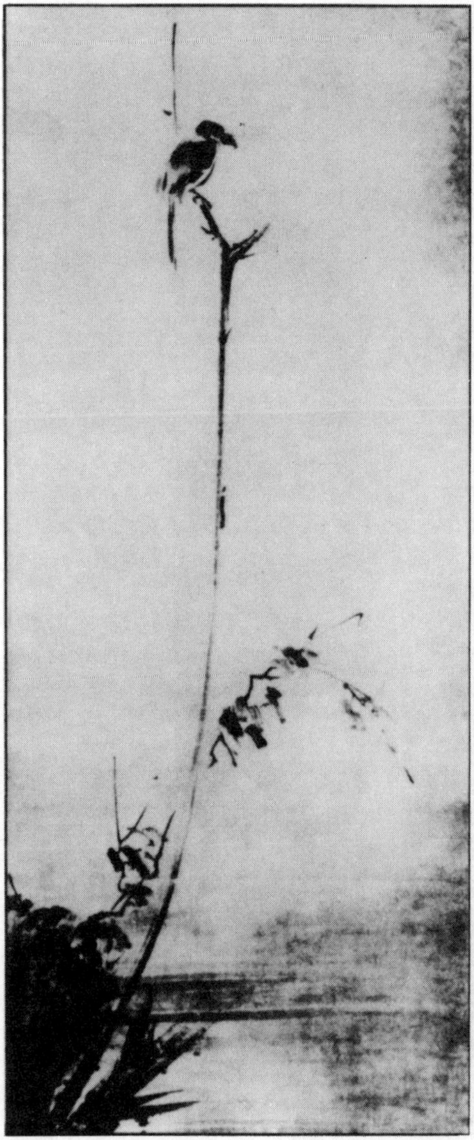

RON KURTZ

KÖRPERZENTRIERTE PSYCHOTHERAPIE

~ Die Hakomi Methode ~

SYNTHESIS VERLAG

Übersetzt von Klaus Staudt und Gabi Hohage-Staudt
Titel der amerikanischen Originalausgabe:
Hakomi Therapy
Originalverlag: Hakomi Institute, Boulder, Col.

CIP-Kurztitelaufnahme der Deutschen Bibliothek:

Kurtz, Ron
Körperzentrierte Psychotherapie: d. Hakomi-Methode / Ron Kurtz. [Übers. von Klaus Staudt u. Gabi Hohage-Staudt]. — 1. Aufl. — Essen: Synthesis-Verl., 1985.
Einheitssacht.: Hakomi therapy <dt.>
ISBN 3-922026-04-4

2. Auflage 1986

SYNTHESIS Verlag Siegmar Gerken
Lutterbecks Busch 9, 4300 Essen 1

Satz: Typografischer Betrieb ZERO, Rheinberg
ISBN 3-922026-04-4

Inhalt

Seite

Abbildungen

Tabellen

Hakomi-Kontaktadresse in Deutschland: Roland Kopp (Dipl.-Psych.), Im Linsenbühl 13, 6901 Heidelberg-Dossenheim

I. Teil
Einführung

„Wenn der Schuh paßt,
vergißt man den Fuß,
wenn der Gürtel paßt,
vergißt man den Bauch,
wenn das Herz stimmt,
vergißt man Für und Wider."
Chuangtse

1 Hakomi

Der Name

Im Sommer des Jahres 1980 trafen sich zum ersten Mal Leute, die unsere Arbeit erlernen und ein Lehrinstitut gründen wollten. Wir suchten unter anderem einen Begriff oder Namen für diese besondere Art von Therapie und für das Institut. Meine eigenen Bemühungen hatten nur die Bezeichnung „körperzentrierte Psychotherapie" erbracht. Nachdem wir ausgiebig diskutiert und laut und lange über die absurden Aspekte von Namensfindungen gelacht hatten, erledigte sich die ganze Angelegenheit durch einen Traum von David Winter — damals eine der treibenden Kräfte unserer Gruppe. Er träumte, daß ich ihm einen Briefbogen mit dem Schriftzug „Hakomi-Therapie" überreichte. Das Wort hatte für uns alle keine Bedeutung, und es sprach mich auch nicht besonders an. Dann fuhr David nach Hause und fand das Wort in einem Wörterbuch indianischer Sprachen.

Bei den Hopi-Indianern hat das Wort Hakomi zwei eng verwandte Bedeutungen. Die moderne Bedeutung ist: „Wer bist du?" oder „Der, der du bist!" Das war schön, denn es trifft genau das, worum es in der Psychotherapie geht. Die archaische Bedeutung des Wortes jedoch versetzte uns in höchstes Erstaunen. Kein Dichter oder Werbetexter hätte eine bessere Bezeichnung für unsere Arbeit finden können. Es war einfach perfekt. In der alten Hopisprache bedeutet Hakomi: „Wie stehst du in Beziehung zu diesen vielen Welten?" oder: „So stehst du in Beziehung zu diesen vielen Welten!" Welten in uns und um uns herum. Damit konnten wir alle etwas anfangen, und so war der Name für unsere Therapie geboren.

Die Fundamente

Ich möchte die theoretischen und spirituellen Wurzeln unserer Arbeit ansprechen, weil ich euch die Möglichkeit geben will, auf die Quellen zurückzugreifen und zu sehen, woher wir kommen. Hakomi ist aus einer großen Zahl emotionaler und psychologischer Wurzeln gewachsen, es hat breite theoretische Fundierungen, und ich möchte, daß ihr Zugang dazu habt.

Die Arbeit ruht auf drei wesentlichen Pfeilern. Der erste wird von den körperzentrierten Psychotherapien unseres Jahrhunderts gebildet, wie Gestalt, Bioenergetik, Reichianische Therapie, Rolfing und Feldenkrais. Ich schließe auch Carl Rogers' und Al Pessos Psychomotortherapie ein. Diese therapeutischen Richtungen haben viele Techniken zur Arbeit mit dem Körper entwickelt, die ich unter anderem von Al Pesso, John Pierrakos und einigen guten Gestalttherapeuten gelernt habe. Ich habe an der Arbeit von vielleicht zehn oder zwölf Leuten Geschmack gefunden, die Bücher zweier weiterer Dutzend gelesen und ihre Ideen und Techniken in die Hakomi-Therapie eingebracht. Die Charaktertheorie stammt in ihrer ursprünglichen Form von Reich und Lowen.

Vom Buddhismus und Taoismus lernten wir die Prinzipien sowie die Bedeutung von Innerer Achtsamkeit und Gewaltlosigkeit. Das ist der zweite Pfeiler: die östliche Philosophie, insbesondere Buddhismus, Taoismus und etwas japanische/chinesische Medizin. Sie durchdringen die Arbeit und strukturieren den allgemeinen Prozeß und alle Techniken. Der gesamte Geist der Arbeit beruht auf dieser Grundlage.

Der dritte Pfeiler bildet sich aus der allgemeinen Systemtheorie und dem Paradigmenwechsel des 20. Jahrhunderts. Vor zwanzig Jahren waren die Hälfte der Konzepte, die heute Teil der allgemeinen Systemtheorie sind, noch nicht einmal formuliert, geschweige denn bekannt. Wir haben also ein neues System von Konzepten vor uns, das sich ungemein rasch entwickelt. Es ist so umfassend geworden, so großartig in seinem Entwurf und seiner Reichweite, daß es selbst auf die Entfaltung des Universums, vom Urknall bis zu den Galaxien, Anwendung findet. Und es kann die Entfaltung des Lebens erklären, von der Alge bis zu dir und mir. Deshalb wird die Evolution einer jeden Organisation, belebt und unbelebt, am besten mit Hilfe der Konzepte und Vorstellungen der allgemeinen Systemtheorie erfaßt und verstanden. Wenn du also den Charakter, den Therapieprozeß oder die Entwicklung eines Individuums beschreiben willst, ist die Systemtheorie das am besten geeignete Werkzeug, das zur Verfügung steht — und es wird immer weiter verbessert.

Auch die Hakomi-Therapie entwickelt und verändert sich, da sie offen für die wechselnden Einflüsse der modernen Psychotherapie und des wissenschaftlichen Paradigmenwechsels ist. Wenn du dich auf die Arbeit einläßt, wirst du herausfinden, daß sie fortwährend wächst. Du steigst in diesen Fluß und fließt mit ihm. Neue Ideen, neue Sichtweisen von Charakter, neue Techniken und Übungen — das Werk, die Arbeit selbst lebt. Um bei diesen Veränderungen nicht zurückzufallen, mußt du mit dem arbeiten und in Berührung bleiben, was andere Leute in unserem Feld tun. Um bei der Charaktertheorie auf dem laufenden zu sein, mußt du über die verschiedenen Möglichkeiten, Menschen zu betrachten, lesen und nachdenken. Um mit der allgemeinen Systemtheorie Schritt zu halten, mußt du lesen, lesen und nochmals lesen. Das beste Buch über allgemeine Systeme, das ich kenne, ist Erich Janschs *The Self-Organizing Universe.*

Mehr über die Wurzeln

Buddhismus und Taoismus. Da die Dinge sich so schnell verändern, ist es entscheidend, daß wir uns von den Prinzipien der Inneren Achtsamkeit und Gewaltlosigkeit (vgl. 18. Kapitel) und ihren buddhistischen Wurzeln leiten lassen. Auf sehr praktische Weise helfen uns Meditation, Tai Chi oder Yoga — die lebendiger Ausdruck der Prinzipien sind —, durch all die Wechsel und Wendungen hindurch heil zu bleiben.

Aus dem Buddhismus und Taoismus schöpfen wir den Geist der Arbeit. Wenn alles andere fehlschlägt, wenn du dich an nichts mehr erinnerst, wenn du von jeder Technik verlassen bist, wenn dir nichts von der Charaktertheorie mehr einfällt, wenn Hakomi aus deinem Bewußtsein verschwindet — wenn alles andere fehlschlägt, dann kannst du dich auf die Prinzipien verlassen. Nur aus sich heraus ermöglichen die Prinzipien die Arbeit. Gurdjieff schreibt: „Wenn du eine Tasse Tee richtig eingießen kannst, vermagst du alles zu tun." Meines Erachtens meint er, wenn du eine Tasse Tee eingießen kannst, eingebettet in die Prinzipien, in Achtsamkeit, anmutig, gewaltlos, mit dem Fluß gehend, die Situation umarmend, wie sie ist, dann werden dir die Hingabe an den Augenblick und die Liebe, die dann mitfließt, alles andere ermöglichen.

Moderne Psychotherapie. Ich möchte einen Blick auf einige Beiträge der Psychotherapie des 20. Jahrhunderts werfen, von denen Hakomi profitiert hat. Wenn jemand Fritz Perls vorwarf: „Es ist alles deine Schuld!", antwortete er: „Setz Fritz auf den Stuhl da drüben und sag ihm das noch mal!" Es war ein leerer Stuhl, und du solltest deine Projektion von Fritz dort hinsetzen und mit ihr interagieren. Da war ein intrapsychischer Prozeß. Fritz selbst war nicht Teil deines Problems, sondern nur deine Projektion von ihm in dir. Da war nichts Persönliches dabei.

Es ist wichtig, festzustellen, daß unsere Arbeit intrapsychischer Natur ist. Der Therapeut ist nicht jemand, mit dem du eine Beziehung durcharbeitest, sondern er leitet dich und hilft dir, deine eigene innere Welt zu beobachten. Das gleicht der Beziehung zwischen einem Zen- oder Meditationslehrer und seinem Schüler. Sie helfen dir, mehr über deine innere Welt zu lernen. Sie sind Katalysatoren, die dem Prozeß helfen, sich zu entfalten, und die dann zur Seite treten. Chögyam Trungpa antwortete einmal auf einem Meditationsseminar jemandem, der sich über ihn ärgerte: „Das ist, als wärt ihr ärgerlich auf den Spiegel, der euch euer Fett vor Augen hält." Der Lehrer tritt fortwährend zur Seite. Wenn du mit jemandem arbeitest, der nicht sehr achtsam ist, der mit dem Therapeuten eine Beziehung eingehen will, dann mußt du dauernd diesen kleinen Tanz tanzen und zur Seite treten. Wir beziehen diese intrapersonale Sichtweise sowohl aus östlichen Religionen als auch aus der Gestalttherapie. In der Hakomi-Therapie führt der Therapeut, während der Klient seine innere Welt erforscht.

Ein weiteres wichtiges Konzept, das des Geist/Körper-Holismus, verdanken wir im wesentlichen Wilhelm Reich. Es steht in Beziehung zum allgemeinen Systemdenken und enthält die Vorstellung, daß Geist* und Körper Teil eines Systems mit verschiedenen interagierenden Ebenen sind. Dies unterscheidet sich deutlich vom reduktionistischen Ansatz, der für die „alte" Medizin und die „alte" Physik charakteristisch ist. In der Hakomi-Therapie arbeiten wir mit verschiedenen, miteinander verbundenen Sichtweisen über den Menschen. Wir verstehen teilweise, wie der Körper Überzeugungen und Gefühle reflektiert und wie die Überzeugungen und Gefühle die Funktion von Muskeln, Organen und Stoffwechsel widerspiegeln. Obwohl die beiden Bereiche von Geist und Körper tatsächlich auf verschiedenen Ebenen interagieren, ist keiner von beiden vorherrschend oder in alleiniger Kontrolle. Jede Ebene ist autonom. Zunächst scheint diese nicht einfache Lage die Dinge zu erschweren, aber dann kann sie zu einer Quelle von Staunen, Freude und Erleichterung werden — wenn du nichts gegen ein klein wenig Unsicherheit einzuwenden hast.

Wir können sogar eine Ebene des Körpersystems als Stoffwechsel/Geist bezeichnen, wobei der Stoffwechsel so handelt, als sei er intelligenzbegabt, was in gewisser Weise zutrifft. Die Antikörper z. B. enthalten ein enormes Wissensarsenal. All diese verschiedenen Formen von „Geist" interagieren und wirken aufeinander ein. Ich bezweifle überhaupt nicht, daß einige Menschen sich selbst vom Krebs geheilt haben, indem sie ihre Einstellung änder-

* Engl. *mind*. Die Übersetzung „Geist" trifft noch am besten den Sinn dieses Wortes, das Verstand, Bewußtsein, Motivation, Anschauung usw. umfaßt.

ten. Wir verdanken diese Vorstellungen über interagierende Systeme der allgemeinen Systemtheorie. Dieses Denksystem erlaubt uns, den Körper als Ausdruck mentalen Lebens zu betrachten, und wir ziehen daraus sorgfältige und präzise Konsequenzen hinsichtlich der Beobachtung von Charakter- und Körperstruktur, Haltung und Verhalten. Wir beobachten laufend die körperlichen Anzeichen der inneren Erfahrung der Person, mit der wir arbeiten. Ich vertraue weniger den Worten als dem, was ich sehe und höre.

Wir arbeiten auch direkt mit dem Körper (vgl. 3. Kap.). Wir berühren ihn planvoll mit unseren Händen. Wir versuchen nicht, direkt auf die Muskeln einzuwirken, sondern durch den Körper mit dem Geist zu interagieren. Wenn ich jemandes Schulter halte, tu ich das nicht, weil die Schulter gespannt ist, sondern weil diese Gespanntheit vielleicht eine Reflexion der Tatsache ist, daß die Person sich fürchtet, und weil ich möchte, daß sie Zugang zu ihrer Furcht findet. Ich arbeite nicht am Körper. Ich mache über den Körper den Geist zugänglich. Wir tun das in Hakomi aufgrund des Konzeptes des Geist/Körper-Holismus. Diese Arbeit mit dem Körper ist, soviel ich weiß, einzigartig in der körperzentrierten Psychotherapie. Ein letzter Anknüpfungspunkt zur modernen Psychotherapie ist unsere Verbindung zur Arbeit von Carl Rogers. Ich weiß nicht, ob er über Gewaltlosigkeit spricht, aber die Art, wie er Kontakt verwendet, wie er bei der Erfahrung der anderen Person bleibt, wie er keine Ratschläge gibt und nicht die Autorität spielt — all das liegt vollständig innerhalb der Hakomi-Prinzipien.

Systemtheorie. Der Physik ist es sehr schwergefallen zu erklären, wie in Teufels Namen wir Menschen so kompliziert geworden sind, wie wir so wunderbar entwickelte Wesen wurden. Solche Erklärungsschwierigkeiten schaffen ein schreckliches Vakuum, und andere Denkweisen werden förmlich angesaugt, um den Raum zu füllen. Gott sei Dank bahnen sich heute Entwicklungen im wissenschaftlichen Denken an, die sinnvolle Erklärungen möglich machen können. Ich werde im nächsten Kapitel näher auf die Entwicklung im physikalischen und theoretischen Denken eingehen. Hier möchte ich nur einige Konzepte der neuen Physik betrachten, die endlich Leben erklären können: dissipative Strukturen, Autopoiese, Systemdenken und Selbstorganisation. Das Hauptkonzept ist das der dissipativen Strukturen. Der Mathematiker Ilya Prigogine gewann den Nobelpreis für seine Arbeit darüber. Die wesentliche Eigenschaft dissipativer Strukturen ist, daß sie komplexer werden und sich höher organisieren, indem sie Energie aufnehmen und Entropie „dissipieren“ (das ist Lärm, Verwirrung und Unordnung aufheben oder umwandeln). Es ist, als wenn man jemanden kommen läßt, um die Wohnung in Ordnung zu bringen. Die Arbeitsenergie wird von außen (z.B. durch Essen) aufgenommen, die Unordnung und der Schmutz wird u.a. in Form von Müll und Staubsaugerlärm „dissipiert" und die Wohnung ordentlicher und besser organisiert. Auf der allgemeinen Ebene liefert die Sonne für den gesamten Evolutionsprozeß die Energie.

Auf jeder Ebene des Lebens — des genetischen Materials, der Zellen, des Gewebes, individueller Tiere, der menschlichen Natur, Gruppen, Gesellschaften, Kulturen —, auf jeder Ebene nehmen wir an dissipativen Strukturen teil. Das Leben widersteht der Dunkelheit. Das Leben wächst und verändert sich, wird größer, klüger, immer komplexer und organisierter. Die letztlich sinnvolle Erklärung für dieses Phänomen beruht auf der Systemtheorie, dem Selbstorganisationskonzept und der Vorstellung der dissipativen Strukturen.

Alle dissipativen Strukturen haben drei Grundeigenschaften. Eine ist: Sie müssen Energie aufnehmen. Wir nennen diese Art von Systemen offen. Eine dissipative Struktur nimmt Energie auf und muß daher für ihre Umwelt offen sein. Leben existiert immer in einem Kontext. Menschen sind organisierte gestaltete Systeme. Menschen sind lebende Systeme und müssen daher wesentlich als komplexe Kombination von dissipativen Strukturen funktionieren. Du kannst eine Person nicht verstehen, ohne ihre Umwelt zu verstehen. Du kannst nicht über Charakter sprechen, ohne über die Situation zu sprechen, in der dieser Charakter funktioniert.

Eine weitere Eigenschaft dissipativer Strukturen ist, daß sie mit einem starken Ungleichgewicht arbeiten müssen. Ungleichgewicht wirkt wie eine sprudelnde Quelle. Wir Menschen unterliegen z.B. der Spannung und dem Ungleichgewicht der aufrechten Haltung. Sie hält uns ein wenig wacher, ein wenig aufmerksamer, ein wenig fähiger. Aufgrund der Energie, die diesem Ungleichgewicht innewohnt, können wir uns sehr schnell bewegen und umdrehen, im chinesischen Paradigma wird die Spannung des Ungleichgewichts durch die Polarität zwischen Yin und Yang dargestellt. Die Chinesen kannten schon diese Eigenschaft dissipativer Strukturen. Wenn eine Struktur auch nur annährend im Gleichgewicht ist, wird sie in Übereinstimmung mit den Gesetzen der Thermodynamik wie eine Uhr ablaufen, sich völlig ausgleichen und damit endgültig zum Stillstand kommen.

Damit Leben existieren kann, muß es Spannung geben. Stelle dir eine Beziehung zwischen einem Mann und einer Frau vor. Am Anfang sind die Unterschiede groß, und das schafft eine Spannung, die die Beziehung lebendig und veränderlich hält. Aber dann beginnen sich die beiden immer ähnlicher zu werden, und die Beziehung beginnt abzuflachen. Sie ist im Gleichgewicht. Wie die Milch im Kaffee sind die beiden Partner nicht mehr zu unterscheiden.

Schließlich und am wichtigsten sind dissipative Strukturen selbstorganisierend. Sie haben eine autopoietische Komponente, das heißt, sie sind selbstreproduzierend. Die Schlüsselelemente der Strukturen kreieren und rekreieren sich selbst. In einem Ökosystem ist das die Reproduktion von Pflanzen und Tieren. Sie bilden die Schlüsselelemente, die sich fortwährend selbst reproduzieren. Ohne das stirbt ein Ökosystem, es ist keine lebendes System mehr und hört auf zu funktionieren. Persönlichkeit und Charakter sind die Schlüsselelemente, mit deren Hilfe sich die Menschen kreieren und rekreieren. Denk an den Mann, der beim Erreichen eines Ziels gleich das nächste anpeilt, oder die Frau, die einen Alkoholiker nach dem anderen heiratet. Denk an all die Handlungsweisen, mit denen wir uns selbst machen und bestätigen. Dies ist der allumfassende Schlüssel für lebende Systeme: Autopoiese, Selbstorganisation, Selbstreproduktion — die Aufnahme von Energie, ein ungleichgewichtiger Wesenszustand und eine Möglichkeit, uns selbst zu rekreieren.

Jetzt einige allgemeine Dinge über die Benutzung der Systemtheorie, anstelle der von der thermodynamischen Physik geschaffenen Modelle, die ja tatsächlich die Lehre von der Energie, besonders der Wärme ist. Freuds Modell ist ein Energiemodell, genauer gesagt ein hydraulisches Modell mit Druck und allem, was dazugehört. Die Bioenergetik benutzt den Begriff „Energie“, aber seine Bedeutung ist nicht wirklich deutlich. Wenn man ihn genauer betrachtet, meint er eigentlich bewußte Energie. Das alte Modell ist ein Energiemodell, und das neue Modell ist ein Informationsmodell. Deswegen verwendet Hakomi die Innere Achtsamkeit als Hauptwerkzeug. Information kontrolliert den Energiefluß. In der Hakomi-Therapie ist Information primär. Der Energiefluß ist wichtig, aber nicht primär. Wir versuchen nicht, damit zu arbeiten. Wir versuchen, Konzepte und Überzeugungen — das Kernmaterial — zu reorganisieren.

Ebenfalls entscheidend ist unsere Art des Denkens: nicht linear/kausal, sondern in erster Linie prozeßhaft. Du denkst nicht über die einzelnen Bäume nach, sondern darüber, wie der ganze Wald funktioniert. Du suchst nichts Bestimmtes, du betrachtest nicht so sehr die Struktur, sondern die Art, wie sie sich entfaltet. Die Dynamik ist wichtiger als die Struktur. Du erhältst mehr Informationen aus der Beziehung der Teile zueinander und zur Umwelt als aus dem Baustoff der Teile. Wichtig ist die Botschaft und nicht das Medium. Wen kümmert es, ob sie per Telefon oder per Telegramm oder sonstwie ankommt, solange man die Nachricht erhält.

2 Der Paradigmenwechsel

„Ein Physiker, der imstande ist, eine beliebige Anzahl von verschiedenen, teilweise erfolgreichen Modellen zu betrachten, ohne eines davon zu favorisieren, ist automatisch ein *Bootstrapper*."

Geoffrey Chew

„Ein Künstler ist jemand, der zwei gegensätzliche Anschauungen hegen kann, ohne gelähmt zu sein."

F. Scott Fitzgerald

Wir leben in einer Zeit äußerst schneller kultureller Veränderung — einer Zeit, in der die alte Art, unsere Welt zu betrachten, das alte Paradigma, uns tiefer und tiefer in eine Krise führt. Folglich suchen die Menschen nach einem neuen Paradigma. Rasch entsteht eine ganz neue Art, sich selbst und die Welt zu verstehen, und diese bringt neue Lebensweisen mit sich — im Bereich der Wissenschaft, der Medizin, des Regierens, der Ökonomie und so weiter. Es geht um einen Wechsel unserer Denkinstrumente, einen Wechsel unserer Modelle, unserer Logik und unserer Sprache. Diese grundlegende Veränderung ist wohl einer der wichtigsten Fakten des 20. Jahrhunderts.

Die Hakomi-Therapie ist Teil dieses Paradigmenwechsels. Hakomi-Therapie ist unter anderem eine kreative Integration einiger der fruchtbarsten Erkenntnisse besonders jener Therapien, die Gewahrsein, Anteilnahme und die eigene Heilkraft des Klienten betonen. Die Hakomi-Therapie nimmt teil am Paradigmenwechsel, weil sie auf den Grundlagen von Einheit, innerer Achtsamkeit und Gewaltlosigkeit beruht. In diesem Kapitel werden wir die zentralen Konzepte des alten und des neuen Paradigmas aufführen, und wir werden diskutieren, wie die Psychotherapie sich verändert und wie die Hakomi-Therapie an dieser Veränderung teilnimmt.

Begriffsfeld

Paradigmen bestehen aus einer Reihe eng miteinander verknüpften grundlegender Konzepte. Das *alte Paradigma* entstand aus den folgenden Ansätzen:

1. Atomismus
2. Materialismus
3. absolute Zeit und absoluter Raum
4. aristotelische Logik des „Entweder-Oder"
5. Newtonsche Mechanik
6. Cartesianische Trennung von Körper und Geist
7. reduktionistisches Denken

Das *neue Paradigma* gründet sich auf:

1. Quantenphysik
2. Relativität
3. holistisches, ökologisches und systemisches Denken
4. polare Logik des „Sowohl/Als-auch"
5. interaktionistischer Ansatz für Körper und Geist
6. mystisches Denken
7. *Bootstrapping.*

Diese beiden Gruppen von Konzepten enthalten zwei gundlegende modellhafte Sichtweisen von der Welt, dem Universum und der Wirklichkeit. Das erste Modell, das durch Atome und leeren Raum charakterisiert ist, nennt Bruce Holbrook das „absolut-fragmentierende Modell". Das zweite bezeichnet er als „polar-vervollständigendes Modell".

Das alte Paradigma

Das alte Paradigma besteht in der einen oder anderen Form seit 2500 Jahren. Es begann mit der Vorstellung der Atomisten, daß das Universum aus unzerstörbaren Materieteilchen aufgebaut ist, die sie Atome nannten. Atome waren real und unveränderlich. Sie waren absolute Gegebenheiten, und sie existierten in absolutem Raum und in absoluter Zeit. Das Universum zerfiel in diese getrennten, letztendlich einzig wirklichen Einheiten. So wurde das westliche Denken materialistisch und reduktionistisch. Jede Realität kann auf Atome zurückgeführt werden. Das ganze System funktioniert nach der linearen aristotelischen Logik des Entweder-Oder. Eine Sache ist entweder A *oder* A' (nicht-A), und wenn sie A ist, kann sie nicht A' sein. Mit Descartes wird das System zudem noch mechanistisch. Das heißt, die Welt wird zu einer gigantischen Maschine (aufgebaut aus Atomen) und gehorcht wie ein Uhrwerk der Newtonschen Mechanik, die ihre grundlegenden Gesetze beschreibt. Dies ist das absolut-fragmentierende Modell. In diesem Modell sind real nur die absoluten Materieteilchen, die durch den absoluten Raum voneinander getrennt sind und so das Universum in einzelne isolierte absolute Einheiten aufspalten. Die letzte Spaltung ist die von Körper und Geist in getrennte, zusammenhanglose Welten. Geist und Körper mögen beide real sein, aber sie üben keine Wirkung aufeinander aus.

Eine der Konsequenzen dieses alten Paradigmas in unserer Kultur war die ständige Zersplitterung der Wissenschaft in getrennte Felder und die darauf folgende Unterteilung dieser Felder in Spezialgebiete; die Trennung der Wissenschaftler von ihrer Arbeit und das tief verwurzelte Gefühl von Entfremdung und Isolation, das den modernen Geist erfüllt. Es fehlt jegliche Art von gemeinsamer Grundlage. Fritjof Capra zeigt die offenkundige Konsequenz dieses Paradigmas am Beispiel der Medizin: Die reduktionistische Sichtweise hat die Ärzte dazu gebracht, sich so sehr für die Biochemie von Krankheiten zu interessieren, daß ihnen der kranke Mensch selbst völlig aus dem Blickfeld gerückt ist.

Neben all den Spezialgebieten ist kein Platz für einen Allgemeinwissenschaftler. In der Ökonomie hat sich dieser Fehler als noch tödlicher erwiesen — der Mangel an wirklichem Überblick ermöglicht chemischen Betrieben, Flüsse zu vergiften und sich als von der Verantwortung frei zu betrachten, obwohl die Gemeinschaft ungeheuer belastet wird. Der Ökonomie fehlt das ökologische Verständnis.

Das alte Modell erkennen wir an Spaltungen aller Art, an dem Versuch, vollständige Systeme auf einfache Teile zu reduzieren, an der Vorstellung, daß nur das Materielle real ist. Wir erlebten das Versagen des alten Modells genau in dem Moment, an dem es seine größten Erfolge zu feiern schien: zu dem Zeitpunkt, als man das Atom spaltete, als ungeahnt vielfältige Maschinen das Land zu bevölkern begannen und arbeiteten, sich fortbewegten, flogen, Musik und Bilder machten. Gerade da spürten wir die Todesgefahr — unsere Luft war verschmutzt. Gerade als die Kriegsmaschinen in der Lage waren, Millionen Menschen auf unglaubliche Weise zu töten, sagte uns irgend etwas, daß wir auf dem falschen Weg waren. Das alte Paradigma geriet in Schwierigkeiten, als die Physiker noch ganz im Sinne dieses Modells mit neuen Geräten die Atome zertrümmerten und herausfanden, daß diese vollkommen anders waren, als sie erwartet hatten. Atome waren nicht die stabilen, unzerstörbaren, absoluten, ewigen, einzelnen Teile einer großen Maschine. Eine vollkommen neue Sichtweise begann zu entstehen.

Das neue Paradigma

Die Physiker fanden keine absolut unzerstörbaren Atome, sie entdeckten überhaupt nichts Absolutes. Die Newtonsche Physik wich der Quantenphysik als grundlegendes Modell. Die absolute Sichtweise von Zeit und Raum wurde durch Einsteins Relativitätstheorie ersetzt. Der Beobachter wurde Teil der Gleichung, und das moderne Denken wurde immer ganzheitlicher statt zersplitternder. Sogar der Reduktionismus wird in Frage gestellt. Heute gibt es Physiker, die nicht mehr versuchen, ihre Theorie auf eine nicht reduzierbare Realität zurückzuführen. Sie werden *Bootstrapper* genannt, und ihre grundlegende Prämisse ist einzig die innere Konsistenz eines Modells. Da viele Modelle intern konsistent sein können, hat keines einen höheren Anspruch auf Wahrheit. In diesem Denksystem ist es in Ordnung, gleichzeitig mehrere Modelle der Wirklichkeit anzunehmen.

Warum spreche ich so viel über Physik? Weil jahrhundertelang, seit Newton die Mathematik der „großen Maschine" entwickelte, die Physik das Modell für alle anderen Wissenschaften und für die Kultur im allgemeinen abgab. Die Psychologie folgte dem Paradigma, indem sie (reduktionistisch) die zugrundeliegende Mechanik des Verhaltens zu ergründen suchte. Pawlow untersuchte die Mechanik des klassischen Konditionierens, die Behavioristen untersuchten Reiz- und Reaktionsverhalten und die operante Konditionierung. Freud studierte die Mechanik von Es, Ich und Über-Ich. Sie alle versuchten, die absoluten, nicht reduzierbaren Mechanismen des Verhaltens zu ergründen.

Im Gegensatz dazu ist das neue Paradigma humanistisch, ökologisch, interaktionistisch, ganzheitlich und relativistisch und verwendet häufig eine polare Logik (etwas kann A *und* A' sein). Die alte Wissenschaft strebte nach Wertfreiheit und Objektivität. In dem Versuch, die Wahrheit über etwas herauszufinden, bemühten sich die Wissenschaftler, jede Art menschlicher oder persönlicher Werte, die ihre Ergebnisse hätten beeinflussen können, herauszuhalten. Daher beschäftigten sich die Wissenschaftler nicht mit dem großen Überblick und moralischen Fragen mit Ausnahme des Themas des Lügens, dem schlimmsten Fall fehlender Objektivität. Wissenschaft wurde von anderen Teilen des Lebens wie Religion, Kunst usw. abgetrennt.

Ich erinnere mich, daß George Wald, der den Nobelpreis für seine Arbeit über die Neurophysiologie des Sehens erhielt, während des Vietnamkrieges fragte: „Ist er gut für Kinder?“ Das war seine Art, einen Maßstab für unser Handeln zu setzen. Ist der Krieg gut für Kinder? Sind Atombomben gut für Kinder? Er führte auf eine sehr vernünftige Weise den Humanismus in das Denken über den Krieg, über die Wirtschaft und jedes andere Gebiet unseres Lebens ein. Er hat uns alle — und besonders die Wissenschaftler — dazu aufgefordert, ihr Denken zu ändern und in ihrem Urteil menschenzentrierter zu werden.

Das neue Paradigma stellt die Menschen in den Mittelpunkt. Daher sind viele streng religiöse Menschen gegen es eingestellt, auch wenn eine große Mehrheit der religiösen Denker es befürwortet. Einige Fundamentalisten wollen, daß eine letzte Autorität die Verantwortung für den Dreck übernimmt, in dem wir sitzen. Als Teil des Paradigmenwechsels werden wir die Menschheit in den Mittelpunkt unserer Wertsysteme stellen müssen. Wir werden schließlich fragen müssen: „Ist es gut für Menschen?“ Wir werden ökologisch denken müssen. Wir werden nicht effektiv nachdenken können, indem wir einen Fragenkomplex vom anderen trennen. Wir werden nicht über Profite nachdenken können, ohne die Kosten für die vergifteten Flüsse zu berücksichtigen. Wir werden nicht Krankheit verstehen können, ohne den ganzen Menschen zu verstehen. Wir müssen einschließende, ausgrenzende Denker werden und verschiedenartige Standpunkte sehen und akzeptieren können, solange der einzelne Standpunkt in sich selbst wahr ist. Wir müssen *Bootstrapper* werden; denn sonst wird uns das alte Paradigma in den Abgrund reißen.

Es bedarf langer Anstrengung und einer wirklichen Änderung der eigenen Perspektive, um das enorme Ausmaß des jetzt stattfindenden Paradigmenwechsels zu begreifen. Ich kann nur empfehlen, sich mit diesen Fragen zu beschäftigen, darüber zu lesen, nachzudenken und zu diskutieren, wo und wann immer man Gelegenheit dazu hat.

Sprache, Logik und deren Folge

„Wenn du als einziges Werkzeug einen Hammer hast, sieht jedes Problem wie ein Nagel aus.“ Abraham Maslow

Die Werkzeuge, die wir zum Denken gebrauchen, sind Sprache und Logik. Da diese Werkzeuge in ein bestimmtes Paradigma eingebettet sind, reflektieren die Ergebnisse unseres Denkens, wie auch die Theorien, die wir entwickeln, oder die Organisationen, Gesetze und Traditionen, die wir schaffen, dieses Paradigma. Die Sprache des alten Paradigmas ist die Newtonsche Mechanik, seine Logik ist die des Aristoteles. Es ist die Sprache von Subjekt und Prädikat: Atome/bewegen-sich-durch/den-leeren-Raum. Das ist die Sprache von Ursache und Wirkung: Ein sich bewegendes Atom prallt auf ein anderes, und es bewegt sich. Es ist die Logik des „Entweder-Oder". Entweder ist eine Aussage wahr, oder sie ist falsch. Entweder es gehört etwas mir, oder es gehört dir. Du bist entweder für uns oder gegen uns. Entweder ist es ein Nierenproblem, oder es ist ein Lungenproblem. Es ist entweder organisch, oder es ist alles in deinem Kopf. Körper oder Geist. Die Zahl der Beispiele ist endlos. Das Ergebnis der Entweder-oder-Logik sind Spezialisten und Fachgebiete, aber keiner, der das ganze Bild sieht.

Sowohl-als-auch-Logik ist die Logik von Yin und Yang, bei der jedes Element den Kern seines Gegensatzes in sich trägt. Sie ist die Logik des Umfassens. Sie ist polar und nicht absolut. Sie erkennt Schattierungen von Grau an.

Die neue Sprache ist die Sprache der Systeme: ganzer, nichtlinearer, interagierender Systeme. Es ist die Sprache des ökologischen Denkens, in dem alles Teil eines Ganzen ist, formend und geformt werdend, wechselseitig veränderbar. Es ist die Sprache, in der das Ganze den Teilen Sinn verleiht — im Gegensatz zum Reduktionismus, in dem wir nach den Teilen suchen, um das Ganze zu erklären. Die neue Sprache ist die Sprache der Systemtheorie. Zu diesem Thema empfehle ich das 9. Kapitel von Fritjof Capras Buch *Wendezeit*.

Die Folgen sind offensichtlich. Wir leben in einer Zeit, in der man über das alte Paradigma aus einer neuen Perspektive spricht und nachdenkt. Eine neue Physik entsteht und entdeckt eine Welt, die bemerkenswert derjenigen gleicht, welche die östlichen Religionen beschreiben. Eine neue Medizin taucht auf, welche auf mehr beruht als nur der Lehre von den Krankheitserregern der Biochemie. Die neue Medizin umfaßt viele Perspektiven, weil jede auf ihre Weise etwas zu bieten hat. Jede ist intern konsistent. Jede hat ihre eigene Wahrheit, und keine übernimmt die Führungsrolle. Die Folge ist eine Annäherung an ein ökologisches Bewußtsein und ein Verständnis, das wir alle voneinander abhängig sind und daß unsere Handlungen nicht isoliert betrachtet werden können. Die Folge ist unser Interesse an Taoismus, Buddhismus und Zen. Die Folge besteht in einer Lebensweise, welche Kriege zu beenden sucht. Die Folgen sind alldurchdringend, und auch wenn viele von uns sie bisher nur gespürt haben, ohne sie klar benennen zu können, ist die Bewegung sicherlich im Aufbruch. Das neue Zeitalter wird geboren. Wir wollen hoffen, daß die Menschheit die Geburt überlebt.

Der Wandel der Psychotherapie

Während der letzten 30 oder 40 Jahre hat sich die Psychotherapie auf verschiedene Weise verändert. Auf drei der Schlüsselveränderungen möchte ich eingehen:

1. Wir sind vom Reden über eine Erfahrung zum Erleben der Erfahrung und dann zur Untersuchung der Gestaltung der Erfahrung gelangt.
2. Wir sind holistischer geworden, indem wir den Körper in die Psychotherapie einbezogen haben und indem wir als Hilfsmittel alternative Heilungsansätze wie Ernährung, Übungen, Körperarbeit, Bewegung, insbesondere Rolfing, die Feldenkrais-Methode, Tai Chi, Yoga, Rolf Movement usw. herangezogen haben.
3. Wir haben begonnen, den Wechsel einzuleiten, weg von den alten Energiemodellen, wie zum Beispiel denen von Freud und Lowen (Bioenergetik), und wenden uns Informationsmodellen zu, wie etwa von Bateson, NLP, Feldenkrais und natürlich Hakomi.

Die Gestaltung von Erfahrung. In der frühen Psychoanalyse sprachen die Menschen sehr viel über ihre Erfahrungen, ganz besonders ihre vergangenen Erfahrungen. Das Sprechen sollte „frei assoziiert" sein. Fritz Perls nannte das „freie Dissoziation". Ab und zu führte derartiges Reden zu schmerzhaften Erinnerungen und emotionaler Freisetzung und war tatsächlich in den Händen eines guten Analytikers eine effektive Therapie. Aber sie war langsam und teuer und wirkte bei einer Menge Menschen nicht. Es fehlte die Lenkung des Bewußtseins. Die Gesprächstherapien konzentrierten sich nicht auf die gegenwärtige Erfahrung, die direkt zu Charakter und Kernmaterial führt.

Die Analyse war auch Teil des allgemeinen medizinischen Modells ihrer Zeit — eines hochautoritären Modells, in dem der Arzt die Verantwortung dafür übernahm, die „Krankheit zu heilen", solange der Patient nur tat, was von ihm verlangt wurde. Die Teilnahme des Patienten war darauf beschränkt, nur das auszuführen, was ihm der Arzt auftrug. Hinzu kam der reduktionistische Ansatz, der nach Ursachen auf der Ebene der Biochemie suchte. Der Patient als Mensch wurde völlig übersehen. Er wartete einfach, während der Arzt die Maschine Mensch, oft mit Drogen oder chirurgischen Eingriffen, in Ordnung brachte.

Mit der Gestalttherapie und den Encounter-Gruppen gelangten wir vom Reden über Erfahrungen und der fehlenden Verantwortung des Klienten zum Erleben der Erfahrungen und zur Selbstverantwortung. Wir bewegten uns vom Reden zum Erleben. Wir wollten vom Kopf in unseren Körper gelangen, zu unseren Sinnen, weg von Theorien, in die Erfahrung hinein. Dafür reisten wir nach Indien, saßen und meditierten, beschäftigten uns mit Zen und Drogen. Einer meiner Freunde nahm 4 Jahre lang alle 3 Tage LSD. Er wollte Erfahrungen machen, und er machte sie!

In Esalen erklang der Schlachtruf: „Tu es! Rede nicht darüber! Tu es!" Daher wurden viele Dinge getan. Abenteuerliche Dinge, wie nach Indien zu fahren, Busse zu kaufen, auf der Straße zu leben, Drogen zu versuchen, neue sexuelle Verhaltensweisen und all das andere. Wenn man ärgerlich war, schlug man eben auf ein Kissen und trampelte mit den Beinen. Perls trug den Leuten auf, etwas zu übertreiben, um die Erfahrung zu vertiefen. Die Technik bestand darin, jeden Versuch eines „Kopftrips" zu unterbrechen und mehr in eine Sache hineinzugehen, das Gefühl und die Bewegungen zu spüren und sie von daher zu verstehen. Das funktionierte. Es nahm uns aus dem alten Modell heraus und gab uns eine Menge herrlicher neuer Wege, psychotherapeutisch zu arbeiten.

Es fand ein Wechsel zur Gegenwart statt, in der die Erfahrung liegt. In Encounter-Gruppen bestand die Regel, nur über das zu sprechen, was gerade geschah. „Im Hier und Jetzt bleiben" war die Aufgabe des Menschen in der Gestalttherapie, wie seine Aufgabe in der Analyse darin bestand, „frei zu assoziieren". Es lief auf folgendes hinaus: „Geh in deine Erfahrung, bleibe in ihr, übertreibe sie und bitte mich nicht, die Verantwortung für dich zu übernehmen!" — Ganz sicher ein Bruch mit den alten Modellen.

Heutzutage vollziehen die Therapien, die an der Spitze der Entwicklung stehen, wie NLP, Hakomi und Feldenkrais, einen weiteren Wechsel. Diese Therapien beschäftigen sich nicht nur mit der Erfahrung, sondern auch mit der Gestaltung der Erfahrung. Genau das passierte in Asien während der letzten 2000 Jahre. Wir haben endlich die Inder, Chinesen und Japaner eingeholt. Meditation zum Beispiel ist ein Weg, zu beobachten, wie der Geist organisiert ist, wie er Erfahrungen zusammensetzt. Auf dieser neuen Ebene der Arbeit sprechen wir nicht nur über Erfahrung. Wir sind auch nicht nur in der Erfahrung. Wir beobachten, wie wir diese Erfahrung gestalten. Wir versuchen die Art kennenzulernen und schließlich zu verändern, in der wir unsere Erfahrungen zusammensetzen. Das ist das Ziel der Therapie. Wir wollen den Klienten helfen (wir nennen sie nicht mehr Patienten), die Art und Weise zu beobachten, zu verstehen und zu erlernen, wie sie ihre Gefühle, Gedanken und Impulse gestalten.

Wenn du das weißt, bist du in der Lage, dich selbst auf andere Weise zu gestalten. Wenn du die Art verändern kannst, wie du Dinge erfährst, hast du dein altes System überschritten. Du hast den Prozeß transzendiert, in dem du vorher stecktest, der von Gewohnheiten und unüberprüften Überzeugungen kontrolliert war. Du hast jetzt neue Optionen. Du kannst auf neue Art handeln und fühlen. Die Veränderung liegt auf der Ebene des Stils und der Art und Weise, in der du Dinge tust. Sie liegt auf der Ebene des Charakters. Dies ist die große Veränderung unserer psychotherapeutischen Arbeitsweise. Wir reden nicht nur, wir machen nicht nur Erfahrungen, sondern vielmehr beobachten wir die Art und Weise, in der wir uns selbst gestalten. Wir tun es planvoll, bewußt und mit Innerer Achtsamkeit.

Holistische Medizin. Die neue Psychotherapie gehört auch zur Bewegung einer holistischen Medizin. Als solche enthält sie die systemische Sichtweise und bezieht alle Ideen und Einflüsse der holistischen Bewegung mit ein. Sie macht Anleihen bei der Körperarbeit, Massage und Rolfing, bei der Bewegungsarbeit wie Tanz, Aston Patterning, Rolf Movement, Feldenkrais und Tai Chi und bei vielen anderen Heilmethoden wie Akupunktur, Ernährungslehre, Körperübungen, Yoga und allen Formen der Meditation. Die Prinzipien einer holistischen Medizin werden noch entwickelt und sind im allgemeinen Bewußtsein noch nicht verankert. Die meisten von uns spüren nur, daß die alte Medizin nicht humanistisch oder offen genug war und daß die neue Medizin sanfter sein wird, sich auf das Gesundbleiben konzentrieren und den ganzen Menschen in den Mittelpunkt der Arbeit stellen wird.

Informations- und Systemmodelle. Schließlich fand eine Wechsel von den Energiemodellen zu den Informationsmodellen statt. Letztere werden im 18. Kapitel diskutiert, besonders in den Abschnitten über *Innere Achtsamkeit* und *Batesons Kriterien*. Im wesentlichen untersuchen wir die Gestaltung des Geistes, die auch die Verwendung von Energie bestimmt. Was man bisher „Energiefluß" nannte, steht in Beziehung zum Stoffwechsel und ist ein grundlegender Charakterzug, aber kein zentrales Konzept dieses Modells.

Hakomi-Therapie und das neue Paradigma

Die Psychotherapie hat sich gewandelt und verändert sich weiter. Die Hakomi-Therapie ist ein Kind des neuen Zeitalters. In ihren Prinzipien und Techniken repräsentiert sie ein neues Therapiemodell, das auf den religiösen, wissenschaftlichen und philosophischen Konzepten des sich entwickelnden neuen Paradigmas beruht. Obwohl wir viele der neuen Techniken und Vorstellungen — zum Beispiel die Charaktertheorie — älteren Therapien verdanken, sind sie alle modifiziert und an die Prinzipien angepaßt worden. Auf diese Weise trägt Hakomi-Therapie zum Übergang vom alten zum neuen Modell bei. In ihrer gegenwärtigen Form liegt die Therapie fast vollständig innerhalb des neuen Modells. Die Prinzipien sind klar und werden fortwährend benutzt, um Techniken und Theorie zu überprüfen. So bleibt die Therapie rein und auf dem neuesten Stand.

Der Paradigmenwechsel drückt sich durch die drei Hauptprinzipien und die Verwendung eines körperzentrierten Ansatzes in der Hakomi-Therapie auf folgende Weise aus:

1. *Das Einheitsprinzip* impliziert alles — nur kein fragmentiertes Universum. Es ist ein holistisches und systemisches Modell.

2. *Das Prinzip der Inneren Achtsamkeit* weist von dem Energie- und Gesprächsansatz weg auf den Informationsfluß und die Gestaltung von Erfahrung.

3. *Im Prinzip des Nichtzwingens* liegt die nicht-autoritäre Beziehung zwischen Klient und Therapeut begründet. Dies spiegelt ein tiefes Vertrauen in die Heilkraft des Klienten, die wiederum Teil der großen Kraft und Harmonie der Natur ist.

Wie wir im nächsten Kapitel sehen werden, ist die Hakomi-Therapie körperzentriert. Wir schaffen Zugang zum Kernmaterial, indem wir mit dem Körper arbeiten. Wir treten für einen Holismus von Körper und Geist und die Existenz einer Interaktion dieser beiden Teile ein und versuchen daher, die Spaltung von Körper und Geist zu heilen.

Wir wollen uns von den Prinzipien leiten lassen und dabei offen für die Entdeckung unserer Freunde und Kollegen bleiben. Vielleicht können wir einen kleinen Beitrag zum Erblühen eines neuen Zeitalters leisten. Das würde ich gerne noch erleben.

3 Warum körperzentriert?

Es gibt fünf wesentliche Gründe, aus denen man die Hakomi-Therapie als „körperzentriert“ bezeichnen kann:

1. Der Körper ist ein Ausdruck von Charakter.
2. Der Körper ist ein Hilfsmittel, um das mentale Leben zu verstehen.
3. Der Körper ist ein Bezugspunkt für Feedback.
4. Die Therapie will die Spaltung von Körper und Geist aufheben.
5. Wir arbeiten auf eine besondere Weise mit Berührung.

Der Körper als Ausdruck von Charakter. Es trifft zu, auch wenn das nicht verbreitet bekannt ist, daß Haltung und Körperstruktur das mentale Leben reflektieren (mit „mentalem Leben“ meine ich nicht nur das Bewußtsein und seine Inhalte — Körperempfindungen, Gedanken, Gefühle usw. —, sondern wichtiger noch die Einstellungen, Überzeugungen und Gewohnheiten, welche die Persönlichkeit und den Charakter ausmachen). Insbesondere die lebensgestaltenden Überzeugungssysteme*, die sich aus frühen schmerzhaften Ereignissen herleiten lassen, formen die Körperstruktur als Teil einer ganzheitlichen Antwort auf diese Ereignisse. Eine lebenslange angstbestimmte Anschauung wird sich in hochgezogenen, den Kopf schützenden oder vorwärtsgerundeten, das Herz schützenden Schultern äußern. Strukturelle Eigenschaften spiegeln die am tiefsten sitzenden Gefühle und Überzeugungssysteme, und eine charakteristische Haltung kann ebenso enthüllend sein wie die Körperstruktur. Die Haltung reflektiert jedoch häu-

* *Belief system* ist ein zentraler Begriff der Hakomi-Therapie. Wir halten die Übersetzung „Überzeugungssystem“ für die treffendste, da so am deutlichsten zum Ausdruck kommt, wie wenig leicht veränderbar und verzweigt diese *unbewußte* Einstellung ist — es erfordert genaue und systematische Arbeit, um ein Überzeugungssystem zu ändern. In deutschen Hakomi-Workshops wird andererseits das schönere Wort „Anschauung“ verwendet, das unserer Meinung nach allerdings den Nachteil hat, sich auf nur *eine* Wahrnehmungsmodalität zu beziehen (visuell). „Überzeugungssystem“ ist diesbezüglich neutraler, da es nicht automatisch (s. *default assumptions*, 12. Kap.) die anderen Wahrnehmungsmodi (akustisch, taktil, kinästhetisch, olfaktorisch) ausschließt und darüber hinaus keine ideologischen Konnotationen („Weltanschauung“) hat. Aus pragmatischen Gründen haben wir uns entschlossen, beide Begriffe synonym zu verwenden (die Übersetzer).

figer vorübergehende Zustände, wie Müdigkeit und Ungeduld. Dennoch ist sie ein guter Indikator für mentale Vorgänge (das deutsche Wort „Haltung" meint beides: Körperhaltung und Einstellung).

Durch Rolfing, Feldenkrais-Arbeit und sogar durch geeignete Ernährung und tägliche Übungen lassen sich radikale und sehr schöne Veränderungen der Körperstruktur und der Haltung zustande bringen. Langfristige Spannungs- und Gebrauchsmuster der Muskulatur formen den Körper am nachhaltigsten. Die oft übersehenen Schöpfer dieser Muster sind Einstellungen, Gefühle und Überzeugungen. Da die Muskeln fast ausschließlich das ausführen, was das Nervensystem ihnen aufträgt, bildet dieses System die Hauptquelle gewohnheitsmäßiger Muster des Muskelgebrauchs. Die höchste Instanz des Nervensystems, die alle anderen Instanzen beeinflußt, wird angemessenerweise „Geist" genannt. Der Geist und das mentale Leben beeinflussen am stärksten den Gebrauch des Körpers, sowohl was Haltung und Struktur als auch was Gesten und Gesichtsausdruck angeht. Eben weil der Geist einen so großen Einfluß auf die Formung des Körpers hat, kann der Körper zum „Lesen" des mentalen und emotionalen Lebens benutzt werden.

Der Körper als Hilfsmittel zum Verständnis des mentalen Lebens. Wir arbeiten häufig auf langsame und gezielte Weise mit dem Körper, um die Bedeutung einer bestimmten Haltung, Geste oder Struktur zu entdecken. Viele unserer Techniken wurden entworfen, um den Klienten in *gefühlsmäßigen* Kontakt mit den Überzeugungssystemen und Erinnerungen zu bringen, die seinen Körper formen.

Es gibt einen Prozeß, der den Weg für solche Entdeckungen eröffnet und das Kernmaterial verfügbar macht. (Der Begriff „Kernmaterial" bezieht sich auf diejenigen Anschauungen, Gefühle, Erinnerungen und Bilder, die einen starken gestaltenden Einfluß auf Körper und Verhalten haben.) Der Prozeß, der das Kernmaterial verfügbar macht, wird „Zugang finden" genannt (Accessing).

In der Hakomi-Therapie achten wir fortwährend auf Gesten, Haltungen, Gesichtsausdruck, den Klang der Stimme und ihre Nuancen und folgen ihnen. Sie spiegeln klar die Gefühle und Erfahrungen, die Teil der momentanen Wirklichkeit des Klienten sind. Der Klient allerdings bemerkt häufig diese äußerlich wahrnehmbaren Anzeichen seiner Erfahrung nicht und läßt sie unerwähnt. Wenn wir sie zur Kenntnis nehmen und benutzen, beziehen wir Gefühle und Grundüberzeugungen mit ein, die sonst möglicherweise als Teil der Therapie verlorengegangen wären. Da diese körperlichen Äußerungen von den tiefsten Schichten des Charakters geformt werden, sind sie eine reiche, vielleicht die reichste Quelle, um Material zum Verständnis des Selbst zu gewinnen.

Der Körper als Bezugspunkt für Feedback. Es gibt Frösche, die kleiner sind als die Spitze unseres kleinen Fingers. Trotzdem sind ihre inneren Organe mit unseren vergleichbar. Als *Entwurf* ist der Körper viel älter als der Mensch, die Primaten oder sogar die Säugetiere. Daher ist der Körper ein ausgezeichneter Bezugspunkt für Verständnis: denn er ist von Natur aus ernsthaft, geerdet und wahrhaftig. Er hat sich im Laufe einer langen Zeit entwickelt, in der es galt, sich um alle anstehenden Probleme zu kümmern. Wir wenden uns an den Körper, um die wirklichen Effekte unserer Interventionen zu sehen. Wir schauen den Körper an, um viele der Signale zu erkennen, die etwas über Gefühle, Impulse, Stimmungen und Bedeutungen aussagen. Wir verfolgen fortwährend die „Spuren des Körpers", achten auf Wechsel im Gesichtsausdruck und Gesten, Abweichungen in der Haltung, Veränderungen im Klang der Stimme, um zu sehen, welche Wirkung wir erzielen und was wirklich vorgeht. Es ist einfacher, diesen körperlichen Signalen zu vertrauen, als den Vorstellungen und Geschichten zu glauben, die wir die ganze Zeit hören, weil der Körper nicht so bewußt kontrolliert wird, während Vorstellungen und Geschichten Teil von Strategien sein können, die zu Vermeidungszwecken entworfen werden.

Auf dem Gebiet der körperlichen Beeinträchtigungen, vom Kopfschmerz bis zum Krebs, suchen wir nach Veränderungen der physischen Bedingungen, die sich als Auswirkung unserer „psychologischen" Therapie ergeben. Wir erhoffen eine kräftigere, aufrechtere Haltung, bessere Hautfarbe und Entspannung statt Spannung, mehr Energie und Freiheit der Bewegungen, allgemein ein besseres Gleichgewicht und Harmonie, eine Veränderung in Richtung auf eine Normalisierung des Körpergewichts. Auf alle diese Weisen benutzen wir den Körper, um die Ergebnisse unserer Interaktion mit dem Klienten zu verfolgen.

Heilung der Spaltung von Körper und Geist. Die Entwicklung von Charakter, der eine Begrenzung des Selbstbildes und des Selbstausdrucks darstellt, bezieht den Körper mit ein, um unsere Erfahrungen zu reduzieren, zu blockieren, abzumildern oder abzuschneiden. Wir unterdrücken Gefühle und wenden uns gewohnheitsmäßig von schmerzhaften und angsterregenden Situationen ab. Wir haben Gewohnheiten und eine Denkweise entwickelt, die uns von der sofortigen Erkenntnis trennt, welche die körperliche Erfahrung vermittelt. Da die Hakomi-Therapie auf Veränderung des Charakters orientiert ist, ist sie eine Therapie, die diese Spaltung von Geist und

Körper heilt. Bei der Heilung dieser Spaltung wird die Erfahrungsfähigkeit wiederentdeckt; das Vermögen, sich zu fühlen und auszudrücken, wird verbessert; wir können uns und andere besser verstehen, und wir können mehr von unseren natürlichen Gaben nutzen, die unser Körper hervorzubringen in der Lage ist. Dies bedeutet eine Abkehr davon, mit der Welt auf eine streng mental orientierte Weise umzugehen, und eine Hinwendung dazu, Intuitionen, Gefühle und körperliche Interaktionen als Teil des täglichen Lebens zu benutzen. Dieser Weg der Heilung ist auch eine wirksame Methode, mit Konflikten des Geistes, mit Spaltungen von „Schatten und Persona" umzugehen. Jedes Heilen, das auf der Ebene von Geist und Körper geschieht, hat heilende und Klarheit bringende Auswirkungen auf den Geist.

Der besondere Gebrauch von Berührung. In der Hakomi-Therapie benutzen wir häufig Berührung. Wir fassen die Klienten an, wir halten sie im Arm, kämpfen mit ihnen — und wir tun das im Stehen, im Sitzen und im Liegen. Manche Menschen und gerade einige in Heilberufen Tätige finden diesen Gebrauch von Berührung schockierend. Er widerspricht allem, was ihnen jemals gesagt wurde. Insbesondere, daß man als professioneller Therapeut Berührung zu vermeiden hat, um professionell und objektiv bleiben zu können und um zu vermeiden, in die mächtigen und wahrscheinlich neurotischen Gefühle des Klienten verstrickt zu werden — ganz besonders solche sexueller Natur. Für uns ist der Gebrauch von Berührung ein Ausdruck von Akzeptanz nicht nur der Person, sondern auch des Körpers an sich als eines wichtigen und bedeutungsvollen Teiles dieser Person. Durch Berührungen zeigen wir unsere Sorge für den Körper und wie wir ihn in der Therapie gebrauchen.

Wie viele Untersuchungen gezeigt haben, sind Berührungen nährend. Berührung hat einen großen Anteil an der Kommunikation und ist häufig glaubhaft, wo Worte nicht geglaubt werden können. Durch Berührung, durch die direkte Einbeziehung des Körpers in unsere Interaktion, helfen wir, die Spaltung von Körper und Geist zu heilen. Aber der wichtigste Nutzen von Berührung liegt in der *Suche nach Bedeutung*. Wir berühren nicht einfach so. Wir berühren mit *Innerer Achtsamkeit* und planvoll. Wir fordern den Klienten dazu auf, als Teil der Suche nach Bedeutung und nach den lebensgestaltenden Überzeugungssystemen, die Aufmerksamkeit auf die Auswirkungen der Berührung zu richten. So versuchen wir, diese Interaktion „rein" zu halten. (Innere Achtsamkeit ist eines der Schlüsselprinzipien unserer Arbeit. Ich gehe darauf im 5. und 18. Kapitel dieses Handbuches näher ein.)

In der Verbindung mit Innerer Achtsamkeit bildet dieser besondere

Gebrauch von Berührung mit seiner Suche nach Bedeutung einen sicheren und wirksamen Teil unserer Arbeit.

Anmerkung: Hakomi-Therapie ist eine intrapsychische Therapie. Im Unterschied dazu verlassen sich interpersonale Therapien auf Schweigen, Abstand und unverbindliche Antworten, um Übertragungsprozesse und Übertragungsreaktionen zu erleichtern, die dann durchgearbeitet werden. In solchen psychodynamischen Therapien ist Berührung eine unangemessene Technik. Hakomi-Therapie ist insofern *intra*personal, als sich der Therapeut im Grunde als „Begleiter" versteht, der dem Klienten hilft, die Organisation und Gestaltung seiner Erfahrung zu entdecken.

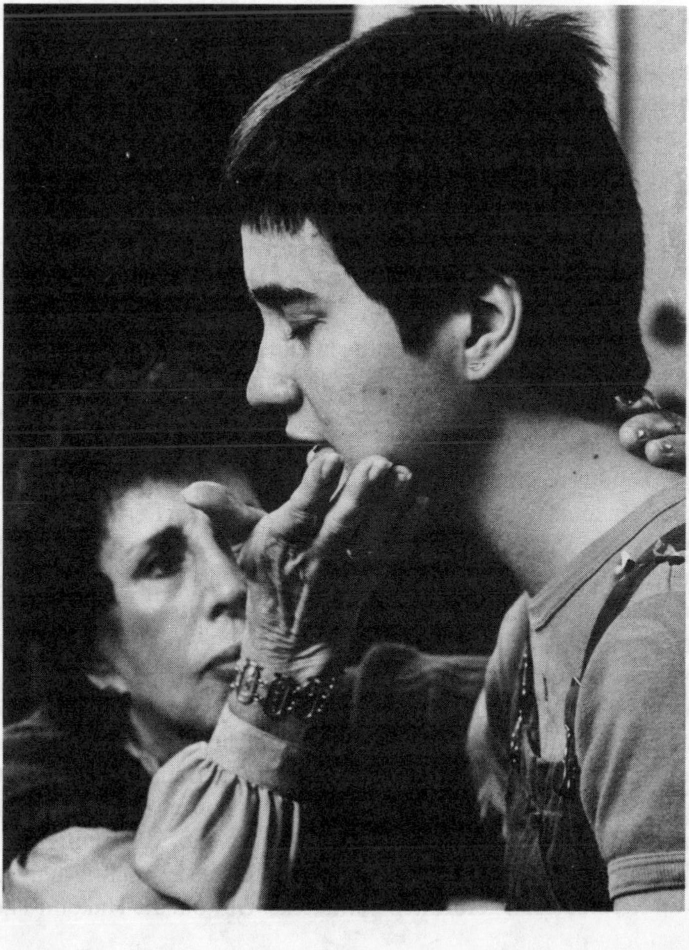

4 Überblick über den Prozeß

In diesem Kapitel werden umrißartig einige zentrale Inhalte der Hakomi-Therapie — Bewußtseinszustände, Prozeßphasen und die Methode — dargestellt. Im 5. bis 11. Kapitel gehe ich im Detail auf diese Themen ein und führe sie aus.

Ziele. Der Mensch organisiert sich um drei primäre Einflüsse:

1. biologische Bedürfnisse und biologisches Erbe,
2. interpersonale Beziehungen,
3. symbolisches Material auf verschiedenen Ebenen.

Ein Teil dieses symbolischen Materials liegt auf dem Oberflächenniveau zum Beispiel von Straßennamen und Telefonnummern, während ein anderer Teil zentrale Bedeutung für unser gesamtes kulturell erworbenes Selbst hat. Diese letztere Art nennen wir *Kernmaterial*. Es besteht hauptsächlich aus früh erworbenen Überzeugungen — ganz besonders über das Selbst und andere —, aus intensiven Erinnerungen und den dazugehörenden zentralen Bildern sowie vielen, ebenfalls früh erworbenen unüberprüften Annahmen, Einstellungen und Gewohnheiten. Die Menschen gestalten ihr Verhalten, ihre Wahrnehmungen, Werte, Urteile und die Art und Weise, wie sie ihren Körper benutzen, unter dem Einfluß dieses Kernmaterials.

In der Hakomi-Therapie sind wir besonders an dem Kernmaterial interessiert, das die Schlüsselfragen des Lebens und Aufwachsens reflektiert: 1) Zugehörigkeit, 2) Unterstützung, Liebe und Zuwendung erhalten, 3) ungefährdet, frei und verantwortlich sein, 4) wissen, verstehen und die sozialen und kulturellen Regeln befolgen. Wir versuchen, dieses Material hervorzulocken und dem Klienten Gelegenheit zu geben, den Einfluß dieses Materials auf sein Leben zu ändern. Biologische Bedürfnisse und das biologische Erbe gehören im Rahmen des ganzheitlichen Ansatzes dazu. Das Verständnis der besonderen biologischen Bedingungen eines Klienten hilft uns, die ganze Person zu verstehen. Darüber hinaus konzentriert sich die Therapie nicht auf diese biologischen Gegebenheiten (vgl. 20. Kapitel).

Wir halten interpersonale Beziehungen für einen der wichtigsten Aspekte des von Kernmaterial geformten Verhaltens. Obwohl die Hakomi-Therapie bei allen Arten von Problemen — z.B. Paar- und Familienkonflikten — gut angewendet werden kann, bezieht sich ihr Hauptinteresse auf das individuelle Kernmaterial. Hakomi-Therapie wirkt am effektivsten bei jenen symbolischen Strukturen, die auf schmerzhaften Kindheitssituationen beruhen, die unsere Freiheit begrenzen, die unsere Wirksamkeit und die Freude, die wir am Leben und aneinander haben, beschränken, die das Vertrauen, das Gefühl und die Klarheit, mit der wir uns erkennen, verhindern und die unsere Beziehungen und unsere Welt einengen. Dies ist das Gebiet des Charakters.

Charakter. Um in der Welt zu leben, setzen wir Masken auf und gehen hinter ihnen verloren. Und während wir damit beschäftigt sind, in der Welt zu leben, können wir sie nicht ablegen. Sie kleben an uns als Verhaltensstil, als unsere Art, Dinge zu tun, als unser allgemeiner Lebensansatz. Unser Charakter ist das Ergebnis von bestimmten Schlüsselerlebnissen und der um sie herum gestalteten Überzeugungssysteme. Wenn wir uns auf dieser Ebene ändern wollen, müssen wir uns um weniger schmerzvolle und einengende Sichtweisen des Selbst, der anderen und der Welt neu organisieren. Kurz gesagt, der Hakomi-Prozeß ist ein Weg, dem Klienten zu helfen, mit den Quellen seines Charakters in Berührung zu kommen. Die speziellen Hakomi-Techniken sind alle entworfen, um diesen einen Prozeß sicher und produktiv zu gestalten. Die Ziele der Hakomi-Therapie sind:

1. die Klienten in gefühlsmäßigen Kontakt mit Kernmaterial, insbesondere mit Überzeugungen zu bringen;
2. Klarheit über dieses Material und die Gegebenheiten, die es geformt haben, zu schaffen;
3. neue Handlungsmöglichkeiten auf der Basis von veränderten Überzeugungen zu präsentieren;
4. diese Optionen in einer sicheren und unterstützenden Therapieatmosphäre auszuprobieren.

Lebensgestaltende Überzeugungen zu verändern ist nicht leicht. Solche Überzeugungen werden hartnäckig aufrechterhalten und gut verteidigt. Aus diesem Grunde sind sie nicht in normalen Bewußtseinszuständen veränderbar. Niemand läßt sich aus seinem lange aufrechterhaltenen schmerzhaften Selbst- und Lebensbild herausreden. Das von solchen Vorstellungen geformte Verhalten bedeutet einen Schutz und einen Weg, weiteren Schmerz zu verringern und zu vermeiden. Solcher Schutz wird nicht leicht aufgegeben. Man kann einem Klienten logische Gründe aufzeigen, um ihn glauben zu machen, daß er sicher sei, daß da niemand hinter ihm her sei und daß es töricht sei, etwas anderes anzunehmen. Dieser Umstand mag völlig offensichtlich sein. Wenn du freundlich und mitfühlend bist und eine Atmosphäre der Konfrontation darüber, was wahr ist, vermeidest, kann der Klient sogar vielleicht völlig mit dir in bezug auf seine Torheit übereinstimmen. Aber er schwitzt immer noch, und seine Zähne klappern weiter. Er wird immer noch nicht arbeiten. Er *fühlt* sich ängstlich und weigert sich, sein schützendes Haus zu verlassen. Des Klienten logischer Geist mag erkennen, daß du ihm die Wahrheit sagst. Der Klient mag sogar sagen: „Natürlich, du hast recht, da ist nichts, wovor ich Angst haben müßte. Niemand ist hinter mir her." Aber mit einem nur zu deutlichen Ausdruck sagt sein Körper: „Doch! Doch!" Der Kern ist nicht über den Intellekt erreichbar. Um an Kernmaterial heranzukommen, braucht man spezielle Techniken und einen speziellen Bewußtseinszustand.

Bewußtseinszustände

Alltagsbewußtsein und Innere Achtsamkeit. Eine unserer Hauptaufgaben als Hakomi-Therapeuten besteht darin, Bewußtseinszustände zu lenken. Um lebensgestaltende Überzeugungen zu ändern, müssen sowohl Klient als auch Therapeut ganz präsent und auf die gegenwärtige Erfahrung zentriert sein. Sie dürfen nicht abgelenkt sein, nicht irgendwohin wollen, und ganz besonders müssen sie innerlich achtsam sein. Innere Achtsamkeit* ist ein besonderer Bewußtseinszustand, der sich auf verschiedene Weise von normaler Aufmerksamkeit unterscheidet. Alltagsbewußtsein zeichnet sich durch Zielorientiertheit aus. Die Aufmerksamkeit ist darauf gerichtet, Dinge zu *tun*. Sie beschäftigt dich. Innere Achtsamkeit, auf der anderen Seite, ist durch „gewollte Passivität" charakterisiert. Dies bedeutet, sorgfältig zu beobachten, ohne einzugreifen. Während Alltagsbewußtsein schnell von einer Sache zur anderen wandert und eng mit Gewohnheit und einem Gefühl von Zeit und Raum zusammenhängt, fehlt der Inneren Achtsamkeit diese Orientierung in einem Kontext von Raum und Zeit. Sie bewegt sich langsam und ist in der Lage, die Gestaltung der Gewohnheiten selbst zu beobachten. Während Alltagsbewußtsein eher eng fokussiert auf äußere Gegebenheiten gerichtet ist, orientiert sich die Innere Achtsamkeit unbeengt

* *Witnessing, mindfulness* bezeichnen den Zustand Innerer Achtsamkeit, in dem wir mit Hilfe eines inneren „Zeugen" oder „Beobachters" die fortlaufende Erfahrung distanziert beobachten.

auf die interne Erfahrung. Statt tätig und zielgerichtet zu sein, nimmt sich Innere Achtsamkeit die Zeit, zu studieren, was sie beobachtet.

Das Kind. Zwei weitere Bewußtseinszustände sind in der Hakomi-Therapie wichtig: das Kind und die Stromschnellen. Der Kindzustand wird durch das überraschend lebhafte Gefühl charakterisiert, das Kind zu sein, was man einst war, und die Erfahrung dieses Kindes gerade jetzt wieder zu erleben, während man zur selben Zeit weiß, wo man ist, und im Zusammenhang des Hier und Jetzt steht. Diese Dualität kennzeichnet am deutlichsten den Bewußtseinszustand des Kindes. Der Klient fühlt sich im klaren Gewahrsein der Vorgänge *wie ein Kind,* er spricht wie ein Kind und sieht sogar aus wie ein Kind. Zuerst muß man ihn vielleicht auf diese Aspekte seines Verhaltens aufmerksam machen, aber danach ist das Gefühl, das Kind zu sein, völlig präsent (vgl. 5. und 9. Kapitel).

Während der Kindzustand spontan und ohne offensichtlichen Zusammenhang auftauchen kann, ist der Klient häufiger auch in lebhaftem Kontakt mit einer bestimmten Erinnerung. Diese klare, frühe Erinnerung ist mit Verwirrung, Schmerz oder mit beidem verbunden. Sehr wahrscheinlich besitzt sie eine zentrale Bedeutung für die Entwicklung einer wichtigen lebensgestaltenden Überzeugung, entweder hinsichtlich deren Entstehung oder hinsichtlich deren Aufrechterhaltung. Dieser intime Kontakt mit den Schlüsselereignissen, die den Charakter formten, macht diesen Bewußtseinszustand zum produktivsten für therapeutische Veränderung.

Die Stromschnellen. In jeder Therapie, die sich mit tiefsitzenden Überzeugungen und schmerzhaften Erinnerungen befaßt, sind starke Gefühle und das Bedürfnis, diese Gefühle auszudrücken, unvermeidlich. Unter den richtigen Bedingungen, wie Sicherheit und Unterstützung, erlebt der Klient — oft zum ersten Mal seit seiner Kindheit — eine vollständige, spontane emotionale Freisetzung. Eine solche emotionale Freisetzung trägt sich, einmal begonnen, als starkes organisches Bedürfnis selbst weiter. Sie strömt heraus, nur eingefaßt durch die kundige und fürsorgliche Unterstützung des Therapeuten. Es fühlt sich an, als ob man über Stromschnellen reitet. Deshalb nennen wir diesen Bewußtseinszustand so. Es ist ein Bewußtseinszustand, der charakterisiert wird von 1) intensiven Gefühlen und ihrem Ausdruck, 2) dem Auftreten von muskulären Spannungen und Haltungen (z.B. den Bauch anspannen oder sich zusammenkrümmen), um Gefühle und deren Ausdruck zu lenken, und fast immer von 3) Wellen von Erinnerungen im Zusammenhang mit diesen Gefühlen. Als Bewußtseinszustand sind die Stromschnellen gänzlich unvereinbar mit Innerer Achtsamkeit, obwohl

TAFEL 1: BEWUSSTSEINSZUSTÄNDE

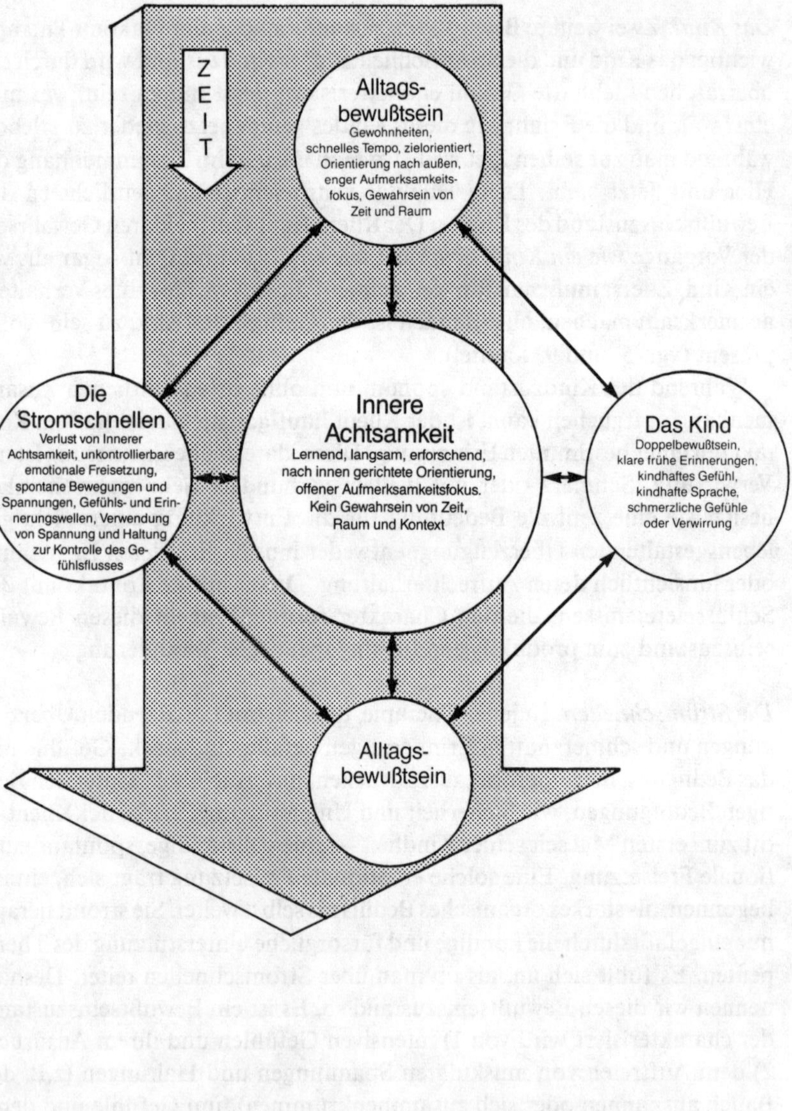

Momente von Klarheit und relativer Ruhe in schneller Abwechslung alle 10 oder 15 Sekunden auftauchen können.

Die Therapie verläuft durch diese verschiedenen Bewußtseinszustände auf eine Weise, die durch den Therapeuten gelenkt zu sein scheint. In Wirklichkeit besteht ein delikates Gleichgewicht zwischen Leiten und Geleitetwerden, sowohl auf der Seite des Klienten als auch auf der Seite des Therapeuten. Die Freisetzung von Gefühlen ist ein ebenso organischer Prozeß wie die Kontaktaufnahme mit frühen Erinnerungen und lebensgestaltenden Überzeugungen. Jeder kompetente Therapeut wird sich von den Bedürfnissen und der zeitlichen Abfolge dieser natürlichen Entwicklung leiten lassen. Gleichzeitig hilft der Therapeut, diesem Prozeß Richtung zu geben, besonders an solchen Punkten, wo des Klienten schützende Gewohnheit Vertiefung und Ausdruck der Erfahrung unterbrechen.

Dennoch ist es auf der tiefsten Ebene der organischen und unbewußten Vorgänge der Prozeß des Klienten, und der Klient fühlt ihn als solchen. Dies ist nur scheinbar ein Widerspruch; denn diese Momente der Heilung werden in Wahrheit von etwas geleitet, das weit über das einfache bewußte Selbst, sowohl des Klienten als auch des Therapeuten, hinausgeht. Wenn beide führen und beide vom anderen geführt werden, ereignet sich etwas Höheres und grundlegend Geheimnisvolles. Daraus rühren das Staunen, die Befriedigung, die Freude und das Gefühl der Dankbarkeit, die mit erfolgreicher Therapie verbunden sind.

Phasen des Prozesses

Der Prozeß besitzt eine innere Ordnung. Er durchläuft Phasen, die gesehen und verstanden werden müssen, und er erfordert bestimmte Schritte, die getan werden müssen. Der erste Schritt besteht im *Kontaktherstellen*. Dieser Schritt eröffnet den Prozeß; er läßt Therapeut und Klienten miteinander sprechen und miteinander arbeiten. Dann bewegt sich der Prozeß in Richtung *Innere Achtsamkeit*. Zu diesem Zweck versuchen wir, *Zugang zu finden*. Wenn die Innere Achtsamkeit erreicht worden ist, *vertiefen* wir in der folgenden Prozeßphase die Erfahrung und stabilisieren sie. Der nächste Schritt ist das *Durcharbeiten*, von dem wir drei Arten unterscheiden: 1) Durcharbeiten im Zustand Innerer Achtsamkeit. Wenn wir den Klienten in einer bestimmten Erfahrung stabilisiert haben, benutzen wir diese, um die hinter ihr stehenden lebensgestaltenden Überzeugungen zu entdecken. Wir *suchen* nach ihrer *Bedeutung*. Darüber hinaus stellen wir alternative Handlungsmöglichkeiten bereit, experimentieren mit ihnen und *integrieren* diejenigen Optionen, die sich als stärkend erweisen. 2) Zweitens können wir in diesem Stadium die Anzeichen des Kindzustandes aufgreifen und mit ihm arbeiten. Das ist eine andere Art des Durcharbeitens, die sich von der Inneren Achtsamkeit unterscheidet und eigene Methoden und Techniken verwendet. Das trifft auch auf den dritten Typ des Durcharbeitens zu, 3) die Stromschnellen.

Die Integrations- und Abschlußphasen machen die letzten Teile des Gesamtprozesses aus. In dieser Endphase einer Therapiesitzung versuchen wir, so gut wie möglich, neue Optionen zu stabilisieren und zu integrieren.

Kontakt. Psychotherapie ist ein delikater Prozeß. Wie beim Wiederauftanken eines Flugzeugs in der Luft bedarf es ständigen Kontakthaltens und ständiger neuer Kontaktaufnahme. Ohne Kontakt kann Therapie nicht beginnen. Der Prozeß bricht ab, er bleibt hängen, oder er endet in Verwirrung. Ohne Kontakt gibt es keine Intimität und keine enge Zusammenarbeit. Die Therapie bleibt dann nicht mehr als ein teures Gespräch. Guter Kontakt ist existentiell für Therapie. Er macht aus einem Paar unproduktiver Monologe einen Zweipersonenprozeß. Er bringt den Klienten in die Interaktion mit dem Therapeuten, und er hält diese Interaktion aufrecht. Therapeut und Klient müssen sich miteinander bewegen wie zwei Tänzer. Der Klient muß dem Therapeuten erlauben, an seiner Welt teilzuhaben und einen Platz in dieser Welt einzunehmen, von wo er Fragen stellen und achtsame Antworten erhalten kann, von wo er Führung anbietet und Vorschläge macht, die der Klient aufgreifen kann. Kontakt schafft den Rahmen für diese Art von Teilnahme. Das beste Beispiel hierfür ist Carl Rogers, der diesen Gebrauch von Kontakt in der Psychotherapie entwickelt und zur Perfektion gebracht hat.

Der Therapeut erhält Zutritt zur Welt des Klienten, indem er demonstriert, daß er die Erfahrung des Klienten versteht. Zur richtigen Zeit ausgesprochen, genügen hierzu ganz einfache Aussagen. Wenn du zum Beispiel die ersten Anzeichen von Traurigkeit wahrnimmst, läßt eine Bemerkung wie: „Das macht dich traurig, nicht?“ oder: „Traurig, hmm?“ den Klienten wissen, daß du da bist, aufmerksam bist und daß du weißt, was vorgeht.

Diese Art von Aussage, sanft angeboten, hat eine starke Wirkung auf den Prozeß. Fast immer entspannt sie den Klienten, weil sie zeigt, daß er nicht allein ist. Wenn die Aussage etwas betrifft, was gerade passiert — wie es meistens der Fall sein wird —, hilft sie auch, den Klienten in Kontakt mit seiner eigenen augenblicklichen Erfahrung zu bringen, ein notwendiger Schritt zur Inneren Achtsamkeit. Schließlich lassen gute Kontaktaussagen den Prozeß fließen, ähnlich wie ein Nicken eine Unterhaltung fließen läßt. Gefühle, die noch fast versteckt scheinen, entfalten sich freier, wenn sie einmal anerkannt, akzeptiert und dadurch ermutigt worden sind. Ohne Kontakt geht der Prozeß nicht weiter. Kontakt ist der erste notwendige Schritt und muß bei allen Interventionen aufrechterhalten bleiben.

Zugangfinden. Wenn einmal der Kontakt hergestellt und stabilisiert ist, besteht der nächste Schritt darin, dem Klienten zu helfen, vom Alltagsbewußtsein zur Inneren Achtsamkeit zu gelangen, dieser Vorgang wird „Zugangfinden" *(Accessing)* genannt (vgl. 6. Kapitel). Dafür befolgen wir vier einfache Regeln:

1) Wir sorgen vor allem für eine sichere Situation. Innere Achtsamkeit erfordert, daß die Person entspannt und ihre Aufmerksamkeit nach innen gerichtet ist. Ein Gefühl von Unsicherheit macht es sehr schwierig, sich nach innen zu wenden. 2) Wir stellen Fragen, die nur beantwortet werden können, wenn der Klient seine konkrete momentane Erfahrung beobachtet. Wie die Kontaktaussagen beziehen sich die Zugang suchenden Fragen auf die momentane Situation. 3) Wir gehen langsam vor. Unser langsames Tempo lädt auch den anderen ein, sich Zeit zu lassen. Es fördert die Aufmerksamkeit und schließlich die Innere Achtsamkeit. Das ist der zentrale Punkt des Zugangfindens. 4) Aus dem gleichen Grund gehen wir sanft vor; denn wir fördern die Innere Achtsamkeit, indem wir das Vertrauen in den Therapeuten stärken.

Durcharbeiten in Innerer Achtsamkeit. Wenn wir einmal den Zugang gefunden haben, können wir mit dem Durcharbeiten beginnen. Beim Durcharbeiten in Innerer Achtsamkeit sind wir auf diesen besonderen Bewußtseinszustand angewiesen, um erforschen zu können, auf welche Weise wir uns gegen die spezielle Stärkung versperren, die wir brauchen, und wie wir um diese Barrieren herum Überzeugungen aufbauen, die unsere Erfahrungen und unseren Ausdruck auf schmerzhafte und entmutigende Weise begrenzen. Wir beachten in diesem Prozeßabschnitt vier einfache Regeln:

1. Wir vertiefen die Erfahrung. Das heißt, wir stellen Fragen, die den Klienten im Zustand Innerer Achtsamkeit halten, um diesen zu stabilisieren und mehr Informationen über die Erfahrung bewußtzumachen. Über die längere und achtsame Vertiefung der Erfahrung wird der ganze Einfluß der Überzeugungen und Ereignisse, die diese Erfahrung geformt haben, deutlich. Es liegt in der passiven und offenen Natur der Inneren Achtsamkeit, daß mehr und mehr Aspekte der Erfahrung zum Vorschein kommen.

2. Wenn die Erfahrung tief genug ist, machen wir das Kernmaterial selbst

zugänglich und arbeiten damit, indem wir Techniken wie die „Sonden", Suche nach Bedeutung, Übernehmen usw. anwenden (vgl. 17. Kapitel). Wir beobachten den Zusammenhang dieser Überzeugung mit der Gestaltung der körperlichen Erfahrung. Wir versuchen klar zu verstehen, wie diese besondere Kernüberzeugung zustande gekommen ist und wie sie das Leben des Klienten beeinflußt.

3. Dann probieren wir alternative Überzeugungen aus und untersuchen deren Effekte.

4. Wenn sich eine neue Option als besonders stärkend und befriedigend erweist, beobachten wir, wie sie die gesamte Erfahrung verändert. Ist die neue Überzeugung klar, verwenden wir die restlichen Prozeßphasen dazu, die neue Option zu integrieren und zu stabilisieren und schließlich den Prozeß abzuschließen (vgl. 10. Kapitel).

Arbeiten mit dem Kind. Anzeichen für die Anwesenheit des Bewußtseinszustandes des Kindes können sich zu jedem Zeitpunkt des Prozesses zeigen. Der Therapeut kann an einem solchen Punkt entscheiden, das Kind zugänglich zu machen und mit ihm zu arbeiten. Im Kindzustand ist der Klient sehr offen für Veränderung, wie alle Kinder dafür offen sind. Die Techniken sind einfach und fordern vom Therapeuten, soweit wie möglich wie jeder mitfühlende Erwachsene zu handeln, der einem Kind in einer schmerzvollen oder verwirrten Situation begegnet. Da der Therapeut dabei nicht wie ein Elternteil oder wie sonst jemand, den das Kind kennt, handelt, sondern in einer ansonsten konkreten und ausgesprochen lebhaften Situation auf geradezu mysteriöse Weise erscheint, sehen wir den Therapeuten in der Rolle eines *Magischen Fremden.*

Die Stromschnellen. Dieses Phänomen tritt spontan auf und wird allgemein im Prozeß benötigt, um intensive Gefühle freizusetzen, damit 1) eine notwendige Erleichterung eintritt, 2) emotional stark besetzte Probleme bewußt werden können und 3) Raum für Innere Achtsamkeit geschaffen werden kann. Wenn die emotionale Freisetzung eintritt, geht der Therapeut dazu über, die den Stromschnellen angemessenen Techniken zu benutzen. Diese beinhalten grundsätzlich 1) Unterstützung des spontanen Verhaltens, um 2) dabei zu helfen, mit dem Fluß der Gefühle fertig zu werden und 3) stärkende Aussagen und Handlungen einfließen zu lassen, wobei man 4) negative Implikationen sorgfältig vermeidet.

TAFEL 2: PHASEN DES PROZESSES

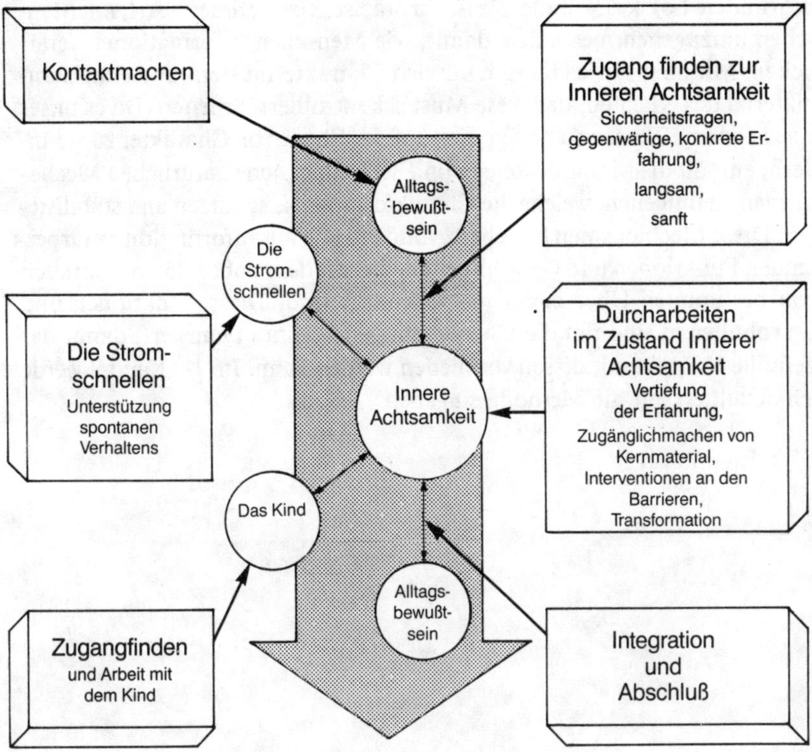

Die Methode

Der Methode liegt eine sehr einfache, auf ein paar vernünftige Annahmen begründete Logik zugrunde. Sie ist ein präzise, klar definierte Art, mit Menschen umzugehen, besonders damit, wie Menschen Informationen verarbeiten. Mit ihrer Hilfe läßt sich mit den Charaktermustern und dem Kernmaterial des Klienten, das diese Muster kontrolliert, arbeiten. Da es unser Ziel ist, dem Klienten zu helfen, sich auf der Ebene von Charakter zu verändern, enthält die Methode Regeln und Techniken, jene natürlichen Mechanismen zu umgehen, welche die Charakterprozesse schützen und stabilisieren. Diese Mechanismen bestehen grundsätzlich aus informationsverarbeitenden Funktionen und Gewohnheiten, die mit dem unbewußten Gebrauch von bestimmten Überzeugungen verknüpft sind. Diese Funktionen und Gewohnheiten sind um die Überzeugungen herum organisiert, damit der gefühlte Kontakt mit diesen vermieden werden kann. Im 12. Kapitel werde ich detailliert auf die Methode eingehen.

II. Teil
Der Prozeß

„Unbeschwert ist richtig.
Beginne richtig, und du bist unbeschwert.
Mache unbeschwert weiter, und du verhältst dich richtig.“

Chuangtse

„Der Weise wirkt durch Nicht-Tun.“ Laotse

5 Die planvolle Verwendung von Bewußtheit

„Bewußtheit ist ein viel kleinerer Teil unseres geistigen Lebens, als wir uns bewußt sind, weil wir uns des Unbewußten nicht bewußt sein können."

Julian Jaynes

„Man errichtet seine Techniken um Richtlinien, welche es dem bewußten Geist erlauben, sich von der Aufgabe zurückzuziehen und alles dem Unbewußten zu überlassen." *Milton K. Erickson*

In der Hakomi-Therapie steuern wir planvoll die Bewußtheit des Klienten. Wir suchen und folgen den Zeichen, die uns über seinen Bewußtseinszustand Auskunft geben. Wir wenden Techniken an, die für den spezifischen Zweck entworfen sind, einem Bewußtseinszustand vor anderen den Vorzug zu geben und diesen zu vertiefen. Das klingt vielleicht hinterhältig, ist es aber nicht; denn der Bewußtseinszustand, den wir vertiefen und unterstützen, ist die Innere Achtsamkeit: der klarste, ruhigste, fruchtbarste und einsichtsvollste Zustand, in dem wir uns selbst beobachten können. Anders als die Hypnose, welche in Milton Ericksons Worten versucht, „. . . dem bewußten Geist zu erlauben, sich . . . zurückzuziehen", ermuntern und unterstützen wir in der Hakomi-Therapie die Verwendung von Bewußtheit. Wir ermuntern aber nicht das Alltagsbewußtsein, sondern die Innere Achtsamkeit.

In beiden Ansätzen, der Hypnose und der Hakomi-Therapie, wird versucht, die Abwehr zu umgehen. Wir wollen „das Radarnetz unterlaufen". Das Alltagsbewußtsein stört den Prozeß der Veränderung, eben weil es alltäglich ist. Das Alltagsbewußtsein blockiert den Zugang zum Unbewußten; es muß das tun. Unbewußt ist alles, was automatisch das Alltagsbewußtsein unterstützt und leitet, ohne es zu unterbrechen. Die Arbeit des Unterbewußtseins wird vor Unterbrechung geschützt, weil es die Landkarte bildet, nach der wir uns orientieren. Es enthält alle unsere falschen Annahmen (*default assumptions*), das Kernmaterial, die unterstützenden Strukturen, lebensgestaltenden Überzeugungen usw., eben das Material, aus dem wir unsere Tage und Wege formen. Das Unterbewußtsein kann nicht gestört werden, während es arbeitet.

Wenn aber, wie in der Ericksonschen Hypnose, der bewußte Geist — das Alltagsbewußtsein — draußen gehalten wird, steht das Unbewußte für direkte Prozesse zur Verfügung. In der Hakomi-Therapie lenken wir den bewußten Geist des Klienten darauf, sich in der Erfahrung zu engagieren anstatt nur in der abstrakten, symbolischen Arbeit von Konversation und Erklärung. Wir verwenden auch kurze Momente von Innerer Achtsamkeit, wenn der bewußte Geist „bloß beobachtet". Wenn man Achtsamkeit auf unsere Art verwendet, unterlaufen wir das Radarnetz. Der Therapeut muß dabei sensibel und sehr beobachtend sein, aber es sind keine Tricks und Täuschungen im Spiel. Nichts an dem, was wir tun, braucht vor dem prüfenden Blick des Klienten verborgen zu werden.

Diese Offenheit fördert Sicherheit und Ehrlichkeit, sowohl beim Therapeuten als auch beim Klienten. Die planvolle Verwendung von Bewußtheit unterscheidet Hakomi-Therapie deutlich von anderen Therapien.

Bewußtseinszustände

Über „Bewußtsein" gibt es eine Menge Literatur und Diskussion. Was immer es ist, es ist mit Sicherheit ein interessantes Thema. Ich glaube, die Arbeiten von Julian Jaynes und Ludwig von Bertalanffy sind ein guter Ausgangspunkt für den, der an dem Thema interessiert ist, obwohl es noch eine Menge anderer wertvoller Werke gibt. Für unseren Zweck genügt es, wenn wir etwas über die besonderen Zustände wissen, an denen wir interessiert sind, hauptsächlich über ihre äußeren Zeichen und ihre Verwendung in der Therapie.

Vier Bewußtseinszustände. Auch wenn es verschiedene andere wichtige Bewußtseinszustände gibt, wie Schlaf, Traum, psychotische Zustände, hypnotische Zustände, Drogenzustände usw., arbeiten wir in der Hakomi-Therapie lediglich mit den vier folgenden: Alltagsbewußtsein, Innere Achtsamkeit, Kindzustand und Stromschnellen. Obwohl ich selber niemals Forschung über diese Zustände betrieben habe (z.B. über die zugehörigen Gehirnwellenmuster), kann man sie als geübter Beobachter problemlos unterscheiden. Ihre reale Existenz wird von einer Vielzahl klinischer Beweise unterstützt. Diese Bewußtseinszustände werden mehrfach in diesem Handbuch erörtert, besonders im 4. bis 10. Kapitel. Innere Achtsamkeit wird ebenso als Prinzip wie auch als Bewußtseinszustand durchgehend behandelt.

Alltagsbewußtsein. Das Alltagsbewußtsein haben wir schon vorher als unser grundsätzliches Arbeitsbewußtsein beschrieben. Es ist zielorientiert fokussiert, meist extern orientiert und durch ein Gewahrsein von Raum und Zeit gekennzeichnet. Als unser grundsätzlicher Handlungszustand wird es von einer gewaltigen Menge von Vorannahmen gestaltet und kontrolliert. Dazu kommen Gewohnheiten, durch die fast alle Handlungen routinemäßig erledigt werden und die auf einer tieferen Ebene das Kernmaterial einschließen, das unserer symbolischen Welt und unserem täglichen Leben die Form und Substanz gibt. Zielorientierungen und Gebundenheit in Raum und Zeit und der praktischen Welt bewirken im Alltagsbewußtsein einen Handlungsstil und ein Tempo, die mit einer sorgfältigen Selbsterforschung und signifikanter Veränderung nicht vereinbar sind. Lernen und Verändern geschehen besser in anderen Zuständen. In der Hakomi-Therapie verwenden wir das Alltagsbewußtsein nur als Ausgangspunkt, zu dem wir immer wieder zurückkehren können.

Die Veränderung der Bewußtseinszustände läßt sich an einigen gut definierten Dimensionen ablesen: Gehirnwellenmuster, Erregungsniveau, Komplexität der symbolischen Struktur, interne oder externe Orientierung, Verarbeitungsschwierigkeiten und Zielorientierung (z.B. beim Spielen, Lernen, Arbeiten, Ausruhen usw.). Obwohl die Forschung darüber (von Ed Wilson und anderen) noch nicht abgeschlossen ist, vermute ich stark, daß beim Übergang vom Alltagsbewußtsein zur Inneren Achtsamkeit das Gehirnwellenmuster sich verlangsamt und regelmäßiger wird. Es trifft mit Sicherheit zu, daß das Erregungsniveau stark ansteigt, wenn die Stromschnellen auftreten; und wenn der Kindzustand auftritt, findet man eine Reduzierung der Komplexität der symbolischen Strukturen. Innere Achtsamkeit ist ein Zustand, in welchem die Person beobachtet und gleichzeitig die Entstehung neuer Orientierung zuläßt. Es ist ein Zustand der Reorientierung. Er ist ruhiger, langsamer und nach innen gerichtet.

Das Gewahrsein von Raum und Zeit unterscheidet sich in jedem dieser Bewußtseinszustände: von der geduldigen, beobachtenden Distanz der Inneren Achtsamkeit zur selbtvergessenen und einfachen Welt des Kindes, von der „biologischen" Zeit der Gefühle in den Stromschnellen bis zu den Terminen und Aufgaben des Alltagsbewußtseins. Auch wenn wir uns in der Therapie explizit darum bemühen, den Zustand der Inneren Achtsamkeit herzustellen und zu fördern, gibt es einigen Grund zu der Annahme, daß

Achtsamkeit immer präsent ist (möglicherweise als der „verborgene Beobachter“, von dem Hilgard spricht).

Äußere Anzeichen

An folgenden Merkmalen kann man die unterschiedlichen Bewußtseinszustände erkennen:

Alltagsbewußtsein: Klient und Therapeut unterhalten sich. Der Klient schaut auf den Therapeuten, wenn dieser spricht, und wartet darauf, zu antworten. Seine Augen sind offen. Der Klang der Stimme ist wie im normalen Gespräch, geschäftsmäßig oder mit wenig Emotionen. Die Interaktion verläuft in dem normalen, für Erwachsene typischen Tempo.

Innere Achtsamkeit: Der Klient schließt gern die Augen. Die Sprache wird weich und langsam. Wenn der Therapeut spricht oder Fragen stellt, bleibt der Klient ruhig, hält die Augen geschlossen und antwortet langsam. Die Augen können unter den Augenlidern flattern (auf- und abwärts, nicht seitwärts.) Achtsamkeit ist ruhig und beobachtend, die Atmung ist leicht.

Kindzustand: Die Stimme wird kindlich und die ganze Sprechweise einfacher. Gesicht und Körper nehmen Ausdruck und Gesten einer viel jüngeren Person an. Schüchternheit und Erstaunen treten auf.

Die Stromschnellen: Der Klient zeigt Erregung und Gefühl, wellenartige Bewegungen des Körpers und angestrengte Atmung.

Hakomi-Therapie richtet sich auf Veränderung der Art und Weise, in welcher der Klient seine symbolische Welt gestaltet. Um das zu erreichen, helfen wir dem Klienten, vom Alltagsbewußtsein in die drei anderen Bewußtseinszustände zu gelangen. Mit Bedacht verwenden wir die Fähigkeit des Klienten, in diesen verschiedenen Bewußtseinszuständen zu sein und von einem zum anderen überzuwechseln.

6 Kontakt

Kontakt bedeutet, mit dem in Berührung zu sein, was bei der anderen Person genau jetzt, genau hier passiert. Es geht darum, Gefühle, Stimmungen, Erregungsniveaus und andere Dinge aufzugreifen. Es bedeutet, mit jemandem zu sein, zuzuhören und sich selbst berühren zu lassen. All dies dient dem *Rapport*. Die Unterhaltung zweier Menschen, die nicht in Kontakt sind, klingt flach, irrelevant, wie zwei Monologe anstatt eines Dialogs. Therapie ohne Kontakt ist nicht möglich. Kontakt geht über den schlichten Austausch von Information hinaus. Die Worte einer Person stellen nur einen Teil des Geschehens dar. Die Qualität des Kontaktes beeinflußt den gesamten therapeutischen Austausch — während der Klient spricht, hörst du zu, beobachtest ihn und demonstrierst, wenn du kannst, in der einen oder anderen Weise, daß du ihn verstehst. Sage nicht einfach, daß du verstehst! *Zeige es!* Finde einen Weg, um es auszudrücken. Dabei mußt du nicht alles verstehen. Es genügt, wenn du die *gegenwärtige Erfahrung* des Klienten erfaßt. Du sagst oder tust etwas, das deutlich macht, daß du aufmerksam bist und dem folgst, was vor sich geht, daß du gehört und verstanden hast.

Du folgst nicht nur der Bedeutung der Worte des Klienten. Worte sind in der Tat zweitrangig. Primär ist die Erfahrung des Klienten. Kleine, schnelle Veränderungen im Gesichtsausdruck und der Stimmqualität verraten dir das. Gesten, Bewegungen, Haltungsveränderungen reflektieren die gefühlten Erfahrungen, und oft verraten sie mehr über das Geschehen als Worte.

Wenn der Therapeut eine einfache direkte Aussage über die gegenwärtige Erfahrung des Klienten anbietet, ohne zu interpretieren, dann ist das eine Kontaktaussage: „Traurig, hm?“ Die Aussage muß in einer Art getroffen werden, welche dem Klienten genügend Raum zum Neinsagen läßt. Der Therapeut muß bereit sein, sich zu irren. Das ist eine wichtige Bedingung für eine Kontaktaussage. Schließlich wollen wir keine Erklärung oder Theorie anbieten. Und wir stellen auch keine Fragen. Wir versuchen zu zeigen, daß wir der Person und ihrer Erfahrung gewahr sind. In dieser Situation kannst du keinen Streit darüber beginnen, wer recht hat. Es ist die Erfahrung des Klienten. Der Klient hat automatisch recht. Sogar, wenn du dir sicher bist, daß der Klient traurig ist, wenn seine Tränen strömen — wenn er das verneint, gibt es darüber keinen Streit. Wie es im *Taoteking* heißt: „Es ist besser, sich eine Meile zurückzuziehen, als einen Fingerbreit zu gewinnen." Es ist besser, Kooperation zu erreichen und Sicherheit zu schaffen, als in einem dummen kleinen Punkt recht zu behalten.

Der Sinn des Kontakts

Das Aufbauen eines Zwei-Personen-Prozesses. Die Verwendung von Kontaktaussagen dient verschiedenen Zwecken. In erster Linie stellen sie eine besondere Art von Interaktion zwischen Klient und Therapeut her. Sie machen einen Zwei-Personen-Prozeß aus zwei Menschen. Sie erlauben dem Therapeuten, Teil der Welt des Klienten zu werden, in seinen Prozeß einzutreten und daran teilzuhaben.

Hier ist ein einfaches Beispiel: Ich arbeite in einem Lebenshilfezentrum, und eine Frau kommt herein. Sie redet sehr schnell. Sie sieht sehr ängstlich aus und klingt auch so. Ich sitze an meinem Schreibtisch, sie setzt sich in einen Stuhl daneben und redet ohne Unterbrechung über Autos auf der Straße und Kinder, die dort spielen, und daß die Straße in eine Spielstraße umgewandelt werden soll und so weiter und so fort. Ein langer, großer Satz. Sie schaut mich niemals an. Sie spricht auf eine sehr erregte Weise mit dem Fußboden. Sie scheint keine Antwort von mir zu erwarten. Sie redet immer weiter, so als ob sie mit sich selbst spräche. Nach langer Zeit hält sie einen Moment an, um Atem zu schöpfen. An diesem Punkt sage ich: „Du fürchtest dich, hm?" Und sie schaut mich an und blickt mir in die Augen, bis ein Teil von ihr befriedigt ist, und dann antwortet sie leise: „Ja, ich fürchte mich." Jetzt spricht sie zu mir, und ich spreche zu ihr. Wir haben Kontakt.

Den Prozeß weiterbringen. Kontakt bringt den Prozeß weiter, da sich der Klient verstanden fühlt. Auch in einer alltäglichen Unterhaltung erlaubt das Gefühl, verstanden worden zu sein, dem Sprecher, sich dem nächsten Thema zuzuwenden, das er vermitteln möchte. Jedes Fehlen von Verständnis wird ihn dazu veranlassen, denselben Punkt noch einmal auf andere Weise zu wiederholen oder einfach aufzugeben. In der Therapie muß der ganze Prozeß weiterbewegt werden: vom Kontakt zum Zugangfinden, zum Durcharbeiten usw. Erfahrung muß erst gefühlt, dann klar gemacht, dann schließlich ausgedrückt und verstanden werden. Eine Kontaktaussage wie „Traurig, hm?" macht es vielleicht schon möglich, daß eine leichte Traurigkeit zu einem starken Gefühl werden und freien Ausdruck finden kann.

Indem du dein Wissen um die Traurigkeit zeigst und sie akzeptierst, gibst du ihr den Raum zur Entfaltung.

Den Klienten entspannen. Für einige Menschen, insbesondere solche, die sich mißverstanden fühlen, bieten gute Kontaktaussagen Trost und Entspannung. Sie lassen den Klienten wissen, daß er nicht allein ist, daß noch jemand da ist, der ihm einiges von der Mühe abnehmen kann, die es bedeutet, in der Situation zu bleiben. Gewissermaßen zeigt der Therapeut dem Klienten: „Ich kenne die Straße; du kannst mir ruhig auch einmal das Steuer überlassen."

Aus dem System springen. Es ist wichtig, deine Aufmerksamkeit nicht auf den Inhalt der Unterhaltung zu beschränken. Du mußt auf Nuancen, Gesten und ein Dutzend anderer Dinge achten, welche im wesentlichen außerhalb des Inhalts der Unterhaltung (und außerhalb des Bewußtseins des Klienten) geschehen. Wenn das System des Klienten darin besteht, über sich selbst zu reden, mußt du aus diesem System herausspringen können, um die Interaktion in den Gesamtprozeß einzufügen.

Kontaktaussagen werden verwendet, um den Klienten mit dem in Berührung zu bringen, was außerhalb seines Gewahrseins vor sich geht. Die Traurigkeit, die du bemerkst und erwähnst, könnte bisher nur an der Peripherie des Bewußtseins gelegen haben. Durch deine Bemerkung ergibt sich die Möglichkeit, aus dem bisherigen Fokus der Bewußtheit des Klienten in etwas hineinzuspringen, was er verpaßt hat. Die Leute machen Erfahrungen und drücken sich aus, und ein Teil davon geschieht bewußt, anderes unbewußt. Oder es ist einen Moment lang bewußt und dann nicht mehr. Es könnte etwas ganz Charakteristisches für sie sein, etwas Gewohnheitsmäßiges, und voller Information über sie. Eine Kontaktaussage kann diese Information ins Bewußtsein bringen und zu etwas machen, mit dem du arbeiten kannst.

Daher bringen Kontaktaussagen den Klienten in Berührung mit sich selbst. Aber *du* mußt den Sprung machen. Du als Therapeut mußt den Sprung von der Hauptstraße der fortlaufenden Unterhaltung auf die reichen und fruchtbaren Grenzgebiete des Augenblicks machen.

Du selbst. Schließlich mußt du auch beim Kontaktmachen deine eigenen Reaktionen auf diese Person spüren und entdecken, wie du sie erfährst. Bist du gelangweilt oder interessiert, ärgerlich, traurig oder was sonst? Deine Erfahrung ist dein Grund und dein sicherster Bezugspunkt, sie ist deine Basis. Überprüfe sie also ab und zu. Besonders, wenn du die Orientierung verlierst oder verwirrt wirst, geh zu deiner Erfahrung und dazu, was bei dir passiert. Mach Kontakt mit dir selbst.

Timing

Die meisten unserer Erfahrungen laufen nur durch das Kurzzeitgedächtnis. Im nächsten Moment sind sie verloren, wenn Gedanken und Gefühle und Empfindungen weitereilen. Wenn eine Person auf eine Äußerung von dir oder selbst auf eigene Gedanken antwortet*, kann diese Reaktion für das Bewußtsein nur einige wenige Sekunden verfügbar sein. Dann ist sie verblichen und verschwunden, wie der Traum der letzten Nacht am Mittag. Wenn du darauf fokussieren willst, mußt du eine Kontaktaussage innerhalb der ersten ein oder zwei Sekunden schaffen.

Ich fuhr einmal mit einer Freundin, die seit sechs oder sieben Jahren Aikido lernte, nach Albuquerque. Sie war ganz ruhig und entspannt, als plötzlich links hinter uns ein lautes Krachen ertönte. Als Antwort brachte sie einfach ihre linke Hand auf Höhe ihres Bauches, streckte sie mit der Handfläche nach unten flach aus und wandte ihren ganzen Körper ohne Eile dem Krachen zu.

Diese Bewegung dauerte fast fünf Sekunden. Sie war anmutig und gefaßt, ein herrliches Beispiel des Sichhineinwendens in die Energie, was man im Aikido *irimi* nennt. Fasziniert beobachtete ich sie. Ich sprach sie vielleicht dreißig Sekunden lang nicht an. Dann fragte ich, ob sie wüßte, was sie als Reaktion auf das Krachen getan hatte. Sie konnte sich überhaupt nicht erinnern. Sie war auf unsere Unterhaltung fokussiert und nicht ihren eigenen schönen Bewegungen gefolgt. Jahre des Trainings waren da hineingeflossen und zur Routine geworden. Wenn ich aber im ersten Augenblick gesagt hätte: „Du machst ein bißchen Aikido, hm?“, wäre der ganze Vorgang in ihr Bewußtsein geflutet und wahrscheinlich von einem Lächeln der Selbsterkenntnis begleitet worden.

* *Reaction* und *response* sind im Deutschen in dieser genauen Unterscheidung nicht wiederzugeben. Die Unterscheidung zwischen einer unbewußten, reflexartigen Reaktion und einer bewußt wahrgenommenen Antwort *(response)* ist ein wesentliches Merkmal der Hakomi-Therapie. In diesem Buch bezieht sich eine (kursiv gedruckte) *Antwort* immer auf diese Bedeutung von *response*.

Interaktion

Ebenso wie die beiden Aspekte Inhalt und Form die Erfahrung des Klienten bestimmen, existieren sie auch in der Interaktion zwischen Klient und Therapeut. Der Inhalt bleibt gewöhnlich Figur, während die Form Teil des Hintergrundes ist. Vom Inhalt sammeln wir Informationen über Sorgen und Verhalten der Klienten, aber die Form der Interaktion bestimmt den Verlauf der Therapie.

Inhalt. Über den Inhalt erfährst du die Geschichte der Klienten. Sie erzählen über sich selbst. Manchmal. Manchmal sitzen sie auch nur da. Manchmal weinen sie. Aus dem Zuhören erfährst du etwas über Symptome, Unbehagen oder Probleme. Du kannst diese als Ausgangspunkt für einen „Fischzug" verwenden. Das heißt, du kannst den Vertiefungsprozeß beginnen, indem du aus dem Material, das sich präsentiert, Köder für näher am Kern liegendes Material fertigst.

In diesen frühen Phasen des Prozesses stellst du einige für dich interessante Punkte fest. Während du dich für die Stimmqualität, die Körperstruktur, die Kopfform, die Haltung, die Haut interessierst, lernst du auch etwas über die Vorstellungen, Überzeugungen, Annahmen und Ereignisse im Leben des Klienten. Bei der Entscheidung, worauf du fokussieren möchtest, ist es gut, deinen natürlichen Interessen zu folgen. Das Offensichtlichste ist oft der beste Ausgangspunkt.

Form. Die Form des Austausches wird auf einer *metakommunikativen* Ebene festgelegt, außerhalb des Systems, welches den Inhalt bildet. Sie schlägt sich in den kleinen Dingen nieder. Diese sind sehr wichtig und werden oft nicht bemerkt oder kommentiert. Und doch prägt diese externe Struktur den Ausgang der Therapie und bestimmt sie in großem Ausmaß. Ich meine Dinge wie zum Beispiel, wer zuerst spricht, wer unterbricht, wer wo sitzt, wessen Zimmer das ist — all die kleinen Gesten und außersprachlichen Geschehnisse, die den Kommunikationsfluß kontrollieren und still dokumentieren, wie wir gegenseitig über uns denken und welche Art von Beziehung wir haben werden.

Beim Kontakt werden folgende acht wichtigen Aspekte der therapeutischen Interaktion eingeführt:

1. Validierung und Unterstützung
2. Selbstregulation

3. Sicherheit und Schutz
4. Der Körper als Teil der Therapie
5. Die Rolle des Therapeuten
6. Verwendung von Berührung
7. Verwendung der Inneren Achtsamkeit
8. Der Ausdruck von Gefühlen

Validierung und Unterstützung. Indem du anzeigst, daß du zuhörst, validierst du den anderen. Du sagst mit deiner Aufmerksamkeit, daß du die Realität der Erfahrung des anderen erkennst, daß du bereit bist, ihm Raum zu geben, alles über sich herauszufinden, indem er dir Teile von sich zeigt. Du wertest diese Teile nicht ab oder ignorierst sie, wie andere das sehr wohl getan haben mögen. Indem du etwas über die Stimmung, die Gefühle des anderen sagst, machst du sie zu Themen, über die man reden kann, während du ihnen zur selben Zeit eine gemeinsame Realität verleihst. Eine Aussage wie: „Du scheinst mir ein wenig nervös zu sein", die ohne Wertung angeboten wird und die den Rhythmus der Darstellung des anderen nicht unterbricht, ist eine Möglichkeit, Gefühle real zu machen. Es ist in Ordnung, sie zu haben und darüber zu sprechen. Oft braucht der Klient Erlaubnis dafür, offen über alles sprechen zu können, was besprochen werden muß, und seine Gefühle zeigen zu können, welcher Art sie auch sein mögen.

Selbstregulation. Indem du mit allem mitgehst, was bei deinem Gegenüber passiert, indem du ihn so sein läßt, wie er ist, indem du ihn unterstützt, daß er die Führung übernimmt, wenn er will, vermittelst du, daß es in Ordnung ist, daß er sein eigenes Leben lebt und beginnt, Vertrauen in sich selbst aufzubauen. Der Verlust des Kontaktes zu sich selbst und des Vertrauens in den eigenen Prozeß hat zu seinen Problemen geführt. Also nimm ihn an, wie er ist. Wenn er schweigt, beziehe dich auf seine Stille: „Es ist schwer, darüber zu sprechen, nicht wahr?" Diese Art von Reaktion erleichtert es ihm, wieder mit dem Sprechen zu beginnen. Sein eigenes Bedürfnis danach, mit dem Prozeß weiterzukommen, kann warten. Geh und triff ihn, wo er ist. Denk dir dabei, du machst einen „Hausbesuch".

Sicherheit und Schutz. Da der Klient in der Therapie die Aufgabe hat, tief in sich hineinzugehen und den Kern seines Selbst zu finden, besteht ein großer Teil der Aufgabe des Therapeuten darin, dem Klienten die dafür nötige Sicherheit zu bieten. Die höchste Verantwortung des Therapeuten lautet: „Schütze die Seele!" Du tust das nicht nur, indem du sicher, nicht wertend, akzeptierend usw. bist, sondern indem du auch in der äußeren Situation für

Sicherheit sorgst, die Tür geschlossen und den Lärm niedrig hältst und in einer Gruppe die Teilnehmer instruierst, ebenfalls nichtwertend zu sein. Du mußt unter Umständen auch die Person gegen sich selber schützen, indem du in keiner Weise mit ihrem Spott, ihrer Selbstverachtung, ihrer Selbstbewertung übereinstimmst. Die Regel ist: Sicherheit zuerst, und keine Gewalt gegen Körper und Geist.

Der Körper als Teil der Therapie. Indem wir über den Körper sprechen und ihn anschauen, beginnen wir, ihm einen Platz in der Therapie einzuräumen. Die Vorstellung, daß der Körper das geistige Leben spiegelt, ist für viele Menschen neu oder fremd. Daher muß unsere Art der Arbeit mit dem Körper frühzeitig deutlich werden. Indem wir die Interaktion von Geist und Körper einführen, können wir auch den Bereich der Therapie erweitern und Ernährung, Bewegung, Massage, Übungen usw. dort einbeziehen, wo es notwendig ist. Wenn man den Körper direkt am Anfang in die Arbeit einschließt, ermöglicht man eine langfristige ganzheitliche Perspektive.

Die Rolle des Therapeuten. Sowie sich in der Kontaktphase die Beziehung zu definieren beginnt, schält sich auch die Rolle des Therapeuten heraus. Deine und des Klienten Vorstellungen über die Wirklichkeit können sich unterscheiden. Die Tätigkeit des Therapeuten umfaßt ein weites Gebiet, aber seine Rolle kann einfach die eines „Führers" sein. Die Kontaktphase ist ein möglicher Zeitpunkt, um die Unterschiede in den Rollenerwartungen aufzugreifen und zu besprechen.

Berührung. Viele Therapien verwenden Berührung. Aber in der Psychoanalyse und der akademisch begründeten Psychotherapie ist es üblich, Berührung zu vermeiden. Die Therapeuten dieser Richtungen glauben, daß mit Berührung etwas „Unmoralisches" verbunden ist. Ich habe den Eindruck, daß Berührung für sie grundsätzlich eine sexuelle Bedeutung hat. (Dieses ganze Thema riecht nach autoritärem Unsinn und nach der törichten destruktiven Vorstellung, daß wir alle getrennt sind und so bleiben müssen.) Nicht zufällig leben wir zum größten Teil in einer berührungsarmen Kultur, und diese erzwungene Getrenntheit dient auch noch dazu, die ungezähmte Gier unseres Systems zu rechtfertigen, die viele als normal empfinden.

Das ist die Kehrseite der Medaille. Wenn wir Berührung positiv sehen, kann sie ein sehr wichtiger Ausdruckskanal werden. Wir berühren einander sowohl emotional als auch körperlich. Es gibt keine bessere Art und Weise, Kontakt herzustellen. Die Hand auf dem Rücken, Händeschütteln zur Begrüßung, kleine Knüffe und Streicheleien vermitteln dem Teil von uns, welcher schweigend zuhört, genau, was zwischen uns vor sich geht. Daher ist es wichtig, frühzeitig klarzumachen, daß Berührung in Ordnung ist, und von vornherein soviel wie möglich durch Berührung auszudrücken. Einige Menschen sind natürlich ein wenig scheu in bezug auf Berührung, und wir müssen ihre Scheu respektieren.

Verwendung der Inneren Achtsamkeit. Dieses ist das wichtigste Werkzeug, mit dem der Klient sich selbst entdecken und in die Gestaltung seiner Erfahrungen hineintauchen kann. Oft lautet die erste Aufgabe, die ich dem Klienten stelle: „Was erlebst du, wenn . . .?“ Wichtige Techniken entwickeln sich aus dieser Verwendung von Innerer Achtsamkeit als therapeutischem Werkzeug. Ihre Bedeutung kann nicht oft genug betont werden.

Der Ausdruck von Gefühlen. Natürlich müssen wir dem Klienten vermitteln, daß es in Ordnung ist, starke Gefühle zu haben und auszudrücken — besonders solche Gefühle, die als „schlecht“ betrachtet werden, wie Ärger, Haß, Neid usw. Dieses sind Bereiche der Persönlichkeit, Talente, natürliche Produkte unserer menschlichen Natur. Wir haben ein Recht auf sie ebenso wie auf ihr Gegenteil und alle anderen Gefühle. Unterstütze und akzeptiere jedes Gefühl und jeden Ausdruck. Mach es einfach ungefährlich und befriedigend.

Energetisierung

Effektive Gruppenleiter und erfolgreiche Therapeuten wissen, wie man die Energie findet und wie man sie erhöhen kann, wenn sie niedrig ist. Das Ladungsniveau eines bestimmten Themas oder einer bestimmten Aussage sollte einer der Hinweise sein, die du automatisch registrierst. Hochgeladene Themen und Überzeugungen sollten aufgegriffen werden. Indem du ihnen Raum und ein wenig besondere Aufmerksamkeit schenkst, gibst du der Arbeit, die getan werden muß, Raum.

Am einfachsten verwendet man die zur Verfügung stehende Energie, indem man auf sie fokussiert, wenn sie hervorkommt, und dann gleich mit ihr arbeitet. Das zur Verfügung stehende Energieniveau bestimmt die Form der Arbeit. Niedrige Erregungsniveaus führen zu Gedanken und Phantasien, während höhere Niveaus zu Gefühlen und schließlich motorischen Reaktionen und Handeln führen. Fritz Perls betrachtet das als den einzigen Unterschied zwischen Phantasien und Handlung. Dabei brauchst du nichts zu tun, um die Energie künstlich zu heben: „*The emergency emerges*" (Not nötigt), sagte Fritz Perls.

Einbindung des Unbewußten. Es gibt einige Schlüsselaussagen, welche bei bestimmten Menschen Energie schaffen und sie mit dem normalerweise unbewußten und schweigenden Teil ihres Seins in einen direkteren und erregteren Kontakt bringen. Eine Aussage wie: „Nimm dir all die Zeit, die du willst!", die man jemandem anbietet, der sich immer herumgestoßen und angetrieben fühlt (und dessen Körper die Auswirkungen davon zeigt), wird Interesse und Energie hervorbringen. Wenn man die Charaktertypen kennt und den Körper hinsichtlich Geschichte und Überzeugungen liest, kann man die Art von Aussagen entdecken, die bei den verschiedenen Arten von Menschen Wirkung zeigen. Was immer du vom Unbewußten hältst, es ist gut, es auf deiner Seite zu haben und an der Therapie teilnehmen zu lassen.

Weiße Magie. Manchmal hilft es auch, ein oder zwei Tricks zu zeigen, um den Klienten zu verblüffen. Etwa in der Art von: „Ich sehe, daß du ein Einzelkind bist" oder: „Selbstmordgefährdet, hm?" Wenn dir so etwas einfällt, nachdem du einen Menschen nur kurz angeschaut hast, ist er gewöhnlich interessierter an der Situation und bereitwilliger, mit dir zu arbeiten. Paß aber auf! Du könntest mehr Vertrauen in deine Talente setzen und mehr Erwartungen hervorrufen, als du rechtfertigen kannst.

Vom Kontakt zum Zugang

Der Prozeß des Kontaktmachens geht ganz natürlich in den Prozeß des Zugangschaffens zu den flüssigeren, tieferen Aspekten des Menschen über. Kontakt ist der Beginn des Zugänglichmachens. Wir bewegen uns vom Spurenlesen und Schritthalten mit der Person, vom Folgen und Validieren dahin, ein bißchen zu raten, ein paar Vorschläge zu machen, und langsam zur Lenkung der Bewußtheit. Die Techniken des Zugänglichmachens gleichen denen der Hypnose, wie sie etwa von Milton Erickson durchgeführt werden. Sein Artikel über *Utilization Techniques* ist sehr empfehlenswert.

Die Lenkung der bewußten Wahrnehmung. Beim Zugänglichmachen ist ein guter Ansatz das „kleine Experiment". Wir verwenden Techniken wie „Sonden", körperliche Interaktionen, Berührung usw., aber immer im Zusammenhang mit: „Wessen bist du gewahr, wenn . . .?" oder „Was passiert, wenn . . .?" Die Haupttechnik besteht darin, Fragen zu stellen, die das Bewußtsein dazu veranlassen, nach innen zu gehen, oder Fragen zu stellen, die eine innere Validierung verlangen („Fühlt sich das richtig an?"), oder darin, die Bewußtheit auf den Körper oder das Gefühl zu lenken. Durch die Lenkung übernimmt der Therapeut eine aktivere Rolle als durch Validierung und begibt sich in eine Position, von der aus er den Prozeß führen und dem Klienten dabei helfen kann, nach innen in die besonderen Bewußtseinszustände zu gehen, wo Therapie stattfindet.

Einige Übungen

Es folgen ein paar Übungen, die dir dabei helfen können, mit dem Kontaktmachen vertraut zu werden.

„Meinst du . . .?" In dieser Zweierübung, die von Virginia Satir entwickelt wurde, bietet eine Person einen Satz an, der eine typische Aussage für einen Klienten in der Therapie sein könnte oder der tatsächlich für die übende Person wichtig ist. Das Gegenüber stellt dann eine Reihe von Fragen, die alle mit: „Meinst du?" beginnen, und versucht, die Bedeutung der Aussagen der ersten Person zu umschreiben oder zu raten. Der erste antwortet nur mit Ja und Nein. Es handelt sich hier nicht um Unterhaltung; es ist ein Validierungsprozeß. Natürlich machen wir Kontakt, wenn ich etwas frage und die Bedeutung der Antwort verstehe. Drei „Jas" bei jeder Aussage sind gut. Mach dir keine Sorgen darüber, wie viele „Neins" du zu hören bekommst.

Aktives Zuhören wird in dem Buch *Familienkonferenz* von Thomas Gordon in dem Kapitel „Wie man zuhört, damit Kinder mit einem sprechen" beschrieben. Es ist eine sehr gute Übung, um Kontaktmachen zu lernen. Du antwortest mit Aussagen, welche zeigen, daß du verstanden hast, wie die Erfahrung des anderen ist, ohne Wertung und ohne die Autoritätsperson zu spielen. Z. B.: „Ich habe mich in den Finger geschnitten!" Antwort: „Tut weh, was?" Nicht: „Mensch, war das blöd" oder: „Laß mal sehen, ich bring' das in Ordnung."

Schließlich gibt es ein sehr lesenswertes Buch mit dem Titel *Metasprache und Psychotherapie. Die Struktur der Magie* von John Bandler und Richard Grinder. Ihre Techniken sind nützlich, um mit verbalem Material zu arbeiten, indem man Fragen stellt, die den Menschen nach innen wenden. Es ist ein verbaler Ansatz zum Zugänglichmachen. Die Betonung liegt auf klärenden Aussagen, bis ein deutliches Bild vorgestellt werden kann.

7 Zugangfinden

In diesem Kapitel werden die Techniken und Prinzipien des Zugangfindens oder Zugänglichmachens *(Accessing)* beschrieben. Dieser Begriff stammt aus der Informatik und beschreibt die Operationen, die gespeicherte Informationen zugänglich machen. Zugänglichmachen erschließt den Weg zu Informationen, die sonst nicht direkt zur Verfügung stehen. Für uns bedeutet das oft, den Klienten von einem Bewußtseinszustand in einen anderen zu bringen. Wir verwenden die Techniken des Zugänglichmachens, um dem Klienten beim Übergang vom Alltagsbewußtsein zur Inneren Achtsamkeit oder zum Kindzustand zu helfen. Im Zustand der Inneren Achtsamkeit vertiefen wir den therapeutischen Prozeß, indem wir Kernmaterial zugänglich machen.

Die Informationen, die wir in der Psychotherapie suchen, sind solche Überzeugungen, Gewohnheiten und Erinnerungen, welche die Reaktionen des Klienten motivieren und gestalten — das Kernmaterial. Diese Information ist gewöhnlich nicht bewußt oder steht dem Bewußtsein nicht zur Verfügung. Der Kern trägt zur Gestaltung der Bewußtseinsinhalte bei, während er selbst außerhalb des Bewußtseins bleibt. Gerade schmerzhaftes Material kann mit Hilfe starker Gewohnheiten unbewußt gehalten und systematisch vermieden werden. Dennoch formen diese Informationen unser emotionales Leben und verleihen ihm einen bestimmten Sinngehalt. Sie haben sowohl symbolische als auch emotionale Wirkung, Sie *benennen* unsere Erfahrungen und bestimmen, wie wir mit den Grundelementen unserer Existenz zurechtkommen. Derartige Informationen sind unter verschiedenen Bezeichnungen bekannt. Karl Popper nennt sie den „intuitiven Glauben". Joseph Campbells „mythische Bilder" sind ein weiteres Beispiel. Mir gefallen beide Begriffe. „Intuitiver Glauben" verweist auf den nonverbalen, nichtobjektivierten Zustand dieser Information. Sie ist intuitiv und nicht verbal. Sie wird gefühlt oder empfunden und nicht gedacht. Dennoch wirkt sie gleichzeitig handlungsleitend. Daher stellt sie tatsächlich auch einen Glauben dar. Als handlungsleitende, nichtverbale Struktur kann sie in Form von Bildern oder Erinnerungen gespeichert werden, was stark auf ihren Ursprung in der rechten Gehirnhälfte hinweist. Diese Bilder gestalten

Erfahrung. Sie verdichten Situationen, Gefühle, Beziehungen und Entscheidungen. Sie strukturieren die verschiedenen Kombinationen von Einstellungen, die wir bei anderen und uns selbst spüren, sowie unsere gewohnheitsmäßigen Reaktionen auf diese. Wie Bilder in einem Traum werden sie verdichtet und symbolisiert, kompakt und rätselhaft.

Zu diesen tiefsten intuitiven Überzeugungen, den mächtigsten Motivatoren des Verhaltens, den „Lebensmythen", den persönlichen Mythen, welche wir meistens nicht bewußt kennen, wollen wir Zugang finden. Wir können sie uns zwar mehr oder weniger leicht ins Bewußtsein rufen, aber wir haben sie noch nicht mit Achtsamkeit untersucht. Sie sind nicht klar verbalisiert worden und können deshalb nicht hinterfragt oder bezweifelt werden. Und was nicht bezweifelt werden kann, steht auch nicht für Veränderung zur Verfügung. Nur Worte können bezweifelt werden, und deshalb müssen diese Überzeugungen ins Bewußtsein gebracht und verbalisiert werden. Anders ändern sie sich nicht.

Zum Beispiel verläuft die gewohnheitsmäßige Anspannung bestimmter Muskeln als Reaktion auf einen Gedanken fast immer außerhalb der bewußten Wahrnehmung. Nichtsdestoweniger kann ein Therapeut diese Muskelspannung schon dadurch, daß er auf sie hinweist, in das Gewahrsein bringen. Schwieriger ist es, jene Erinnerungen und Überzeugungen zu Bewußtsein zu bringen, die diese Spannungsgewohnheiten ursprünglich schufen und noch immer aufrechterhalten. Und das ist die Information, zu der wir Zugang finden wollen.

Es gibt keine Möglichkeit, diese Information im Alltagsbewußtsein zu erhalten. Man kann nicht mit dem Fahrer sprechen, während der Bus fährt. Man kann einen Motor nicht auseinandernehmen, während er läuft. Keine Information, die eine bestimmte Operation kontrolliert, kann geändert werden, während diese Operation im Gang ist. Das ist eine unumstößliche Computerregel und trifft auch für menschliche Operationen zu. Computer und wir selbst könnten auf keine andere Weise funktionieren. Deshalb brauchen wir die Innere Achtsamkeit, einen Bewußtseinszustand, in dem alle unsere „Operationen" aufgehoben sind. Im Zustand Innerer Achtsamkeit tun wir nichts. Wie das Staunen eines Kindes, das offen ist und nichts Besonderes tut. („Wo bist du hingegangen?" „Weg." „Was hast du gemacht?" „Nichts.") Dieses kindhafte „Nichts" öffnet uns die innere Welt.

Du kannst keinen Zugang zu Menschen finden, wenn sie beschäftigt sind. Der beschäftigte Geist erlaubt keinen Zugang zu seinen Annahmen und Überzeugungen. Er beantwortet keine Anrufe. So pflegte mein alter Freund Junior Peacock den Drogenzustand zu beschreiben: „Keiner geht ans Telefon!" Der beschäftigte Geist benutzt das System seiner Annahmen und

Überzeugungen als Operationsbasis. Es ist gefährlich, dieses System verändern zu wollen, während du mit etwas anderem beschäftigt bist. Du kannst keine Leiter auseinandernehmen, wenn du in zehn Metern Höhe auf ihr stehst. Dein Überzeugungssystem ist vor Eingriffen geschützt, wenn du mit fortlaufenden, externen Vorgängen beschäftigt bist und deine Aufmerksamkeit nach außen und auf ein Ziel gerichtet ist. Um zu Charakterinformationen Zugang zu finden, müssen wir wenigstens für den Augenblick aufhören, uns charakteristisch zu verhalten.

Derartige Informationen stehen nur in besonderen Bewußtseinszuständen zur Verfügung. Wir alle kennen deren Eigenschaften. Wir alle haben sie erfahren: ... einfach nur dasitzen ... den Blick wandern lassen ... das Staunen der Kindheit ... In diesen Zuständen sind Überzeugungssysteme auf eine sehr besondere Weise und nicht nur dem logischen Geist zugänglich. Sie sind keine Thema für Erörterung. Bewußtseinszustände wie Staunen und Achtsamkeit sind nicht intellektuell geprägt. Es sind Zustände, in denen unser Kontakt mit der reinen Erfahrung sehr stark ist. Unsere lebensgestaltenden Überzeugungen sind dann für uns sehr real, und genau das ist der Punkt, an dem sie zur Verfügung stehen: wenn sie als real gefühlt werden, wenn sie *gefühlte Realität* sind. Eugene Gendlin verwendet daher auch den Begriff „*felt sense*".

Lebensgestaltende Überzeugungssysteme entstehen nicht einfach als philosophische Standpunkte. Sie treten nachdrücklich, mit der gesamten emotionalen Ladung auf, die sie erzeugte. Menschen sagen nicht beiläufig mit ruhiger Stimme: „Nie hat mich jemand geliebt." Wenn das ein realer Teil ihrer Überzeugung ist, tritt er nicht so sanft zutage. Er wird von kaum erträglichem Kummer begleitet. Das ist gefühlte Realität. Verwechsle nicht die Erörterung von Philosophien mit dem Zugang zu einem Überzeugungssystem!

Es gibt vielfältige Möglichkeiten, in diese anderen Bewußtseinszustände zu kommen: rituelles Tanzen, Yoga, Hypnose, Dichtung, Kunst, Mythologie, Musik, Drogen, rituelle Zeremonien, Meditation. Es sind Wege, sich auf die inneren Signale zu konzentrieren, während das Hintergrundgeräusch gesenkt wird (vgl. 13. Kapitel). Wenn du Menschen helfen willst, sich von Grund auf zu verändern, mußt du ihnen zunächst den Einstieg in diese besonderen Zustände verschaffen. Du mußt ihnen helfen, Zugang zu finden. Sobald sie Zugang gefunden haben, können sie weitermachen und durcharbeiten, was immer auftaucht. Sie können auch, wenn sie innerlich achtsam sind, davon Notiz nehmen, wie sie von dem beeinflußt werden, was nach oben kommt. Sie können das beobachten, während es passiert. Ich habe das „Zeuge sein" (*Witnessing*) genannt. Es gibt spezifische Techniken in der Hakomi-Therapie, die Zugang schaffen, die Innere Achtsamkeit herbeiführen und den Zeugen hervorrufen.

Fritz Perls schaffte Zugang, indem er die Klienten aufforderte, im Hier und Jetzt zu bleiben, und sie dann auf Dinge hinwies, die am Rande ihres Gewahrseins geschahen. Er hielt seine Klienten in einer leichten Trance, oder anders herum, er hielt sie ein wenig aus dem tranceartigen Leersein heraus, in dem wir uns gewöhnlich befinden. Milton Ericksons Zugangstechniken grenzten ans Wunderbare. Eugene Gendlin hat eine sehr simple und recht effektive Zugangstechnik, die er *Focusing* nennt und die er in seinem Buch mit dem gleichen Titel beschreibt. Die Zugangstechniken, die hier verwendet werden, enthalten als wesentliche Eigenschaften die Aufrechterhaltung des bewußten Gewahrseins und der Erinnerung, und sie bewegen sich immer innerhalb eines Rahmens, den der Klient selbst festlegt und der ihm Wahlmöglichkeiten läßt. Diese Eigenschaften stimmen mit dem Prinzip der Inneren Achtsamkeit und der Gewaltlosigkeit überein, die den Prozeß übergreifend vor und nach der Zugangsphase leiten.

Prinzipien des Zugangfindens

Wenn du die folgenden vier wichtigen Regeln des Zugänglichmachens im Gedächtnis behältst, übst und zur Gewohnheit werden läßt, wirst du ohne Schwierigkeiten Zugang schaffen können.

Sicherheit. Sorge zuerst für eine sichere Situation. Du mußt bei den Menschen, mit denen du arbeitest, ein Gefühl von Sicherheit schaffen oder ihnen bei der Herstellung einer sicheren Situation helfen. Wenn sie sich nicht sicher fühlen, können sie ihre Aufmerksamkeit nicht von den äußeren Gegebenheiten abwenden; sie werden der Außenwelt nicht genug trauen, um nach innen zu gehen. Wenn sie sich nicht sicher fühlen, werden sie dich immer mit einem Auge beobachten. Du mußt als Person für den Klienten einen ungefährlichen Ort darstellen. Er muß sich sicher genug fühlen, um Zielgerichtetheit, den Ablauf der Zeit und die bewußte Wahrnehmung der Umgebung loszulassen und nach innen zu gehen. Wann immer Zugangschaffen problematisch ist, versuche ich herauszufinden, was diese Person sich sicherer fühlen lassen kann: „Gibt es irgend etwas, womit du dich besser fühlen würdest?“ Laß den Klienten daran arbeiten, sich wohler zu fühlen. Manchmal möchte er sicherstellen, daß du bestimmte Dinge nicht tust.

Es könnte auch sein, daß du einige Eigenschaften hast, die diese Person bedrohen. Damit mußt du dich beschäftigen. Was macht sie unruhig? Zum Beispiel, daß du Wert darauf legst, Antworten zu bekommen. Oder daß du vielleicht einen Plan für sie im Kopf hast oder sie beurteilst. Diese Dinge können sehr subtil sein, und sie verunsichern den Klienten. Der erste Punkt der Tagesordnung besteht also darin, Sicherheit zu schaffen. Der Therapeut muß sich vollständig verpflichtet fühlen, Gefühle und Geist des Klienten zu beschützen. Das bedeutet, daß der Therapeut Pläne, Wertungen und Erfolg hinter den Schutz des Klienten zurückstellt. Das Beste, was man tun kann, ist, völlig akzeptierend zu sein. Wenn du liebend, akzeptierend und nicht-wertend sein kannst, fühlt sich der Klient am ehesten sicher. Du mußt die Verpflichtung in dir spüren, die Seele der Person zu schützen. Mich ärgern und ekeln jene Therapietechniken, die Menschen verletzen und absichtlich Schmerz erzeugen. Es gibt sowieso schon genug Schmerz. Und unsere Seelen sind Gott weiß verletzt worden! Wenn du es geschickt anstellst, kannst du den Schmerz aus seinem Versteck hervorlocken und Erleichterung anbieten. Es ist nicht nötig, noch mehr Schmerz zu verursachen.

Es ist ebenfalls besser, nicht kritisch oder negativ zu sein. Du mußt „kongruent“ sein (wie Carl Rogers sagt). Sage nichts, was du nicht meinst. Die Menschen merken es, wenn du etwas vortäuschst, und wieder ist die Situation nicht sicher. Wieder werden sie nicht wissen, was sie glauben sollen. Sie werden dich beobachten müssen. Wenn deine Stimme ärgerlich klingt, wirst du zu niemandem Zugang finden, auch wenn deine Worte freundlich und honigsüß sind. Und denke daran, es sind die Überzeugungssysteme der Klienten, die letztlich bestimmen, wann sie sich wohl fühlen. Und wir versuchen Zugang zu ebendiesen Überzeugungen zu finden. Es wird nichts nützen, mit ihnen zu argumentieren oder mit ihnen vernünftig zu reden. Tu einfach dein Möglichstes, es ihnen angenehmer zu machen. Konfrontation zu vermeiden und auf ihrer Seite zu sein ist wichtiger.

Gegenwärtiges Erleben. Die zweite Regel des Zugänglichmachens lautet so: Hilf dem Klienten, die Aufmerksamkeit auf seine gegenwärtige Erfahrung zu lenken und bei ihr zu bleiben. Du versuchst, das Kernmaterial und die Unterstützungsstrukturen hinter der gestalteten Erfahrung zugänglich zu machen. Du willst, daß diese Person dieses Material als gefühlte Realität erfährt und nicht als Theorie. Gefühlte Realitäten sind Gefühle, Stimmungen und Gedanken, Muskelspannungen, die eben jetzt passieren. Du möchtest, daß die Klienten ihre Überzeugungssysteme in ihrer Lebendigkeit und nicht nur gedanklich „kennen“. Du möchtest ihnen das Gefühl dieses Augenblicks nahebringen. Nur in diesem Augenblick ist es möglich, ihn zu verändern. Du kannst nicht die Richtung ändern, bevor du an diese besondere Kreuzung kommst.

In über 90 % der Fälle, in denen Therapie nicht hilft, ist der Grund dafür darin zu suchen, daß kein Zugang gefunden worden ist. Eugene Gendlin konnte zeigen, daß Therapie nicht wirkt, wenn ein Klient nicht in seiner Erfahrung bleibt. Er ließ Studenten Bänder der ersten und zweiten Sitzung von beginnenden Psychotherapien abhören, und sie konnten mit mehr als neunzigprozentiger Genauigkeit vorhersagen, welche Kombinationen von Therapeut und Klient erfolgreich sein würden und welche nicht. Wie gesagt, sie konnten das schon an den ersten beiden Sitzungen erkennen. Du könntest das in vielen Fällen wahrscheinlich schon in den ersten fünfzehn Minuten sehen. Und der einfache Grund dafür, daß Therapie nicht funktioniert, ist dieser: Die Klienten bleiben nicht bei ihrer gegenwärtigen Wahrnehmung. Der Therapeut verlangt einen Bericht über etwas, das gerade geschieht, aber er erhält keine Erfahrung als Antwort. Der Therapeut fragt den Klienten nach Gefühlen, und der Klient antwortet: „Ich weiß nicht, was das war", oder er gibt nur Begründungen und Erklärungen ab. Du fragst, was jetzt passiert, und der Klient beginnt darüber zu reden, was letzten Donnerstag im Supermarkt geschah. Bezüglich der gegenwärtigen Erfahrung bedeutet das, das Hintergrundgeräusch zu erhöhen. Daran erkennt man, daß Therapie nicht wirkt. Du fragst die Person nach Erfahrung, und du bekommst Geräusch.

Ich halte dieses für das schwierigste Prinzip, das man sich früh in seiner Ausbildung aneignen muß. Ich glaube, das liegt daran, daß dieses konsequente Verweilen bei der gegenwärtigen Erfahrung sonst nirgendwo geübt wird. Die Neigung, anderen Menschen darin zu folgen, über die Vergangenheit zu reden, Schlüsse zu ziehen und zu theoretisieren, dem zu folgen, was interessant ist, höflich zu sein — diese Gewohnheiten der täglichen Unterhaltung sind sehr beherrschend. Laß dich nicht von Geschichten über die Vergangenheit einwickeln. Laß dich nicht von ihren Dramen fesseln. Geh immer wieder zurück zur Gegenwart. *Stelle Fragen nach konkreter Erfahrung*, die nur beantwortet werden können, wenn die Person in der gegenwärtigen Erfahrung bleibt. Du brauchst nur zwei oder drei Fragen dieser Art hintereinander zu stellen, bevor die Person im Zustand Innerer Achtsamkeit ist. Nachdem du Zugang geschaffen hast, bleibt der Klient automatisch im gegenwärtigen Erleben.

Ein Weg des Zugangfindens besteht darin, nach präziser Information über etwas zu fragen, das gerade jetzt passiert. Wenn zum Beispiel jemand sagt, er sei traurig, frage nicht, worüber er traurig ist! Das wäre der kürzeste Weg zu Erklärungen und Begründungen. Frage: „Was für eine Traurigkeit ist das?" Dann geht der Klient direkt darauf zu und tiefer hinein in die Traurigkeit. Nur so wird die Trauer informativ. Bei dieser Suche tauchen Erinnerungen und schließlich Überzeugungen auf. Fast immer kann der Therapeut dabei Fragen stellen, die den Klienten in die gegenwärtige Erfahrung zurückführen. Es mag nicht immer logisch aufgebaut sein, aber wenn der Klient mitarbeitet, dann führt es zum Zugang. Ein Meister deines Faches bist du, wenn du alles, was eine Person sagt und tut, auf gegenwärtige Erfahrungen wenden kannst.

Langsamkeit. Die Regel lautet so: Geh langsam vor. Wenn du zu schnell machst, können die Klienten nur reagieren, während sie versuchen, mit dir Schritt zu halten. Wir wollen keine Reaktionen, wir wollen Erfahrung. Wir wollen Gewahrsein. Reaktionen geschehen mit einer bestimmten Geschwindigkeit, Gewahrsein geschieht mit einer anderen (vgl. 16. Kapitel). Die Zeit in den verschiedenen Bewußtseinszuständen verläuft unterschiedlich. Wenn du die Art und Weise untersuchen willst, in der Verhalten gestaltet ist, mußt du langsamer werden. Die Neuronen, die Innere Achtsamkeit vermitteln, sind komplexer geschaltet und viel langsamer als jene, die Bewußtsein vermitteln. Wenn du ein Klavierstück lange geübt hast und jemand dich fragt, wie der Fingersatz dafür ist, dann kannst du dich nicht sofort daran erinnern. Du mußt einen langsameren Gang einschalten und beobachten, wie du diese spezielle Erfahrung gestaltet hast.

Wir wissen ja aus der Neurophysiologie, daß, wenn Isaak Stern ein sehr schnelles Stück auf seiner Violine spielt, er dabei nicht an einen Finger nach dem anderen „denkt". Er muß die Nervenbotschaften, die seine Finger in Bewegung setzen, in einer vorbestimmten Sequenz abschicken. Er sendet ganze Informationsblocks zu seinen Fingern. Sein Gehirn kann unmöglich einen Finger in Bewegung setzen, den Effekt beobachten und dann einen weiteren Impuls mit der Schnelligkeit den Arm hinunter- und zurückschicken, mit der Isaak Stern spielen kann. Die Information wird also blockweise übermittelt. Je schneller du machst, desto kompakter wird die Information. Um nun eine Bewegung voll zu erleben, sie zu beobachten und ihre Details genau zu verstehen, mußt du sie „strecken". Du mußt langsam machen. Wenn du Zugang schaffst, mußt du langsam vorgehen. Du mußt dem Klienten Zeit geben. Du rufst Achtsamkeit hervor. Wenn du langsam machst, lädst du den Klienten dazu ein, ebenfalls langsam zu machen. Du lädst zur Selbstbeobachtung ein. Wenn du nach einer Information fragst, mußt du in einer Weise fragen, die genug Zeit einräumt. Sprache, die Zugang schafft, unterscheidet sich von normaler Sprache. Der Klang der Stimme, die Schnelligkeit, mit der du sprichst, die Sanftheit, mit der du dich bewegst, all dieses bedeutet dem Klienten: „Du bist sicher, nimm dir Zeit, geh nach innen." In allen außergewöhnlichen Bewußtseinszuständen — z.B. Hypnose — sind Form und Timing der Kommunikation wesentlich zum Zugangschaffen.

Gewaltlosigkeit. Zuletzt die vierte Regel: Sei sanft. Du darfst nicht gewaltsam vorgehen. Gewaltlosigkeit und Achtsamkeit sind die Säulen des Buddhismus, der Weg zur Erkenntnis des höheren Selbst. Sei bei der Arbeit immer dem anderen zugewandt, immer mitfühlend. Arbeite niemals gegen jemandes Willen oder Wünsche! Du mußt vermeiden, die Abwehrsysteme auszulösen. Du möchtest „das Radarnetz unterlaufen". Wenn du Zwang anwendest, zerstörst du den anderen; er verläßt seine innere Erfahrung, und wendet sich nach außen, um sich mit dir zu beschäftigen. Und denke daran, es gibt viele Ebenen von Gewalt. Wertungen, Pläne, Ratschläge, Vorbehalte jeder Art und die Arroganz, die vielen Therapeuten eigen ist: dies alles ist gewalttätig, und jedes einzelne erzeugt im Klienten Abwehr. Im Gegensatz dazu geben Einbeziehung, Selbstbestimmung und Gewaltlosigkeit dem Klienten Raum zu tun, was er will, und zu sein, wie er ist, ohne sich ändern zu müssen. Zugangschaffen braucht diese Art von Akzeptanz und Unterstützung.

Während des gesamten Prozesses des Zugangfindens solltest du den Zeichen folgen, die dir anzeigen, welchen Weg der Prozeß dieser Person gehen will, und du solltest Kontakt machen. Du sendest fortwährend Signale, daß du ihrer Erfahrung folgst. Sobald die Klienten wissen, daß du bei ihnen bist und ihnen helfen willst, das zu tun, was sie tun wollen, finden sie leicht Zugang. Also beachte diese vier Regeln: Sicherheit schaffen, gegenwärtige Erfahrung erfragen, langsam vorgehen und sanft sein. Sie erzeugen die besondere Situation, die den Quellen des Selbst erlaubt, sich zu öffnen.

8 Durcharbeiten im Zustand Innerer Achtsamkeit

Zugänglichmachen bringt den Klienten in den Zustand Innerer Achtsamkeit. Sobald dies geschehen ist, besteht unser Ziel darin, diesen Zustand zu stabilisieren und zunächst zu vertiefen und dann mit seiner Hilfe Kernmaterial zu erschließen. Im Zustand Innerer Achtsamkeit führt der Prozeß wie von selbst auf jene Überzeugungen, Erinnerungen usw. zu, die am stärksten nach oben drängen. Ein Nachlassen der Kontrolle und ein Gefühl der Sicherheit erlauben dem Unbewußten, Material bereitzustellen, welches normalerweise außerhalb des Gewahrseins gehalten wird. Klient und Therapeut befinden sich nicht nur in einem bewußten, sondern auch sehr stark in einem unbewußten Dialog. Bereits beim Zugangfinden beginnt der Therapeut zu verstehen, wohin der Prozeß geht. Die Bedeutung dessen, was geschieht, zeichnet sich ab. Dennoch sollte der Therapeut jetzt langsam machen, die Innere Achtsamkeit vertiefen und stabilisieren, bevor er sich um das Kernmaterial kümmert.

Vertiefen

Wenn die Innere Achtsamkeit sich einstellt, so geschieht das als Antwort auf die Instruktionen des Therapeuten, einfach dessen gewahr zu sein, was geschieht, wenn er eine „Sonde gibt" (vgl. 17. Kapitel), etwas übernimmt oder den Klienten dazu auffordert, etwas zu tun. Beim ersten Mal kann der Therapeut auch erklären, was gebraucht wird: eine Wendung des Fokus nach innen, um zu beobachten, was geschieht, ohne etwas tun zu müssen. Der Klient sollte alle Anzeichen der Inneren Achtsamkeit zeigen: die Langsamkeit und Weichheit der Sprache, die geduldige Konzentration, die Berichterstattung über gegenwärtiges Erleben.

Es ist einfach, diesen Zustand zu vertiefen und zu stabilisieren, wenn wir dem Klienten Fragen über die gegenwärtige Erfahrung stellen, die er nur aus dem Zustand heraus beantworten kann. Wir fragen immer präziser. Wenn die Antwort auf eine „Sonde" vielleicht war: „Mein Gesicht zuckte", dann könnte eine vertiefende Frage lauten: „Zuckt dein Gesicht mehr auf der rechten oder linken Seite?" Ein wichtiger Punkt bei solchen Fragen ist der, daß der Therapeut die Information vielleicht gar nicht braucht oder gar haben will. Der Therapeut könnte vollig desinteressiert daran sein, auf welcher Seite das Gesicht mehr oder weniger gezuckt hat. Dies ist nur eine Technik zur Vertiefung und Stabilisierung der Inneren Achtsamkeit. Zwei oder drei Fragen dieser Art, und der Klient wird im allgemeinen ruhig und bleibt von selbst achtsam.

Gelegentlich muß der Therapeut Klienten, insbesondere solche mit hysterischen oder phallischen Prozessen, instruieren, innen zu bleiben. Gewisse Menschen handeln nach dem Muster, daß sie erst ein gestellte Aufgabe erfüllen, um sich dann an dich zu wenden und darüber als etwas aus der unmittelbaren Vergangenheit zu berichten. So eine Gewohnheit kann den Fortschritt einer Therapiesitzung völlig verhindern. Wie beim Tischtennis pendelt der Klient zwischen Innerer Achtsamkeit und Berichten des Alltagsbewußtseins hin und her, während der Therapeut von Aufgabe zu Aufgabe hetzt. Unerfahrene Therapeuten lassen sich oft in dieses Muster hineinziehen. Wenn man sich dabei ertappt, sollte man den Klienten auffordern, bei seiner Erfahrung zu bleiben und über sie, während sie geschieht, in der Gegenwart zu berichten, ohne seine Augen zu öffnen und ohne aus dem Zustand Innerer Achtsamkeit herauszukommen. Es könnte eine Weile dauern, bis das gelingt, aber die meisten Klienten können und werden es tun.

Beim Vertiefen sind einige Klienten zunächst nur in scheinbar trivialen Dingen achtsam. Der Klient könnte zum Beispiel als *Antwort* (vgl. 17. Kapitel) auf eine Sonde berichten: „Mein Handgelenk beginnt zu jucken." Einige Leute haben zunächst nur Körperempfindungen. Es ist dann meistens ganz einfach, vertiefende Fragen über diese Körperempfindungen zu stellen, und an einem Punkt nicht sehr viel später wird der Klient ganz plötzlich beginnen, über Gefühle zu berichten. Die Vertiefung verläuft allgemein von Gedanken und Vorstellungen über Bilder, Körperempfindungen und Spannungen zu Gefühlen und schließlich zu ganzen Erinnerungen, Erfahrungen und Einsichten. Es findet ebenfalls ein Wechsel von örtlichen Empfindungen, Spannungen und Gefühlen auf globalere, den ganzen Körper bezogene Vorgänge statt.

Einige Klienten werden überhaupt nicht in der Lage sein, im Zustand der Inneren Achtsamkeit zu bleiben. Gewöhnlich sind sie einfach zu gespannt, ängstlich oder nervös. Wenn du alles mögliche vergeblich versucht hast, dann besprich Sicherheitsthemen oder versuche, einen Weg zu finden, die Spannung etwa mit Hilfe einer energischen körperlichen Interaktion zu verringern. Wenn das nicht hilft, braucht der Klient einen anderen Therapieansatz, etwa Massage, Ernährungsumstellung, Urlaub oder dergleichen.

Manche sind nicht bereit für die Hakomi-Therapie, oder die Hakomi-Therapie ist nicht bereit für sie. Dieser Tatsache muß man ins Auge sehen.

Natürlich berichten einige Klienten fast sofort über die Gefühle und Erfahrungen und können den Zugang zur Inneren Achtsamkeit sehr schnell finden und sie stabilisieren. Sobald das geschehen ist, besteht unsere Aufgabe darin, Kernmaterial zugänglich zu machen.

Zugang zum Kernmaterial schaffen. Wenn sich der Klient auf sich selbst eingelassen hat, achtsam ist und sich Zeit nimmt mit den Fragen und *Antworten* (*Responses*), verläuft der gesamte weitere Prozeß in seiner eigenen Geschwindigkeit. Er wird lebendig, voll Energie und packend. Zu diesem Zeitpunkt hat der Therapeut einige Vorstellungen darüber entwickelt, was für eine Art Prozeß vorliegt und welche Sonden oder welche Techniken den Klienten wirkungsvoll in Kontakt mit seinem Kernmaterial bringen können. Jetzt genügt manchmal eine einfache Sonde, um den Klienten in eine tiefe und mitreißende Erfahrung zu bringen. Zu einem anderen Zeitpunkt können die gleichen Worte geringe oder keine Wirkung zeigen, aber im Zustand Innerer Achtsamkeit, wenn der Klient offen und ruhig ist und auf seine *Antworten* achtet, sind die richtigen Worte wie ein Schlüssel, der plötzlich den Weg zum Innersten öffnet.

Ein Beispiel: Ein Klient berichtet über Gefühle des Ärgers auf die Sonde: „Dein Leben gehört dir." Mit dem Ärger spürt der Klient auch eine Anspannung seiner Bauchmuskulatur. In einem solchen Falle übernimmst du die Spannung und übst einen Druck auf die Bauchmuskulatur aus, der die Spannung, mit der der Klient reagiert, nachahmt und ersetzt (vgl. 17. Kapitel). Du gibst also die Sonde noch einmal, wobei der Klient dich die Spannung in der Bauchmuskulatur übernehmen läßt, und jetzt besteht die Antwort in einer explosiven Wut und einer klaren Erinnerung an eine erniedrigende Situation.

Oder der Klient spürt ein ganzes Spannungsmuster, und du stellst ihm eine Frage über dieses Muster, um die Erfahrung zu vertiefen. Der Klient berichtet dir unter sorgfältiger Zuhilfenahme der Inneren Achtsamkeit alles über die Empfindungen in diesem und jenem Körperteil. Wenn der richtige Zeitpunkt gekommen ist, fragst du: „Was scheint dir dein Körper mit diesem Spannungsmuster zu sagen?" Wir versuchen oft, an Kernmaterial heranzukommen, indem wir nach der Bedeutung irgendeines körperlichen Vorgangs fragen. Ein körperlicher Vorgang als *Antwort* auf eine Sonde ist schließlich Teil eines ganzen Systems von *Antworten*, die alle von Kernüberzeugungen gestaltet und kontrolliert sind. Diese intime Verbindung zwischen *Antwort* und Kern verwenden wir, um das betreffende Material zugänglich zu machen. Der Klient merkt plötzlich: „Mein Körper sagt: Berühre mich!" Und mit dieser Realisierung werden die Gefühle und Erinnerungen hochgespült, die diesen sehnsuchtsvollen Ruf mit Sinn erfüllen.

Beim Zugänglichmachen von Kernmaterial gelangen wir von gegenwärtiger Erfahrung (Empfindungen, Gefühle, Gedanken usw.) zu Überzeugungen, Erinnerungen und Bildern, die Teil der verborgenen und schmerzhaften Vergangenheit sind, obwohl sie intensiv und anhaltend im Hier und Jetzt erlebt werden. Wir gehen vom gegenwärtigen Leben zu dem symbolischen Material über, das alle Erfahrungen kontrolliert und formt (symbolisches Material enthält eine Bedeutung, die über sein einfaches Auftauchen hinausgeht). Nicht nur waren die Geschehnisse der Vergangenheit beeindruckend, sie nahmen auch wesentlichen Einfluß auf die Art, in der dieser Mensch sich selbst, signifikante andere Personen und die Welt kannte und definierte. Es gibt natürlich mehr zu tun, als bloß Zugang zum Kernmaterial zu schaffen, obwohl schon dies allein eine bewegende Erfahrung im Leben eines Menschen sein kann. Er ist in Berührung mit tiefstem gestaltendem Material im Mittelpunkt seines Seins und Werdens. In Kontakt mit diesen alten Vorgängen zu kommen erscheint wie eine Heimkehr zum Selbst, zu dem Erlebnis, sich endlich wirklich und wesentlich zu kennen. Man fühlt und erkennt die ungeheure Chance, neu entscheiden zu können, wer man sein will. Nicht, daß es leicht sein wird, sich zu verändern. Es gibt gewichtige Gründe, warum wir so sind, wie wir sind. Die Kräfte, die uns geformt haben, werden nicht widerspruchslos die Bühne verlassen. Deshalb wollen wir uns jetzt ihnen zuwenden.

An den Barrieren

Die Barrieren bestehen aus Gewohnheiten, mit deren Hilfe wir uns daran hindern,

1. sensitiver zu werden und uns dem Kern zu nähern,
2. uns angemessen handelnd auszudrücken,
3. die Stärkungsmöglichkeiten zu erkennen, die uns zur Verfügung stehen, und zurückzuweisen, was uns schadet und vermieden werden muß,
4. die Vergangenheit loszulassen, das Geschehene würdevoll hinter sich zu lassen und weiterzugehen (vgl. 13. - 15. Kapitel).

Wenn du versuchst, Kernmaterial zugänglich zu machen, schlüpfen unterbrechende Gewohnheiten in den Prozeß, mit denen wir Ängste und Schmerz vermeiden. Einige frühe Hinweise, daß du dich einer der Barrieren näherst, sind:

1. Eine starke negative *Antwort* auf eine Sonde. Du sagst: „Du bist o.k., so wie du bist", und der Klient hört eine laute Stimme: „Nein, das bin ich nicht!"
2. Du bietest Unterstützung an, und der Klient scheint sie nicht annehmen zu können.
3. Der Klient verliert sich im Geschehen, wird verwirrt, fährt sich fest oder springt von einem Problem zum anderen.
4. Der ganze Prozeß scheint in irgendeiner Weise festzusitzen.
5. Du hörst viele „Ich kann nicht" und „Ich verstehe nicht".

All dieses zeigt an, daß es dem Klienten schwerfällt, weiterzugehen.

Wenn du eine gute Vorstellung davon hast, mit welcher Art Kernüberzeugung du arbeitest, dann ist es gut, eine Sonde zu finden, die einen größtmöglichen Kontrast dazu liefert. Ist der Klient zum Beispiel in einem schizoiden Prozeß, von dem wir wissen, daß er mit Gefühlen der Nichtzugehörigkeit verbunden ist, versuchst du eine Sonde wie: „Du bist hier sehr willkommen". Die Antwort des Klienten darauf wird wahrscheinlich eine deutliche und starke Reaktion sein. Solch eine präzise Sonde kann die Stromschnellen auslösen oder Kernmaterial zugänglich machen. Am besten probierst du die stärkende Aussage oder Berührung, die der Klient am schwersten annehmen kann.

Die Barrieren bilden Punkte im Prozeß, an denen Klienten hängenbleiben, ausweichen und abwehren und wo sie versuchen, sich an Druck und Streß, der auf ihnen lastet, anzupassen. An diesen Punkten ist es besonders wichtig, daß der Therapeut keine Gewalt anwendet und genau den Prinzipien der Gewaltlosigkeit und der Inneren Achtsamkeit folgt. An den Barrieren brauchen wir am meisten Geduld und Können.

Interventionen an den Barrieren

An den Barrieren sind drei Arten von Interventionen möglich. Eine besteht darin, das Weitermachen ungefährlicher zu machen. Das beinhaltet, zu entdecken, was die Widerstände gegen das Weitermachen sind, und Möglichkeiten zu finden, mit diesen Widerständen umzugehen. Wenn du diesen allgemeinen Ansatz verfolgst, darfst du dem Klienten auf keinen Fall Vorwürfe machen oder ihn gar beschuldigen, er unterbreche den Prozeß. Gleichzeitig mußt du eine Problemlösungsstrategie vermeiden. Das heißt, laß dich nicht darauf ein, nacheinander verschiedene Dinge anzubieten, wie man es vielleicht bei einem Kind macht, das nicht ins Bett gehen will. Zum Beispiel machst du es für jemanden in einem masochistischen Prozeß ungefährlicher, sich auszudrücken, wenn du sein Zurückhalten aktiv übernimmst. Und du kannst die Gefahr in einem oralen Prozeß dadurch entschärfen, daß du die Stärkung mundgerecht aufteilst (vgl. 15. Kapitel).

Das zweite, was du an den Barrieren tun kannst, ist, die Situation zu klären. Du verwendest Sonden oder andere Techniken, um dem Klienten dabei zu helfen, an diesem Punkt des Prozesses mehr über seine Erfahrung zu entdecken. Hier verläßt du dich auf die Innere Achtsamkeit des Klienten, die immer mehr Informationen über seine Erfahrung zutage fördert. Wie gewöhnlich stellst du solche Fragen und benutzt solche Interventionen, die den Klienten in der Gegenwart und am Thema halten. Wenn er zum Beispiel als Antwort auf die Sonde „Du bist o.k., so wie du bist" jemanden sagen hörte: „Nein, bin ich nicht!", kannst du ihn nach den Eigenschaften der Stimme fragen, die das sagte. In der Erfahrung bleiben und die Informationen zu sammeln, die sich nur durch das Dabeibleiben ergeben — das bringt Klarheit.

Die dritte Art von Intervention an den Barrieren besteht darin — und das ist das Ziel des ganzen Prozesses —, Kernmaterial zugänglich zu machen. Die beiden obengenannten allgemeinen Ansätze leisten genau das letztlich auch; denn sobald die Widerstände beseitigt sind, geht der Klient oft direkt in alte Erinnerungen, tiefe Gefühle usw. Auch der Prozeß des Klärens und Dabeibleibens führt schließlich zum Kernmaterial. Du kannst dieses Material aber auch direkt angehen, ohne zu versuchen, die Situation entweder sicherer zu machen oder sie zu klären. Du tust das mit einer Technik oder Sonde, die genau für diesen Zweck entworfen ist. Auch jetzt ist nicht der Moment für Gewalt. Kernmaterial ins Bewußtsein bringen hängt von der Mithilfe und Kooperation des Bewußtseins und des Unterbewußtseins des Klienten ab. Du kannst subtil und gekonnt Gefühle und Erinnerungen hervorrufen, die sonst nicht aufgestiegen wären, aber gleichzeitig darfst du nicht drängen. Du mußt die Person langsam dahin bringen, daß sie freiwillig das Kernmaterial offenlegt, und du mußt bereit sein, sofort Maßnahmen zu ergreifen, die dem Klienten dabei helfen, die Erfahrung zu bewältigen oder auch aufzuhören und nicht weiterzumachen, wenn der Klient das will. Ich lege dir wirklich ans Herz: Keine Gewalt! Und keine Provokation! Damit erzeugst du nur Widerstand.

Spezifisch. Für jede der vier Barrieren — Einsicht, Handlung, Stärkung und Abschluß — gibt es gesonderte Strategien. An der Einsichtsbarriere versuchst du zu vermitteln, daß es o.k. ist, „nicht zu sehen, bis du bereit bist"; oder du versuchst, Kernmaterial über die Gefühle der Zugehörigkeit zugänglich zu machen. An der Handlungsbarriere machst du es ungefährlich, sich auszudrücken, indem du das Zurückhalten übernimmst. Du könntest auch versuchen, die Gefahren des Sichausdrückens zu klären und einige „Dämonen zu vertreiben". (Dies ist eine Technik, bei der starke Verbote mit ein wenig Humor aufgelockert werden.) An der Stärkungsbarriere klärst du Vorbehalte gegen die Stärkung und schaffst dann eine sichere Situation, in der sie angenommen werden kann. An der Abschlußbarriere arbeitest du daran, gefahrlos loslassen zu können und einfach zu sein, indem du die Überzeugungen und Ereignisse klärst, die das hohe Aktivitätsniveau und Leistungsbedürfnis verursachen.

Transformation

Dies ist die Phase des Prozesses, in der der Klient zum ersten Mal ein neues Verhalten ausprobiert, indem er entweder 1) eine Überzeugung wie: „Du bist o.k., so wie du bist" annimmt oder 2) ein Gefühl wie Ärger oder Liebe, das er immer heruntergeschluckt hatte, herausläßt und ausdrückt. Man experimentiert mit den Optionen und untersucht sie in einer sicheren und angenehmen Umgebung. Sie werden mit Achtsamkeit auf ihre Wirkung hin studiert. Fast immer führen die neuen Überzeugungen und Verhaltensweisen zu großer Erleichterung und Freude. Schließlich hat der Klient jahrelang darauf gewartet, diese Dinge zu sagen, zu tun, zu fühlen oder zu glauben. Sie sind nur in dem Sinne neu, als er sie nicht als eigen anerkannte oder akzeptierte. Sie waren schon immer in der Nähe verborgen, eingebettet in ihr Gegenteil. Wie das „Aha-Erlebnis" von Fritz Perls oder die „spontane Reorganisation" bei Feldenkrais geschieht die Transformation fast automatisch; denn wer versucht noch, ein geschlossenes Restaurant zu besuchen, wenn er eins kennt, das geöffnet hat. Diese spontane Veränderung ist einer der Verknüpfungspunkte zwischen Hakomi-Therapie und Meditation.

Wenn das neue Verhalten oder die neue Überzeugung ausprobiert und genossen wird, wird die ganze Person von Freude und Erleichterung erfüllt. Das Gesicht hat sich sichtbar verändert. Es ist offen, oft kindlich, oder zumindest erscheint es jünger. Es ist entspannt oder leuchtet vor Energie. Häufig lächelt der Klient. Ich leitete einmal einen Wochenendworkshop am Institut für Primärtherapie in Denver. Bei der Arbeit mit einem Mann, der tief in einem schizoiden Prozeß steckte, gelangten wir nach eineinhalb Stunden an einen Punkt, wo das Grauen vor dem Selbstausdruck der Freude darüber wich. Er sprang, von uns unterstützt, in die Luft, und bei jedem Satz gab er seiner Freude Ausdruck. Seine Töne waren weder besonders laut, noch waren sie in irgendeiner Weise erzwungen. Sie sprudelten, wie Dampf aus einem Topf, einfach aus ihm heraus. Eine Primärtherapeutin, die sechs oder sieben Jahre lang an diesem Institut gearbeitet hatte, äußerte bei dieser Szene: „Solche Töne haben wir in diesem Gebäude noch niemals gehört!"

In der Hakomi-Therapie verfolgen wir diese Transformation. Das ist das Ziel der Therapie: neue Optionen anzubieten und mit ihnen zu experimentieren. Durch Auskosten und Erweiterung lernt sie der Klient kennen und ihnen den Vorzug über seine alten Verhaltensweisen zu geben. So kann sich der Klient neue Überzeugungen und Seinsweisen aneignen und sie integrieren.

Während der Transformationsphase kann der Klient eine Flut von Einsichten und Erinnerungen erleben, und jede einzelne muß ihre Zeit haben. Es kann auch passieren, daß Klienten mehrmals in die Stromschnellen tauchen, wenn Material aus dem Unbewußten losgelöst wird. Sich damit zu befassen ist sehr wichtig und hilft dem Integrationsprozeß. Das ist wie Aufräumen nach dem großen Fest.

Übergang zur Integration

Nach der Transformation müssen wir dem Klienten helfen, die neue Verhaltensmöglichkeit zu stabilisieren und zu integrieren. Es geschieht natürlich auch dadurch etwas unbewußte Integrationsarbeit, daß das Thema angesprochen und zu einem positiven Abschluß gebracht worden ist. Wenn die Therapiesitzung tiefgehend war — was oft der Fall ist —, sollte man dem Klienten Raum und Zeit zum Gespräch geben, wenn er möchte, um die Folgen seiner Entdeckungen zu erforschen. Diese Ruheperiode direkt nach der Sitzung hat einen starken, integrierenden Einfluß. Auch Schlaf kann diese Wirkung haben. Die Langzeitaspekte der Integration erstrecken sich über Wochen, Monate und Jahre, und vieles von dem, was in fortlaufenden Therapiesitzungen nach einem Durchbruch passiert, hat mit Integration zu tun (vgl. 11. Kapitel).

9 Das Kind

Während des Durcharbeitens ergibt sich häufig die Gelegenheit, das Kind zugänglich zu machen und mit ihm zu arbeiten. Kinder werden von Ereignissen berührt und geformt, die auf Erwachsene keine Wirkung haben, weil Kinder noch zum größten Teil ungeformt sind. Das Kind ist offen und noch im Lernen begriffen. Es baut seine Abwehrsysteme erst auf. Es lernt, seine Erfahrungen zu gestalten, und entwickelt grundlegende Seins- und Verhaltensweisen. Das Kind lebt im Kern. Wenn wir also auf Erfahrungen, Abwehrsysteme, Stil und Kernmaterial fokussieren, sind wir dem Bereich des Kindes sehr nah. Wenn wir die Anzeigen und Techniken kennen, können wir Kontakt mit dem Kind aufnehmen, diesen Bewußtseinszustand zugänglich machen und direkt mit ihm arbeiten.

Zustandsspezifisches Gedächtnis. All dieses hängt mit dem „zustandsspezifischen Gedächtnis" zusammen. Das Kind, das jene frühen Erfahrungen machte, war in einem ganz anderen Bewußtseinszustand als der Erwachsene, zu dem es wurde. Tatsächlich unterscheiden sich diese Bewußtseinszustände so sehr, daß die meisten Erwachsenen große Schwierigkeiten haben, sich zu erinnern, wie es für sie als Kinder war. Manche Erinnerungen sind für einen bestimmten Bewußtseinszustand spezifisch und können nur schwer von einem anderen Bewußtseinszustand aus zugänglich gemacht werden.

Wenn du zum Beispiel gestern abend betrunken warst und in diesem Zustand viel für eine Prüfung gelernt hast, ist es sehr wahrscheinlich, daß du dich heute morgen nicht mehr daran erinnerst. Wenn du dich daran erinnern willst, wäre es vielleicht vorteilhaft, dich wieder zu betrinken. Da das Gedächtnis zustandsspezifisch ist, hilft es, sowohl beim Lernen als auch beim Erinnern im selben Zustand zu sein. Dasselbe geschieht bei der Hypnose. Wenn du eine geübte Versuchsperson hypnotisierst, indem du sie rückwärts von hundert zählen läßt, und sie in Trance fällt, kannst du sie aus dem Raum und in der ganzen Stadt herumführen und mit ihr anstellen, was immer du willst, stundenlang. Wenn du dann in die ursprüngliche Situation zurückkehrst, an denselben Ort, auf denselben Stuhl, der Versuchsperson dieselbe Haltung gibst usw. und sie dann aus der Trance herausholst, wird sie genau da weiterzählen, wo sie acht Stunden vorher aufgehört hat. Sie wird eine Zeitlang noch nicht einmal wissen, daß sie hypnotisiert war. So funktioniert zustandsspezifisches Gedächtnis. Das Zählen, das vor acht Stunden aufhörte, beginnt in dem Moment wieder, in dem die Versuchsperson aus dem hypnotischen Zustand heraus und wieder ins Alltagsbewußtsein kommt. Sie macht einfach da weiter, wo sie aufgehört hat. Das Gedächtnis kann eben durch die Veränderungen des Bewußtseinszustandes unterbrochen werden. Ein weiteres Beispiel dafür sind multiple Persönlichkeiten. Dr. Jeckyll erinnert sich nicht mehr daran, was Mr. Hyde getan hat.

Das selbstverständliche Hervortreten des Kindes. Wenn du jemanden in die Innere Achtsamkeit führst, diese vertiefst, nach Bedeutung suchst und mit irgendeinem Charakteraspekt arbeitest, dann triffst du bald auf das Kind. Das Kind hat den Charakter geschaffen. Du solltest keine Schwierigkeiten haben, es hervorzurufen. Der Kindzustand tritt spontan auf. Als ich mit Psychotherapie begann, versuchte ich nicht, mit dem Kind in Kontakt zu kommen. Ich wußte noch nicht einmal, daß es existierte. Als ich in der Arbeit besser wurde, begann das Kind, von selbst hervorzukommen. Das Kind und seine Erfahrungen bauen die Weltsicht und das Selbstbild auf. Das Kind hat die Landkarte gezeichnet. Indem du mit ihm Kontakt aufnimmst, schaffst du die Möglichkeit, die Person zu ändern. Du brauchst einfach nur mit diesem Kind zusammenzusein, mit ihm zu sprechen, es zu halten, sorgfältig und besorgt und geduldig zu sein. Das genügt, um die Art zu verändern, in der das Kind sich selbst und die Welt erfährt.

Doppelbewußtsein. Ein Klient im Kindzustand weiß dabei, wer er ist. Er weiß genau, daß er in deiner Praxis sitzt und du der Therapeut bist. Sein reales Erwachsenenleben geht weiter. Zur selben Zeit ist aber auch das Kind da, ein sehr lebendiges, reales Kind, das sich selbst und seine Welt in diesem Moment erfährt. Der Klient kann sich zum Beispiel lebhaft an einen bestimmten Geschmack oder Geruch erinnern, den er manchmal lange Jahre vergessen hatte. Oder er kann sich an Gesichter und Stimmen erinnern, die bis dahin aus seinem Bewußtsein verschwunden waren. Das Kind kehrt lebhaft zurück. Es bringt dieselben Bilder und Vorstellungen mit, die es damals hatte, und es erfährt die Dinge in derselben Art wie damals auch. Es handelt sich hier nicht um eingebildete Ereignisse, sondern um wichtige Teile unerledigter Geschäfte.

Das gleichzeitige Vorhandensein von Kind und Erwachsenem macht Integrationsarbeit sehr gut möglich. Das klare Doppelbewußtsein erlaubt dem

Klienten, schmerzhafte Erfahrungen noch einmal zu erleben und sie gleichzeitig zu beobachten. Es ist eine große Chance für das Verständnis der eigenen Geschichte, die emotionale Intensität der Kindheit mit den symbolischen Fähigkeiten eines Erwachsenen zu kombinieren. Es ist das Beste aus beiden Welten.

Zugang zum Kind

Zwar kann das Kind ganz natürlich im Verlauf des Zugänglichmachens von Überzeugungen, der Vertiefung der Erfahrung oder zu jeder anderen Zeit in der Arbeit auftauchen. Aber der Therapeut kann ihm auch dabei helfen. Manchmal stellt sich ein Bild ein, in dem der Klient sich selbst als Kind sieht. Manchmal fühlt sich der Klient wie ein Kind in einer bestimmten Situation. Manchmal kommt der Kindzustand komplett mit Szenen und Ereignissen von Anfang an, und manchmal beginnt er langsam mit irgendeiner gefühlsmäßigen Wahrnehmung. Manchmal erscheint er auch nur als Teil des Interaktionsstils mit dem Therapeuten. Die Person wird kindlich. Ein Mann, mit dem ich arbeitete, roch plötzlich Pappe. An diesem Punkt war er noch in einem ganz normalen Bewußtseinszustand und nur neugierig. Er roch eben nur Pappe. Plötzlich erinnerte er sich daran, wie er als Kind in einem Pappkarton saß, während andere Kinder außerhalb des Kartons versuchten, ihn anzuzünden.

Manchmal rufe ich das Kind mit Bedacht hervor. Eine Frau, die gerade von Kalifornien nach Boulder gekommen war, antwortete auf meine Frage, wie sie hergekommen sei, daß sie geflogen sei. Ich bemerkte dabei ein kleines Leuchten in ihren Augen, und so fragte ich sie mit sanfter und einfacher Stimme, wie man zu einem Kind spricht: „Konntest du aus dem Fenster gucken!" Ihr Gesicht wurde von einem kindlichen Strahlen überzogen. Sie begann, mir alles darüber zu erzählen, wie sie aus dem Fenster gesehen hatte, und wurde schnell wie ein Kind. Ein andermal saß eine Frau im Wartezimmer, als ich in der Praxis ankam. Sie hatte eine besondere Art, dazusitzen und mich anzuschauen. Ich hatte noch nie mit ihr gearbeitet, aber ich fühlte, daß sie nahe an ihrem Kind war. Ich ging auf sie zu, berührte ihre Nasenspitze mit dem Zeigefinger und fragte mit derselben Stimme: „Was ist das!" Sie verwandelte sich sofort in eine Dreijährige und sagte: „Das ist meine Nase!"

Manchmal taucht das Kind in einiger Distanz auf. Es kommt als das Bild eines Kindes. Ein Klient berichtet vielleicht, sich selbst als Kind zu sehen oder sich daran zu erinnern, ein Kind zu sein. Der Klient kann das Kind tatsächlich ein, zwei Meter entfernt sehen. Es sieht, wie das Kind in einigem Abstand etwas tut, während er die Situation beobachtet. Ich glaube, das weist darauf hin, daß er noch nicht bereit ist, tatsächlich das Kind zu erfahren. In diesem Fall kannst du den Erwachsenen dazu verwenden, mit dem Kind zu sprechen, mit ihm etwas zu tun, und dir berichten lassen, was geschieht. Manchmal frage ich die Person: „Kann ich mit dem Kind sprechen?“ oder „Willst du mit dem Kind für mich sprechen!“ oder „Ich möchte mit dem Kind sprechen; würdest du ihm das sagen?“ So benutze ich den Erwachsenen als Vermittler. Manchmal mußt du dich einfach damit zufriedengeben, den Erwachsenen als Vermittler zu benutzen. Möglicherweise ist die Person noch nicht bereit, das Kind tatsächlich wiederzuerleben, aber ansonsten offen, sich mit dem Thema zu beschäftigen.

Wenn das Bild des Kindes in der Entfernung erscheint, könnte es sein, daß die Person sich das Kind nicht zu eigen machen möchte, vielleicht sogar das Kind haßt, diesen Teil seiner selbst haßt. Dann versuchst du, eine Wiedervereinigung mit dem Kind zu ermöglichen. Eine Frau bat ich, die Hand auszustrecken, um das Kind, das sie haßte, zu berühren. Das wollte sie nicht tun. Also experimentierten wir einfach nur mit dem Handausstrecken, um das Kind zu berühren und zu erforschen, was an dem Kind sie haßte. Sie sagte: „Sie hat mich immer in Schwierigkeiten gebracht, sie war immer schlecht und böse!“ Sie haßte diesen Teil ihrer selbst dafür, daß er sie in Schwierigkeiten gebracht hatte. Die Wiedervereinigung erfolgte, als sie sich daran erinnerte, wie schmerzhaft ungeliebt sie sich als Kind gefühlt hatte. Wenn Menschen ein negatives Bild von sich selbst haben, löst sich dieses Bild oft von selbst auf, sobald die Wiedervereinigung stattfindet.

Pat Ogden arbeitete mit einer Frau, die ein Bild ihres kindlichen Selbst in Form eines Reptils hatte, widerwärtig, wie es nur sein konnte. Als Pat sie die Hand ausstrecken und es berühren ließ, verwandelte es sich sofort in ein Baby, das ihre Liebe und Aufmerksamkeit brauchte.

Ein weiteres Beispiel: Eine Primärtherapeutin kam ein oder zweimal im Jahr, um mit mir und Pat zu arbeiten. In diesen Sitzungen pflegte sie zu reden, als ob sie in einer tiefen, tiefen Höhle säße. Sie stellte sich vor oder erinnerte sich, ein Fötus zu sein. Nun unterliegt ja ein Fötus bestimmten Beschränkungen im Ausdruck. Als Fötus konnte sie überhaupt nicht in Sätzen sprechen, immerhin brachte sie mit Mühe einige Worte hervor. In einer früheren Sitzung hatte ich diese Situation erkannt und zu dem Fötus gesprochen. Sie mochte das. Diesmal kam sie und sagte in einer ärgerlichen Stimme: „Hilflos . . . und schwarz.“ Wenn ich nichts von dem Fötus gewußt hätte, wäre ich völlig verwirrt gewesen. Was sie sagte, schien nicht sehr sinnvoll, und in diesem Zustand konnte sie nichts erklären. Es waren einfach nur Worte: „Formlos . . . schwarz . . . hilflos." Alles mit einer langsamen, angestrengten Stimme, der man gerade noch eine Spur von Ärger anmerkte. Ich konnte nur vermuten, was in ihr vorging: Sie sprach über ihr ungeborenes Selbst und wie hilflos und schwarz es war, und sie war ärgerlich darüber, daß es solche Gefühle hatte. Die Sitzung verlief einige Minuten lang auf diese Weise, dann ging es sehr schnell weiter. Ich sagte zu ihr: „Du bist wirklich wütend auf diesen Teil von dir, ja?" Sie nickte.

Also nahm ich ein Kissen, das in der Nähe lag, hielt es vor sie hin und sagte: „Du würdest diesen Teil von dir wirklich gerne schlagen, nicht wahr?" Sie nickte wieder und begann sich zu bewegen, beugte sich zurück und machte eine Faust. In dem Moment, als sie das Kissen schlagen wollte, zog ich es an mich und hielt es zärtlich und beschützend im Arm, wobei ich mich leicht von ihr abwandte und sie anschaute, wie eine Mutter, die ihr Baby beschützt. Sie begann zu weinen. Pat begann zu weinen, ich begann zu weinen. Aber immer noch beobachtete ich sie sehr genau. Als sie wirklich weich war, als es sicher schien, bot ich ihr vorsichtig das Kissen an. Sie nahm es sanft, hielt und wiegte es. Das Ganze dauerte vielleicht 10 Minuten, und es bedeutete für sie: „Du mußt liebevoll zu dir sein."

Die Zeichen erkennen. Auch wenn das Kind nur als entferntes Bild erscheint, kannst du immer noch auf es warten. Du kannst nach den Zeichen Ausschau halten und nach ihnen lauschen. Eine Veränderung in der Stimme, ein Aufblitzen des Kindes im Gesichtsausdruck, eine kleine Geste. Die Zeichen erscheinen oft als *Antwort* auf eine Sonde. Ich probiere eine Sonde aus, und wenn die Person ihre *Antwort* berichtet, entdecke ich möglicherweise ein leichtes Echo einer Kinderstimme oder einen Schimmer eines kindlichen Ausdrucks auf dem Gesicht. Recht oft merkt der Klient das nicht. Der Klient weiß nicht, daß er gerade kindlich wurde.

Wenn ich das Kind bemerke, stelle ich vielleicht Fragen darüber. Manchmal frage ich nur: „Wie alt bist zu jetzt?" Einmal stellte ich diese Frage einer Frau, deren Stimme gerade kindlich geworden war, ohne daß sie sich zunächst dessen bewußt war. Als ich sagte: „Wie alt fühlst du dich?", antwortete sie: „Mein übliches Alter." „Wie alt ist das?" Sie begann: „Ich bin 32 . . .," und in diesem Moment hörte sie ihre eigene Stimme, hielt einen Augenblick inne und fuhr dann fort: „Nun . . . vielleicht bin ich drei . . ." Das Kind sehnte sich sehr nach der Liebe seines Vaters, spürte aber, daß es sie nicht bekam. Wir arbeiteten eine Weile daran, und schließlich konnte sie sich vorstellen, einen Vater zu haben, der sie liebte. Um ihr Gefühl des Geliebtwerdens zu integrieren, ließ ich sie das ganze Leben mit einem liebenden Vater in der Phantasie nachleben. Sie erzählte mir, was am ersten Schultag passierte, was er tat, als sie Abitur machte usw. Es dauerte ungefähr 45 Minuten. Als sie wieder 32 war, sah ihr Leben völlig anders aus. Sie hatte einen anderen Beruf, andere Einstellungen zur Gesundheit. Der Kontrast zwischen dem Resultat ihres vorgestellten und ihres tatsächlichen Lebens war erstaunlich.

Kontakt und Vertiefen. Bei der Arbeit mit dem Kind muß man in erster Linie Kontakt machen. Im wesentlichen geschieht das dadurch, daß du dein Verhalten und den Klang deiner Stimme änderst. Du beginnst einfach zu reden, als ob du mit einem Kind sprichst. (Wir geben Sonden u.a. auch deshalb in einer sehr einfachen Sprache, weil dadurch das Kind angesprochen wird.) Du kannst fragen, was passiert oder wie alt sich diese Person fühlt. Gewöhnlich findet sie ein Alter für sich. Dadurch vertieft sich die Erfahrung. Auch Kontaktaussagen sowie der Ton deiner Stimme spielen hier eine Rolle. Ein anderes sehr wirkungsvolles Vorgehen zum Vertiefen des Kindzustandes besteht darin, mehr Details über den Vorgang oder die Situation zu bekommen, in der das Kind ist. Wenn der Klient ein Bild hat wie: „Ach, ich kann die Stangen eines Bettchens sehen", fragst du: „Nun, schau dich doch einmal um, welche Farbe hat deine Decke? Was siehst du sonst noch in diesem Zimmer?" Halte ihn nur lange genug in dieser Erfahrung, um das Bild zu stabilisieren. Oder du kannst fragen: „Wie nennen dich die Leute?" Und wenn sie in dieser Zeit eine andere Sprache gesprochen haben, kannst du sie bitten, einige Worte in dieser Sprache zu sagen. Manchmal ist das sehr wichtig. Sag ihnen einfach, sie sollen in ihrer Muttersprache sprechen. Du brauchst nicht zu wissen, was die Worte bedeuten. Es gibt genügend andere Hinweise darauf, was passiert, und du kannst die Bedeutung der Worte später herausfinden.

Arbeit mit dem Kind

Wie arbeitest du nun mit dem Kind? Was machst du mit ihm, sobald es da und stabilisiert ist? Ich habe bereits über die Kindarbeit durch den Erwachsenen gesprochen, wie man den Erwachsenen dazu bringt, für das Kind zu sorgen und mit ihm zu sprechen. Weil ich so ein ausgeprägter Psychopath bin, liebe ich es, als „Magischer Fremder" zu erscheinen (s.u.), selbst mit dem Kind zu sprechen und es zu begreifen, ihm beim Verständnis dessen, was vorgeht, beizustehen, ihm mit seinem Selbstbild und seinem Bild von der Welt weiterzuhelfen. Wenn das Kind fühlt, daß etwas Ungerechtes passiert ist, könnte es auch die Vorstellung entwickeln, daß die Welt immer ungerecht ist und daß es niemals eine gerechte Behandlung zu erwarten hat. Du sprichst einfach eine Zeitlang darüber, wie die Leute das Kind vielleicht besser und direkter behandeln können. Vielleicht ist es nur etwas, das einmal passiert ist und das nicht immer wieder passieren muß. Du sprichst einfach mit dem Kind, als wenn du in diesem Moment in sein Leben getreten seist, und tust, was du kannst, wie jeder intelligente Erwachsene, der dem Kind in dieser Situation begegnet wäre. Die ursprüngliche Situation war traumatisch, weil sie einfach nicht paßte. Sie war schmerzhaft und verwirrend. Das Kind war überwältigt. Also hilfst du dem Kind zu verstehen. Du fokussierst die Situation auf Verständnis, während du das Kind zur selben Zeit emotional unterstützt. Sehr oft berührst du die Person, hältst sie, wischst ihre Tränen weg, kleine Dinge, die Erwachsene mit Kindern tun. Du gibst dem Klienten ein Taschentuch und läßt ihn seine Nase putzen.

Konzentriere dich darauf, was das Kind in dieser Situation braucht (brauchte). Es brauchte jemanden, der bei ihm war und etwas tat, ihm über den Tod oder so etwas erzählte. Laß die Bedürfnisse des Kindes den Prozeß lenken. Aber das tun wir natürlich sowieso immer. Falls es ein präverbaler Zustand ist, mußt du eine Menge Kontaktaussagen machen. Präverbale Zustände sind schwieriger. Du mußt aus dem Körper lesen, was passiert. Ein typischer Vorgang ist eine Rebirthing-Situation. Die Person fühlt sich, als ob sie mit ihren Beinen stoßen will, also unterstützt du die Bewegungen. Du mußt ihr eine Art von Einschränkung geben und sie halten, während sie bei ihrem Atem bleibt. Laß sie ihre Augen langsam öffnen und sorge dafür, daß sie jemanden Lieben und Freundlichen sieht. Manchmal tust du das alles, ohne überhaupt ein Wort zu reden. Wenn sie sich fürchtet, ihre Augen zu öffnen, laß einen Assistenten alles beschreiben, was in ihrem Gesichtsfeld passiert, während sie ihre Augen geschlossen hält. Nimm ihr das Sehen ab.

Ein Teil deiner Arbeit mit dem Kind — während du dem Kind hilfst zu verstehen — besteht darin, die Eltern real zu machen. Die Erfahrungen des Kindes mit seinen Eltern sind höchstwahrscheinlich mit Unsicherheiten und Verzerrungen vermischt. Es ist eine große Erleichterung, diese aufgeklärt und aufgelöst zu haben. Dieser Schritt im Prozeß ist so produktiv wie kein anderer. Du kannst mit dem Kind besprechen, wie die Eltern sich fühlen (fühlten), wie sie ihre eigenen Schmerzen und Verwirrungen haben, wie sie versucht haben, ihr Bestes zu tun, was sie für das Beste hielten. Dieses ist keine Verteidigung der Eltern; es bringt sie nur auf die richtige Größe und zeigt, daß sie einfach menschlich waren. Du versuchst Klarheit über Schuld und Verantwortung herzustellen.

Kinder stellen oft unbeantwortbare Fragen. Es ist o.k., wenn du auch als „Magischer Fremder" nicht alle Fragen beantworten kannst, etwa: „Warum will Gott, daß mir das passiert?" Sei nur ehrlich, daß du nicht alles weißt.

Das Hervortreten des Kindes

In verschiedenen Prozessen ist das Kind unterschiedlich leicht zugänglich zu machen — am einfachsten ist es im hysterischen Prozeß. Je länger du bei irgendeiner Erfahrung bleibst, desto mehr Komponenten sammeln sich an. Erinnere dich an den Mann, der Pappe roch. Zuerst war er nur neugierig. Ich half ihm, bei diesem Geruch von Pappe zu bleiben. Ich stellte ihm Fragen, die er nur beantworten konnte, wenn er tiefer in seine Erfahrung ging: „Riecht es nach feuchter oder trockener Pappe? Ist es warm oder kalt?" Mit solchen Fragen hielt ich einen Kanal in seinem Bewußtsein ständig offen. Und wie ein Foto, das langsam scharf wird, oder eine Melodie, bei der du die zugehörigen Worte nicht ganz kennst, wurde die Situation immer deutlicher, bis er plötzlich eine mächtige Erfahrung nacherlebte. Jeder einzelne Aspekt einer Erfahrung kann zur Gesamtsituation führen.

Um das Kind zugänglich zu machen, mußt du einen Kanal offenhalten. Während du nach den Komponenten einer bestimmten Kindheitserfahrung fragst, beginnt sich schließlich ein vollständiges Ereignis herauszuschälen. Als Teil dieses Herausschälens kehren alte Gefühle, Gesten und Vorstellungen zurück. Der wesentliche Teil eines Kindheitserlebnisses und das Kind selbst werden erst mit der vollständigen Erinnerung dieser Situation wiedererschaffen, auch wenn die ersten Anzeichen des Kindzustandes lange vorher auftreten können, bevor das Ereignis selbst deutlich erinnert wird.

Allerdings suchen wir nicht nach einer beliebigen Erfahrung. Wir wollen Kernmaterial. Die Erinnerungen, die in der Therapie zum Leben erweckt werden, behandeln fast immer mächtige prägende Erinnerungen eines Menschen. Diese Erinnerungen tauchen ganz natürlich auf. Und mit ihnen kommt ebenso natürlich das Kind.

Warten auf das Kind

Während ich mit einem Klienten arbeite und darüber nachdenke, wer er ist und wie er so wurde, lese ich auch die Spuren des Hier und Jetzt. Ich schaue auf Gesichtsausdruck, Haltung, Gesten. Ich höre auf den Klang der Stimme und die Satzstruktur, und während der ganzen Zeit wartet ein Teil von mir auf das Kind. Du kannst Menschen in der U-Bahn, in Restaurants oder sonstwo beobachten, wenn sie einfach ruhig dasitzen, ohne etwas zu tun, und du kannst dort das Kind sehen. Wenn sich alte Freunde treffen, sind sie wie kleine Kinder. Das Kind ist ein wesentlicher Teil von uns und befindet sich dichter an der Oberfläche, als die meisten Menschen glauben. Typischerweise tauchen die ersten Zeichen des Kindzustandes auf, wenn sich die Erfahrung vertieft oder wenn du nach Bedeutung suchst. Du gibst eine Sonde, und die Person antwortet mit einer kindlichen Stimme. An dieser Stelle kann sich der Klient entscheiden, das Kind zu sein. Du sagst zum Beispiel: „Ich bin jetzt für dich da!“, und er erinnert sich daran, daß er sich sehr isoliert und allein fühlt. Mit ganz kleiner Stimme sagt er: „Das bist du nicht. Niemals war jemand für mich da!“ Er fühlt wieder seine kindliche Einsamkeit und kann in seine Einsamkeit hineingehen, sie erinnern, sie fühlen, und im nächsten Augenblick kommt die ganze Situation zurück, und er ist wieder das Kind.

Wenn die Person sich des Kindzustandes nicht bewußt ist, muß der Therapeut den Sprung machen. Der Therapeut muß eingreifen, Kontakt machen, das Kind ansprechen und die Arbeit mit dem Kind beginnen. Wenn du merkst, daß das Kind hervorkommt, sprichst du es an. Du kannst die Interaktion etwa mit: „Mann, ich glaube, das hat dich ganz unglücklich gemacht!“ einleiten. Manchmal wehrt sich der Klient zunächst dagegen. Aber wenn du sehr sanft bist und dich nicht über ihn lustig machst, wird er sich schließlich darauf einlassen.

Der Therapeut als Magischer Fremder

Wenn das Kind hervortritt und das frühe Ereignis wiedererlebt, ist der Therapeut zur Stelle. Es war eine Zeit, zu der das Kind schmerzhafte Gefühle und Verwirrung durchlebte. Vielleicht war damals niemand da, um dem Kind zu helfen, oder das Kind war nicht bereit, die Hilfe anzunehmen. Wir nehmen an, daß so etwas Ähnliches der Fall war, oder dieses Ereignis würde jetzt nicht wieder hervorkommen. Nun erscheint plötzlich in jener alten Situation, die wirkliche Geschichte ist, magischerweise der Therapeut. Nicht einer der Eltern oder ein Onkel oder sonst ein Bekannter; der Therapeut erscheint als er selbst und kann, da er dem Kind unbekannt ist, zu Recht als Fremder bezeichnet werden. Der Therapeut erscheint nicht als einer der Menschen, die ursprünglich an diesem Ereignis teilnahmen. Er ist für das

Kind ein völlig neues Wesen. Und da Kinder nicht wissen, was Therapie ist, übernimmt der Therapeut eine neue Rolle: die des mitfühlenden Erwachsenen. Das Kind braucht keinen Therapeuten. Das Kind braucht nur einen mitfühlenden Erwachsenen. Das Kind braucht jemanden, der ihm in einem schmerzhaften und verwirrenden Moment hilft. Daher ist der Therapeut ein Magischer Fremder.

Was das Kind will

Das Kind will einfache Dinge. Es möchte, daß ihm jemand zuhört. Es möchte geliebt werden. Es möchte jemanden, mit dem es spielen kann. Es will nicht all diese dummen erwachsenen Dinge tun müssen, bevor es alt genug dazu ist. Es kennt zwar die Worte nicht, aber es will seine Rechte geschützt und seinen Selbstrespekt unangetastet wissen. Was müssen wir tun, wenn das Kind erscheint? Wie möchte es behandelt werden? Nun, das Kind braucht nicht aufs Kissen zu schlagen. Das Kind braucht auch nicht in seinen Schmerz hineingehen, um zu schreien. Das Kind braucht etwas viel Einfacheres: Es braucht deine Anwesenheit.

Stell dir einmal vor, was du tun würdest, wenn du diesem Kind real in der ursprünglichen Situation begegnet wärst. Welches Verhalten empfindet ein verwirrtes und aufgeregtes Kind als mitfühlend? Du setzt dich hin und sprichst mit ihm. Du hörst ihm zu. Du findest heraus, was es bekümmert, hilfst ihm zu verstehen, tröstest es, hältst es in deinen Armen; später spielst du noch mit ihm, erklärst einige Dinge, erzählst ihm eine Geschichte. Das ist Therapie in ihrem ältesten und besten Sinn: nichts Besonderes, nur Freundlichkeit und Geduld.

Gewöhnlich ist das Kind verwirrt. Also machst du eine Reihe von Kontaktaussagen, etwa: „Das hat dich wirklich erschreckt, ja?" Dann beobachtest du den Atem. Das Kind beginnt, sich wohl zu fühlen, sobald es weiß, daß du verstehst. Manchmal mußt du über den Tod sprechen: „Du weißt, Menschen sterben. Daran ist keiner schuld. Wir werden einfach alt und fallen auseinander wie alte Autos." Vielleicht mußt du auch einige Vorstellungen über Menschen, Liebe, Sex oder etwas anderes zurechtrücken. Du könntest ihm helfen, jemandem zu verzeihen. Tu einfach alles, was du tun kannst, um dem Kind ein besseres Gefühl für sich selbst zu geben. Tu alles, was helfen kann, ein negatives Selbstbild zu verändern. Sei einfach ein mitfühlender Erwachsener! Nimm dir Zeit, mit dem Kind zu sprechen. Es braucht keine besonderen Techniken. Das Kind wird dir erzählen, was es bekümmert, sobald es weiß, daß du dich sorgst und wirklich zuhörst. Vielleicht versteht es etwas nicht. Es fühlt sich wegen etwas schlecht. Manchmal ist es nur nötig, daß das Kind dir das erzählt. Es brauchte einfach jemand, dem es das erzählen kann. Manchmal rennt ein Kind auf dich zu und ruft: „Ich bin hingefallen und hab' mein Knie kaputtgemacht!" „Hat es sehr weh getan?" Das Kind nickt neunmal mit dem Kopf und rennt zurück zum Spielen. Und das ist genug. Das Kind wollte das einfach nur jemandem erzählen. Es wäre sonst geplatzt, verstehst du? Vielleicht wollte es wissen, ob man etwas für das Knie tun sollte. „Weißt du, ich glaube, das ist schon in Ordnung. Ich glaube, es wird bald wieder gut sein."

Abschluß

Als letztes müssen wir hier ansprechen, wie der Prozeß zum Abschluß kommt. Das kann gerade im hysterischen Prozeß problematisch werden, da diese Strategie Trennung vermeidet (vgl. 15. Kap.). Und da gerade im hysterischen Prozeß das Kind leicht hervorkommt und wir daher häufig mit „hysterischen Kindern" arbeiten, ergibt sich hier eine Verbindung zwischen der hysterischen Strategie und der Arbeit mit dem Kindzustand.

Das Kind möchte wissen, daß du nicht plötzlich weggehst. Oft hat der Klient im Kindzustand die Gewohnheit, neue Probleme zu schaffen, um die Situation zu verlängern. Du mußt unter Umständen auf einen Abschluß hinarbeiten. Du könntest das Kind fragen, ob das für jetzt genug ist oder was es braucht, um jetzt Schluß zu machen, oder was wir tun können, um jetzt aufzuhören. Stell dem Kind eine Frage, die das Aufhören impliziert. „Was können wir sonst noch tun, bevor wir aufhören?" oder: „Was können wir sonst noch tun, bevor wir fertig sind?" Stelle diese Art von Fragen, damit das Kind versteht, daß der Abschluß bevorsteht.

10 Die Stromschnellen

> „In jeder Therapie, die sich mit tiefsitzenden Überzeugungen und schmerzhaften Erinnerungen befaßt, sind starke Gefühle und das Bedürfnis, diese Gefühle auszudrücken, unvermeidlich. Unter den richtigen Bedingungen, wie Sicherheit und Unterstützung, erlebt der Klient — oft zum ersten Mal seit seiner Kindheit — eine vollständige, spontane emotionale Freisetzung. Eine solche emotionale Freisetzung trägt sich, einmal begonnen, als starkes organisches Bedürfnis selbst weiter. Sie strömt heraus, eingefaßt nur durch die kundige und fürsorgliche Unterstützung des Therapeuten."
>
> *(Aus dem 4. Kapitel „Überblick über den Prozeß")*

Starke Gefühle sind unvermeidlich, und der Umgang mit ihnen ist ein wichtiger Teil therapeutischen Könnens. Gefühle liegen näher an den biologischen Fundamenten des Verhaltens. Sie sind organisch. Gefühle nehmen einen vorgezeichneten Verlauf und entfalten sich natürlich. Die wesentliche Aufgabe des Therapeuten während der emotionalen Freisetzung (Katharsis) besteht darin, diese Entfaltung zu unterstützen und sie für den Klienten ungefährlich zu machen.

Es gibt drei grundsätzliche Ansätze, therapeutisch mit Emotionen umzugehen. Der erste Ansatz besteht darin, sie einfach zu unterdrücken — zum Beispiel mit Drogen. Ich erwähne ihn nur, weil viele Institutionen darauf zurückgreifen, da sie aufgrund von Zeit- und Personalmangel Gefühle nicht wirklich durcharbeiten können. Die beiden anderen Wege sind:

1. das Gefühlserlebnis und seinen Ausdruck auch angesichts von Widerstand planvoll hervorzurufen und
2. die Gefühle dann durchzuarbeiten, wenn sie sich spontan einstellen, ohne ihr Auftreten zu erzwingen.

Die beiden letztgenannten Ansätze betrachten die Erfahrung und den Ausdruck von Gefühlen als wesentlichen und wertvollen Teil der Therapie. Beim ersten ist sie ein zentraler Punkt, im zweiten Ansatz bildet sie einen notwendigen und wichtigen, aber keinen zentralen Teil.

Wenn die Katharsis eine zentrale Rolle spielt und die Therapie versucht, emotionales Erleben zu erzwingen, wird der Widerstand gegen die Emotionen leicht als negativer Teil des Klienten betrachtet. Oft beginnt ein Kampf, in dem der Therapeut und auch ein Anteil des Klienten versuchen, Gefühle zu erleben und freizusetzen, während ein anderer, tieferer Teil des Klienten, der organischer und stärker im Sinne der Gewohnheitsmuster orientiert ist, dagegen ankämpft. Daraus entstehen oft Konflikte für den Klienten, mit Schuld und Unzulänglichkeitsgefühlen auf der einen und Charaktermechanismen und einem natürlichen Widerstand gegen Gewalt auf der anderen Seite.

Der Ansatz der Hakomi-Therapie vermeidet jeden Zwang. Da er in der Gewaltlosigkeit begründet ist, gehen wir mit der Strömung, wobei wir allerdings sorgfältig und aufmerksam auf die kleinen Zeichen achten, die uns angeben, wenn Gefühle in der Nähe und bereit zum Ausdruck sind. In solchen Momenten unterstützen wir den Prozeß der Freisetzung. Wir verbringen unsere Zeit nicht mit dem Versuch, Gefühle geschehen zu machen. Daher provozieren, erniedrigen oder programmieren wir unsere Klienten nicht oder versuchen auf irgendeine Weise, zum Beispiel durch Isolation oder Streß — sein Abwehrsystem zu erschöpfen. Wir helfen ihm, die Flut der Gefühle im Griff zu behalten, wenn sie auftreten, indem wir es so ungefährlich wie möglich machen, sie ihren eigenen Verlauf nehmen zu lassen.

Indem wir Konfrontationen vermeiden, weniger nachdrücklich und weniger direktiv sind, vermeiden wir eine Aktivierung der Abwehrsysteme. Indem wir die spontanen Aspekte der emotionalen Freisetzungen unterstützen, insbesondere die Spannungen und Haltungen, mit deren Hilfe der Klient starke Gefühle gewohnheitsmäßig unter Kontrolle hält (ebenjene Dinge, die „Widerstand" genannt werden), machen wir den Prozeß ungefährlicher und erleichtern es dem Klienten, in ihn einzutreten. Meiner Erfahrung nach bilden dieser Ansatz und die mit ihm verwendeten Techniken den schnellsten und effektivsten Weg, emotional geladene Themen zu einem sinnvollen und stärkenden Abschluß zu bringen.

Emotionale Freisetzung oder Katharis ist aus verschiedenen Gründen im allgemeinen Prozeß nötig: Erstens müssen hochgeladene Gefühle geklärt werden, damit der Klient erleichtert wird. Blockierte Gefühle verbrauchen Energie und erzeugen Spannung. Wer Gefühle zurückhält, muß sich stärker kontrollieren und ist weniger frei für Spontaneität und Offenheit. Es entsteht ein allgemeines Schweregefühl. Der Lebensfluß scheint unterbrochen zu sein. Mit der Katharsis wird die Last abgeworfen, man fühlt sich sehr erleichtert, und das Leben kann weitergehen. Die Themen, mit denen wir uns in der Therapie befassen, sind natürlich emotional hoch geladen. Es sind alte Themen, die sehr starken Einfluß darauf haben, wie diese Person in der Welt ist. Wir müssen diese Erinnerungen und Themen und die mit ihnen verbundenen Gefühle ins Bewußtsein bringen, und damit wird deren Freisetzung notwendig.

Zweitens besteht unser allgemeines Ziel darin, die Achtsamkeit auf die Gestaltung unserer Erfahrung und die symbolische Welt zu lenken, die wir geschaffen haben und in der wir leben. Das bedingt eine ruhige und reine Aufmerksamkeit und einige emotionale Distanz und bedarf eines Bewußtseins, das unbelastet von starken Gefühlen ist. Also arbeiten wir die Gefühle durch, um den Weg für die Innere Achtsamkeit freizumachen.

Schließlich sind Gefühle ein natürlicher Teil jeden Lebens. Sie verleihen der Erfahrung Tiefe und Substanz. Wege zu finden, sie ungefährlich und befriedigend zu machen ist in sich bereits therapeutisch. Also versuchen wir, unseren Klienten lernen zu helfen, daß ihre Gefühle o.k. sind und daß sie sicher und mit befriedigendem Ergebnis ausgedrückt werden können.

Die Stromschnellen als Bewußtseinszustand

Als Bewußtseinszustand sind die Stromschnellen durch intensive Emotionen und deren Ausdruck gekennzeichnet. Explosive Wut, tiefes Schluchzen, die furchtbaren Schmerzen der Einsamkeit und Zurückweisung, diese und andere Gefühle erfüllen das Bewußtsein. Sie kommen in Wellen, und in ihrer Begleitung türmen sich Erinnerungen und Einsichten aufeinander. Sie scheinen unkontrollierbar zu sein, obwohl ein großer Teil von ihnen durchaus kontrolliert ist. Meistens sind die Gefühle schmerzhaft, oder genauer, sie werden als schmerzhaft erlebt. Die Anstrengung, sie zu kontrollieren, und die Angst vor ihren Konsequenzen bilden eine wesentliche Komponente dieses Schmerzes. Sobald die Gefühle als natürlich und erlaubt akzeptiert sind, sobald sie frei ausgedrückt werden und ihren natürlichen Verlauf nehmen können, werden sie nicht nur erträglich, sondern erleichternd und tief befriedigend, wie der gerechtfertigte Zorn oder die Trauer, die wir bei einem endgültigen liebenden Abschied von einem Verstorbenen erleben können.

Die Stromschnellen vertragen sich nicht mit Innerer Achtsamkeit. Sie lassen keine Zeit zum Beobachten. Überall schäumt das Wasser, und man hat genug damit zu tun, an der Oberfläche zu bleiben — keine Zeit, die Landschaft zu bewundern. Wenn ein Klient in emotionales Durcharbeiten einsteigt, fragen wir nicht nach Achtsamkeit. Wir lassen das ganze Geschäft des Durcharbeitens beiseite, vergessen Sonden usw. und begnügen uns mit so einfachen Dingen, wie die Person zu halten, etwas Kontakt zu machen oder stärkende Aussagen anzubieten. Es gibt keine Unterhaltung und fast keine Fragen mehr. Der Dialog verläuft auf der Ebene von Bewegung und Körperkontakt, während der Therapeut Spannungen und Ausdruck des Klienten unterstützt. Dabei braucht man nicht viel zu reden.

In den Stromschnellen verändern sich Bewegungen und Körperhaltung spontan. Muskeln spannen sich unwillkürlich an. Das ergibt sich daraus, daß der Klient automatische Gewohnheiten einsetzt, um seine intensiven Gefühle unter Kontrolle zu halten. Es sind Notmaßnahmen; denn jetzt liegt in der Tat ein Notfall vor. Und da sich diese Gewohnheiten zum größten Teil außerhalb der bewußten Wahrnehmung befanden, überraschen sie den Klienten und scheinen einen eigenen Weg zu nehmen. Wir befinden uns in Lebensbereichen des Klienten, mit denen er sich so vorher noch nicht befaßt hat.

In vielen Fällen kann der Klient in Abständen von 10 bis 15 Sekunden aus den Stromschnellen auftauchen und Momente der Klarheit und relativer Ruhe erleben. Diese Augenblicke sind wie Inseln im Strom. Diese Ruhezeiten, die fast eine Minute dauern können, nutzt der Therapeut im wesentlichen für Kontaktaussagen und vielleicht ein paar Fragen. Aber selbst dann liegt der Schwerpunkt darauf, die Situation sicher zu machen, und die Suche nach Stärkung und Bedeutung tritt ins zweite Glied zurück. Dieser Bewußtseinszustand ist für einige Menschen völlig neu und für die meisten ungewohnt. Eine Person, die durch solch eine Erfahrung geht, kann von sich den Eindruck haben, außer Kontrolle oder sogar verrückt zu sein. Der Therapeut sollte daher durch ein ruhiges, selbstverständliches Verhalten ausdrücken: „Du bist o.k., was hier passiert, ist völlig natürlich, es ist zwar sehr intensiv, aber verständlich, und du brauchst dir keine Sorgen zu machen." Es ist gut, das zu vermitteln. Als Therapeut nehmen wir teil an den intimsten und mächtigsten Erfahrungen, die Menschen haben. Unser Nutzen für solche Menschen besteht zum Teil in unserer Fähigkeit, während der ganzen Zeit ruhig und mitfühlend zu bleiben.

Die Stromschnellen als Teil des Prozesses

Wenn die Stromschnellen kommen, ist das Wichtigste, spontanes Verhalten zu unterstützen. Natürlich muß man dafür wissen, wie spontanes Verhalten aussieht. Du mußt in der Lage sein, zwischen gezwungenen und fließenden Gefühlen zu unterscheiden. (In einigen Prozessen, etwa im hysterischen

Prozeß, werden Gefühle „produziert", das heißt ausagiert.) Produzierte Gefühle klingen gezwungen. Sie klingen dramatisch. Wenn du mit jemandem arbeitest, der ein Gefühl erzwingt, wirst du wahrscheinlich selbst auch ein bestimmtes Gefühl erleben: die Frustration, wenn du versuchst, etwas in Bewegung zu setzen, oder die Langeweile, wenn du einfach nur dem Prozeß folgst. Nicht, weil er ohne Gefühle ist; er ist mehr als das. Aber er geht nirgendwohin. Du kannst dich auch ausgeschlossen fühlen, da eine Person, die ausagiert, nicht wirklich in irgendeiner bedeutungsvollen Weise mit dir kommuniziert. Also kannst du mit Hilfe deines eigenen Erlebens nichtspontane Prozesse erkennen. Im Grunde genommen ist die Person, die Gefühle erzwingt, dramatisch und unkommunikativ und tritt einfach nur auf der Stelle.

Wenn die Gefühle spontan sind, gerät die Situation in Bewegung und entfaltet sich. Auch wenn die Klienten sehr emotional, überrascht und vielleicht überwältigt sind, lassen sie dich teilnehmen. Sie wollen Unterstützung und akzeptieren sie. Sie sind wirklich, und das zeigt sich in der Art, wie sie dich anschauen und auf dich reagieren. Seltsam genug, eine spontane Person wird viel mehr mit ihren Gefühlen kämpfen als jemand, der seine Emotionen erzwingt. In dem spontanen Prozeß gibt es *wirklichen* Widerstand. Es gibt spontane, automatische Spannungen und Bewegungen, die sonst nicht auftreten. Und dies sind die Zeichen, die dir zeigen, wie du den Prozeß unterstützen kannst.

Du unterstützt den Prozeß, indem du soviel wie möglich von der Spannung übernimmst (vgl. 17. Kapitel). Wenn zum Beispiel die Person, mit der du arbeitest, sich nach vorne zusammenzieht, sich selbst umarmt, sich zusammenkrümmt usw., hilfst du ihr, das zu tun. Du legst vielleicht auch von hinten deine Arme um sie und hilfst ihr, sich zusammenzuziehen. Du forderst sie auf, ihre Spannung loszulassen, während du sie festhältst. Oder wenn sich der Kopf zur Seite dreht, wenn der Klient auf dem Boden liegt und vielleicht weint, hilfst du ihm, den Kopf zu wenden, indem du den ganzen Körper nimmst und ihn langsam, im Einverständnis mit dem Klienten, auf die Seite rollst. Sich abwenden und zusammenkrümmen sind spontane Schutzmechanismen. Wir verwenden alle möglichen Muskelkontraktionen, um den Gefühlsfluß zu erleichtern. Oft will sich der Klient die Augen zuhalten. Auch das kann man übernehmen. Durch das Übernehmen erleichterst du den Prozeß. All diese spontanen Bewegungen usw. sind Mittel, mit deren Hilfe der Klient die emotionale Freisetzung begrenzt und sich gegen zuviel Gefühl schützt. Indem du das Begrenzen und Schützen unterstützt, hilfst du dem Klienten auch, sich sicherer zu fühlen, und das wiederum bringt den Prozeß weiter. Es bestätigt wertfrei die sehr reale Erfahrung des Klienten. Es ist eine körperliche Kontaktaussage. Es sagt: „Ich unterstütze und akzeptiere dich. Ich bin bereit, dir zu helfen, das zu tun, was du tun willst oder tun zu müssen glaubst." Es sagt: „Ich habe Geduld, ich folge dem, was geschieht. Ich bin hier bei dir, und es ist dein Prozeß." Dies sind Dinge, die der Klient wissen will.

Noch einige Situationen, bei denen du übernehmen und unterstützen solltest, wenn der Klient auf dem Rücken liegt:

1. Das Gesäß hebt sich vom Boden; du legst eine Hand unter das Kreuz und übernimmst sein Gewicht. Dasselbe gilt für den Nacken, wenn dieser sich hebt.
2. Übernimm die Knie, wenn sie vom Boden hochkommen oder zur Seite fallen.
3. Übernimm die Schultern, wenn sie vom Boden hochkommen.
4. Achte auf kleine Spannungen, zum Beispiel in den Zehen oder auf der Stirn und so weiter, die ebenfalls übernommen werden können.

Für die Arbeit mit erzwungenen Gefühlen siehe weiter unten den Abschnitt „Wenn nichts hilft" und die Techniken, die im 14. und 15. Kapitel beschrieben werden.

Wenn Menschen tiefe Gefühle erleben, sind sie auch sehr offen und empfänglich für das, was der Therapeut sagt. Das ist eine Chance und gleichzeitig eine Aufforderung zur Sorgfalt. Die Chance besteht darin, daß jetzt der richtige Zeitpunkt für Stärkung gekommen ist. Du kannst sie einfach anbieten, ohne nach Achtsamkeit oder Feedback zu fragen. Und du kannst nacheinander verschiedene Stärkungen anbieten. Es hilft natürlich, wenn du vorher aufmerksam gewesen bist und eine gute Vorstellung davon hast, was den Klienten besonders stärken kann. Gleichzeitig mußt du sorgfältig negative Aussagen und — das ist noch wichtiger — negative Implikationen vermeiden. Die rationalen Abwehrsysteme der Person sind außer Funktion, und eine Aussage mit negativen Implikationen kann unbemerkt ungeheuren Schaden anrichten. Die gutgemeinte Sonde: „Du wirst es schon noch schaffen!" impliziert zum Beispiel, daß der Therapeut im Moment nicht an einen Erfolg glaubt.

Wann die Stromschnellen auftreten

Der Klient kann an verschiedenen Punkten des Prozesses in die Stromschnellen geraten. Wenn jemand in deine Praxis kommt und in die Stromschnellen geht, bevor man sich richtig begrüßt hat, kannst du davon ausgehen, daß er mit irgendeinem hochgeladenen aktuellen Thema beschäftigt ist. Dann praktizierst du „Krisenintervention“. Oder jemand beginnt eine Therapiesitzung, und nachdem du Kontakt gemacht und Zugang geschaffen hast, gerät er in die Stromschnellen. Wieder ist ein Thema mit hoher Ladung präsent. Wenn der Klient schon beim Zugangschaffen in die Stromschnellen geht, liegt etwas Schmerzhaftes im Leben dieses Menschen dicht an der Oberfläche. Es könnte auch sein, daß der Klient mit Depressionen kämpft. Der Zeitpunkt des Auftretens der Stromschnellen ist wichtig für die richtige Art der Intervention.

Es ist folgerichtig, daß die Stromschnellen an der Stärkungsbarriere auftreten (vgl. 13. bis 15. Kapitel). Wenn sie dort mit der üblichen Intensität erscheinen, werden sie als Stärkungsbarrierenprozeß behandelt (vgl. Tabelle 2: „Interventionen an den Barrieren“ im 15. Kapitel): Manchmal gerät eine Person direkt nach der Transformation in die Stromschnellen. Das ist gewöhnlich eine Folge der Traurigkeit darüber, viel Zeit damit verschwendet zu haben, sich gegen etwas zu wehren, was man wollte. Du machst ein Überzeugungssystem zugänglich, sagst etwas Liebevolles, die Person nimmt es an und beginnt sich gut zu fühlen — und dann plötzlich beginnen die Stromschnellen.

Normalerweise kannst du die Stromschnellen, wenn überhaupt, an der Stärkungsbarriere erwarten; denn da liegt die Ladung. Wenn die Barriere fällt, kommen die Gefühle in dem Moment hervor, in dem die Stärkung angenommen wird. Das ist wie ein osmotischer Prozeß.

Wenn nichts hilft

Was passiert, wenn alle deine Interventionen nicht greifen? Die Person ist in den Stromschnellen, und du versuchst, spontanes Verhalten zu unterstützen oder Stärkung anzubieten, oder du fragst die Person, was mit ihr geschieht, bekommst aber keine Antwort. Du spürst ein wenig Panik aufsteigen. Du willst wissen, was passiert. Du fragst den Klienten nochmals: „Was geschieht?“ Keine Antwort. Während du redest, macht der Klient seine eigene Sache. In so einer Situation versuche ich, Kontakt zu machen. Wenn ich keine Berichte von dem Klienten erhalte, mache ich eine Kontaktaussage wie: „Es ist jetzt schwer, zu reden?“ Ich berichte einfach, wie ich mir seine Erfahrungen vorstelle, ich rate und versuche zu verstehen. Sehr oft kann der Klient im Moment einfach nicht sprechen. Die Gefühle sind zu stark. Bleib im Kontakt und gib Unterstützung. Nach einiger Zeit kann er wieder mit dir in Verbindung treten.

Es kann auch passieren, daß der Klient durch eine hysterische Reaktion geht und die Gefühle herauszwingt. Er will gehört und in seinen Gefühlen akzeptiert werden, und gleichzeitig ertränkt er jede Unterstützung, die er bekommen könnte. Es ist ein Teufelskreis. Bei diesem Prozeß frage ich zunächst nach Berichten. Ich bestehe auf Berichten. Jeder Mensch in einer hysterischen Episode simuliert im Grunde genommen die Stromschnellen. Ich fordere Achtsamkeit, wenn die Person in der Lage ist, achtsam zu sein. Wenn ich spüre, daß Gefühle erzwungen werden, halte ich den Prozeß an. Ich bitte zum Beispiel die Person, einfach aufzustehen: „O.k. Würdest du mal einen Moment aufstehen?" Und sie tut es! Selbst wenn sie noch vor Sekunden ausgeflippt war, laut schrie und sich auf dem Boden wälzte — ganz plötzlich hört sie damit auf und erhebt sich. Dann weißt du, daß es nicht die Stromschnellen waren. Es war Teil eines Abwehrmechanismus.

Nach den Stromschnellen

Wenn die Stromschnellen gleich am Anfang einer Sitzung aufgetreten sind, kehrst du zur Inneren Achtsamkeit zurück, um Überzeugungssysteme zu klären, und gehst dann zur Transformation und Integration über. Nach Stärkungsbarrierenprozessen kannst du die Person einfach ausruhen lassen, vielleicht mit jemandem zusammen, der sie hält und der ihr zuhört. Sie könnte ein bißchen Ruhe gebrauchen, auch ein wenig schlafen. Sie hat es sich verdient.

11 Integration und Abschluß*

Es bleiben noch zwei Prozeßphasen: Integration und Abschluß. Wenn eine neue Überzeugung oder Verhalten ausprobiert und für stärkend empfunden wurde, bedarf diese der Stabilisierung. Wie Achtsamkeit, Kontakt und der Kindzustand vertieft und stabilisiert werden mußten, müssen neue Überzeugungen in das Leben des Klienten integriert werden. Da die Gefühle, Gedanken und Handlungen neu für den Klienten sind und sich von dem, was er gewöhnt war, unterscheiden, braucht Integration Zeit. Unterstützt wird der Integrationsprozeß dadurch, daß sich die neue Option gut anfühlt, bewußtgemacht und in Innerer Achtsamkeit durchgearbeitet wurde.

In den folgenden Abschnitten werden verschiedene Arten der Unterstützung und Integration beschrieben, die der Klient bei seinen Veränderungen braucht. Der Therapeut steht als erster zum Ausprobieren zur Verfügung. Ein substantieller Teil der Therapiesitzung sollte der Integration gewidmet sein; denn der Klient muß seine neuen Überzeugungen mit nach Hause nehmen, zur Familie und zu Freunden, und sie dort leben, wo sie niemals zuvor gelebt worden sind. Das kann eine schwierige Aufgabe sein; denn der Klient verändert nicht nur sich selbst. Der Klient verändert jeden, mit dem er in Beziehung steht. Das kann eine Weile dauern. Also geben wir dem Klienten die Möglichkeit an die Hand, seine Optionen außerhalb der Praxis und ohne den Therapeuten im Leben zu bearbeiten.

Integration

Bestandsaufnahme. Während jeder Sitzung gibt es Momente, wo der Therapeut vom Klienten Feedback darüber braucht, wie die Sitzung bis zu diesem Zeitpunkt verlaufen ist. Diese Abstimmung mit dem Klienten auf der Metaebene der allgemeinen Sitzung und die abstrakte Zusammenfassung des Geschehens aus der Sicht des Therapeuten kann integrativ wirken. Sie

* Dieses Kapitel hat Pat Ogden auf der Grundlage von Aufzeichnungen bei Rons Vorträgen verfaßt.

hilft, die Vorgänge der Sitzung zu klären, und bietet dem Klienten Gelegenheit, bei der intensiven Konzentration des Hauptprozesses eine Pause zu machen. Da der Hauptprozeß im wesentlichen in nichtalltäglichen Bewußtseinszuständen stattfindet, wirkt eine Rekapitulation der Vorgänge im Normalbewußtsein integrierend.

Die besten Zeitpunkte für eine solche Unterbrechung des fortlaufenden Prozesses sind, wenn der Klient von selbst an einem Ruhepunkt angekommen zu sein scheint, wenn sich der Therapeut unklar darüber ist, was tatsächlich geschieht, oder wenn er eine Spannung oder Belastung zwischen sich und dem Klienten fühlt. Manchmal ist eine Besprechung eines Prozeßpunktes selbst hilfreich für den Klienten, um eine unbekannte oder besondere Art von Integration zu erklären. Der Prozeß erholt sich ganz leicht und natürlich von derartigen Unterbrechungen und profitiert auf lange Sicht von ihnen.

Die Optionen auskosten. In einer Therapiesitzung kannst du dem Klienten, nachdem er eine stärkende Überzeugung akzeptiert und sie zum ersten Mal ausprobiert hat dazu veranlassen, diese Erfahrung, insbesondere die Gefühle, die dabei entstehen, zu genießen. Wie auch sonst bei Hakomi bedeutet das, bei dem neuen Zustand zu bleiben und ihm Zeit zu geben. Du kannst den Klienten dazu auffordern: „Laß deinen Körper sich erinnern . . ." und Fragen über die körperlichen Aspekte der Erfahrung stellen. Hier sind noch ein paar weitere Möglichkeiten, die dem Klienten beim Auskosten seiner Veränderung nach der Transformation helfen können:

1. Bitte den Klienten, die in Worten angebotene Stärkung mit den *Antworten* auf eine Berührung zu vergleichen. Oft wird der verbale und der körperliche Ausdruck verschieden stark akzeptiert und geglaubt, besonders wenn die Eltern früher mit dem Kind nicht ehrlich waren.
2. Wenn du mit einer Gruppe arbeitest, kannst du den Klienten die stärkenden Aussagen nacheinander von verschiedenen Personen hören oder fühlen lassen. Wenn du allein mit dem Klienten arbeitest, kannst du ihn sich dasselbe vorstellen lassen.
3. Du kannst den Klienten auffordern, nach Wegen zu suchen, die Stärkung noch besser oder befriedigender zu machen. Aus dieser Verfeinerung oder Präzisierung folgt eine Vertiefung oder Konzentration der Stärkung und eine Stabilisierung der Erfahrung.
4. Wenn du mit dem Kind gearbeitet hast, kannst du den Klienten auffordern, sich vorzustellen, das Kind zu halten und es zu stärken.

Förderung von Innerer Achtsamkeit. Auch die Gewohnheiten, die sich um die Annahme und Ablehnung von Stärkung gebildet haben, können mit Achtsamkeit untersucht werden. Der Klient kann das einmal tun, indem er Notiz davon nimmt, was er unwillkürlich mit der stärkenden Berührung macht, und indem er dann mit der bewußten Kontrolle der Reaktion experimentiert, indem er sich zunächst gegen die Stärkung verschließt und sie dann annimmt und genießt. Die Effekte dieser beiden Verhaltensweisen werden viel klarer, und der Klient kann sich nachhaltiger für die eine oder die andere entscheiden.

Im Zustand Innerer Achtsamkeit kann sich der Klient alle möglichen Situationen vorstellen, etwa die neuen Einstellungen und Gefühle bei Verwandten und Freunden, zu Hause und bei der Arbeit aufrechtzuerhalten. Er kann eine Person nach der anderen vor sein geistiges Auge rufen und sich vorstellen, mit dieser Person zusammenzusein, während er sich auf die besondere Weise gestärkt fühlt, die er gerade entdeckt hat. Das kann zu der Entdeckung von weiteren Bedingungen führen, die erfüllt sein müssen, um diese neuen Erfahrungen zu integrieren.

Man kann auch die gegenwärtigen Gefühle mit jenen vergleichen, die früher in den von alten Überzeugungen strukturierten Situationen vorherrschten. Indem man alle möglichen Aspekte des Integrationsprozesses im Zustand Innerer Achtsamkeit untersucht, fördert man besonders in den frühen Phasen dieses Prozesses seine Integration.

Wertschätzung des Kindes. Leute sind oft wütend auf sich selbst, daß sie mit negativen Überzeugungen leben. Sie müssen verstehen lernen, daß in der Welt des Kindes jene alten Überzeugungen überlebensnotwendige Strategien darstellten. Sie müssen die Kreativität und Ressourcen ihres Kindes wertschätzen und verstehen. Zu diesem Zweck können wir 1) darüber sprechen, 2) unsere eigene Wertschätzung für das Kind zeigen oder 3) in der Art von Milton Erickson eine Geschichte erzählen, die indirekt demonstriert, wie kreativ und anpassungsfähig Kinder sind und sein müssen.

Übergang in den Alltag. Zwar ist unsere Arbeit in der therapeutischen Praxis, mit der wir neue Überzeugungen integrieren, wesentlich, aber sie genügt fast nie. Den größten Teil leistet der Klient selbst während der folgenden Wochen und Monate, wenn er sein normales Leben aufnimmt. Einige Dinge, die wir in der Sitzung tun, sind auf die Klärung dieser Tatsache und auf Wege gerichtet, damit zurechtzukommen:

1. Gib nach der Therapiesitzung Zeit, die Erfahrungen allein zu absorbieren, sich auszuruhen und darüber nachzudenken (die Bedeutung von Ruhe beim Lernen beginnen wir erst jetzt zu verstehen und zu schätzen).

Du kannst dem Klienten raten, nach einer Therapiesitzung nicht sofort zur Arbeit zu gehen. Ein heißes Bad und eine Massage sind vielleicht besser.

2. Der Klient kann in der Phantasie sein gesamtes Leben unter Annahme der neuen Überzeugungen und deren Unterstützung durch seine Umwelt nacherleben.
3. Der Klient sucht nach Situationen in seiner Vergangenheit, in denen er die jetzt erarbeitete Stärkung schon einmal angenommen hat oder wo sie zur Verfügung stand. Dabei weist der Therapeut darauf hin, daß die Umwelt auch jetzt diese Stärkung bereithält. Der Klient kann sogar lernen oder üben, genau nach dem zu fragen, was er will, indem man im Rollenspiel eine Situation stellt, in der die alte Überzeugung dazwischenkommen könnte.
4. Der Klient experimentiert bewußt mit den Veränderungen seiner Körperhaltung, die sich beim Übergang von alten Überzeugungen auf neue ergeben. Das ist besonders bei Menschen in anhaltenden oralen Prozessen wirksam.
5. Du sprichst über den Übergang in den Alltag, wie das sein wird, wie die anderen möglicherweise reagieren und wie es zu der neuen Option kam. Diese kleine Diskussion und Analyse wird dem Klienten helfen, mit ihm nahestehenden Menschen über seine Erfahrung nachzudenken und zu sprechen.

Hausaufgaben. Wir geben den Klienten auch Hausaufgaben auf. Die wirkungsvollste ist die Anwendung von Innerer Achtsamkeit. Wir bitten den Klienten, die alten Überzeugungen, die Art und Weise, wie sein Körper daran teilnimmt, und die sie auslösenden Umstände einfach nur zu beobachten. Eine andere Hausaufgabe ist das Entwickeln eines Rituals für jeden Aspekt der neuen Option. Dies kann die neuen Verhaltensweisen stabilisieren und wirkt besonders gut beim Abschluß von Beziehungen und Überzeugungen, die nicht länger gewollt sind. Andere Arten von Hausaufgaben können Ernährungsumstellung oder Körperarbeit oder eine spezielle Aufgabe für eine bestimmte Situation sein. Ich lasse zum Beispiel meine „paranoiden" Klienten auf die Straße gehen und heimlich Menschen folgen, wobei sie sich nicht bemerken lassen dürfen. Das hilft bei der Integration ihrer eigenen Neigung, „hinter Menschen herzusein". Und natürlich sind sie begeistert davon.

Abschluß

Manchmal scheinen Sitzungen immer weiterzugehen und niemals zu Ende zu kommen. Die meisten Sitzungen kommen ganz leicht und spontan zu einem angemessenen Abschluß. Aber manchmal fällt es besonders Menschen mit hysterischen, phallischen oder oralen Prozessen schwer, eine Sitzung zu beenden (vgl. 13. bis 15. Kapitel). Einige Klienten wollen festhalten, was sie durch die Therapie bekommen, und die Beendigung einer Sitzung fühlt sich für sie wie eine Trennung oder ein Verlust an. Dann:

1. Weise auf das Abschlußproblem hin und fordere sie auf, wenn sie sich gut gefühlt haben, herauszufinden, ob sie dieses gute Gefühl auch über den Abschied hinaus behalten können.
2. Zeige dein eigenes Bedürfnis an, indem du etwa sagst: „Ich möchte jetzt Schluß machen." Wenn sie den Abschluß nicht fühlen, können sie das sagen, und du kannst entweder mit dem weiterarbeiten, was dann passiert, oder besprechen, was noch einen Abschluß braucht. Manchmal findet die Sitzung auch einen natürlichen Abschluß, wenn sich die Intensität der Arbeit und der Konzentration nach innen fließend zu bloßem Herumsitzen und normalen Gesprächsthemen hin verändert.
3. Ist das Abschlußproblem Teil eines hysterischen Prozesses, leitest du am besten den Abschlußprozeß mit einer Aussage ein, die impliziert, daß die Sitzung bald zu Ende sein wird.
4. Gelegentlich wechselt ein Klient ganz plötzlich von einer alten und scheinbar hartnäckigen Überzeugung in eine anscheinend erfreuliche Realisierung ihres Gegenteils, etwa: „Ja, das stimmt, ich bin ein guter Mensch!" In diesem Fall mußt du darauf gefaßt sein, daß er im nächsten Moment zurückschwingen und mit sich selbst darüber argumentieren wird. Du mußt ihn dann sofort ablenken. Das nennen wir die „Frisch-gestrichen-Technik". Du holst ihn von der neuen Überzeugung weg, bevor er darauf herumtrampeln kann. Du lenkst ihn von jedem Zweifel ab, indem du eine völlig irrelevante Frage stellst, zum Beispiel: „Was hast du heute morgen zum Frühstück gegessen?" Solche Fragen brechen das Argumentationsmuster vollständig auf, insbesondere weil die Frage nicht nur nach einer Antwort verlangt, die nichts mehr mit Überzeugung zu tun hat, sondern auch im Bewußtsein des Klienten eine andere Frage hervorruft, nämlich: „Warum fragt er mich das?"
5. Weil Therapie so intensiv sein kann, fällt es manchen Menschen schwer, zurück in die Alltagswelt zu kommen. Dann hilft vielleicht, bei einer Tasse Tee einfach nur zu reden oder einen Spaziergang von 20 oder 30 Minuten zu machen.

III. Teil
Die Hakomi-Methode

„Leben nährt sich von Negentropie.“
Erwin Schrödinger

„Der Geist ist ein System,
das sich spontan selbst organisiert.“
Ken Wilber

12 Die Methode

Grundsätzlich versucht die Methode einen Weg zum Kernmaterial zu finden, um dessen Einfluß auf das Leben des Klienten zu verändern. Ein Hakomi-Therapeut sucht (in erster Linie aus der gegenwärtigen Erfahrung und der körperlichen Wirklichkeit des Klienten, wie seiner Haltung, Körperstruktur, Gesten, Klang der Stimme usw.) erstens nach Hinweisen auf das Kernmaterial und zweitens nach Wegen, auf denen dieses Material zugänglich gemacht werden kann. Unseren Begriffsrahmen beziehen wir dabei primär aus dem Wissen über Informationsverarbeitung in lebenden Systemen. Dieses Konzept liefert die allgemeine Vorgehensweise für unsere Methode und erklärt ihre Prämissen.

Allgemeine Vorgehensweise

1. Ich will von Anfang an darauf hinweisen, daß die Hakomi-Methode ein präziser, klar definierter und *lehrbarer* Weg für die Arbeit mit Menschen ist. Obwohl viel Können, Sensitivität und Kreativität in die Praxis der Methode einfließt, sind die zugrundeliegenden Regeln, Methoden und Techniken gut ausgearbeitet und leicht lernbar. Ein theoretisches und erfahrungsorientiertes Curriculum ist während der letzten vier Jahre für die Ausbildung von Psychotherapeuten entwickelt und benutzt worden.
2. Methodisch gesehen beschäftigen wir uns damit, wie Menschen Informationen verarbeiten. Die Methode ist ein Weg, mit Charaktermustern und dem Kernmaterial zu arbeiten, das diese Muster kontrolliert. Daran sind zwei Gruppen von Informationsprozessen beteiligt, von denen eine die biologische Organisation aufrechterhält und unterstützt, während die andere dasselbe für die symbolische Gestaltung leistet, einschließlich Sprache, Selbstbild und kulturellen Einflüssen. Die Interaktion dieser beiden Systeme — Körper und Geist — wird von einer Gruppe von Prozessen geschaffen und aufrechterhalten, die wir „Charakter" nennen. Daher fokussieren wir auf die Informationen, die wir an der Schnittstelle von Geist und Körper, wo symbolische und biologische Prozesse integriert werden, gewinnen können.

3. Der Hakomi-Therapeut betrachtet es prinzipiell als heilsam, organischen Prozessen zu folgen, und unterstützt sie deshalb. Zu diesen Prozessen gehört Gesundung, emotionaler Ausdruck und das Bedürfnis nach Selbstregulation. Wir sehen den Klienten nicht nur als informationsverarbeitendes, sondern auch als lebendes System. Daher ist die Methode nicht nur körperzentriert, sondern auch lebenszentriert. Und weil Menschen ganz besondere lebende Systeme und einzigartig in ihren symbolischen und kulturellen Eigenschaften sind, ist die Methode ganz bewußt menschzentriert. Wir müssen immer darauf achten, daß wir uns mit lebenden Menschen und nicht bloß mit „Mechanismen" beschäftigen. Gleich den Taoisten schrecken wir nicht vor dem Vakuum (das wir sowieso nicht anerkennen), sondern davor zurück, gegen den Strom zu schwimmen und Zwang anzuwenden, wo er schlechterdings nicht nötig ist. Unsere Methode ist die des Nicht-Tuns, der Gewaltlosigkeit der ungiftigen Arznei.
4. Das Ziel besteht darin, Veränderung auf dem Charakterniveau zu schaffen und zu unterstützen, indem wir den Klienten helfen 1) emotional geladenes, schmerzhaftes Kernmaterial zu verstehen und freizusetzen und 2) die von diesem Material beeinflußten zentralen Lebensfunktionen (siehe unten) zu aktivieren und zu integrieren.
5. Charakterprozesse werden durch Gewohnheiten beschützt, die auch das Kernmaterial außerhalb des Bewußtseins halten, indem sie die Art kontrollieren, in der die Kerninformationen verarbeitet werden. Solche Gewohnheiten schaffen ein „Hintergrundrauschen" in Form von Fixierungen und Ablenkungen, indem sie Spannungen aufrechterhalten, welche Erfahrungen maskieren und die allgemeine Sensitivität vermindern und so die Erinnerung an Ereignisse mit überwältigendem emotionalem Inhalt wie Grauen, Wut oder starkem körperlichem und emotionalem Schmerz blockieren. Die Methode versucht, diese gewohnheitsmäßigen Mechanismen zu umgehen, die die Charakterprozesse schützen und stabilisieren, und Kernmaterial zugänglich zu machen.

Prämissen

Die Methode beruht auf den folgenden Annahmen über Informationsprozesse und Menschen:

1. *Zugang zu Unterstützungsstrukturen.* Jede Erfahrung enthält Zugangswege zu den sie unterstützenden biologischen und symbolischen Struk-

turen, und diese Wege nehmen ihren Anfang in Aspekten der Erfahrung selbst, z.B. Empfindungen, Gefühlen, Gedanken, Bildern, Impulsen. Unterstützungsstrukturen gestalten Erfahrung, während sie außerhalb des Bewußtseins bleiben. Die wesentlichen Unterstützungsstrukturen sind:

a) Gedanken, falsche Annahmen *(default assumptions*)*, Überzeugungen usw.
b) Gefühle, Verstärker, Absichten, Motivationen usw.
c) Sensomotorische Mechanismen, Körperhaltung, Sinne usw.
d) Kernmaterial, Gewohnheiten, Routinen usw.

2. *Akkumulation erfahrungsbezogener Informationen.* Wenn man bei einer bestimmten Erfahrung bleibt und immer mehr Informationen sammelt, indem man die Erfahrung lebendig hält und ihre gegenwärtigen, größtenteils körperlichen Aspekte erforscht, berührt man schließlich automatisch die Unterstützungsstrukturen und macht sie zugänglich. Man kann den Informationsgehalt über eine bestimmte fortlaufende Erfahrung auf zweierlei Weise erhöhen. Die eine ist Zeit: Mehr Zeit bedeutet mehr Information. Die andere ist:
3. *Erhöhte Sensibilität.* Wir erhalten dann die meisten Informationen aus der Erfahrung, wenn unsere Sensibilität auf ein hohes Niveau gebracht und dort gehalten wird. In der Hakomi-Therapie erreichen wir das in erster Linie mit Hilfe von Techniken, die das „Hintergrundrauschen" senken. Da alle Charakterprozesse Gewohnheiten beinhalten, die den Klienten davon abhalten, für seinen inneren Prozeß zu sensibel zu werden, finden wir Wege, damit wir
4. *Das Radarnetz unterlaufen.* Um Kernmaterial zugänglich zu machen und mit ihm zu arbeiten, umgehen wir die Gewohnheiten, welche die Unterstützungsstrukturen aus den willentlichen-bewußten Operationen heraushalten. Strukturstützende Information ist normalerweise unbe-

* *Default assumptions:* Wenn aus einer Erzählung oder Beschreibung Details weggelassen werden, ersetzt der Leser oder Zuhörer diese gewöhnlich mit Annahmen, die er aus seinen eigenen Erfahrungen schöpft. Diese Annahmen schlüpfen unbemerkt in die Geschichte ein. Wenn ich dir zum Beispiel erzähle, daß drei Chirurgen an ihrem freien Tag Football spielten, würdest du wahrscheinlich annehmen — ohne dir dessen bewußt zu sein —, daß es sich um Männer aus den USA handelt, auch wenn es, obwohl weniger wahrscheinlich, Frauen aus Argentinien sein könnten. Ein Großteil des Charakterverhaltens formt sich um solche auslassungsbedingten Ergänzungen. Klienten handeln oft so, als ob sie nicht wirklich willkommen wären, und diese Vorstellung gelangt niemals ins Bewußtsein. Wenn man Menschen mit schizoider Struktur nicht ausdrücklich zu verstehen gibt, daß sie willkommen sind, dann glauben sie aufgrund dieser Auslassung automatisch und ohne sich dessen bewußt zu sein, daß sie es nicht sind.

wußt, um der bewußten Wahrnehmung die Teilnahme an der Erfahrung selbst zu ermöglichen. So beeinflussen Herzschlag, Atmung und die Regeln der Satzstruktur die Sprache, aber das geschieht unbewußt, und sie bleiben größtenteils unbemerkt. Die Mechanismen, die Kernmaterial aus dem Bewußtsein halten, funktionieren ähnlich, mit dem Unterschied, daß sie „vorsätzlich" Material vom Bewußtwerden abhalten können. Sie werden „Abwehrmechanismen" genannt. Anstatt diese direkt anzugehen und zu versuchen, Kernmaterial ins Bewußtsein zu zwingen, vereinigt die Hakomi-Methode in sich Prinzipien und Techniken, die den Therapeuten darin unterstützen, Kernmaterial ohne Auslösung der Abwehrmechanismen bewußtzumachen. Wir tun das, indem wir in erster Linie die ganze Person einschließlich der Abwehrsysteme unterstützen und dadurch das Hintergrundrauschen senken.

5. *Die Wirkungen von bewußter Wahrnehmung.* Die achtsame Bewußtmachung des Kernmaterials erlaubt dessen Wandlung. Wenn derartiges Material im Bewußtsein ist, kann es geklärt und sein Einfluß auf alle Aspekte des Verhaltens geändert werden. Es kann hinterfragt, umgebaut und in Perspektive gebracht werden. Sein schmerzhafter emotionaler Inhalt kann freigesetzt werden. Es ist äußerst schwierig, Kernmaterial zu verändern, ohne es bewußtzumachen.

Komponenten der Methode

Die folgenden Methoden und theoretischen Strukturen, die auf klinischer Erfahrung beruhen und von den oben angeführten Prämissen gestützt werden, bilden die zentralen Komponenten des allgemeinen Ansatzes:

1. *Senkung des Hintergrundrauschens.* Alles, was den Zugang zum Kernmaterial behindert, ist Hintergrundgeräusch: Spannungen, Ablenkungen, Sicherheitsfragen, Theorien, Unterhaltung und Ausagieren. Der Therapeut versucht, dieses Hintergrundrauschen zu verringern, indem er die gesamte Person unterstützt und das Bewußtsein leitet, was die Behandlung von Vertrauensfragen, das Fokussieren auf die gegenwärtige Erfahrung und die Unterstützung des Bedürfnisses nach Abwehr einschließt, indem man zum Beispiel Spannungen, Stimmen usw. übernimmt (vgl. 17. Kapitel).
2. *Intrapsychisch — nicht interpsychisch.* Je mehr sich das Hintergrundrauschen verringert, desto eher offenbaren sich Unterstützungsstrukturen und schließlich Kernmaterial aufgrund eines sicheren, unterstützen-

den und nicht manipulierenden Prozesses, der als solcher auch vom Klienten anerkannt wird. Indem wir die Rolle eines „Führers" zur inneren Erfahrung übernehmen und Problemlösungen, Konfrontationen und unangemessene Distanz vermeiden, entgehen wir auch einem großen Teil der Übertragungsproblematik, welche die meisten Psychotherapien belastet.

3. *Offene Kanäle.* Als Hakomi-Therapeuten bleiben wir bei der gegenwärtigen konkreten Erfahrung. Innere Achtsamkeit öffnet Kanäle zu Unterstützungsstrukturen, und wir halten diese möglichst offen. Bei einer Erfahrung zu bleiben ist der Königsweg zum Kernmaterial, genauso wie Hintergrundrauschen und Ablenkung davon wegführen. Innere Achtsamkeit ist ein offener Kanal zur Quelle.
4. *Verwendung von Kernmaterial.* Wir versuchen planvoll, zentrale Unterstützungsstrukturen, insbesondere Kernmaterial zugänglich zu machen. Dieses ist das Hauptziel der Methode: das Unbewußte bewußtzumachen, Kerninformation ins Bewußtsein zu bringen und dort damit zu arbeiten.
5. *Der Sensibilitätskreis.* Die Hakomi-Therapie verwendet als theoretisches und therapeutisches Leitmodell den „Sensibilitätskreis", um 1) Sensibilität zu erhöhen und 2) die Tendenzen zur Vermeidung erhöhter Sensibilität zu umgehen. Auf dem Sensibilitätskreis finden sich in den verschiedenen Abschnitten sich verstärkender Sensibilität „Barrieren" genannte Blockadepunkte. Für die Arbeit an den einzelnen Barrieren wurden Strategien entwickelt (vgl. 14. Kapitel).
6. *Der Therapeut als sein eigenes Instrument.* Wir versuchen, als Therapeuten und Individuen, die Prinzipien der Inneren Achtsamkeit und Gewaltlosigkeit, auf denen die gesamte Therapie beruht, in unsere eigenen Unterstützungsstrukturen zu integrieren. Indem wir die Prinzipien zum Bestandteil unserer eigenen Unterstützungsstrukturen machen, ergibt sich vieles von dem, was als therapeutisches Können erscheint, aus dem präzisen Handeln und der Kraft des Unbewußten. Durch unseren Entschluß, die Prinzipien zu integrieren, fördern wir Fürsorge und Sicherheit sowohl in unserem eigenen Leben als auch bei unserer täglichen therapeutischen Arbeit.
7. *Innere Achtsamkeit und Gewaltlosigkeit.* Die besonderen Eigenschaften der Inneren Achtsamkeit schließen den Zugang zum Kernmaterial und zur strukturunterstützenden Information im Gegensatz zum Alltagsbewußtsein nicht automatisch aus. Diese Offenheit macht die Innere Achtsamkeit für die Arbeit so wertvoll. Gewaltlosigkeit ist eine Seins- und Arbeitsweise, die

a) Sicherheit fordert und so einen Teil des Hintergrundrauschens senkt,
b) Abwehrmechanismen vermeidet,
c) die Arbeit mit den religiösen und therapeutischen Traditionen des Christentums und des Buddhismus verknüpft.

8. *Anbieten von alternativen Möglichkeiten.* Indem wir das schmerzhafte Kernmaterial ins Bewußtsein bringen, wollen wir die Wirkungen dieses Materials klären und verändern und dann neue alternative Verhaltensmöglichkeiten anbieten, um die herum der Klient seine Erfahrung befriedigender und effektiver gestalten kann.

Zentrale Lebensfunktionen

Auch zentrale Lebensfunktionen entsprechen Abschnitten auf dem Sensibilitätskreis: Informationssammlung (Klarheit), Ausdruck (Handeln), Bewertung (Stärkung) und Beendigung (Abschluß). Wir betrachten das Gleichgewicht und die Integration der polaren Aspekte jeder Funktion als gesunde Verhaltensmöglichkeit. Zum Beispiel müssen im Stadium der Informationssammlung die Kontakt- und Rückzugsfunktionen integriert werden. Die Unfähigkeit, mit mehr als einem Aspekt der Funktion reagieren zu können, wie es bei der Disposition der Schizoiden zum Rückzug der Fall ist, stellt eine charakterliche Einschränkung dar.

Die zentralen Lebensfunktionen:

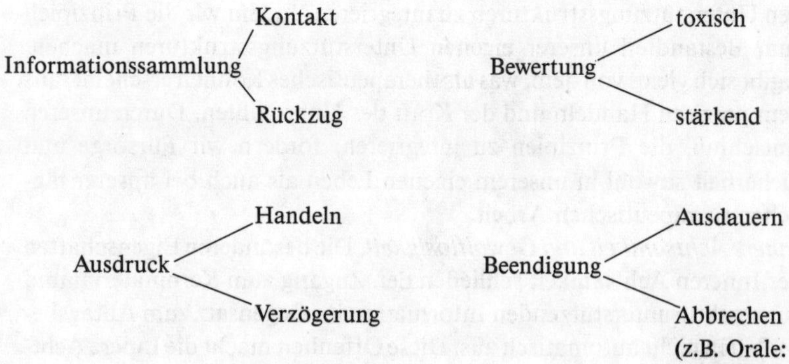

Informationssammlung ist eng mit den Funktionen der Distanzbestimmung, der Orientierung und der Weite des Blickfeldes verknüpft. Ausdruck mit Kontrolle und Impulsivität; Bewertung mit Zuwendung, Bindung und Wertschätzung. Diese drei Variablen — Weite des Blickfeldes, Kontrolle und Zuwendung — verwendet William Schutz in seiner Analyse von Persönlichkeit und Angst. Die Beendigungsfunktion ist eng verbunden mit dem Schaffen und Aufrechterhalten organisierter und integrierter Bedürfnis- und Wunschhierarchien. Sie dient dazu, jeder Aufgabe gerecht zu werden, nicht mehr und nicht weniger zu tun und Ruhe mit Aktivität auszugleichen.

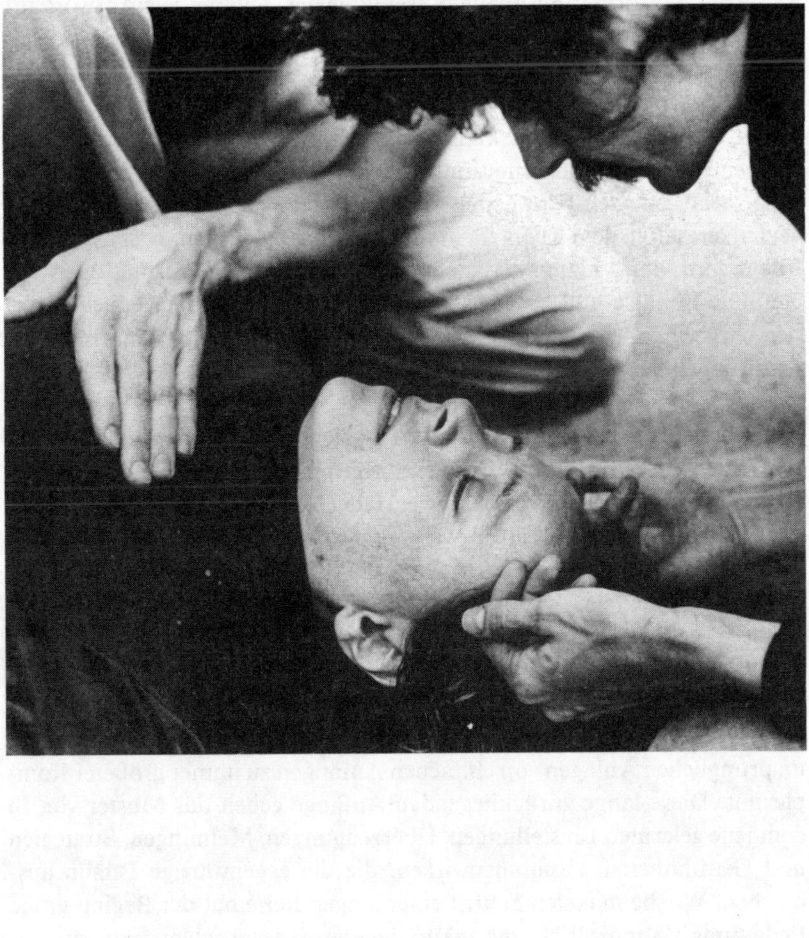

13 Der Sensibilitätskreis

Das gesamte Vorgehen der Hakomi-Therapie beruht auf der Vorstellung, daß der Heilungsprozeß von innen gelenkt, daß er organisch ist. Der Klient ist die beste Informationsquelle für seine eigene Heilung. Die Antwort auf die Frage: „Wer bin ich?“ liegt im Inneren. Das gilt für alle Arten von Heilung, besonders aber für die Psychotherapie. Gerade hier wollen wir den Klienten nach innen wenden und tief im Inneren Antworten und Bedeutungen finden. Der Sensibilitätskreis ist ein Weg, dem Klienten dabei zu helfen; er ist ein Weg, an die Information aus dem Inneren heranzukommen. Er ist ein Prozeß, um den herum sich viele Techniken entwickelt haben. Diese Techniken helfen dem Klienten, immer sensibler zu werden. Je sensibler der Klient wird, desto klarer werden entweder die inneren Informationen, die Gefühle, Impulse und Erinnerungen, oder desto deutlicher errichten die Abwehrgewohnheiten zur Vermeidung von Information automatisch Barrieren gegen das Fortschreiten durch den Kreis.

Autopoietika. Wir sind uns selbst erschaffende „autopoietische“ Wesen, wie Francisco Varela sagt. Wir sind selbsterbaute, selbsterhaltende, organisierte Systeme. Unsere Entwicklung entfaltet sich von innen her. Alle lebenden Systeme von der Zelle an aufwärts sind so gestaltet. Daher ist es wichtig, zu wissen, wie wir das tun. Dieses „Wie“ der Selbstkreation und Selbsterhaltung untersuchen wir.

Unser gegenwärtiges Selbst haben wir aus verschiedenen Elementen geschaffen, einschließlich unserer genetischen Vererbung, unserer, laut David L. Shapiro, „ursprünglichen Gestaltkonfiguration“ und unseren Reaktionen auf Kindheitsereignisse. Wir entfalten uns aus bestimmten ursprünglichen Anlagen von einfachen Anfängen zu immer größerer Komplexität. Diese lange zurückliegenden Anfänge geben das Muster vor, in dem jene gelernten Einstellungen, Überzeugungen, Meinungen, Strategien und Gewohnheiten zusammenwirken, die die gegenwärtige Person ausmachen. Wie beim ersten Schritt einer langen Reise hat der Beginn große Bedeutung, da er die Richtung ankündigt, die man einschlägt — die zurückgelegte Strecke dieses Schritts ist verschwindend gering, wenn man den ganzen Weg betrachtet. Auch unsere frühen Muster sind entscheidend, weil sie den Kurs ausrichten, der alles Folgende und schließlich Form und Stil des heutigen Selbst prägte.

Wir lernen ein Selbstkonzept und verwenden es für den Rest unseres Lebens. Als Kinder zeichnen wir die Landkarte unserer selbst und unserer Welt, und als Erwachsener folgen wir dieser Karte und verwenden sie, ohne viel daran zu verändern. Am Anfang sind wir Kartenmacher, später Kartenleser (dieses Bild stammt von Julian Jaynes). Aber der Kartenmacher und der Kartenbenutzer tun sehr unterschiedliche Dinge. In der Kindheit machen wir das Selbst, als Erwachsene verwenden wir es. Als Erwachsene halten wir durch Gewohnheit und Unbewußtheit dieses viel früher gelernte Selbst aufrecht. Der Kartenbenutzer hat vergessen, daß er seine Orientierungsgrundlage einmal selbst konstruiert hat. Die heute unerschütterlichsten Überzeugungen waren ursprünglich Annahmen — noch jung und veränderbar. Alle unsere müden alten Gewohnheiten haben wir einmal neu und frisch gelernt. In uns steckt immer noch die Möglichkeit der Selbstschaffung. In uns steckt immer noch der Architekt des Selbst. Seine Blaupausen existieren immer noch. Das Kind, der Schöpfer, der Kartenmacher ist immer noch ein Teil von uns. Jene alten Entscheidungen, die uns zu dem machten, was wir sind, können überprüft werden. Indem wir die Sensibilität erhöhen, gelangen wir zur Karte und schließlich zum Kartenmacher. Beim Zugangfinden treffen wir nicht nur auf das geschaffene Selbst, sondern auch auf die schöpferische Kraft.

Sich nach innen wenden. Es bedarf besonderer Bedingungen und Führung, um das Selbst zu untersuchen. Es verlangt Zeit, Fürsorge und Unterstützung. Um die Suche im Inneren aufzunehmen, brauchen wir eine besondere Form der Aufmerksamkeit: die Innere Achtsamkeit, eine Sensibilität, insbesondere für das „Wie“ der Dinge. (Deshalb sind Klöster so angelegt, daß sie den „Lärm“ so weit wie möglich reduzieren, den Lärm der Geschäftigkeit der Städte und der weltlichen Sorgen.) Selbstentdeckung verlangt eine meditative Einstellung. Man kann das Selbst nicht im Sturm nehmen. Zwang wird nicht funktionieren. Zwang jagd das Kind in sein Versteck. Gefechte sind das Geschäft der Erwachsenen. Wenn die Tore belagert werden und das Selbst der Verteidigung bedarf, ist keine Zeit zum Staunen, keine Zeit zum Zeichnen von Karten. Um das Selbst zu studieren, um nach innen zu gehen, bedarf es der Sanftheit und der Unterstützung: der Gewaltlosigkeit sowie der Liebe und der Anwesenheit von Menschen, die den Prozeß, den Mut und die Bereitschaft des Suchers unterstützen.

Effektivität. Als Organismen besitzen wir die natürliche Tendenz, uns selbst effizient zu organisieren. Effektivität hat Überlebenswert. Es ist für einen Organismus natürlich, sein Verhalten auf Effektivität und Ökonomie zu überprüfen und die oberflächlichen, nutzlosen und verschwenderischen Komponenten seiner Handlungen sein zu lassen. Wenn wir achtsam sind, unsere Handlungen beobachten und das Wie unserer Bewegungen, Wahrnehmungen usw. betrachten, werden wir automatisch effektiver in unserem Tun. Vollständige Ausnutzung unserer Möglichkeiten ist das natürliche Ergebnis von Innerer Achtsamkeit.

Moshe Feldenkrais arbeitete unter anderem mit unserer Tendenz zu natürlicher und effektiver Organisation. Er ließ ein Bewegungsmuster ständig wiederholen und stellte Fragen, die dich in deiner Erfahrung hielten. In dieser Wiederholung, in diesem Verweilen bei einer besonderen Erfahrung, lernen wir, was geschieht. Wir werden der Details unserer Handlungen bewußt und sensibel für sie. Aus dieser bewußten Wahrnehmung von Bewegungen schaffen wir ein Bild der Struktur, ein Selbstbild, ein Körperbild des Selbst. Daher nannte Feldenkrais seine Arbeit „Bewußtheit durch Bewegung". Durch das Gewahrwerden, die Wiederholung und Differenzierung eines Bewegungsmusters wird es ganz natürlich effektiver, effizienter und lustvoller und liefert ein klareres Bild des Selbst. Diese beiden Dinge, effektive Handlung und Gewahrsein, ergänzen sich gegenseitig. Gewahrsein läßt dich effektiv werden, und Effektivität, die die Dinge im allgemeinen erleichtert, gibt dir mehr Zeit und Energie, dein Gewahrsein zu nutzen. Es ist ein Kreis — in einer etwas ausgearbeiteten Form ist es der Sensibilitätskreis.

Der Kreis. Gewahrsein (Achtsamkeit, Aufmerksamkeit, Klarheit, Einsicht, Sensibilität — allgemein gesprochen Informationssammlung) macht Handlungen effektiver. Effektive Handlung (Intention) bringt positive Ergebnisse. Positive Ergebnisse (Stärkung, Befriedigung, Freude) erlauben den Abschluß einer Handlung (Entspannung, Neuorientierung). Entspannung vergrößert das Potential für Gewahrsein (weniger Hintergrundrauschen, weniger Konzentration auf ein bestimmtes Ziel, größere Offenheit, höhere Sensibilität). So schließt sich der Kreis.

Eine Stimmung des Staunens, des Ausprobierens, Lernens, eine Offenheit für Selbstentdeckung fördern Veränderung. Wenn wir uns gewohnheitsmäßig verhalten und uns in jener Trance befinden, die wir Alltagsbewußtsein nennen, irgendwelchen Zielen dicht auf der Fährte sind, verirren wir uns in den weitverzweigten Möglichkeiten des gegenwärtigen Moments und zerstören unser natürliches Potential für gesunde Reorganisation. Ein enggefaßter Aufmerksamkeitsfokus und schnelles Handeln sind manchmal sehr notwendig, etwa wenn es wichtig ist, irgendein Ziel ohne Verzögerung zu erreichen. Stell dir zum Beispiel eine Situation vor, wo du unter einem Baum einem Bären begegnest. Du hast keine Zeit, um sein Wesen zu studieren oder Autogramme zu geben. Um auf die Karte zu schauen, um das Selbst zu studieren, müssen wir die Augen von der Umgebung lösen können. Man könnte das eine bärenfreie Lage nennen. Wenn schon nicht angstfrei, ist sie wenigstens bärenfrei.

Um zusammenzufassen: Der Sensibilitätskreis hilft, das Veränderungspotential zu entfalten. Mit seiner Hilfe gelangen wir zur bewußten Wahrnehmung der älteren und tieferen Muster unserer Selbstschöpfung. Er ist ein wesentlicher Bestandteil des Prozesses, in dem wir nach den Quellen des Selbst suchen.

Sensibilität und emotionales Material

Ich besitze in meiner Diasammlung das Bild eines enorm fetten Mannes (ich gehe nämlich mit meiner Kamera auf die Pirsch nach freilebenden Charaktertypen). Dieser Bursche wiegt ungefähr vier Zentner. Von den Knien bis zu seinen Ohren ist er rund wie ein Kürbis. Aber es gibt etwas sehr Schönes an seiner Erscheinung: Er ist *perfekt ausbalanciert.* Er schwebt nämlich über die Straße. Dieser 200 Kilo schwere Körper sieht so leicht und anmutig aus und bewegt sich ohne sichtbare Anstrengung wie eine Ballerina. Ich war erstaunt. Aber wenn du darüber nachdenkst, merkst du, daß das die einzige Art ist, in der er so viel Gewicht schleppen kann. Wenn er auch nur ein kleines Stück aus dem Gleichgewicht kommt, fällt er um.

Als ich diese Notwendigkeit des Gleichgewichts realisierte, lernte ich etwas über Erfahrung, und zwar: Wenn du tiefe Erfahrungen machen willst, mußt du im Gleichgewicht sein. Wenn du nicht im Gleichgewicht bist, wird dich eine starke Erfahrung überwältigen. Es ist eine Frage der emotionalen und psychologischen (aber auch der körperlichen und physiologischen) Balance. Charakter wird gewöhnlich als Beschränkung des Verhaltens betrachtet und stellt ein Ungleichgewicht dar. Er bildet eine Prädisposition, auf eine bestimmte Weise und nicht mit anderen Möglichkeiten zu reagieren — eine gewohnheitsmäßige Richtung, die die Bewegung in alle anderen Richtungen einschränkt.

Meine Vorstellung davon, wie man zu den tieferen Überzeugungen des Menschen gelangt, ist sehr schlicht. Je mehr eine Person sich entspannt und die Achtsamkeit sanft auf die gegenwärtige Erfahrung lenkt, desto größer

TAFEL 3: DER SENSIBILITÄTSKREIS

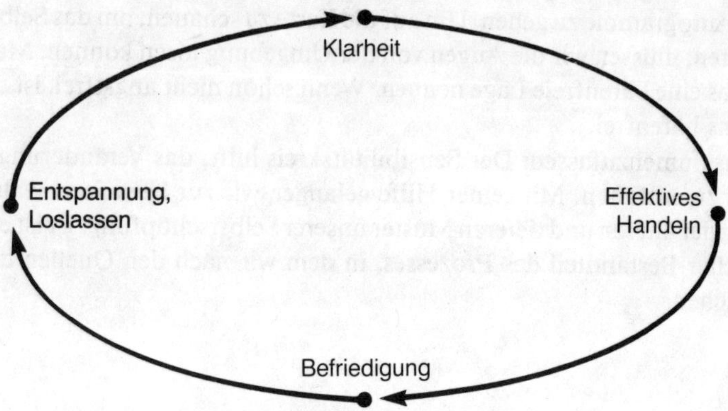

DER KREIS

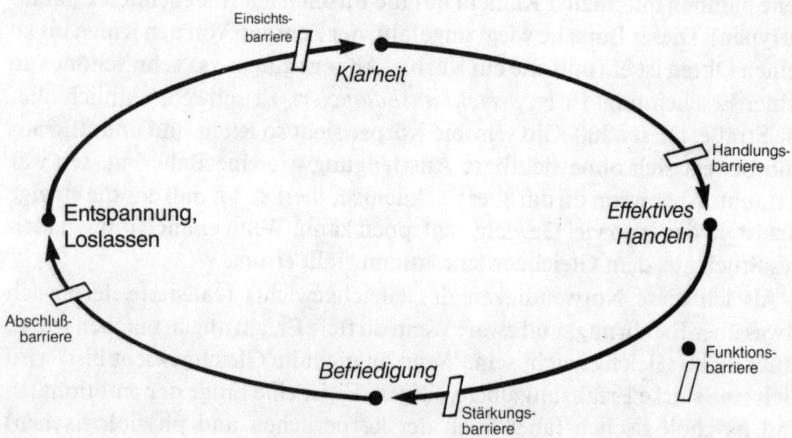

DIE BARRIEREN

wird die Sensibilität dieser Person, und ihre Abwehrsysteme geben langsam nach. An einem bestimmten Punkt wird diese Person notwendigerweise ein ausreichend hohes Sensibilitätsniveau erreichen, um die Erfahrung intensiv und höchstwahrscheinlich emotional werden zu lassen; denn aufgrund des Ungleichgewichts muß man zu etwas Schmerzhaftem und Unabgeschlossenem gelangen, außer wenn man sehr gut im Gleichgewicht ist.

Man kann diese Dinge vermeiden, wenn man angespannt und daher unsensibel bleibt oder wenn man anderswo hinschaut und seine Wahrnehmung auf etwas anderes fixiert. Wir verwenden diese beiden breitangelegten Strategien, um Erfahrung zu maskieren; diese Mechanismen sind unsere Abwehrmechanismen. Wir sind entweder auf etwas anderes fokussiert — wir haben sozusagen unseren Empfänger auf eine andere Station eingestellt, und das drängt den Schmerz, oder was immer sonst da ist, in den dunklen Hintergrund. Oder wir tun etwas sehr Lautes und betäuben unseren Körper und unseren Geist. Die Barrieren gegen die Sensibilität sind Lärm und Ablenkung. Um Überzeugungen, Erinnerungen und Gefühle auf einer Erfahrungsebene, die schwer zu ertragen ist, zu erleben, hilft der Therapeut dem Klienten einfach, sensibler zu werden. Du kannst recht entspannt und sensibel sein, ohne irgend etwas durchzuarbeiten. Aber wenn du deine Achtsamkeit nach innen richtest, während du dich entspannst, dann kommt gewöhnlich emotionales Material hoch.

Die Abschnitte des Sensibilitätskreises

Der Sensibilitätskreis besteht gewöhnlich aus vier Abschnitten mit ihren entsprechenden Barrieren:

Abschnitte	**Barrieren**
Entspannung und Neuorientierung	Abschluß
Klarheit	Einsicht
effektives Handeln	Handlung
Befriedigung	Stärkung

Wir beginnen willkürlich an einer Stelle, wo du *entspannen* kannst, äußere Sorgen fallenläßt und deinem Geist und Körper erlaubst, sich neu zu orientieren. Dieser Abschnitt stellt den Abschluß einer Handlung im weitesten Sinne und ein Öffnen für das nächste Geschehen dar. Du erlaubst dem

Nächsten, *was geschehen will*, ins Bewußtsein zu treten. Dieser Schritt ist passiv und offen für ein organisches Bedürfnis. Zum Beispiel: Du hast vielleicht den ganzen Tag gearbeitet. Du hörst auf, entspannst dich und merkst, daß du hungrig bist wie ein Wolf. Du mußt das abschließen, was du gerade tust, damit das nächste Bedürfnis oder das nächste unerledigte Geschäft ins Bewußtsein treten kann. Auf der anderen Seite kannst du diesen Hunger, diese Einsamkeit oder diesen Schmerz durch irgendeine Aktivität vom Abschluß abhalten, indem du ihn am Emporkommen hinderst. Du kannst dich auf etwas fixieren und Entspannungs- und Reorientierungsphasen vermeiden, in der die schmerzhafte Erfahrung hervorkommen würde. Diese Art von Vermeidung heißt *Abschlußbarriere.*

Sobald die Situation *klar* ist (hier kann die *Einsichtsbarriere* stören), kannst du etwas unternehmen. Du willst Lammkotelett, also mußt du losgehen und eins kaufen. Und da du deinen Bedürfnissen und der Situation erlaubt hast, klar zu werden, sind deine Handlungen effektiver. Du gehst nicht los und kaufst eine Pizza, wenn du eine Miso-Suppe brauchst. Du hast deine Werte und Prioritäten mit der Realität in Deckung gebracht. So handelst du *effektiv und effizient* (die Handlungsbarriere kann das verhindern). Du bist offen für deine Bedürfnisse und Wünsche, für deinen eigenen Weg. Da du effektiver und effizienter bist, bekommst du mehr Stärkung und *Befriedigung*. Du bekommst das, was du willst und was du brauchst (es sei denn, die *Stärkungsbarriere* tritt auf). Das wiederum erlaubt dir, dich mehr zu entspannen. Wenn du bekommst, was du brauchst, gibt es einen tiefen Seufzer, und das System gibt seine Bemühungen auf und entspannt sich, besonders wenn es klar und rein ist. Dann orientierst du dich wieder neu, entspannst sogar noch mehr und bekommst mehr Klarheit usw. Klarheit wird Weisheit, Effektivität wird Meisterschaft, und völliges Selbstvertrauen, Stärkung und Befriedigung werden zu Verzückung und Erfüllung. Entspannung wird Frieden. Der Kreis kann zum Lebensweg werden.

Die Barrieren

Die Einsichtsbarriere. Diese Barriere blockiert hereinkommende Informationen. Sie unterbricht den Prozeß erstens auf dem sensorischen Niveau und zweitens dem Verständnis- oder Einsichtsniveau. Es gibt Menschen, die es vermeiden, bestimmte Dinge an sich selbst oder der Welt zu sehen. Dieses trifft besonders auf solche mit einem schizoiden Charakterprozeß zu. Für sie ist die Wahrheit zu schmerzhaft. Einige Erfahrungen waren zu überwältigend, und sie wollen sie nicht noch einmal haben. Sie lernten aus dieser Erfahrung, daß das Leben hart und voller Gefahr ist. Daher ziehen sich solche Menschen allgemein vom Kontakt mit anderen und mit ihrer eigenen Körpererfahrung zurück. An der Einsichtsbarriere vermeiden sie Bilder, Erinnerungen, Situationen und/oder Gedanken, die schmerzhafte Einsichten bringen können. Sie blockieren Wissen, Verständnis und Kontakt. Sie schauen weg. Typischerweise bedecken sie unter emotionalem Streß ihre Augen, oder sie pressen sie zusammen (oft haben sie Augenprobleme). Oft sind es Menschen, deren Lebensinhalt etwas sehr Unemotionales ist, wie Computer. Sie arbeiten gern allein, fern von anderen Menschen. Kontakt mit anderen fällt ihnen schwer, und sie wirken unbeholfen. Sie sind scheu und leicht in Verlegenheit zu bringen. Sie lieben gedämpftes Licht, kleine Räume und geschlossene Türen. Heutzutage tragen einige von ihnen den ganzen Tag Kopfhörer mit lauter Musik: „Damit ich dich nicht hören muß!"

Auch wenn sie als Teil dieses ganzen Verhaltens Sinneserfahrung blockieren, vermeiden sie im Grunde genommen die Bedeutung ihrer Erfahrungen. Sie wollen sich nicht daran erinnern und anerkennen, wie ungeliebt und ungewollt sie waren, wie hart ihre Mutter oder ihr Vater sie behandelt hat. Wenn du mit Menschen an der Einsichtsbarriere arbeitest, hilfst du ihnen, die schmerzhafte Erinnerung wegzuschließen, bis sie bereit sind, sie zu sehen und zu verstehen. Und wenn sie bereit sind, machst du es ihnen so erträglich und ungefährlich wie möglich, den Kampf gegen diese Einsichten aufzugeben und sie zu absorbieren und zu integrieren. Wenn dieser lange Kampf vorüber ist, haben sie endlich die Freiheit, sich zu kennen, ganz zu leben und hier in dieser Welt zu sein, im Kontakt mit sich selbst und mit anderen.

Die Handlungsbarriere. Man kann offen für Informationen und Einsicht sein, aber an der nächsten Barriere blockieren, die das Handeln verhindert, wenn es darum geht, Verantwortung zu übernehmen. Es gibt Menschen, die schon früh gesagt bekommen: „Paß ja auf!" Ihnen wurden Vorwürfe und von früh an Schuldgefühle gemacht. Ihre beste Reaktion bestand darin, nicht zu reagieren. Sie lernten, daß es einfacher und klüger ist, einfach zu warten, bis der Sturm sich gelegt hat. Sie wurden zu Experten im Verzögern und Dulden. Solche Gewohnheiten gehören zum masochistischen Charakterprozeß. Menschen mit diesem Prozeß unterliegen starken Handlungsbarrieren: Gewohnheitsmäßig haben sie große Schwierigkeiten zu reagieren. Sie fühlen, daß sie zwar handeln wollen, aber nicht können. Tatsächlich wollen sie die Verantwortung nicht. Sie ziehen Gewinn aus der Opferrolle; das Warten, die Frustration und Vereitelung der Ziele des anderen bedeutet für sie einen Sieg. Ihrer eigenen Ziele scheinen sie sich nicht bewußt zu sein. Ihre Reaktionen und ihre Verantwortlichkeit werden unter den Teppich gekehrt.

Diese Leute fahren sich schnell fest. Wenn man sie antreibt, verwandeln sie sich zu Stein. Therapeutisch gesehen mußt du ihre eigene Reaktion für sie ungefährlich machen. Du vermeidest, sie dazu zu bringen, irgend etwas zu tun; du hilfst ihnen vielmehr dabei, sich zurückzuhalten. Du hältst sie wirklich tatkräftig zurück, während sie jenen Teil ihres Selbst aktivieren, der seine eigenen Motive hat und kennt. Du hilfst ihnen zu realisieren, daß es o.k. ist, direkt und aggressiv zu sein, besonders wenn sie ärgerlich sind oder andere kritisieren. Du mußt ihnen helfen, einen Geschmack der Freiheit zu bekommen und zu spüren, daß die Verantwortung die Mühe wert ist.

Die Stärkungsbarriere. Der nächste Abschnitt auf dem Sensibilitätskreis ist die Befriedigungsphase mit der Stärkungsbarriere. An diesem Punkt stoßen einige Menschen die vorhandene Unterstützung und Stärkung zurück, obwohl sie die wirklich wollen. Sie fürchten aber, daß sie ihnen weggenommen wird. Und daher fürchten sie sich auch zutiefst vor ihrer eigenen Sehnsucht. Sie sind in der schrecklichen Vorstellung gefangen, daß die Zukunft grau ist und daß sie allein gelassen werden, ohne Hilfe, ohne Liebe, ohne Freunde, Geld usw. Dies treibt sie dazu, alle mögliche Unterstützung und Zusicherung zu suchen, die sie dann aber zurückweisen, weil sie so fest davon überzeugt sind, daß sie wieder allein gelassen werden, wenn sie sie annehmen. Es ist ein Teufelskreis.

Dieser schreckliche Kreis ist Hauptbestandteil des oralen Prozesses, und er führt auf lange Sicht zu Depressionen. Die Gewohnheit, nicht an Stärkung zu glauben und sie zurückzuweisen, führt zu Schwäche und Zusammenbruch auf der emotionalen Ebene, wie auch die gleiche Einstellung auf der körperlichen Ebene Zusammenbruch und Tod mit sich bringen würde. Man kann Menschen in einem oralen Prozeß Stärkung anbieten, aber sie werden sie nicht annehmen. Sie glauben, daß du sie ihnen wieder wegnehmen wirst und daß diese Erfahrung zu schmerzhaft sein wird. Sie glauben, daß sie das, was sie brauchen und wollen, nur für kurze Zeit erhalten können. Sie vertrauen dir nicht wirklich. Sie bezweifeln deine Ernsthaftigkeit. Sie denken immer nur im Rahmen ihrer eigenen Entbehrung und Armut.

Mit diesen Menschen arbeitest du daran, das anzunehmen und zu verwenden, was zur Verfügung steht. Du hilfst ihnen, den Teufelskreis zu sehen, in dem sie gefangen sind, und du gibst ihnen nur so viel Stärkung, wie sie verarbeiten können. Sie müssen sich daran gewöhnen können, wie jemand, der ein langes Fasten bricht. Du hilfst ihnen, in Blakes schönen Worten, zu lernen, „. . . die Freude in dem Augenblick zu küssen, in dem sie vorbeifliegt".

Abschlußbarriere. Schließlich gibt es die Abschlußbarriere, die zum rigiden Prozeß gehört. Hier besteht die Schwierigkeit darin, loszulassen, ob es sich um Ideen oder Pläne, Situationen, Gedanken, Beziehungen, Aufgaben, Loyalität oder etwas anderes handelt. Menschen in einem rigiden Prozeß fällt es schwer, diese Dinge sich vollständig abschließen zu lassen. Diese Menschen werden für Ausdauer belohnt, sowohl durch die äußere Belohnung in Gestalt des Elternlobes als auch durch die innerliche in Form einer Erhöhung des Selbstwertes. Ihre Eltern liebten sie nicht auf jene voraussetzungslose Art, die das eigentliche Grundrecht von Kindern ist und die ein starkes Fundament für den Aufbau eines leistungsunabhängigen Selbstwertgefühles abgibt.

Menschen mit einem rigiden Prozeß haben große Schwierigkeiten, sich zu entspannen. Sie wollen alles noch einmal überprüfen. Sie schließen nicht ab, weil es ihnen schwerfällt, sich zu entspannen und neu zu orientieren, ein Projekt aufzugeben und ein anderes einfach auf sich zukommen zu lassen. Sie bleiben beschäftigt. Wenn die Emotionen zu stark für sie werden, nehmen sie im Handeln Zuflucht; denn solange sie beschäftigt, mobilisiert und fokussiert sind, vermeiden sie, ihre Bedürfnisse, Wünsche und Schmerzen stärker zu fühlen.

Beim rigiden Prozeß mußt du vermeiden, mit ihnen zusammen mobilisiert zu werden und die Therapie in eine Suche nach Problemlösungen zu verwandeln. Die Mobilisierung selbst ist das Problem. Menschen mit einer Abschlußbarriere lehrst du, zu entspannen und ihr Herz in dem Vertrauen zu öffnen, daß es liebevoll angenommen wird. Du hilfst ihnen, einen Selbstwert zu finden, der nicht von Leistung abhängig ist. Du hilfst ihnen, die lange frustrierte Suche nach der Liebe des einen Elternteils abzuschließen, der einige allzu menschliche Grenzen hatte.

Sensibilität

Sensibilität ist ein Ausdruck dafür, wieviel Information ein System aus dem allgemeinen Muster von Signalen und dem Hintergrundrauschen herauszieht. Wenn das System nicht sensibel ist, dann heben sich die Signale schlecht vom Hintergrundrauschen ab. Du kannst ein System sensibel machen, indem du entweder das Signal erhöhst, wie wenn du die Lautstärke eines Radios in einem geräuscherfüllten Zimmer vergrößerst, oder indem du das Hintergrundrauschen herabsetzt, etwa durch das Schließen von Fenstern.

Verminderung des Hintergrundrauschens. Aus der Psychophysik kennen wir das Weber-Fechner-Gesetz. Es sagt aus, daß die Schwelle, an der man noch Signale entdecken kann, vom Hintergrundrauschen abhängig ist. Je lauter das Rauschen ist, desto stärker muß das Signal sein. Dieses auf der Hand liegende Gesetz sagt uns etwas darüber, wie man Menschen helfen kann, in Kontakt mit sich selbst zu kommen. Wir brauchen weder ihre Probleme zu analysieren noch ihnen zu sagen, was passiert. Wir brauchen ihnen auch keine Erfahrung oder Gefühle *aufzuzwingen.* Es genügt, ihnen zu helfen, das *Rauschen herabzusetzen.* Wenn sich das Rauschen vermindert, taucht das Signal auf.

Sensibilität spielt eine große Rolle beim pathologischen Verhalten, welches immer wieder bestimmte natürliche oder notwendige Erfahrungen vermeidet, ein Verhalten, das sich bis zu dem Punkt der Dysfunktion selbst beschränkt. Erfahrungen werden vermieden, wenn wir uns von ungewünschten Signalen abwenden und in Geräusche aller Arten, von Aktivität über Spannungen und Schmerz bis zu mentalem Geplapper, eintauchen. Den Geist irgendwohin wandern lassen, über die Vergangenheit zu sprechen, die Augen an den Fernsehschirm zu kleben, sich in Dinge hineinfallen lassen, die einen von der *gegenwärtigen Körpererfahrung* wegführen: all das unterdrückt das Signal, es erzeugt Hintergrundrauschen, macht weniger sensibel und hindert daran, mit dem in Kontakt zu treten, was in und um einen herum vorgeht, es zu entdecken und zu erfahren. Die Herabsetzung des Hintergrundrauschens macht einen Menschen in einzigartiger Weise sensibler. Das Geplapper des Geistes und die damit einhergehende Muskelspannung sein zu lassen senkt das Hintergrundrauschen und besonders jene chronischen Verspannungen, die Gefühle und Impulse kontrollieren und blockieren, sind eine Hauptquelle von Hintergrundrauschen. Da diese Art von Spannung gewohnheitsmäßiger Natur ist, verläuft sie außerhalb des Bewußtseins und geht als Erfahrung verloren. Die Techniken des Sensibilitätskreises verringern mit wenigen Ausnahmen das Hintergrundrauschen. Nur selten benutzen wir eine Intervention, welche das Signal verstärkt.

Der Sensibilitätskreis im einzelnen

Abschluß, Entspannung und Neuorientierung. Da der Sensibilitätskreis als Kreis keinen definierten Anfang hat, können wir an jedem beliebigen Ort in ihn eintreten. Wir beginnen mit der Entspannung. Auf irgendeine Weise hilfst du der Person, sich ein wenig zu entspannen: Je mehr die Person sich entspannt, desto stärker vermindert sich ihr internes Geräusch, sie wird ruhiger, und äußere Sorgen treten in den Hintergrund. Diese Beruhigung tritt spontan auf. Es ist keine Anstrengung damit verbunden. Wenn die Person ruhiger wird, bemerkt sie neue Dinge, insbesondere gegenwärtige Körperzustände, Empfindungen, Spannungen, Unbequemlichkeiten usw. Mit weniger Geräusch erhalten wir automatisch mehr Informationen über die gegenwärtige Erfahrung. Ein Muskel entspannt sich, und plötzlich entsteht ein Gefühl: Eine neue Information taucht auf. Im Zustand Innerer Achtsamkeit taucht jedesmal etwas auf, wenn ein Muskel sich entspannt. In jede körperliche Anspannung ist etwas von Bedeutung eingebettet. Das Nervensystem spannt keine Muskel ohne eine „Überzeugung" darüber an, warum jene Muskeln gespannt sein müssen. Und diese Überzeugungen tauchen leicht auf, wenn du die damit befaßten Muskeln entspannst. (Manchmal läßt du einen Muskel etwas stärker anspannen, um eine Überzeugung zugänglicher zu machen. Das ist ein Fall von Signalverstärkung.)

Informationssammlung. Entspannung ist ein Sichöffnen, ein Nachlassen, Loslassen und Hereinlassen. Wir lassen die Anstrengung sein, erweitern unseren Fokus und orientieren uns neu. Entspannung erlaubt uns, unsere Prioritäten auf den neuesten Stand zu bringen und zu reorganisieren. Die neue Information beinhaltet Bedürfnisse und Wünsche, die bemerkt und befriedigt sein wollen. Also führt Entspannung letztlich dazu, daß wir mit etwas in Berührung kommen, wofür gesorgt werden muß. Wenn wir bei dieser Erfahrung bleiben und weitere Informationen sammeln, wird das Bild deutlicher. Manchmal wird die Situation plötzlich einleuchtend. Diese Erfahrung nennt man „Einsicht". In dieser Phase erhalten wir Klarheit. Entspannung vermindert das Hintergrundrauschen. Entspannt erhältst du mehr Hintergrundinformationen, und dieser Fluß neuer Informationen bringt Klarheit, es sei denn, er wird blockiert oder unterdrückt.

Präzision. Wenn du Klarheit hast, kannst du effektiver handeln, Du kannst präzise und konzentriert sein. Die Sackgassen werden sichtbar. Du verwechselst die Dinge nicht. Du bist eher in der Lage zu differenzieren. Du kannst einsehen, daß nicht alle Männer wie dein Vater oder alle Frauen wie deine Mutter sind. Du kannst ein Gefühl vom anderen unterscheiden. Du kannst dir klar darüber sein, was du brauchst und willst und wer in deinem Leben eine Rolle spielt. Also kannst du effektiver sein. Du kannst Fehler vermeiden, Energie sparen, effizienter werden. Klarheit hilft dir zu erkennen, was zu tun ist. Du bemerkst eine Spannung, streckst dich, massierst sie weg. Du spürst Hunger und suchst Nahrung. Mit der richtigen Information kannst du entsprechend bewußt handeln und bist nicht mehr auf unbewußte, gewohnheitsmäßige Reaktionen angewiesen.

Befriedigung. Wenn deine Handlungen effektiver sind, erhältst du bessere Ergebnisse. Du erhältst mehr Befriedigung, mehr Freude, mehr Stärkung. Du streckst deine Hände aus und bekommst, wonach du dich sehnst. Befriedigung schließt einen Durchgang um den Kreis ab. Sie ist das natürliche Ende des Zyklus. Du bekommst, was du willst. Du brauchst dich nicht mehr anzustrengen. Befriedigt kannst du zum Abschluß kommen. Nachdem du bekommen hast, was du wolltest, kannst du loslassen und weiter entspannen. Du bist einmal um den Kreis gegangen und zurück zur Entspannung gekommen. Wieder reorganisieren sich in der Entspannung deine Bedürfnisse. Entspannung erlaubt dem nächsten Bedürfnis aufzutauchen, und ein neuer Kreis beginnt. Es ist ein zyklischer Prozeß, eine positive Feedbackschleife.

Beziehung zum linearen Prozeß. Es gibt auch einen linearen Prozeß, der eine Veränderung von Bewußtseinszuständen beinhaltet. Entspannt in deiner Erfahrung, einfach nur aufmerksam zu sein ist dieser besondere Bewußtseinszustand, den wir „Innere Achtsamkeit" nennen. Wenn wir uns im Sensibilitätskreis befinden, werden wir automatisch achtsam, es sei denn, der Kreis berührt eine schmerzhafte Erfahrung und löst eine starke emotionale Katharsis aus. Dann sind wir in den Stromschnellen. Der Sensibilitätskreis ist also mit diesen beiden Bewußtseinszuständen verknüpft, da er sie fördern und verändern kann.

Die Muster entdecken. Die Arbeit von Moshe Feldenkrais hat viel mit Sensibilität zu tun. Er lehrte Menschen — sogar solche mit Gehirnlähmung —, sich effektiver zu bewegen. Er lehrte sie, ein Glas zu ergreifen und hochzuheben, was sie in 50 Lebensjahren nie geschafft hatten. In seinem letzten Buch *The Elusive Obvious* beschreibt er, wie er das gemacht hat.

Viele Menschen verstehen die Arbeit von Moshe Feldenkrais nicht, weil sie letztlich zu einfach erscheint. Die wesentliche Aussage steht im Titel seines zweiten Buches: *Bewußtheit durch Bewegung*. Ich hatte das verkehrt herum verstanden. Ich hatte immer geglaubt, er verwende Bewußtheit, um Bewegung zu beobachten. Aber das stimmt gar nicht. Er verwendete Bewegung, um Bewußtheit zu erschaffen. Er erzeugte ein präzises Körperbild, eine bewußte Wahrnehmung des Körpers, die dann präzise Bewegungen ermöglichte. Zuerst nahm er zum Beispiel den Arm eines Klienten und führte die beabsichtigte Bewegung wiederholt für den Klienten aus. Er zeigte der Person Schritt für Schritt und ganz genau, aus welchen Einzelheiten die Bewegung besteht. Er wiederholte das so oft — manchmal 50mal —, bis die Bewegung Teil der Bewußtheit dieser Person geworden war. Dann konnte sie sie alleine ausführen.

Feldenkrais war der Ansicht, daß Menschen mit Gehirnlähmung niemals eine klare Vorstellung einer Armbewegung entwickelt haben, da sie sie nicht oft genug ausführen konnten, um Bewußtheit zu erzeugen. Der Arm bewegte sich immer wieder in eine andere Richtung. Das System war zu sehr mit Hintergrundrauschen (all diesen vielen krampfartigen Bewegungen erfüllt), um ein deutliches Signal ankommen zu lassen. Es braucht etwa 20 Wiederholungen, um eine Bewegung zu lernen — und das schafften diese Menschen nie. Also gab ihnen Feldenkrais die Gelegenheit zu 20 genauen Wiederholungen, und siehe da, sie lernten die Bewegung. Sie wurden sich ihrer bewußt, sie fühlten sie, und sie konnten sie tatsächlich richtig ausführen.

Dasselbe Prinzip findet auch für die Psychotherapie Anwendung. Du hilfst den Menschen, ein Muster zu erkennen. Dazu hältst du sie lange genug in ihrer Erfahrung, bis sie sich der Bedeutung oder der Quelle oder der präzisen Gestaltung einer bestimmten Erfahrung bewußt werden. Hier haben wir eine Verbindung zu Feldenkrais: Zeit und Wiederholung; beides sind Wege zu mehr Information.

Der Sensibilitätskreis und die Prinzipien

Der Kreis läßt sich auch innerhalb des größeren Rahmens von Heilung im allgemeinen betrachten. Als Strategie gehört er zu einem Modell, das die eigene Heilkraft des Klienten betont. Anstatt von außen anzugreifen, wie bei der Abtötung von Krankheitserregern, versuchen wir, die Heilkraft des Klienten zu wecken. Wir versuchen, die innere Weisheit des Klienten zu evozieren. Wir erhöhen die Sensibilität, um dieser Wahrheit Gehör zu verschaffen und sie zu verstehen.

Zwei Aspekte von Handlung sind überlebenswichtig. Die eine ist zielorientiert, etwa Schutz, Nahrung usw. zu bekommen: Ohne das gibt es kein Überleben. Der andere Aspekt ist der, wie leicht und effektiv diese Ziele erreicht werden. Leichtigkeit und Effektivität stehen mit dem *Wie* des Handelns und nicht mit dem Was in Beziehung. Sie sind Teil von Form und Stil. Das Wie des Handelns ist wichtig, weil es alldurchdringend und Teil jeden Handelns ist. Das Wie ist der Stil und der Charakter. Wenn wir auf Stil fokussieren, nehmen wir alle jene Mechanismen in Augenschein, die uns effektiv bzw. uneffektiv machen. Und es bedarf der Inneren Achtsamkeit und der Sensibilität, um Stil zu beobachten. Stil ist Struktur und Organisation. Achtsamkeit beobachtet die Organisation, die Gestaltung des Verhaltens und hat nichts mit Zielen zu tun, sondern mit Aufmerksamkeit. Auch dies ist ein Verbindungsstück zur Feldenkrais-Arbeit.

Ohne dieses Feedback gibt es keinen Weg, effektiver zu werden. Wenn du nicht sehen kannst, wie du handelst und wie effektiv du handelst, kannst du nicht effektiver werden. Achtsam zu sein heißt Feedback anzunehmen, aufmerksam zu sein, das Leben zu meistern und Harmonie mit deiner Umwelt zu finden.

Der Betäubungskreis

Es gibt einen Kreis, der sich in der entgegengesetzten Richtung des Sensibilitätskreises bewegt. Er führt zur Insensibilität, und man muß ihn, wie das Autofahren mit geschlossenen Augen, nicht einfach als eine schlechte Idee, sondern als wirklich dumm betrachten. Perls, Hefferline und Goodman sprechen über einen solchen Kreis. Er beginnt damit, daß man, aus welchem Grund auch immer, sich wenig aussichtsreich verhält, etwas verzweifelt ist oder irgendeinen Mißerfolg fühlt. Diese drei Faktoren vereinen sich in einer Spirale zu einem Gefühl von „chronischem unterschwelligen Notstand", und das passiert so: Wenn wir ein wenig verzweifelt sind, versuchen wir, ein größeres Risiko einzugehen. Wir unternehmen „Verzweiflungsmaßnahmen". Die Erfolgschancen sind niedrig, und daher erleiden wir wahrscheinlich einen Mißerfolg, und nach diesem Fehlschlag werden wir noch verzweifelter. Das geht immer so weiter, bis wir uns in einem unterschwelligen Notstand befinden, angespannt, ängstlich und bereit, alles auf eine Karte zu setzen.

Ein Beispiel wäre der Mann, dessen Arbeitsleistung aufgrund körperlichen Unwohlseins sinkt, der zu trinken beginnt, Schulden macht und den Anforderungen des Alltags mit den größer werdenden Sorgen immer weniger gewachsen ist. Schließlich wird er auf die Straße gesetzt, versinkt immer tiefer in Alkohol und Schulden und wird bei dem Versuch, der gesamten Misere durch einen Banküberfall zu entrinnen, geschnappt, weil er auch das nicht mehr effektiv durchführen kann. Oder die Frau, die aufgrund unbefriedigter Bedürfnisse in ihrer Beziehung immer depressiver (oder streitsüchtiger) wird, was die Lösungsmöglichkeiten noch schwieriger und die

Bedürfnisse noch unbefriedigter macht, und deren verzweifeltes Selbstmordsignal endgültig wird.

Das ist der Betäubungskreis. Er beginnt damit, daß du dich selbst betäubst, ein wenig insensibler wirst, etwas Uneffektives tust, was toxisch — nicht stärkend — wirkt, noch gespannter und betäubter und weniger sensibler wirst und etwas noch Törichteres mit noch weniger Stärkungschancen unternimmst usw. bis zum unausweichlichen persönlichen Unglück. Häufiger jedoch stabilisiert sich der Kreis auf einem bestimmten Niveau effektiven Funktionierens. Carl Ginsburg, ein Lehrer der funktionalen Integration, weist darauf hin, daß der Organismus, koste es, was es wolle, funktioniert. Nicht zu funktionieren bedeutet Sterben. Sensibilität wird auf einem Niveau gehalten, das dem Leben gerade noch erlaubt, auf mehr oder weniger reguläre Weise weiterzugehen, während persönliches Wachstum und psychologische Veränderung praktisch unmöglich sind.

Der Sensibilitätskreis und das Einheitsprinzip

Manchmal sitze ich an einem kalten Tag auf dem Dach in einer *Hot Tub* und lasse mich im heißen, dampfenden Wasser einweichen, während die Massagedüsen arbeiten. Ich stecke meine Nase unter Wasser, so daß meine Augen direkt über die Oberfläche schauen, und beobachte, wie die Luftblasen platzen. Jede kleine Blase schickt einen winzigen Wassertropfen in die Höhe, der unabänderlich den Verlauf einer Parabel nimmt. Auf der ganzen Welt platzen Milliarden von Luftblasen in *Hot Tubs*. Und immer verlaufen sie in einer Parabel. Jede einzelne schießt in einer Kurve in den Himmel und fällt wieder zurück. Ich erinnerte mich an ein Gedicht von Robert Frost, in welchem er über ein seidenes Zelt spricht und „seinen Hauptmast aus Zedernholz, der als Zinne in den Himmel ragt und von der Sicherheit der Seele kündet“.

Auch diesen Morgen meditierte ich, entspannte mich und konnte diese Richtung in meinem Körper fühlen. Und ich merkte: Es gibt diesen Impuls, diese Tendenz. Du kannst diesen Versuch, sich aufzurichten, bei den Affen beobachten. Auch Menschen sind noch nicht völlig aufgerichtet. Wir neigen immer noch dazu, zusammenzusinken. Aber wir sind in diese Richtung, *himmelwärts* ausgerichtet. Es ist einfach unsere Natur, Teil unserer Liebesaffäre mit der Schwerkraft. Und das Zurückfallen . . .

Nach Gregory Bateson versetzt der Tod die Spezies in die Lage, Dinge aufzuarbeiten. Er bedeutet eine Selbstreinigung und einen neuen Anfang. Mit dem Tod schafft die Spezies den Raum für etwas Neues — wie vollgeschriebene Seiten, die achtlos auf den Boden fallen. Die Spezies spielt dieses Spiel — nicht du oder ich. Sterben ist ein Abschluß und eine Neuorientierung, wie die Kindheit eine Zeit der Informationssammlung und das Erwachsenenalter eine Zeit des effektiven Handelns ist. Und hoffentlich sind die Jahre des Alters mit dem befriedigenden Gefühl bewußt gelebten Lebens erfüllt.

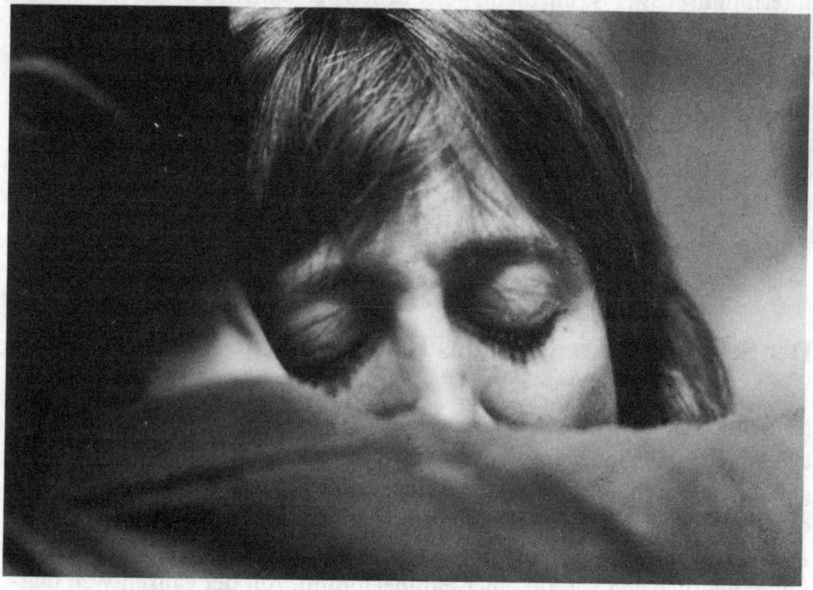

14 Barrieren und Charakter

Jeder Mensch kontrolliert sein Sensibilitätsniveau mit Hilfe von Gewohnheiten, die von Kernüberzeugungen gesteuert werden und den Prozeß der Selbstentdeckung und Veränderung unterbrechen. Diese Gewohnheiten sich verstärkender Sensibilität treten als organisierte, charakteristische Verhaltensweisen auf. Sie sind für die Therapie sehr wesentlich, da sie Charakterprozesse auslösen und den allgemeinen Therapieprozeß unterbrechen. Auf jedem Abschnitt des Sensibilitätskreises finden sich eine Reihe von Gewohnheiten, die das weitere Fortschreiten blockieren, Barrieren genannt. Man kann sich die Barrieren verschieden vorstellen: als Abwehrsysteme, als das Ergebnis früher gestaltender Konfigurationen und Symbolstrukturen, als fehlende Integration zentraler Lebensfunktionen, als Konflikte, als Charakterindikatoren usw.

Im obenerwähnten Buch *Gestalttherapie* von Perls u.a. findet sich die Vorstellung von Neurose als unterbrochenem Prozeß. Der Sensibilitätskreis ist das Modell eines Prozesses, und die Barrieren stellen diese Unterbrechungen dar. Wenn der Prozeß, den Perls als wachsende Erregung begreift, unterbrochen wird, bevor er klar ins Bewußtsein gelangt, dann ergibt sich „Konfluenz", das heißt, zwischen den eigenen und fremden Impulsen, Vorstellungen und Ideen oder allgemein zwischen Selbst und anderen wird kein Unterschied gemacht. Eine Unterbrechung vor der klaren Bewußtwerdung ist genau jene Blockade der Informationssammlung, die wir Einsichtsbarriere nennen. Als nächstes kann der Ausdruck dieser wachsenden Erregung durch Verzögerungen und übermäßige Selbstkontrolle unterbrochen werden, welche dann „retroflektiert" und gegen das Selbst und den Selbstausdruck gewandt wird. Dies ist die Handlungsbarriere, die unter anderem von so berüchtigten Retroflektoren wie den masochistischen Prozeßtypen bevorzugt wird. Diese beiden Sichtweisen eines Prozesses haben vieles gemeinsam, und wenn du jemals gekitzelt worden bist, weißt du, daß Sensibilität und Erregung zwei Seiten derselben Sache sind.

Die Barrieren als . . .

Als Indikatoren von Charakterprozessen. Jeder Charakterprozeß mit seinem spezifischen Kernmaterial baut Verhalten aufgrund besonderer Dispositionen und Stärken auf. Die Abschnitte des Sensibilitätskreises werden in den verschiedenen Prozessen unterschiedlich verarbeitet. Im Verlauf der Therapie deuten Schwierigkeiten in bestimmten Phasen (Kontakt, Zugang finden usw.) auf besondere Charakterprozesse hin und können effektive Hinweise darauf geben, welcher therapeutische Ansatz funktionieren wird.

Es gibt zum Beispiel eine enge Verbindung zwischen Kontakt und dem schizoiden Prozeß, zwischen Zugänglichmachen und der Inneren Achtsamkeit (die *Antworten* statt Reaktionen erlaubt, vgl. 16. Kapitel) und den masochistischen und psychopathischen Prozessen, zwischen der Stärkungsbarriere und dem oralen Prozeß usw. Ein Charakterprozeß ist keineswegs nur von einer Barriere gekennzeichnet, vielmehr verwenden die verschiedenen Prozesse die einzelnen Barrieren unterschiedlich und werden am deutlichsten an einer oder zwei dieser Barrieren sichtbar.

Als Ergebnis früher gestaltender Konfiguration. Der bedeutendste Faktor bei den frühen gestaltenden Konfigurationen ist die Harmonie des neugeborenen Kindes mit seiner Mutter und dem Rest seiner Umgebung. Wenn Mutter und Kind bezüglich Zärtlichkeit, Fürsorge, Ernährungszeitplan usw. nicht gut miteinander harmonieren, dann versucht sich das Kind so weit wie möglich anzupassen. Diese Adaptionen prägen zusammen mit angeborenen Dispositionen, etwa Stoffwechseltypen, die frühen Muster, auf denen das weitere Lernen und die weitere Entwicklung beruht. Dieselben Muster bilden eine Kernkomponente der Charakterprozesse und bestimmen in großem Ausmaß das Verhalten an den Barrieren.

Als Ergebnis symbolischer Strukturen. Charakterprozesse beginnen lange, bevor das Kind Sprache verstehen und selbst sprechen kann. Die von ihnen geprägten Muster formen den Erwerb von Sprache und die Symbolverwendung im allgemeinen. Die intensiven Gefühle und das beschränke Verständnis des Kindes bilden einen fruchtbaren Boden für die Überzeugungen, Bilder und Themen, die zu zentralen gestaltenden Komponenten in seinem Leben werden. Kernüberzeugungen usw. schaffen auch die Gewohnheiten, die das Barriereverhalten ausmachen. Diese symbolischen Strukturen haben wesentlichen Einfluß auf das Verhalten des Erwachsenen, der ja ein sehr viel bewußterer Planer und Denker als das Kind ist. Pläne und Gedanken sind nämlich symbolische Aktivitäten und kontrollieren einen Großteil, wenn nicht das gesamte erwachsene Verhalten. Dafür sind wiederum die Kernüberzeugungen verantwortlich.

Als fehlende Integration zentraler Lebensfunktionen. Die zentralen Lebensfunktionen (Informationssammlung, Handlung, Bewertung, Aufbau einer Hierarchie von Bedürfnissen und Wünschen) vermitteln im Idealfall gleichgewichtig zwischen den in ihnen enthaltenen Polaritäten. Als Organisationsprinzip scheint dieser Ausgleich von Gegensätzen einer der ältesten und in der Natur am meisten verwendeten zu sein. Diese Erkenntnis schlägt sich zum Beispiel auch im Yin und Yang der chinesischen Philosophie nieder und wird sichtbar in der Geschlechterteilung bei den meisten Lebewesen, im sympathischen und parasympathischen Zweig des Nervensystems, in positiv und negativ geladene Ionen usw. Diese dynamische Interaktion von Gegensätzen bewegt und energetisiert grundlegend das Universum. Sie ist Figur und Grund; definierend, enthüllend und gegenseitig belebend. Wenn die Integration der einzelnen Funktionen mißlingt, werden ihre Elemente gegensätzlich handeln, wie der Ausfall einer Verkehrsampel eine verkehrsreiche Kreuzung ins Chaos stürzt. Eine Person mit derartig in Konflikt stehenden Funktionen neigt entweder sehr stark dazu, stereotyp zu handeln (wobei die innere Spannung die polar entgegengesetzte Seins- und Handlungsmöglichkeit am Auftauchen hindert), oder aber sie springt zusammenhanglos und unvorhersehbar von einer Handlung zur anderen. Solch ein permanenter Konflikt ist von Natur aus eine fehlende Integration.

Als Abwehr und Anpassung. Die Barrieren schützen uns gegen Verletzung, Trennung, Verlust, Versagen usw., indem sie die Sensibilität niedrig halten und unser Verhalten von schmerzhaft geladenen Gebieten ablenken. Sie tun das zuerst in der Kindheit, wenn wir sehr verletzlich sind, und dann später, wenn wir uns als Erwachsene daran gewöhnt haben, mit uns nicht mehr in Kontakt zu sein. John Pierrakos beschreibt das: „Wir haben Leibwächter angestellt, um uns zu beschützen, und jetzt können wir sie nicht mehr loswerden." Deshalb verhärten wir uns und sind auf Abwehr bedacht und stoßen jene Teile, die wir schützen, in den Schatten.

Die Barrieren entstehen aus Anpassungsversuchen des Kindes an Informationen, die, weil zu intensiv und schmerzhaft, nicht integriert werden können. Sie sind ein Schutz gegen Informationsüberlastung und entsprechen durchaus James Grier Millers Informationsüberlastungsstrategien (vgl. 19. Kap.).

Als Dispositionen. Wie erwähnt, beruhen die zentralen Lebensfunktionen auf der Integration von polar entgegengesetzten Tendenzen. Ein Mißlingen dieser Integration führt zum übermäßigen Gebrauch nur eines Pols und kann „Disposition" genannt werden. Ein Beispiel ist die schizoide Disposition zum Rückzug, ein anderes die Impulsivität des Psychopathen und deren Gegenpol, die Disposition zur Verzögerung, die wesentlicher Teil des masochistischen Prozesses ist. Jede Barriere kann als Ausdruck solcher Dispositionen betrachtet werden.

Als Teufelskreis oder Feedbackschleifen. Neurotisches Verhalten hat einen hinterhältigen Beigeschmack. Es ist schmerzhaft, zerstörerisch und hartnäckig. Die Barrieren bilden extreme und überdauernde Verhaltensmuster. Dies läßt den stabilisierenden Einfluß von Feedbackschleifen vermuten. Nichtintegrierte Funktionen neigen dazu, Extreme auszubilden und in ihnen zu verharren. Zum Beispiel löst der Rückzug des schizoiden Menschen eine verzweifelte Suche nach Kontakt aus, und er verhindert gleichzeitig die für eine einigermaßen aussichtsreiche Kontaktaufnahme nötige Informationsansammlung. Das führt dazu, daß der Versuch zur Kontaktaufnahme vorzeitig abgebrochen oder mit unzureichenden Mitteln versucht wird, und das wiederum endet in Fehlschlägen, Schmerz und somit in Gründen für den weiteren Rückzug. An jeder Barriere zeigen sich diese stabilisierenden Zyklen.

Als beziehungsprägende Einflüsse. Die Gewohnheiten und die ihnen zugrundeliegenden Strukturen des Barriereverhaltens beeinflussen ganz wesentlich interpersonale Beziehungen. Solche starken und zentralen Verhaltens- und Charakteraspekte sind integraler Teil unseres Umgangs mit anderen Menschen, insbesondere in intimen Beziehungen. Unser Charakterkern liefert die Maßstäbe, nach denen wir entscheiden, wen wir anziehen und wer für uns attraktiv ist, wie wir die anderen sehen und fühlen und wie wir uns ihnen gegenüber und sie sich uns gegenüber verhalten. Unabgeschlossenes persönliches Wachstum ist oft eine wesentliche Bindungskraft in einer langfristigen persönlichen Beziehung.

Barriereverhalten

An den Barrieren behindern gewohnheitsmäßige Verhaltensweisen die natürliche Entfaltung des Sensibilitätskreises. An der Abschlußbarriere verhindern sie die Beendigung des einen und das flüssige Beginnen eines anderen Prozesses. Unter Umständen hält ein Perfektionismus den Prozeß am Laufen, eine Furcht davor, es nicht ganz richtig zu machen, oder die Furcht, daß etwas Schreckliches passieren wird, wenn man jetzt aufhört. An dieser Barriere kann man nicht loslassen. Ich habe das Bild eines Kindes vor Augen, das seinen Eltern nahe sein möchte. Dieses Kind will nicht ins Bett gehen, weil es weiß, daß einer oder beide Eltern weggehen werden, sobald es eingeschlafen ist. Also möchte das Kind eine Geschichte und dann ein Glas Wasser und dann, und dann . . . In Wirklichkeit will dieses Kind *nicht allein gelassen werden.* Menschen an der Abschlußbarriere können stundenlang Geschlechtsverkehr haben, aber sie kriegen keinen Orgasmus, sosehr sie sich auch „bemühen". Sie sind sehr damit beschäftigt, sich zu bemühen. Sie wollen es richtig machen. Sie lassen nichts Spontanes geschehen. Sie fürchten sich, die Kontrolle aufzugeben. Sie scheinen nicht loslassen und sich entspannen zu können.

An der Einsichtsbarriere blockieren die Gewohnheiten die Informationssammlung. Manche Leute wollen gewisse Dinge nicht sehen oder verstehen. Sie ziehen es vor, nicht im Kontakt zu sein. Sie wollen dich nicht anschauen. Unter Streß werden sie verwirrt und ziehen sich zurück. Sie vermeiden Klarheit. Wenn sie sich entspannen, bekommen sie Angst. In ihrem Leben existiert etwas, das so schrecklich ist, daß sie es nicht kennen wollen. Wenn sie in der Therapie dieser Erfahrung näherkommen, dann wollen sie nichts sehen oder wissen oder fühlen. Sie fürchten sich vor dem, was sie entdecken werden. Vielleicht hat man ihnen beigebracht, daß an ihnen etwas Schlimmes ist. Dann wollen sie nicht auf sich selbst schauen. Sie fürchten sich vor dem, wie sie „wirklich" sind. Sie vermeiden sowohl ihre Innen- als auch ihre Außenwelt. Das läßt ihnen sehr wenig Raum, in dem sie leben können. Sie vermeiden Kontakt. Entweder landen sie nirgends, wie ein Schmetterling, der nach einer Blume sucht, das heißt, sie bleiben einfach nicht lange genug bei irgendeiner Erfahrung, um Klarheit zu bekommen, oder sie fixieren sich auf etwas Unbedrohliches wie Computer und klammern sich daran fest, wie am Schwanz des Tigers. Sie verbringen den ganzen Tag mit Videospielen oder schreiben Programme. Auf diese Weise brauchen sie sich mit niemandem, nicht einmal mit sich selbst zu beschäftigen.

Andere sehen einigermaßen klar, haben aber Gewohnheiten, die das Handeln verhindern. Sie fühlen, daß sie festsitzen. Sie stecken im Morast, und es fühlt sich für sie an, als könnten sie nichts dagegen tun. Sie sind schuldbeladen. Sie fühlen, daß sie andere verletzt haben und daß alles, was sie tun, alles nur noch schlimmer machen wird. Jedesmal, wenn ein Impuls aufsteigt, sagt eine innere Stimme: „Nein! Tu es nicht! Du könntest jemandem weh tun! Du wirst etwas falsch machen!" Diese Mechanismen verstümmeln jede Handlungsfähigkeit. Darunter liegt Hoffnungslosigkeit. Unter großem Druck implodieren ihre Impulse. Wenn sich starke Gefühle — etwa Ärger — aufbauen, halten sich diese Menschen fest. Sie werden sehr steif. Je mehr du sie antreibst, desto weniger sind sie bereit, zu reagieren.

Als Kind wurden ihnen Schuldgefühle beigebracht, wenn sie taten, was sie wollten. Sie konnten sich nur dann selbst behaupten und ihre Seele schützen, wenn sie Widerstand leisteten. Sie konnten nichts Aktives tun. Im Nichtstun behaupteten sie ihre Freiheit. Daher sitzen sie jetzt in dem Verlierer-Muster fest: „Ich bin nur dann ich selbst, wenn ich Widerstand leiste!" Sie fühlen sich gewöhnlich geschubst. Man kommt bei ihnen mit Gewalt oder Zwang nicht weiter. Beim geringsten Anzeichen, daß du etwas von ihnen willst, fällt bei ihnen automatisch die Klappe. Sie können gar nicht anders auf Zwang reagieren.

Und schließlich gibt es Menschen, die sich dem einsamen Pfad verschrieben haben, die glauben, daß sie alles selber machen müssen. Sie erwarten keine anhaltende Unterstützung, sie erwarten keine Stärkung. Sie sind der Ansicht, daß dies eine leere Welt ist, in der man auf niemanden zählen kann. Bietet man diesen Menschen Stärkung an, blockieren sie. Sie vermuten etwas Falsches an ihr. Sie wollen sie nicht annehmen. Manchmal haben sie schwache Verdauungsorgane: Sogar auf dieser Ebene können sie keine Stärkung annehmen. Da sie Stärkung blockieren, sind sie niemals befriedigt; denn wer sich nicht stärken läßt, kann nicht befriedigt werden, findet keinen Abschluß und keine Entspannung. Menschen mit Stärkungsbarriereverhalten sinken typischerweise in Depression und Abhängigkeit, die sie aber nicht zugeben. Was immer du diesen Menschen anbietest, soviel du auch für sie sorgst oder sie liebst, sie werden es nicht annehmen. Sie gehen meilenweit, um dem Bild gerecht zu werden, daß sie nicht bekommen, was sie brauchen. In Wirklichkeit nehmen sie nicht an, was sie bekommen.

Die Einsichtsbarriere als . . .

Als Indikator von Charakterprozessen. Einsichtsbarrierenverhalten ist eine wichtige Komponente des schizoiden Charakterprozesses. Das Sichabwenden, der Kontaktabbruch und die Fixierung auf eine nichtbedrohliche abstrakte Welt sind typisch. Die feste, angespannte Muskulatur der Schizoiden repräsentiert den körperlichen Aspekt des Rückzugs, sowohl als Festhalten von Impulsen als auch als Möglichkeit, inneres Rauschen zu produzieren, das die äußere Unwirtlichkeit ertränkt. Dieses Fehlen des erfahrungsbezogenen Kontaktes mit dem Selbst und der Welt liegt im Kern des schizoiden Prozesses. Im Gegensatz dazu sind viele Schizoide ungewöhnlich gut in der Lage, die Welt symbolisch zu verstehen, besonders innerhalb eines engen Interessengebietes.

Auch der hysterische Charakterprozeß zeigt Aspekte der Einsichtsbarriere bezüglich der Weigerung, Veränderung, Abschluß und Trennung zu akzeptieren. In diesem Prozeß produziert die Person „emotionales Rauschen", um den Kontaktabbruch zu vermeiden und alle Gründe, welche andere dafür anführen könnten, zu überdecken. Sowohl der schizoide als auch der hysterische Prozeß haben mit Distanzsetzung zu tun. Der Schizoide versucht, eine sichere Distanz zum Rückzug aufrechtzuerhalten, während der Hysteriker sich nur dann sicher fühlt, wenn wenig oder keine Distanz besteht und keine Trennung droht. Die klassische Erklärung der hysterischen Angst ist, daß irgendeine ungewollte Einsicht ins Bewußtsein drängt. All die starken Gefühle, das Lachen, Weinen, die Angst usw. sind der Versuch, allzu dringende Einsicht zu vermeiden. Die hysterische Reaktion, wie der Kontaktabbruch der Schizoiden, blockiert Informationen.

Als Ergebnis früher gestaltender Konfiguration. Das Kind muß zu einem frühen Zeitpunkt in seinem Leben seine Sinneswelt gestalten und organisieren. Eine Umwelt, die rauh, mit Lärm oder grellem Licht auf die Sinnesorgane einwirkt, oder eine unsensible Behandlung führt zu Rückzugsverhalten und Kontaktverlust. Das gilt besonders für Kinder mit einem sympathikotonen Stoffwechseltyp (vgl. 20. Kap.). Die Geburtserfahrung und der Kontakt mit der Mutter in den ersten Tagen, Wochen und Monaten des Lebens sind entscheidend. Das Kind kennt in diesem Alter noch keine Symbole; Die Welt besteht aus Empfindungen und Gefühl. Wenn diese Welt unerfreulich oder schmerzhaft ist, zuckt das Kind vor ihr zurück und schließt sich ab, so gut es kann. Nur die Sensibilität der Mutter für die Aufnahmefähigkeit des Neugeborenen und ihre Fürsorge, die es warm und trocken hält und vor plötzlichen Geräuschen, grellem Licht usw. schützt, gibt dem Kind die Zeit, seine Sinneswelt richtig zu integrieren. Wenn die Mutter zerstreut, ängstlich oder unsensibel ist, besteht eine gute Chance für die Entwicklung von Einsichtsbarrierenverhalten.

Später, wenn das Kind seine Mutter deutlich vom Rest seiner Umgebung unterscheiden kann, kann sie dem Kind als sicherster, wärmster und attraktivster Ort der Welt erscheinen, und jede schmerzhafte Trennung von ihr muß vermieden werden. Dieses Bedürfnis nach dauerndem engen Kontakt mit der Mutter bildet die Ausgangskonfiguration für den hysterischen Prozeß, besonders dann, wenn die Mutter in erster Linie reagiert, wenn es dem Kind schlechtgeht, und nicht, wenn es einfach glücklich und zufrieden ist.

Dies sind die gestaltenden Faktoren für die Einsichtsbarriere. Wenn der Kontakt hart ist, wird das Kind lernen, sich zurückzuziehen; denn was könnte es sonst tun? Es kann nicht weggehen. Es muß seine Aufmerksamkeit von der Welt zurückziehen, einschlafen, die Sinnesorgane schließen. Es kann dich nicht verstehen oder zur Änderung auffordern. Es hat nur Gefühle und Reaktionen. Sobald das Rückzugsmuster geprägt ist, gestaltet es einen Großteil des späteren Lernens. Wenn Kontakt übermäßig wichtig und Trennung angstbesetzt ist, lernt das Kind, den Kontakt mit hysterischem Anklammern und hysterischem Schmerz aufrechtzuerhalten.

Als Ergebnis symbolischer Strukturen. Gewisse Gedanken, Erinnerungen und Bilder kann das Kind nicht absorbieren und integrieren, da sie zu schmerzhaft oder erschreckend sind, Bilder von Hexen, dem Tod und ähnliches füllen die Alpträume des Schizoiden. Hysteriker träumen von Elfenköniginnen und Prinzen. Strenge Behandlung kann auch dazu führen, daß das Kind glaubt, daß mit ihm etwas falsch ist. Das Kind erklärt sich manchmal die strenge Behandlung damit: „Meine Eltern wollen mich nicht" oder „Ich bin nicht ihr Kind". Der Schizoide hat oft die Vorstellung „Ich gehöre hier nicht her" oder: „In mir steckt etwas Böses". Das sind strenge Gedanken im und über das Selbst. Als ein Ergebnis wird der Kontakt mit dem inneren Selbst ebenfalls so gering wie möglich gehalten. Der Schizoide neigt dazu, sehr wenig „Raum" zum Leben übrig zu haben.

Bilder der Welt als ein kalter, ungastlicher Ort, gefühllos und mechanisch, liefern die symbolische Unterstruktur eines großen Teils der modernen Weltsicht. Die Welten heutzutage, die in vielen Filmen — und noch mehr in den Videospielen — gezeigt werden, sind Welten voller kalten mechanischen Terrors. Man denke an die Terrorpolitik, die verfluchte Bombe, Horrorfilme, das Erbe des Faschismus, das moderne Krankenhaus und den ganzen Rest, den unser schwaches Fleisch nicht ertragen kann. Das Bedürfnis, wegzurennen und sich zu verstecken, ist angesichts dieser Dinge sinnvoll und scheint ein nur zu vernünftiger Weg zu sein. Natürlich ist die Hexe die harte Mutter, und wie alle diese Bilder hat eine erschreckte und isolierte Seele es übertrieben und verzerrt.

Wenn ein Kind ein schlechtes Selbstbild hat, stößt es dieses Selbst in den Schattenteil seiner Persönlichkeit und verliert den Kontakt mit ihm. Dieser Schattenteil äußert sich in verstörenden Träumen, Alpträumen voller Bilder von Tod, Macht und Krieg und verfaulenden Leichen. Der Schizoide hält die Schattenimpulse fest, so daß sie nicht herauskommen und das Kommando übernehmen. Es gibt eine Angst vor dem und einen Rückzug vom inneren Selbst. Zur selben Zeit strengt er sich sehr an, das innere Selbst zu kontrollieren und alle Impulse und Spontaneität zu unterdrücken. Da der Schizoide aus diesem Grunde nur wenig innengeleitet ist und dauernd den Kontakt nach außen abbricht, wird er schließlich herauszufinden versuchen, wie man ein Mensch wird. Wie das hölzerne Bengele in der Geschichte von Pinoccio steckt im Schizoiden eine tiefe Sehnsucht, wirklich zu sein.

Als fehlende Integration zentraler Lebensfunktionen. Beim schizoiden und hysterischen Prozeß ist die Kontakt- und Rückzugsfunktion nicht gut integriert. Dies entspricht der zentralen Lebensfunktion der Informationssammlung. Der Schizoide unterbricht mit seinem Rückzug und Kontaktabbruch die Sammlung von Informationen über gegenwärtige Erfahrungen. Der Kontakt mit dem Hier und Jetzt ist brüchig, und Teile der Unterhaltung oder der Information darüber, was genau jetzt und hier geschieht, gehen oft verloren.

Kontakt
Informationssammlung
Rückzug

Stell dir den sprichwörtlichen zerstreuten Professor vor. Der Hysteriker geht enge Beziehungen auf der emotionalen und körperlichen Ebene ein. Das Fehlen von Distanz allerdings läßt ihm wenig Raum, die Situation objektiv und rational zu verstehen. Daraus ergibt sich eine Verzerrung dieser Aspekte. Denk an Marilyn Monroe und all diese sexistischen Vorurteile über die dummen Blondinen. Idealerweise bewegen wir uns fließend über die gesamte Distanzfunktion, von sehr engen, gefühlvollen, körperlichen und sexuellen Erfahrungen bis zur abstrakten Konzentration und Objektivität des Meisterschach und der Fähigkeit, den Unterschied zwischen dem einen Spiel und dem anderen zu sehen.

Als Abwehr und Anpassung. Außer in den schwersten Fällen findet sich immer das Bedürfnis nach Kontakt. Wir müssen einfach immer wenigstens etwas von dem mitbekommen, was um uns herum geschieht. Wenn in der Welt zu sein mit Unbehagen, Schmerz und Furcht verbunden ist, dann ergeben sich Spannungen und Konflikte bezüglich Kontakt. Der Anpassungsmechanismus bei den Schizoiden besteht in Rückzug, Flucht und Kontrolle von Impulsen, insbesondere der Impulse nach Nähe und Festhalten. Dies bildet zusammen mit den muskulären Anpassungen und dem sehr hohen Muskeltonus eine äußerst starke Abwehr gegen die Wahrnehmung des Kontaktkonflikts. Im hysterischen Prozeß wird der Trennungsschmerz oft in tiefe Emotionen verwandelt, die dann auch zur hysterischen Produktion verwendet werden, welche selbst wiederum darauf angelegt ist, den Kontakt aufrechtzuerhalten. Dies führt leicht zu einer Verwirrung des anstehenden Problems und verhindert seine Lösung. Das Problem — das der Hysteriker als Sicherheit, geliebt zu werden, und als Bedürfnis nach Liebe formuliert — wird verborgen und vermieden. Gefühle sind sicherlich da. Nicht sie werden abgewehrt, sondern die Akzeptanz von Distanz und Trennung zwischen sich und einer nahestehenden Person sowie die Einsicht, daß das geschieht oder geschehen ist. Daher kann der Tod ein sehr kritisches Thema für jemanden in einem hysterischen Prozeß sein. Der Hysteriker ist darin gefangen, Gefühle als Abwehr gegen Trennung einzusetzen. Diese Einsichtsbarriere bildet eine Anpassung an überwältigende anderweitige Informationen.

Als Disposition. Die Einsichtsbarriere disponiert stark zum Rückzug, zur Vermeidung von Kontakt, Verstehen oder Einsicht. Der Rückzug erfolgt sowohl von der äußeren als auch der inneren Welt. Und das hat ein grauenvolles Ergebnis: Die Welt des Schizoiden ist so leer von Menschen und Gefühlen, von Wärme und Trost, als hätte ein Krieg alles ausradiert.

Als Teufelskreis/Feedbackschleife. Rückzug hat einen hinterhältigen, selbstreproduzierenden Aspekt. Dadurch, daß der Schizoide den Kontakt abbricht, kann er weniger verstehen und sich in die laufende Situation einfügen. Dies führt zu unangemessenem Verhalten, das die Situation allgemein schwieriger und für den Schizoiden schmerzhafter macht, was weiteren Rückzug veranlaßt. Der Kreis endet in Isolation, Verwirrung und einem zusammenhanglosen, mechanischen oder scheinbar abgehobenen zwischenmenschlichen Verhalten.

Der hysterische Prozeß auf der anderen Seite beinhaltet eine verzweifelte Suche nach Nähe, die nahestehende Menschen leicht überwältigt und vertreibt. Wenn diese dennoch bleiben, fühlen sie sich eingesperrt, unter Druck gesetzt, manipuliert usw. Das daraus resultierende Bedürfnis nach Distanz spürt der Hysteriker früh, und das erzeugt emotionalen Aufruhr und noch mehr Verzweiflung. Distanz ist das zentrale Thema in fast allen gestörten Partnerbeziehungen.

Die Handlungsbarriere als ...

Die Handlungsbarriere hat mit rechtzeitigem Handeln, mit Kontrolle und den Gewohnheiten zu tun, die Handlungen vermitteln. Handlungen müssen zeitlich richtig, präzise und gezielt sein, um effektiv und geplant auszusehen. Damit eine Handlung zielvoll sein kann, braucht man Zeit. Zielgerichtetheit verlangt einige — wenn auch nur kurze — Überlegungen. Nur wenn eine Handlung überlegt wird, können wir uns verantwortlich fühlen. Nur wenn Zeit, Überlegung und Bewußtsein die Handlung formen, fühlen wir, daß wir sie ausgeführt haben, daß sie unserer Entscheidung entspringt, und erkennen unsere Urheberschaft mitsamt dem Ergebnis an. Dann fühlen wir uns verantwortlich. Wenn die Handlung plötzlich stattfindet, ohne unsere Absicht oder nicht bewußt gesteuert, wenn wir bloß reagieren, dann fühlen wir uns nicht verantwortlich.

Als Indikator von Charakterprozessen. Zwei Charakterprozesse sind eng mit der Handlungsbarriere verbunden, der masochistische und der psychopathische Prozeß. Verzögerungstaktiken, Festsitzen, die Unfähigkeit, handelnd zu *antworten*, und die Rolle des unschuldigen Opfers sind Leitmerkmale des masochistischen Prozesses. Er unterdrückt das Handeln bis zum Punkt des Versagens, und die Furcht vor der Verantwortung motiviert diese Blockade. Ein Masochist verzögert ganz automatisch und widersteht dem Handeln. Jeder Versuch, den masochistischen Prozeß zu beschleunigen, resultiert in automatischem Widerstand und weiterer Verzögerung.

Der Psychopath auf der anderen Seite leistet zu wenig Widerstand. Er handelt ohne Nachdenken oder bewußte Planung und fühlt sich am Ende nicht verantwortlich. Aber während der Masochist unschuldig spielt und sich schuldig fühlt, spielt der Psychopath den Verantwortlichen und fühlt nichts davon. Der Psychopath ist impulsiv, unzuverlässig und glitschig. Er reklamiert Talente, Eigenschaften, Reichtum, Status und Macht für sich, wofür es wenig oder keine realen Gründe gibt. Der primäre Wesenszug des Psychopathen ist das Fehlen von Schuldgefühlen. Wenn die Handlungen eines Menschen völlig spontan und impulsiv sind, geht das Verantwortungsgefühl verloren.

Als Ergebnis früher gestaltender Konfiguration. Schnelle Handlungen werden durch sympathikotone Enervierung und niedrige kortikale Kontrolle vermittelt. Der Gegensatz dazu, parasympathische Enervierung und hohe kortikale Kontrolle, vermitteln langsame, überlegte und überkontrollierte Handlungen. Daher tragen Stoffwechselfaktoren und der hemmende Einfluß des Kortex zur Festlegung des Verhaltens an der Handlungsbarriere bei (vgl. 20. Kap.). In den Entwicklungsphasen, in denen das Kind lernt, seine willkürliche Muskulatur zu kontrollieren, in denen es mit freier Bewegung experimentiert und von den Eltern vorgegebene Regeln auf die Probe stellt, werden die Formen des Handelns und der Verantwortlichkeit geprägt. Dann lernt der Masochist, daß Verzögerung und Unschuldigspielen die Unterdrücker schließlich auslaugt, und der Psychopath lernt, daß man bei Verbotsübertretungen davonkommen kann, wenn man mit einem charmanten Lächeln lügt. Die Schnelligkeit, mit der der Psychopath Entschuldigungen findet, hat — entwaffnend, wie sie auch ist — fast den gleichen Effekt wie die armselige Unbeholfenheit des Masochisten: Beide fühlen sich schließlich nicht verantwortlich für ihre Taten.

Als Ergebnis symbolischer Strukturen. Bilder des Durchhaltens, Ertragens, Nichtnachlassens, Niemals-Nachgebens, Gefangenseins sind die wesentlichen Auslöser für Verzögerungstaktiken. Andererseits ist die Vorstellung, von den Bedürfnissen und Wünschen der anderen frei zu sein, nicht planen oder Rückschau halten zu müssen oder Bestand aufzunehmen, der Eckstein der Impulsivität: wie Supermann, der alles kann, der den Bedürftigen hilft und die Gefährdeten rettet, der nie versagt und mühelos die Übeltäter bekämpft, der nie seine unendliche Energie verliert und sich selbst nie in Gefahr bringt. Diese Bilder und Überzeugungen von Freiheit und Verläßlichkeit, anderen helfen oder sie verletzen zu können, erwischt und bestraft zu werden, offen, ehrlich und verantwortlich zu sein, sind die symbolischen Grundlagen des Handlungsbarrierenverhaltens.

Als fehlende Integration zentraler Lebensfunktionen. Die polaren Aspekte von Handlungen (Impuls und Kontrolle) müssen integriert werden: wie und wann man handelt, ob ernsthaft oder leichtfertig, zurückhaltend oder draufgängerisch, und welche Wirkung und welches Gewicht die Handlung für sich selbst und andere haben wird.

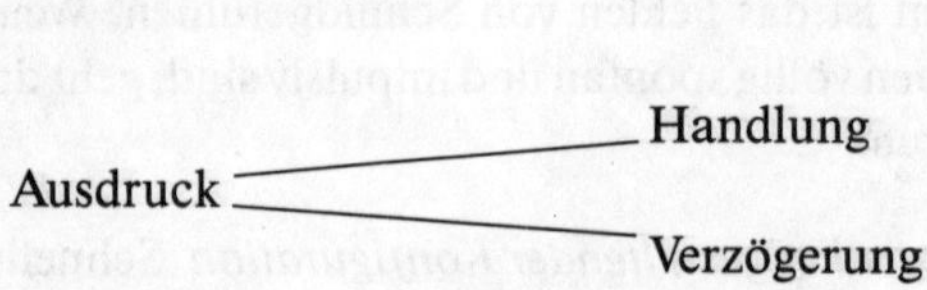

Für den Masochisten ist alles bierernst. Für den Psychopathen ist alles ein Scherz: „Das hab' ich nicht so gemeint, Jungs, ich hab' nur Spaß gemacht.

Warum regt ihr euch so auf? Na gut, ich hab' keinen Pilotenschein, ich wollte mir aber einen besorgen."

Als Abwehr und Anpassung. Das Verhalten an der Handlungsbarriere ist eine Anpassung an die Notwendigkeit, andere zu kontrollieren, und eine Abwehr gegen den Schmerz der Trennung von geliebten Pesonen, die ein bestimmtes Niveau von Verantwortlichkeit erwarten und verlangen.

Als Disposition. An der Handlungsbarriere besteht entweder die Disposition zur Verzögerung oder zur Täuschung.

Als Teufelskreis/Feedbackschleife. Verzögerung macht andere ungeduldig. Zu behaupten, unschuldig zu sein, bringt andere dazu, Handlung und Verantwortung erzwingen zu wollen und Strafen auszuteilen. Ungeduld und Zwang verzögern in einem masochistischen Prozeß Handlungen nur weiter und bereiten die Bühne für ein langes, stilles Messen der Willenskräfte. Die Person in einem psychopathischen Prozeß wird ebenfalls — allerdings durch Versprechungen und Charme — verzögern und versuchen, die Forderungen von anderen nur dem Anschein nach zu erfüllen. Auf diese Weise werden weitere Forderungen und Vorwürfe erzeugt, nicht das Richtige oder Erwartete getan zu haben. Das Spiel geht so lange weiter, bis entweder der andere aufhört oder der Prozeß zusammen mit einem oder beiden Teilnehmern explodiert. Denke nur an alle die netten Kerle, von denen man es nie erwartet hätte, die schließlich die Bank überfallen, unschuldige Leute oder auch nicht so unschuldige Verwandte über den Haufen schießen und dann in alter Frische, friedlich und unbeschwert vor Gericht erscheinen und ins Gefängnis und manchmal auch auf den elektrischen Stuhl gehen.

Die Stärkungsbarriere als . . .

Wir müssen zuerst die Verwendung des Begriffs Stärkungsbarriere klären. Zu Beginn der Entwicklung des Sensibilitätskreises gab es nur diese eine Barriere. Jede Blockierung des Fortschreitens, jede Unterbrechung des fortlaufenden Prozesses, wurde als Barriere für irgendeine Form von Stärkung betrachtet. Da wir jetzt vier Barrieren haben, verwenden wir diesen Begriff richtiger nur für den einen Ort auf dem Kreis, wo das Ergebnis der Handlung eines Menschen als entweder stärkend oder vergiftend, als befriedigend oder erschöpfend bewertet wird.

Als Indikator von Charakterprozessen. Am engsten sind der orale, der kompensiert-orale und der psychopathische Prozeß mit der Stärkungsbarriere verknüpft. Zusammenbruch, Schwäche, Abhängigkeit, Depression und die Neigung, weniger Unterstützung oder Stärkung wahrzunehmen, als tatsächlich da ist, bilden das Stärkungsbarriereverhalten und sind besonders im oralen Prozeß wesentlich. Die Tendenz, alles allein zu machen, Herausforderungen zu suchen, insbesondere bezüglich Ablehnung von Unterstützung oder Stärkung durch andere, markieren den kompensiert-oralen Prozeß. Der eine Prozeß dreht sich um fehlende Stärkung und Unterstützung, der andere betont Selbststärkung und Selbstunterstützung, während der Psychopath sich damit beschäftigt, andere zu unterstützen, ihre Bedürfnisse zu erfüllen, ein netter Mensch, ein guter Patient zu sein, ein lieber, charmanter Kerl, der nicht nein sagt und sich nicht ärgert, bis sich der Ärger wie Wut anfühlt und zu jedermanns Überraschung explosiv ausbricht. Der stärkungsgebende Psychopath versucht, andere zu erfreuen und einzuwickeln und natürlich die Leute um sich herum für sich zu benutzen. Wenn Charme und Manipulation nicht funktionieren und diese Mühe sich nicht auszahlt, dann bricht der Psychopath zusammen.

Als Ergebnis früher gestaltender Konfiguration. Die früher gestaltende Konfiguration weist eine gestörte Beziehung zu dem stärkenden/nährenden Elternteil auf, gewöhnlich der Mutter. Wenn Nahrung nicht richtig oder zum richtigen Zeitpunkt gegeben wird oder die Zeit zum Kauen, Schlucken und Verdauen nicht ausreicht, wird das Kind verstört und unternimmt Maßnahmen zur Anpassung. Unter diesen Anpassungsversuchen finden sich ein Sichabschließen, um weiteren Energieverlust zu verhindern, Kompensationsversuche wie Daumenlutschen und in Fällen, in denen der Nahrungsgebende Bedürfnisse hat, die dem Kind aufgedrückt werden, Widerstandsversuche, wie zum Beispiel Aufbegehren gegen einen Ernährungsplan. Dieses Muster von Zusammenbruch, Selbstunterstützung und Widerstand gibt den Ton für das weitere Wachstum und Verhalten an.

Als Ergebnis symbolischer Strukturen. Die zum oralen Prozeß gehörenden Bilder sind wüste, verlassene Landschaften, leere, trockene Orte und besonders die Vorstellung einer grauen Zukunft. Im Kern dieses Prozesses liegt die Überzeugung, daß niemand da ist und keine Unterstützung, Energie oder Stärkung erhältlich ist. Das nennen die Soziologen „Armutsbewußtsein", und die tibetischen Buddhisten „hungrigen Geist". Der Kompensiert-Orale erlebt sich selbst eher als Old Shatterhand — nur ohne Sam Hawkins. Er ist ein Mann in der Wildnis, chancenlos, der Berge besteigt und unerforschte

Gebiete bereist. Seine Überzeugungen sind dementsprechend: Es gibt niemanden, der das mit ihm tun würde; er muß alles selber machen, allein. Dem Kompensiert-Oralen bereitet es mehr Schwierigkeiten, sich auf andere zu verlassen, als letztlich die Stärkung anzunehmen, sobald er vertraut. Der Psychopath andererseits sieht sich als Helden, diesmal mit Sam Hawkins, dem er heimlich auch noch das Studium finanziert. Er ist der Retter, der fabelhafte Leistungen für Familie, Freunde und Kultur vollbringt. Seine Überzeugungen drehen sich um den Status: Status verdienen, akzeptiert und geliebt zu sein um seiner Leistungen willen und nicht um seiner selbst willen. Der Psychopath teilt diese Überzeugungen mit dem Phalliker. Während der erfolgreiche Psychopath, der in der Lage ist, etwas kulturell Akzeptiertes anzubieten, wie Arzt, Polizist, Künstler, Schriftsteller zu sein, das Bild eines Helden ausagiert, etwa Supermann oder der Zauberer von Oz (ein guter Mann, aber ein schlechter Zauberer), kann der frustrierte Psychopath ein Bild wählen, das außerhalb des kulturell Akzeptierten liegt, zum Beispiel Meisterverbrecher, eine böse Macht oder beides, wie Dr. Mabuse — schließlich muß es im Leben auch die Bösen geben. Diese Neigung zur kreativen Kriminalität gibt dem Psychopathen einen so schlechten Ruf. Man denke zum Beispiel an Charles Manson oder an Adolf Hitler, der an der Kunsthochschule abgelehnt wurde.

Als fehlende Integration zentraler Lebensfunktionen. Wenn die nährende Beziehung gestört ist, bleibt die Fähigkeit zur Unterscheidung stärkender und „giftiger" Dinge unentwickelt. Diese zentrale Lebensfunktion, die Fähigkeit, die Ergebnisse seiner Handlung zu bewerten, wird nicht integriert, und das trägt dazu bei, Barrieren gegen Stärkung zu errichten und wirksamen Widerstand gegen Toxisches zu leisten. Der orale Charakterprozeß beruht auf der Neigung, Situationen als nichtstärkend oder toxisch zu bewerten.

nährend, unterstützend
Bewertung
toxisch, erschöpfend

Vieles von dem, was die Person, die in einem solchen Prozeß festsitzt, unterstützen könnte, wird als unzureichend empfunden und links liegengelassen. Depressive Patienten haben einen unfehlbaren Riecher dafür, jeden potentiell positiven Aspekt ihrer Situation in einen schrecklichen Nachteil zu verwandeln. Wenn sie eine Million erben, machen sie sich Sorgen wegen der Steuern. Mitunter fühlen solche Personen auch, daß sie gewogen und zu leicht befunden wurden, und wenden diese Bewertung nach innen. Diese

Überzeugung trifft man allgemein bei Depression an, und sie bewirkt den retroflektierten Ärger dieses Zustandes.

Der Kompensiert-Orale erkennt, akzeptiert und schätzt die Unterstützung von anderen nicht. Der Psychopath erkennt nicht, wie toxisch die vielen kleinen Dinge sind, die er für andere tut, und daß er sich durch Drogen, illegale Geschäfte und den Irrsinn des gewöhnlichen Lebens erschöpft. Der Psychopath täuscht mit Methode, und für uns Geschöpfe, die so abhängig von den symbolischen Mechanismen von Sprache und Bedeutung sind, ist eine Strategie der Täuschung ruinös. Sie funktioniert gut bei den Chamäleons, aber die brauchen nicht darüber nachzudenken, wer gut ist und wer nicht, wer ihnen Gutes will und wer darauf aus ist, sie auszunehmen, wer ihre Energien verdient und wer nicht. Dafür muß man ein wenig nachdenken und in der Lage sein, Gut und Böse jederorts und in jedermann zu erkennen.

Die mit dem psychopathischen und kompensiert-oralen Prozeß verbundenen Konflikte drehen sich um Geben und Nehmen, um Verlangen nach Stärke und Unterstützung und um die Verleugnung dieses Bedürfnisses.

Als Abwehr und Anpassung. Wenn das Streben nach Lust, Befriedigung, Unterstützung, Stärkung und so weiter mit Schmerz und Frustration verbunden ist, werden die Energien und Anstrengungen auf Mechanismen umgelenkt, die den Schmerz vermeiden. Wenn diese Mechanismen Routine geworden sind, wird die ursprüngliche Befriedigung nicht weiterverfolgt, und die Anpassung an Schmerz und Frustration erfolgt automatisch in allen Situationen, die auch nur entfernt Befriedigung versprechen. (Für dieses Konzept neurotischer Prozesse sind wir Stanley Kelemann zu Dank verpflichtet. Er beschreibt sehr treffend die Entwicklung des Barriereverhaltens.) Der Orale wehrt den Schmerz der Leere, Isolierung und Armut ab, der Kompensiert-Orale den Schmerz, im Stich gelassen, nicht beteiligt und ausgeschlossen zu werden, der Psychopath den Schmerz von Schwäche, Nutzlosigkeit und Inaktivität, Psychopathen weigern sich, Schmerz überhaupt wahrzunehmen, und suchen oft undifferenziert und todesverachtend Befriedigung. Schließlich sind sie Helden.

Als Disposition. Man kann den oralen Prozeß als Disposition zum Zusammenbruch oder „Abbruch" betrachten. Die orale Sichtweise der Welt als ein wüster Platz ohne Unterstützung und mit einer grauen Zukunft führt zu der unbewußten Einstellung: „Ich kann nicht." Mit solch einer Überzeugung ist man von vornherein chancenlos; denn wenn man glaubt, daß man etwas nicht vermag, versucht man es kaum oder nicht besonders nachdrücklich. Mit anderen Worten, man ist dafür disponiert, seine Bemühungen abzubrechen; man bricht zusammen, wenn die Umstände auch nur ein ganz wenig grau erscheinen; man ist einfach nicht so hartnäckig wie normale Menschen oder gar rigide Charaktertypen.

Kompensiert-Orale haben sehr viel mehr Durchhaltevermögen. Ihre Disposition besteht darin, sich einsamen Herausforderungen zu stellen, Berge zu besteigen, Rennrad zu fahren und in der Wildnis zu kampieren. Sie neigen dazu, das Gesicht in den Wind zu drehen, sich anzustrengen und sich anzutreiben, sich fortwährend angesichts von Schwierigkeiten zu beweisen. Es ist eine Disposition, seine „Oralität" zu verleugnen — das Bedürfnis nach anderen, nach Unterstützung, Zuwendung, Freundschaft, nach all diesen schrecklichen Verletzlichkeiten, den „tausend Stacheln des Fleisches".

Auch der psychopathische Prozeß enthält diese Verleugnungen des Körpers. Man denke an Howard Hunt, der seine Hand über eine brennende Kerze hielt, um die Macht des Willens über das Fleisch zu demonstrieren. Der Psychopath ist zur Macht oder Täuschung disponiert, zum Siegen, und wenn nicht durch Macht, dann durch Schlauheit oder Verführung. Wie der Orale verleugnet er jedes Bedürfnis oder jede Abhängigkeit und darüber hinaus jede Macht im anderen, jede Gefahr oder legitime Autorität. Man denke an Mohammed Ali und seinen Tanz an den Seilen, mit dem er George Foreman austrickste und ihm den Titel stahl. Nur ein psychopathischer Verstand konnte sich eine solche auf Täuschung und der Vorstellung von Unverletzlichkeit beruhende Strategie ausdenken. Natürlich kannst du dir Ali auch als jemanden vorstellen, der aus einer ausweglosen Situation das Beste gemacht hat — auch das ist möglich.

Als Teufelskreis/Feedbackschleife. Eine Lüge führt zur nächsten. Die Verachtung des Gesetzes läßt das Gesetz gewöhnlich noch härter zuschlagen. Bei der Suche nach Stärkung zu früh zusammenbrechen erhöht nur das Bedürfnis. Die Gewohnheit, zu lügen oder abzubrechen, besteht bereits, wenn ein solches Verhaltensmuster zum Charakter wird. Ursprünglich konnte so Schmerz, Frustration und Überlegenheit anderer vermieden werden.

Wir wollen einen näheren Blick auf die Abwehrmechanismen an sich werfen. Ihr Funktionieren erklärt, warum Teufelskreise weiterbestehen und wie jemand schließlich nicht die Information erhält, die er zur Veränderung seiner Muster braucht. Die erfolgreiche Vermeidung von Schmerz wirkt als Verstärker. Wenn du etwas tust, um Schmerz usw. zu vermeiden, und dann tatsächlich keinen Schmerz fühlst, dann wirst du dies „erfolgreiche" Verhalten weiterbenutzen. Selbst wenn sich die ursprünglichen Bedingungen geändert haben, die den Zusammenhang zwischen Verhalten und der Vermeidung von Schmerz usw. hergestellt haben, kannst du das nicht wissen, es sei denn, du gibst dies Verhalten auf. Die klassische Untersuchung zu diesem Phänomenen stammt von Solomon und Wynn und wurde im *Journal of Experimental Psychology* im Jahre 1942 veröffentlicht.

Solomon und Wynn setzten Hunde in eine „Shuttle Box", einen großen Kasten, der durch ein Gitter geteilt war, über welches die Hunde herüberspringen konnten, und dessen Boden auf beiden Seiten des Gitters unter elektrischen Strom gesetzt werden konnte. In beiden Abteilungen gab es eine Lampe. Das Experiment bestand darin, in der einen Abteilung das Licht aufleuchten zu lassen und 10 Sekunden später einen sehr starken elektrischen Strom durch diese Seite des Kastens zu schicken. Nach einer Weile erlosch das Licht, und der elektrische Schock hörte auf. Dann folgte derselbe Vorgang auf der anderen Seite: Das Licht ging an, 10 Sekunden später der Schock. Schon nach wenigen Durchgängen lernte der Hund, das Licht mit dem Schock zu assoziieren, und sprang über das Gitter, bevor der Stromstoß kam. Er lernte, den Schock zu vermeiden. Nach einigen weiteren Durchgängen, in denen der Hund den Schock erfolgreich vermied, schaltete Solomon die Stromstöße vollständig ab, und von jetzt ab bestand keinerlei Gefahr für den Hund mehr, geschockt zu werden. Aber natürlich hat der Hund das nicht mitgekriegt. Die Stromabschaltung war Solomons und Wynns kleines Geheimnis. Jeder Hund — das Experiment wurde mit mehreren Hunden durchgeführt — sprang über das Gitter, wenn das Licht aufleuchtete, über 5000mal. An diesem Punkt wurde das Experiment abgebrochen. Da der Hund immer wieder über das Gitter sprang, konnte er niemals feststellen, daß der elektrische Strom abgeschaltet war.

Diese Untersuchung zeigt, wie hartnäckig Vermeidungsgewohnheiten sind. Die Hunde lernten nie, daß der Strom abgeschaltet war. Es liegt in der Natur von Vermeidungsgewohnheiten, daß die Situation nicht noch einmal überprüft wird; denn das scheint zu gefährlich und zu schmerzhaft zu sein. Es ist das Gegenteil von Aikido, das sich in die Situation wendet, ihr ins Gesicht schaut und sich mit ihr befaßt, ohne wegzulaufen oder sie zu vermeiden. Dieses Fehlen von Informationen schafft die Teufelskreise des Barriereverhaltens. Es gibt im Grunde genommen zwei Möglichkeiten, wie man dem Hund helfen kann zu lernen, daß keine Gefahr mehr besteht. Solomon und Wynn versuchten es beide. Bei der ersten Methode erhöht man das Gitter so weit, daß der Hund nicht mehr darüberspringen kann. Wenn dann das Licht aufleuchtet, wird der Hund, der zuvor relativ ruhig und zweifelsohne in guter Gesundheit war, natürlich völlig verrückt. Dennoch merkt er nach einer gewissen — allerdings hysterischen — Zeit, daß der Schock nicht eintritt. Er beginnt sich zu beruhigen, und nachdem er einige Male durch diese

Aufregung durchgegangen ist, wird ihm klar, daß sich die Dinge geändert haben und daß er jetzt die verdammten Lichter ignorieren kann.

Die andere Methode ist subtiler und weniger nervenaufreibend. Man dreht das Licht *allmählich* heller, so langsam, daß der Hund nicht beunruhigt wird. Nach einer Weile brennt die Lampe, und der Hund ist immer noch ruhig und versucht nicht über das Gitter zu springen. In der Hakomi-Therapie nennen wir diesen zweiten Ansatz „Häppchenschneiden". Er beinhaltet, Menschen nur so viel von einer neuen Situation zu geben, wie sie verkraften können. Der anderer Ansatz ist auch o.k., wenn dir sonst nichts zur Verfügung steht, aber wenn der sanfte Weg funktioniert, schmeckt der harte nach Sadismus.

Die Abschlußbarriere als . . .

Das Wesentliche am Vermeidungsverhalten ist seine Dauerhaftigkeit. Die letzte Barriere entsteht durch Hartnäckigkeit und all das, was als „Übersoll" bezeichnet wird.

Übersoll ist gut für junge Krieger, die ihrem Stamm ihren Wert zeigen wollen, aber für die älteren ist es der kürzeste Weg zu Herzversagen, zur Entfremdung von den Kindern und zu einer Geisteshaltung, aufgrund derer man zum Beispiel eine schlechte Ehe nicht loslassen kann — und das ist das Abschlußproblem.

Wenn eine Person genug Stärkung angenommen hat, sollte sie sich entspannen, ausruhen und neu orientieren. Beim Abschluß beginnt das System, seine Bedürfnishierarchie zu reorganisieren. Wenn ein Bedürfnis erfüllt oder abgeschlossen ist, tritt ein anderes in den Vordergrund. Abschluß wird dann zum Problem, wenn die Person sich nicht reorientiert, einen Prozeß kein Ende finden läßt. Die Person könnte Probleme haben, mit einer Arbeit aufzuhören, ihre Sorgen loszulassen, Rituale beiseite zu schieben, eine Beziehung zu beenden, einen Groll zu vergessen usw. An der Abschlußbarriere wird das Loslassen problematisch.

Als Indikator von Charakterprozessen. Diese Barriere drückt sich unter anderem in einer Furcht vor Spontaneität aus. Um spontan zu sein, mußt du die Kontrolle aufgeben. Rigide Menschen fürchten sich davor, und daher erhalten sie sie aufrecht. Allgemein gesprochen, beginnen sie zu zittern, wenn sie sich entspannen. Sie fürchten sich davor loszulassen. Es ist, als ob man sein Geld beim Roulette immer wieder auf dieselbe Zahl setzt. Du denkst: „Jetzt muß sie aber kommen!" Der Rigide fürchtet, zu früh aufzugeben. Mit nur etwas mehr Anstrengung könnte man es am Ende zu Erfolg, Perfektion, Anerkennung und vollem Erwachsenenstatus bringen, man kann geliebt werden und lieben, man ist sicher und immer glücklich. Der rigide Stil besteht darin, dran zu bleiben, es noch einmal zu probieren, ein Übersoll zu erfüllen und es perfekt zu machen. Dies ist eine Antithese zur Oralität.

Die Menschen in einem Abschlußbarrierenprozeß versuchen das Geschehen am Laufen zu halten, und zu diesem Zweck halten sie den Prozeß unter Kontrolle. Der Hysteriker hält dein Interesse wach oder veranlaßt dich zumindest, in seine Richtung zu schauen, indem er ein Problem nach dem anderen findet oder indem er starke Gefühle produziert. Die Rigiden beider Typen, Hysteriker und Phalliker, sind Experten in der Erzeugung von Problemen. Sie machen aus fast allem, was passiert, ein Problem. Das ist das Kind, das Angst hat, die Hand seiner Eltern loszulassen, da es glaubt, die Eltern werden dann weggehen. Das ist das Kind, das Angst hat, einzuschlafen, weil es glaubt, daß die Eltern beim Aufwachen weg sein werden. Die Spannung besteht zwischen dem Bedürfnis des Kindes nach Schutz und Führung durch die Eltern und deren Wunsch nach Distanz von den Forderungen des Kindes. Das Kind versucht, seine Verbindung zu den Eltern von einem natürlichen Abschluß, wie beim Einschlafen, abzuhalten, sowohl im kleinen als auch im großen. Das Kind kann von den Eltern gezwungen oder ermutigt worden sein, „groß zu sein", sich „seinem Alter entsprechend" zu verhalten und ohne viel Theater ins Bett zu gehen. Dann versucht das Kind, sein starkes Bedürfnis nach elterlichem Kontakt und Schutz zu unterdrücken. Es versucht, „erwachsen" zu sein, entweder um den Eltern zu gefallen oder aus Furcht oder um möglichst viel Schutz, Anleitung, Liebe und Lob zu erhalten. So entsteht die Orientierung auf den Erwachsenenstatus, die sich im phallischen Prozeß findet.

Auf der anderen Seite kann das Kind allen Bestrebungen Widerstand leisten, groß zu werden, und mit zur Schau getragenem kindlichen Verhalten versuchen, den Status eines Kindes — auf den es ein Recht hat — zu behalten. So zwingt es den widerstrebenden Elternteil, seine elterlichen Pflichten zu erfüllen. Dieses Anklammern an das Kindsein und den elterlichen Schutz offenbart sich im Kern des hysterischen Prozesses. Die Bemühungen des Rigiden sind eine ergreifende Widerspiegelung der Versuche des Kindes, ein „Mann" oder „eine kleine Dame" zu sein, bevor die Zeit reif war.

Menschen an der Abschlußbarriere versuchen diesen Konflikt zwischen Eltern und Kind zu lösen. Da sie zum Teil ihre eigenen Eltern sind, was in gewisser Weise dem Erwachsensein entspricht, kontrollieren sie sich selbst.

Sie geben nicht auf, wo andere Schluß machen. Sie treiben sich trotz Ermüdung und Hunger weiter. Sie kämpfen gegen den Strom an, ihr Los ist Frustration und Selbstverleugnung. Ihr Fokus liegt auf Leistung, nicht auf Lust. Sie sind daran gewöhnt, das Leben als eine Kette von Problemen zu sehen, die gelöst werden müssen, und so empfinden sie auch die Therapie. Rigide betrachten die Therapie als Problemlösungsmechanismus. Typischerweise fragen sie, was sie *gegen* bestimmte Probleme tun können, und suchen nie danach, wie sie ausruhen, wie sie loslassen oder etwas Frieden finden können. Sie wollen Listen darüber aufstellen, was man in jeder möglichen Situation tun kann. All diese Kontrolle und Bemühungen wirken sich nachteilig darauf aus, daß die Therapie einen organischen Verlauf nehmen kann.

Als Ergebnis früher gestaltender Konfiguration. Die frühe gestaltende Konfiguration hat für diese Barriere nicht so starke Auswirkungen wie für die anderen. Mit Ausnahme eines leicht sympathikotonen Stoffwechseltyps (vgl. den Abschnitt über Disposition) erlebt der Rigide eine recht normale und gesunde frühe Kindheit. Die Eltern können verlangt haben, daß das Kind schnell erwachsen wird, aber das wird nicht wirklich relevant, bis das Kind sprechen gelernt hat. Die Japaner zum Beispiel, eine notorische rigide Kultur, gewähren ihren Kindern bis zum Alter von etwa vier Jahren alles, und dann hört jede Verwöhnung plötzlich auf. Die frühe gestaltende Konfiguration beeinflußt im wesentlichen die frühe Bildwelt des Kindes, was die Rigiden mehr oder weniger „kulturgebunden" macht.

Wenn der Vater Phalliker ist, werden die Kinder leicht auch Phalliker oder Hysteriker. Ein phallischer Vater schätzt Handeln, harte Arbeit und Gewinnen. Er ist beschäftigt, und er hat nicht die Zeit, einfach nur mit den Kindern in ihrer Kinderwelt zu sein. Der Vater ist ungeduldig, und wenn das Kind ihm beim Holzhacken helfen will, ist es nicht schnell oder gut genug. Oder wenn das Kind spielen oder spazierengehen will, ist der Vater zu beschäftigt. Wenn Männer Hysteriker werden, liegt das meiner Meinung nach daran, daß sie ganz früh unter Druck gesetzt wurden, ein „kleiner Soldat" oder was immer zu sein, und nicht genug kortikale Kontrolle besaßen oder daß sie ein gutes Modell für Hysterie hatten und auch einen Elternteil — wahrscheinlich der Vater —, der auf hysterische Anfälle erwartungsgemäß reagierte. Sie hatten kein gutes Modell für den phallischen männlichen Typ, und die Hysterie funktionierte.

Als Ergebnis symbolischer Strukturen. Phalliker und Hysteriker haben sich früh Bilder davon zu eigen gemacht, wie kleine Männer und Frauen sein müßten: „Wenn du als einziger deinen kühlen Kopf behältst, während alle anderen dir die Verantwortung geben ... Wenn du das Vertrauen in dich selbst nicht verlierst und ertragen kannst, daß alle anderen an dir zweifeln ... usw." Es sind Bilder davon, wie es ist, ein Mann oder eine Frau zu sein, lange bevor die Kindheit eine Chance zum Abschluß hatte. In einigen Kulturen werden Kinder wie kleine Erwachsene gemalt, mit alten Gesichtern und erwachsenen Proportionen. Man kann darauf wetten, daß dies Kulturen sind, in denen das Leben schwer ist und in denen man Beharrlichkeit braucht, um seine Existenz zu sichern.

Rigiden wurde als Kindern eingeschärft: „Große Jungs tun das nicht" oder „Junge Damen tun das nicht". „Du bist zu alt, um auf meinem Schoß zu sitzen" oder „... um zu weinen". Von solchen Kindern wird erwartet, daß sie ihre Pflichten erfüllen und für sich selbst sorgen, und sie wurden dafür belohnt: „Wir erwarten, daß du der Beste bist. Wir erwarten, daß du immer der Beste bist, gleich, was du tust." Der Wunsch nach Erwachsenenstatus wird zum zentralen Ziel. Rigide legen Wert darauf, gleichberechtigt behandelt zu werden; sie wollen nicht überlegen sein wie die Psychopathen oder unterlegen wie Orale und Masochisten. Die Disposition zur Beharrlichkeit kann gelernt werden, und in einem sympathikotonen Stoffwechseltyp findet solches Lernen fruchtbaren Boden. Ständiges Bemühen kann konditioniert werden. Wenn du nicht antwortest, wenn das Kind leise spricht, wird es so lange seine Lautstärke erhöhen, bis du antwortest. Der hysterische Charakterprozeß reflektiert diese Art von Konditionierung. Um deine Aufmerksamkeit, dein Ohr zu erhalten, probiert der Hysteriker verschiedene Optionen. Wenn Sexualität funktioniert, wird er verführerisch. Wenn Gefühle Erfolg bringen, wird er emotional. Wenn Kranksein wirkt, wird er krank. Wenn Bösesein hilft, wird er böse. Wenn Lärmschlagen funktioniert, wird er so laut wie nötig. Was immer die Verbindung schafft und hält, was Abschluß und Ablehnung vermeidet, das tut er.

Die Phalliker wollen beweisen dürfen, daß sie Aufmerksamkeit, Anerkennung und Erwachsenenstatus verdienen. Sie wollen beweisen, daß sie gut, tapfer usw. sind. Sie sind darauf aus, den vollen Erwachsenenstatus zu erreichen. Da sie dafür immer nach Bestätigung von außen Ausschau halten, machen sie niemals eine Pause. Sie wissen nicht, wann sie aufhören können. Wie viele Spiele muß man gewinnen? Wieviel Geld ist genug? Der Phalliker sucht Leistung und Ehre. Er ist Krieger, der Jäger, der Athlet, der Mann, der in die Welt geht und Dinge tut. Jeder Gedanke an den Vater impliziert immer: „Du bist nicht wirklich so gut, wie ich dich haben wollte." Der Vater ist immer enttäuscht. Er erwartete größere und bessere Leistungen.

Als fehlende Integration zentraler Lebensfunktionen. Die Abschlußbarriere verhindert, daß ein Bedürfnis sich setzt, ein anderes hervorkommt und daß Ruhe und Neuorientierung eintreten. Wenn du das nicht geschehen läßt, auf eine bestimmte Richtung fixiert bist und bei einer bestimmten Aktivität bleibst, blockierst du alle anderen Aktivitäten. Dein Hunger bleibt dir im Magen liegen.

beharren, klammern
Abschließen
loslassen, abbrechen

Du mußt dein Bedürfnis nach Ruhe und allem anderen unter Verschluß halten. Du nimmst ein paar Aspirin gegen die Kopfschmerzen und machst weiter, anstatt loszulassen und auf einen besseren Zeitpunkt zu warten. Darin liegen wirkliche Gefahren. Herzanfälle sind das beste Beispiel. Stell dir den Mann vor, der nicht aufhören kann zu rauchen und zu arbeiten. Er hatte bereits zwei Herzanfälle, er hat alles Geld, was er jemals brauchen wird usw., aber er kann einfach nicht langsam treten.

Diese Barriere entsteht, wenn Loslassen und Beharren, Kontrolle und Passivität, die ernste, harte Arbeit des Erwachsenen und das Spiel und die Magie des Kindes nicht integriert sind. In gewisser Weise sprechen wir davon, in die Welt einzugreifen, ein aktiver Tatmensch und Erbauer oder ein passiver Empfänger dessen zu sein, was ist — wie eben Kinder im allgemeinen sind. Rigide haben die aktiven und empfänglichen Seiten ihrer Natur nicht integriert. Sie treiben sich an. Man findet ein aktives Festhalten an Situationen, Menschen usw. Die Rigiden hören die Botschaft, aber sie hören nicht zu. Anstatt sich auszuruhen, trinken sie einen Kaffee und machen weiter. Als Kinder lernten sie, nicht auf ihre Bedürfnisse nach Aufhören, Ruhe und Loslassen zu hören. Keiner hörte diesem Kind zu, und jetzt kann der Erwachsene sich selbst nicht mehr zuhören.

Und während der Phalliker darauf beharrt, ein Erwachsener zu sein, beharrt der Hysteriker darauf, Kind zu bleiben. Während der Phalliker seine Kindheit zu früh aufgab und so fest, wie er konnte, an den Wegen und Bildern des Erwachsenseins festhielt, klammert sich der Hysteriker an die Bedürfnisse und Bilder des ewigen Kindes, das getröstet wird und sicher in den Armen eines liebenden Elternteils liegt.

Als Abwehr und Anpassung. Phalliker haben starke Gefühle, die sie nicht gut ausdrücken können: Traurigkeit, das Bedürfnis nach Trost, Ruhe und Anleitung. Ihr sympathikotoner Stoffwechseltyp erzeugt ein Bedürfnis zum Handeln und umgekehrt. Handeln und Ziele desensibilisieren die weichen Gefühle; denn wenn dein Stoffwechsel auf Flucht oder Kampf ausgerichtet ist, werden andere Bedürfnisse ausgeschlossen. Vertreter des sympathikotonen Stoffwechseltyps erscheinen gegenüber den Parasympathikotonen taktlos und undiplomatisch. Sie sind härter, zu direkt, zu beschäftigt, zu grob. Beim Durchgang durch die Abschlußbarriere gelangt man von einem sympathikotonen in einen parasympathikotonen Zustand. Man läßt nach und entspannt sich. Wir erwarten das Auftauchen sanfter Gefühle von Zartheit und Zuwendung. Die phallischen Typen haben Probleme damit, zu schmelzen und weiche Gefühle, wie Weinen, zuzulassen. Sie drängen darauf, erwachsen zu sein, und sie laufen vor kindlichen Gefühlen oder dem Kindsein davon. Wenn sie tatsächlich loslassen, kommt das Kind hervor. Da sie Bedürfnisse nach Trost, Zuwendung usw. vermeiden und Ablehnung erwarten, äußern sie ihre Sehnsucht nicht.

Beide Typen von Rigiden blockieren den Schmerz darüber, nicht die kindliche Beziehung zu den Eltern gehabt zu haben, die sie brauchten. Phalliker blockieren die Gefühle und sehen die Situation klar, Hysteriker ertrinken in Gefühlen und blockieren die Akzeptanz der realen Situation. Dies sind Anpassungsmaßnahmen an die kulturellen Einschränkungen über Arbeits- und Geschlechtsrollen und an die sozialisierende, rationale Tätigkeit, die Welt zusammen mit den Worten und der Grammatik der Muttersprache zu lernen.

Als Disposition. Die Disposition zielt hin auf Ausdauer, auf Sichanklammern. Menschen, die aufgrund von Vererbung oder zuviel Kaffee, Amphetaminen usw. stoffwechselmäßig zur Sympathikotonie neigen, leben in einem aktiveren Modus. In diesem Modus fällt es schwer, sich zu entspannen, sich gehenzulassen. Wenn das System sympathikoton ist, ist man wachsam und eng fokussiert; es fällt einem schwer, sich umzuorientieren. Jeder, der einmal Amphetamine genommen hat, weiß, wie schwer es dann ist, mit etwas aufzuhören. Ein Kommilitone an der Universität nahm vor einer Prüfung *Speed* und schrieb schließlich sein gesamtes Examen über die erste Zeile der ersten Seite — eine ganze dreistündige Prüfung lang. Er schrieb, ohne es zu bemerken, einfach immer wieder dasselbe und konnte nicht damit aufhören. Das nenne ich Beharrlichkeit.

Als Teufelskreis/Feedbackschleife. Die meisten Menschen wissen gewöhnlich, wann sie von etwas genug haben, wann es Zeit ist, aufzuhören, und wann es sich auszahlen könnte, weiterzumachen. Das Anklammern des Hysterikers treibt andere weg, und das wiederum fördert die Tendenz zum Festhalten. Das Streben nach Leistung und dessen bedrohliche Kehrseite, die Furcht vor dem Versagen, machen ebendie Ruhe, die wir uns zu verdienen wünschen, zum Feind unseres Strebens.

Tabelle 1: Der Sensibilitätskreis im Überblick

Abschnitt	*Funktionen*	*Ziel*	*Polaritäten*	*Gute Integration*	*Fehlintegration*
Orientierung	Informationssammlung, Distanzierung	Klarheit und Einsicht	Kontakt / Rückzug, absorbiert /objektiv	gute Ausnutzung von Informationsquellen	Disposition zum Rückzug oder Klammern, zu absorbiert oder zu objektiv
Handeln	Timing, Kontrolle, Ausdruck	effektives Handeln und Reagieren	impulsiv / gehemmt, übereilt / verzögernd	gutes Timing / Effizienz, Präzision / ausgeglichener Sinn für Verantwortung	Disposition zum Reagieren oder Verzögern; zu Impulsivität und Unverantwortlichkeit; zu Festsitzen und Schuld
Bewertung	Feedback, Einschätzung, Bewertung	Befriedigung und Stärkung	toxisch / stärkend, Erfolg / Fehlschlag	Befriedigung, Wachstum, Gewinne, Gesundheit, Stärke	Disposition zu: alles akzeptieren oder alles zurückweisen; kurzfristige Stärke und plötzlicher Zusammenbruch oder langfristige Schwäche und langsamer Zusammenbruch; Verschwendung und Vergiftung oder verpaßte Gelegenheiten und Verlust von Stärkung, Unterstützung und Reserven
Neuorientierung	Abschluß, Abbruch, Organisation der Wunschhierarchie	Entspannung, Abschluß und Neuorientierung	Ausdauer / Wechsel, Perseveration / Abbruch	ausgeglichener Überblick und die Fähigkeit, sich um verschiedene Bedürfnisse, Aktivitäten oder Projekte gleichzeitig kümmern zu können	Disposition zum Durchhalten oder Abbruch; tut das eine zuviel, während er das andere vernachlässigt; Überarbeitung, Perfektionismus, A-Typ-Verhalten, Unfähigkeit zum Abschließen oder Fehlen von Durchhaltevermögen, gibt zu früh auf, verliert sich in Aktivitäten, wird leicht überlastet

15 Therapeutische Strategien

Ich möchte zur Einführung in dieses Thema vier Punkte behandeln:

1. allgemeine Strategien,
2. therapeutische Strategien im allgemeinen und besonderen,
3. den Effekt therapeutischer Strategien,
4. Charakterbildung als Strategie.

Über die für die einzelnen Charaktertypen (vgl. 20. und 21. Kapitel) besonders geeigneten Strategien gebe ich zuerst einen Überblick und bespreche sie dann im einzelnen. Eine Übersicht von den Interventionsmöglichkeiten an den Barrieren und eine Zusammenstellung der Strategien bildet das Ende des Kapitels.

Allgemeine Strategien. Eine Strategie stellt bestimmte Handlungsmöglichkeiten zur Verfügung, die selektiv je nach Situation eingesetzt werden können. Der Therapeut verwendet eine Strategie, wenn er entscheidet, daß ein bestimmter Klient einen bestimmten therapeutischen Ansatz braucht: Man geht zum Beispiel mit jemandem langsam und vorsichtig um, der in einem schizoiden Prozeß festzusitzen scheint, und man unterbricht die Produktion von Gefühlen bei einem Klienten in hysterischer Stimmung. Langsam und vorsichtig an einen hysterischen Prozeß heranzugehen würde bloß eine endlose Gefühls- oder Problemproduktion fördern. Unterbricht man wiederum Gefühle in einem schizoiden Prozeß, könnte der Klient das als Hilfeleistung und Zuwendung für den „Feind" empfinden. Charakterprozesse müssen klar unterschieden werden. Jeder braucht einen anderen therapeutischen Ansatz. Diese unterschiedlichen Herangehensweisen an die verschiedenen Charakterprozesse werden durch die spezifischen therapeutischen Strategien bestimmt. Diese werden weiter unten detailliert erläutert. Was die Sache kompliziert macht, ist, daß wir auch die unterschiedlichen „Landkarten", die uns für die bewußte Strukturierung jeder therapeutischen Sitzung zur Verfügung stehen — zum Beispiel der allgemeine Prozeßverlauf, der Sensibilitätskreis, Aus-dem-System-Springen und sogar die Prinzipien —, als Strategien bezeichnen. Bei diesen handelt es sich um generelle Strategien, und sie stellen allesamt Wege zum Kennenlernen dar. Alle versetzen uns in die Lage, eine Situation klar zu definieren: ob der Klient zum Beispiel im Zustand Innerer Achtsamkeit oder im Alltagsbewußtsein ist oder ob eine Einsichtsbarriere oder Abschlußbarriere vorliegt. Alle stellen uns auch Handlungsmöglichkeiten für eine gegebene Situation zur Verfügung, so daß wir zum Beispiel Innere Achtsamkeit zugänglich machen können. Sie liefern die wesentlichen Orientierungspunkte, aufgrund derer der Therapeut seine Entscheidung für das weitere Vorgehen in einer bestimmten therapeutischen Sitzung fällt.

Sodann wird das Konzept der Strategien auf die Charakterprozesse selbst bezogen, was ich im Abschnitt über Charakter als Strategie näher erläutern werde. Man muß unbedingt zwischen Stategien und Taktiken unterscheiden. Eine Strategie ist allgemeiner, abstrakter und bezieht sich auf eine längere Zeitspanne. Wenn du zum Beispiel mit einem masochistischen Prozeß arbeitest, steigerst du langsam das aktive Übernehmen. Das ist eine Strategie. In einer Therapiesitzung nimmt sie etwa 20 bis 30 Minuten in Anspruch. Eine Taktik wäre, eine „Sonde" zu geben oder in einem bestimmten Moment einen Impuls zu übernehmen (vgl. 17. Kap.). Eine Taktik ist auf den Moment bezogen. Nehmen wir an, du gibst dem Klienten eine Sonde, und er berichtet nicht aus dem „Zeugen" heraus. Die angemessene Taktik hier ist, gleich noch nach der *Antwort* zu fragen. Taktiken sind Teil der ständigen Interaktion zwischen Therapeut und Klient. Es sind situative Maßnahmen. Sie werden in jedem Prozeß benutzt.

Der Effekt von therapeutischen Strategien. Therapeutische Strategien haben eine Auswirkung auf die Therapie. Sie helfen, den Ausgang der Therapie zu bestimmen. Eine Strategie kann mehr oder weniger erfolgreich oder erfolglos sein. Sie ist eine Gelegenheit, die du ergreifst, eine Entscheidung, die du für die ganze Sitzung triffst, und sie wird mit bestimmen, wie diese Sitzung verläuft. Taktiken haben weniger Auswirkungen auf den Prozeß im ganzen. Wenn du an einen oralen Prozeß wie an einen hysterischen Prozeß herangehst, wird das schiefgehen. Aber auch, wenn du die richtige Strategie benutzt, kannst du bei den Taktiken Fehler machen. Allerdings ist nichts verloren, wenn eine bestimmte Taktik versagt. Du kannst immer auf die Strategie zurückgreifen. So kann der Prozeß am Laufen gehalten werden. Man weiß, wohin man will. Man hat etwas Bestimmtes im Auge. Strategien halten den Prozeß auf einer bestimmten Linie, allerdings nicht gewaltsam. Wenn man zu weit abgewichen ist, muß man aus dem System springen. Wenn die Strategie nicht gut funktioniert, muß man seine strategische Beharrlichkeit und Flexibilität ausgleichen und integrieren.

Jeder von uns lebt in mehr als einem Charakterprozeß. Wenn die Therapie nicht von Strategien geleitet wird, kann man in einer Sitzung sehr leicht von einem Abwehrsystem ins nächste stolpern. Eine Strategie ist ein Hilfsmittel, um mit einem bestimmten Prozeß zu arbeiten. Sie bewirkt die Fokussierung der Therapie. Sie hält dich auf die oralen Aspekte einer Situation oder den Masochismus usw. fokussiert. Das ist ein wenig straffer, ein wenig restriktiver, als den Klienten nur von Moment zu Moment zu begleiten. Die Strategie wird beeinflussen, welcher Charakterprozeß in der Sitzung hervortritt. Das ist in Ordnung. Wenn du Hinweise darauf sammelst, was sich im ganzen entfalten will, wirst du wie gewöhnlich mit dem Fluß gehen. Jede Strategie hilft der Person, mit einem Aspekt ihres gesamten Charakters umzugehen. Wenn du mit jemandem zu arbeiten beginnst und entscheidest, daß viel schizoides Material vorliegt, und wenn du an diesem Tage mit dem schizoiden Prozeß arbeiten möchtest, dann wirst du langsamer werden, äußerst präzise, sehr sanft vorgehen und viele Kontaktaussagen benutzen. Das hilft, das schizoide Material noch stärker hervortreten zu lassen. Das gibt dem Klienten die Sicherheit, seine schizoiden Anteile zu leben. Auch die Sonden werden dazu eingesetzt, um schizoides Material hervorzubringen. So beeinflußt die gewählte Strategie den entstehenden Prozeß. Es gibt keinen Weg darum herum. Es gibt keine neutrale Therapie. Der Therapeut ist Teil des Systems und wirkt auf diese Weise.

Die Charakterprozesse selbst sind Strategien. Eine Abwehr ist eine situationsübergreifende Umgehensweise mit der Welt, und es ist angemessen, einer Strategie mit einer anderen zu begegnen. Aber versuche nicht, eine Person auf nur einen Charaktertyp zu reduzieren. Die Menschen sind zu kreativ und zu einzigartig, um sich auf diese Weise verkleinern zu lassen. Du kannst dich fragen, ob sie psychopathische oder orale Anteile haben, wie viele davon und welche andere noch. Auf diese Weise kannst du jeden Anteil innerhalb einer Person studieren.

Du kannst verschiedene Theorien über eine Person haben, ohne auszuprobieren oder entscheiden zu müssen, ob sie wirklich ein Psychopath oder wirklich ein oraler Typ ist. Eine Person kann alles auf einmal sein. Und das ist schön. Es erleichtert, mit dem Kopf nicht mehr durch die Wand zu wollen, indem man versucht, herauszufinden, was irgend jemand wirklich ist. Du brauchst eine Person nicht mehr auf einen Charaktertyp oder eine bestimmte Kombination von Charaktertypen zu reduzieren. Jede systematische Beschreibung des menschlichen Verhaltens kann hinderlich und nützlich für uns sein. (Das ist das Geheimnis des Aus-dem-System-Springens.) Wir brauchen nicht darüber zu streiten, was die richtige Beschreibung ist. Wir suchen hier nicht nach Ursachen, wir suchen nach Systemen und Konsistenzen. Es geht nicht um: „Welche Strategie ist wahr?“, sondern um: „Wieviel kann ich von jeder einzelnen lernen?“ Dies verändert das Bewußtsein des Therapeuten. Indem er Charakter als Strategie sieht, bringt er als Antwort auf wahrgenommene Situationen Kernmaterial zu seinem entsprechenden Ausdruck.

Spezifische therapeutische Strategien für die einzelnen Charakterprozesse

Da es in jedem der Charakterprozesse konsistente Interaktionsmuster und Abwehraktivierungen gibt, haben wir therapeutische Strategien entwickelt, um damit zu arbeiten — für Schizoide, Orale, Kompensiert-Orale, Psychopathen, Masochisten, Hysteriker und Phalliker. Wenn ich arbeite, suche ich nach Hinweisen, in welchen Charakterprozeß der Klient gegenwärtig verwickelt ist. Wenn ich mir darüber klargeworden bin, benutze ich eine diesem Prozeß angemessene therapeutische Strategie. Ich passe den therapeutischen Ansatz dem besonderen Charakterprozeß an, der gerade vorliegt. Diese Anpassung bestimmt sowohl, welche Techniken ich benutze (wie aktives Übernehmen für einen Masochisten oder passives Übernehmen für einen rigiden Prozeß), als auch, welche Abschnitte des Gesamtprozesses ich betone, zum Beispiel Kontakt in einem schizoiden und Abschluß in einem hysterischen Prozeß.

Strategien für den schizoiden Prozeß

Beginnen wir mit den Schizoiden. Sie haben eine bestimmte Ausstrahlung, eine Scheuheit. Sie sind steif, sie schauen dich nicht direkt an. Sie können einen glasigen Blick haben, ein „Säuglings“-Gesicht, ausdruckslos schauen. Es existiert eine Stille um sie herum. Sie wirken mechanisch. Manchmal brauchen sie nur einen Satz zu sagen, und du weißt Bescheid. Das ist der Fall bei einigen Personen, bei Menschen mit einer schweren Charakterlast, Menschen, die in ihren Abwehrsystemen eingesperrt sind. Bei weniger eingekerkerten Menschen braucht man länger, um ein Thema herauszufinden, von dem aus man eine Strategie entwickeln kann.

Dies ist meine Strategie für einen schizoiden Prozeß: Ich werde sehr vorsichtig, sehr sanft. Ich gehe sehr langsam vor. Der Schizoide ist so festgehalten, so sehr auf dem Sprung zu verschwinden, wegzurennen, so schnell in seinem Kopf, aus der Tür, bei der letzten Woche, bei einer Theorie, so bereit, sich abzuwenden, daß du völlig gewaltlos und völlig unverletzend sein mußt, als ob du mit einem ängstlichen, wilden Tier umgingest. Deine Anwesenheit muß völlig unaggressiv, sehr feinfühlig sein, mit vielen Kontaktaussagen. Du arbeitest hauptsächlich mit Kontakt. Schizoide sind an der Einsichtsbarriere blockiert (s. u.). Sie haben Angst vor dem, was in ihnen und um sie herum ist. Deshalb benutzt man am Anfang eine Menge Kontakt. Später kannst du vielleicht das Festhalten übernehmen, sehr häufig auch das Bedecken der Augen und auf irgendeine Weise die Unterdrückung der Lebensenergie.

Die generelle Strategie ist folgende: Du versuchst sie in eine Situation zu bringen, in der du sie zurückhältst und sie herauszukommen versuchen. Dies ist natürlich das Gegenteil von Rückzug. Du mußt ihren Lebensimpuls reaktivieren. Und diese Lebendigkeit wird durch ihr Herauskommen repräsentiert. Impulse kommen heraus. Am Anfang ist das sehr beängstigend. Du mußt die Situation sehr sicher gestalten, damit sie über das Grauen hinwegkommen. Kontakt ist der eine Weg, Halten ist der andere. Normalerweise kommen zuerst rohe, harte Impulse heraus, wie Wut usw. Sexualität kann zunächst auf eine explosive trotzige Weise auftauchen, dann erscheint eine Sanftheit, sie ist einfach da.

Manchmal mußt du mit dem Klienten üben, mit dir zu sprechen, während er in der Erfahrung bleibt. Schizoide und Hysteriker neigen dazu, entweder den Kontakt zugunsten der inneren Erfahrung oder den inneren Prozeß zugunsten des Kontaktes mit dir zu unterbrechen. Wenn du keinen Bericht bekommst, mußt du deutlich machen, daß du einen brauchst: „Hör zu, ich brauche einen Bericht! Ich muß wissen, was in dir vorgeht, oder ich kann keine Therapie machen." Du mußt ihnen sagen, daß du Teil der Therapie sein mußt, sonst hat deine Anwesenheit überhaupt keinen Sinn. Es ist möglich, bei der inneren Erfahrung zu bleiben und gleichzeitig darüber zu sprechen. Sobald du bemerkst, daß jemand aus der inneren Erfahrung kommt, um mit dir zu reden, kannst du sagen: „Bleib drin, bleib bei deiner Erfahrung, und erzähl mir von dort aus." Für Hysteriker ist dies häufig eine überraschende Entdeckung. Sie wissen nicht, daß sie das tun können. Aber sie mögen es. Sie fühlen sich meist nicht verstanden, und einer der Gründe dafür ist, daß sie nicht mit dir über eine Erfahrung reden können, die sie gerade haben.

Techniken an der Einsichtsbarriere

An der Einsichtsbarriere äußern sich Kontaktschwierigkeiten und das Problem, irgendeiner Sache ins Gesicht zu sehen. Die Person kann nicht oder wenig sehen, oder sie ist auf ein Interessengebiet wie Computer fixiert und will sich nicht mit Menschen befassen. Einige andere Symptome sind sehr hoher Muskeltonus, Kopfschmerzen, Alpträume in der Kindheit, mechanische und unbeholfene Bewegungen, niedriger Affekt, Fehlen von Augenkontakt, Selbsthaß, die Vorstellung, böse zu sein, geheime oder offen geäußerte Überzeugungen, etwas Besonderes zu sein, die die vollständige Verleugnung des schlechten Selbst darstellen. Unter emotionalem Streß zeigt sich eine starke Tendenz zur Polarisierung, zum Beispiel in Gut und Böse, Heilige und Sünder, eine Einteilung in logische Kategorien und Klassen, Polaritäten mit nichts dazwischen. Und immer findet man eine starke Neigung zum Rückzug.

An der Einsichtsbarriere sind die beiden Aspekte der Distanzfunktion, Kontakt und Rückzug, nicht integriert. Die Distanzfunktion ist in Richtung auf Rückzug übergewichtet. Wenn Kontakt und Rückzug richtig integriert sind, ist die Person frei, Kontakt zu machen oder sich zurückzuziehen, je nach Situation und innerem Bedürfnis.

Eine andere Art der Arbeit an der Einsichtsbarriere ist die Augenarbeit. Wenn man einfach die Gefühle und Reaktionen erforscht, die entstehen, wenn man etwas anschaut und wegschaut, wird das, wenn die Übung mit Innerer Achtsamkeit gemacht wird, eine Menge Material hervorbringen, mit dem man arbeiten kann. Die Angst, zu schauen und angeschaut zu werden, ist direkt mit Kernmaterial verbunden. Genausoviel kann man mit Berührung erreichen. Das Thema ist Kontakt, und dies sind (trotz aller Postreklame) die beiden primären Wahrnehmungskanäle für diese Funktion. Ich arbeitete einmal mit einer Frau in Portland, Oregon, die die Angewohnheit hatte, eine Frage zu stellen und ihren Kopf abzuwenden, während ich antwortete. Ihre Augen verloren sich irgendwo im Raum. Danach wandte sie sich mir wieder zu, ihre Augen waren dann völlig leer. Es schien, als hätte ich überhaupt nichts gesagt und sie keine Frage gestellt. Meine Assistenten und ich arbeiteten zwei Sitzungen mit ihr. Schließlich übernahmen wir in der zweiten Sitzung ihr Kopfabwenden und Weghören. Ich sagte zu ihr: „Versuche, mich im Auge zu behalten, während meine Assistenten versuchen, deinen Kopf wegzudrehen und dich abzulenken." Dann sagte Jim: „Hör ihm nicht zu, hör ihm nicht zu", und Louise versuchte, den Kopf der Frau wegzudrehen, damit sie mich nicht anzuschauen brauchte. Nach wenigen Sekunden brach sie zusammen und zeigte starke Gefühle. Wir hatten ihr Kontaktvermeidungsverhalten übernommen und ihr den Teil ihres Selbst gelassen, den sie beschützte. Als erstes erinnerte sie sich daran, in einem Waisenhaus gewesen zu sein und Sehnsucht nach ihrer Schwester gehabt zu haben. Da war das Bedürfnis nach Kontakt. Sie brach zusammen, und das unterdrückte Bedürfnis nach Kontakt mit einem geliebten Menschen stellte sich sofort wieder ein. Das letzte Mal hatte sie es im Alter von 5 Jahren gespürt, und jetzt war sie eine Frau von über 40.

Schizoide wollen sich während der Therapie oft zusammenrollen und festgehalten werden. Wenn du das für sie tust, werden sie schließlich den Impuls fühlen, sich zu öffnen. Oft gehen sie in eine Geburtserfahrung, die das fundamentale Symbol für Herauskommen, Kontaktmachen und Hiersein ist. Und nachdem sie sich herausgearbeitet haben, sind sie bereit, ihre Augen zu öffnen und ein Gesicht zu sehen. Das ist der am stärksten angstbesetzte Moment. Das ist der mächtigste und erschreckendste Augenblick: der erste Kontakt. Das ist die Stelle, an der Veränderung stattfinden kann; wenn sie das Sehen lernen. Ihre Augen können besser werden, ihre Sicht kann sich verbessern.

Ich versuche immer, ein liebendes Gesicht in der Nähe zu haben, wenn sich diese Augen schließlich öffnen. Ich nehme einen Assistenten oder ein Mitglied der Gruppe, wenn ich auf einem Workshop bin. Dieses Gesicht und die sanfte Berührung und die Wärme von Händen und Haut sind das ursprüngliche Empfangskomitee. Für jemanden in einem schizoiden Prozeß ist die Erfahrung, seine Augen zu öffnen, nachdem man sich in die Welt hinausgearbeitet hat, und Liebe zu finden, wie das Erwachen aus einem Alptraum an einem klaren und schönen Tag.

Nachdem ich in Albuquerque mit einer Frau in einem schizoiden Prozeß gearbeitet hatte, begann sie neue Dinge zu bemerken, zum Beispiel Farben oder wie schön etwas war. Den ganzen Nachmittag sah sie immer wieder plötzlich etwas Neues! Oder sie starrte einen Schatten oder das Licht auf einem Baum an. Sie konnte dem Workshop überhaupt nicht folgen. Sie schaute dauernd umher; sie hatte nicht gewußt, daß die Welt so aussieht. Sie bei ihrer Entdeckung der Welt zu beobachten war eine wahre Freude.

Schließlich kann man an der Einsichtsbarriere damit arbeiten, innere Impulse, wie Sexualität und Ärger, zu akzeptieren. Auch sie repräsentieren das Bedürfnis nach Kontakt. Ärger ist eine Art von Kontakt, Sexualität eine andere. Es ist nötig, das innere Selbst, die eigenen Anteile, zu akzeptieren. Dabei helfen Sonden wie: „Du bist nicht böse, du bist ein Mensch; alles in dir ist natürlich" — solche Sonden sprechen direkt das Thema des schlechten inneren Selbst an. Andere Sonden an der Einsichtsbarriere drehen sich um Zugehörigkeit: „Du bist hier sehr willkommen" oder, wenn dic Pcrson von Grauen erfaßt ist und sich vor dem Prozeß fürchtet: „Du brauchst nichts zu sehen, wofür du nicht bereit bist", was impliziert, daß sie es später sieht.

Strategien für den oralen Prozeß

In bestimmter Hinsicht ist es einfach, mit Oralen zu arbeiten: Sie mögen es, geführt zu werden, sie sind abhängig. Du sagst ihnen, was sie tun sollen, und gewöhnlich tun sie es. Sie brechen auch leicht zusammen und zeigen sehr schnell Gefühle. Sie treffen ziemlich leicht auf die Stärkungsbarriere, und genau da willst du arbeiten. Die Strategie besteht darin, zur Stärkungsbarriere zu gelangen und sie zu klären. Deshalb benutze alles, was die Stärkungsbarriere trifft. Versuche irgendeine Art von Unterstützung, entweder indem du das Herz berührst oder das Körpergewicht übernimmst oder indem du etwas sagst. Orale fühlen sich schwach. Sie fühlen sich am Rand des Zusammenbruchs. Sie gehen leicht zu Boden. Du wirst es mit Traurigkeit, Sehnsucht und Schwäche zu tun bekommen. Diese Gefühle treten bei Oralen leicht auf. Sie sind das Ergebnis von Überzeugungen und Gewohnheiten, die sich auf Stärkung und Unterstützung beziehen: „Ich werde nie genug bekommen" oder „Niemand ist für mich da". Daher mußt du an der Stärkungsbarriere arbeiten und der Person lernen helfen, wie man Stärkung annimmt und benutzt. Das ist die Hauptstrategie für die oralen Typen.

Manchmal scheinen sie etwas anzunehmen, aber es stärkt sie überhaupt nicht. Es scheint, als ob sie die Existenz von Nahrung verneinen wollten (sie empfinden es als Müssen). Sie müssen sicher sein, daß ihnen die Stärkung nicht weggenommen wird. Manchmal verweigern sie etwas, weil sie denken, daß es nicht bleiben wird. Sie können panisch reagieren, wenn irgend etwas stärkend wirkt. Sie rennen weg, weil sie Angst haben, daß es nicht lange genug so bleiben wird. Andererseits sind sie wütend darüber, daß sie nicht genug bekommen. Der Ärger ist auf die Menschen gerichtet, die sie nicht genährt haben, von denen sie glauben, daß sie es hätten tun müssen.

Orale werden leicht depressiv. Depression ist die Stimmung, in die du kommst, wenn du das Spiel verloren hast, wenn es vorbei ist und du keine Chance mehr siehst. Bei der Arbeit an der Stärkungsbarriere kannst du erreichen, daß die Depression sich in Ärger verwandelt. Tatsächlich sagt der Ärger: „Ich kann doch bekommen, was ich brauche." Wenn eine Person ärgerlich wird, dann glaubt sie daran, daß sie etwas verändern kann. Sie ist schließlich bereit, Energie zu investieren, damit etwas geschieht. In der

Depression jedoch gibt es keine Bereitschaft, Energie zu investieren, weil es keine Hoffnung gibt, daß noch irgend etwas passiert. Für den oralen Prozeß ist es gut, wenn du die Depression in wirksam ausgedrückten Ärger verwandeln kannst. Du provozierst den Ärger nicht; du rufst ihn bloß heraus. Der Ärger tritt einfach hervor. Du kannst auf ihn warten. Er liegt im Weinen verborgen. Wenn du nach ihm lauschst, wirst du ihn hören.

Es ist wichtig, Orale ihre Stärke fühlen und benutzen zu lassen. Sie tun das normalerweise nicht, weil sie keine Stärkung annehmen. Sobald sie die Stärkungsbarriere überwunden haben, wenn sie Nahrung annehmen, beginnen sie sich stärker zu fühlen, und der Ärger tritt spontan auf. Dann erinnern sie sich daran, wie wütend sie sind. Es scheint mir ein nützlicher und angemessener Weg, ihnen lernen zu helfen, Stärkung anzunehmen und die Kraft spontan auftauchen zu lassen. Ich ziehe das der Möglichkeit vor, sie durch Übungen oder etwas anderes aufzuheizen. Denke daran, es geht nicht darum, sie zu stärken, sondern ihnen beizubringen, die Nahrung anzunehmen, die zur Verfügung steht. Das ist die Aufgabe bei den oralen Typen.

Techniken an der Stärkungsbarriere

Wenn du auf die Stärkungsbarriere triffst, kannst du mit Spannungen, Gefühlen, Bewegungen und Gedanken arbeiten, zum Beispiel kannst du eine Frage stellen, die sich auf die Klärung der Barriere bezieht. Jemand sagt vielleicht: „Ja, als du das gesagt hast, spannte sich meine ganze Brust an." Dann kannst du fragen: „Wie spannte sie sich an?" „Welche Muskeln zogen sich zusammen?" „Spannten sich auch noch andere Muskeln an?" „Kannst du das auch absichtlich tun?" Halte den Klienten innen bei der Arbeit. Das klärt die Barriere.

Da es sich hier um eine informationsorientierte Therapie handelt, sollten deine Fragen dem Klienten helfen, in ihrer Erfahrung zu bleiben, so daß sie mehr Informationen bekommen. Mit genügend Informationen werden Optionen klar. Das ist der größte Teil unserer Arbeit. Es gibt eine Menge von Techniken im Umgang mit der Stärkungsbarriere, sobald sie deutlich ist. Aber zur Klärung der Barriere stellst du Fragen, die die Erfahrung zugänglich machen und vertiefen: „Welche Stimme sagt: ‚Nein, ich kann nicht'?" Häufig gebe ich eine Sonde zweimal, um mehr Informationen zu bekommen. Wenn du längere Zeit bei einer bestimmten Erfahrung bleibst und sie klärst, kann der Prozeß leicht in die Stromschnellen übergehen. Eine Erinnerung kann auftauchen, und alles geht über Bord. Obwohl es das wichtigste ist, Klarheit zu schaffen, tritt emotionale Erleichterung an dic crstc Stelle, wenn sie beginnt.

Bandler und Grinder zum Beispiel arbeiten primär mit Klarstellung. Vielleicht würden sie fragen: „Kannst du für dich selbst entscheiden?", und die Person erwidert: „Nein, kann ich nicht!" Dann würden sie fragen: „Was hindert dich daran?" Die Klärung verläuft immer noch auf der Ebene der Interaktion. Es handelt sich nicht um Innere Achtsamkeit, aber es ist ein Weg, um Klarheit zu schaffen. Du kannst solche Fragen benutzen, aber du mußt aufpassen, daß du keine Theorien zu hören bekommst: „Ach, es ist unmöglich, weil . . ." Wenn jemand mit Theorien antwortet, kannst du die Veränderung in der Stimme hören; du kannst die Änderung im Bewußtseinszustand fühlen. Hol sie zurück in die Erfahrung, so schnell du kannst! Sag irgend etwas wie „Nein, nein! Laß mich das noch einmal fragen und beobachte, was passiert! Du nimmst einfach wahr, was passiert, wenn ich dich frage: Was hindert dich daran?" Es kann leicht etwas Unerwartetes passieren. Die *Antwort* wird von einer Art „Aha-Erlebnis" begleitet. Sie ist informativ. Das Unerwartete beinhaltet immer mehr Information. Es besteht nicht nur aus Theorien und Meinungen. Wir lesen nicht nur noch einmal die Nachrichten von gestern. Das ist neuer Stoff. Halte den Klienten auf dem Weg des Prozesses. Geh nicht nach Theoriedorf! Du schaffst Klarheit, indem du in die Erfahrung hineingehst, und nicht aus Möglichkeiten und Ideen. Du fragst nach der Erfahrung. Immer, wenn du arbeitest, lenkst du das Gewahrsein, hältst es in der Erfahrung und auf dem Weg.

Es folgen nun ein paar Techniken für die Stärkungsbarriere. Du kannst versuchen, die Stärkung akzeptabel zu machen. Du könntest die Person fragen: „Was würde es leichter machen, das zu akzeptieren?" Oder: „Was kann ich tun oder sagen, um es angenehm zu machen?" Eine Technik wird „Häppchenschneiden" genannt. Du bringst die Sonde in eine Form, die annehmbar ist. Vielleicht mußt du es ungefährlich machen: „Wie kann ich es richtig machen? Welche Worte würdest du gern hören? Welche Worte würdest du bereit sein zu hören?" Du klärst die Barriere immer weiter, und gleichzeitig suchst du nach einem Weg für die Person, diese Barriere fallenzulassen, und sei es nur für einen Moment. Wenn die Barriere fällt, richtest du die Achtsamkeit sofort auf: „Wie ist das für dich?" Oder wenn die Person nur seufzt, könntest du eine Kontaktaussage machen: „Fühlt sich gut an, nicht? Das ist schön, nicht wahr?"

Wenn die Barriere fällt, kommt typischerweise all die Traurigkeit und der Schmerz hervor, der dahinterstand: Sehr häufig beginnen genau dann die Stromschnellen. In dem Moment, wo die Stärkung zum ersten Mal angenommen wird, flutet all die Traurigkeit heraus, die die Person bisher blockiert hat. Wenn sie die Tore öffnet, um Nahrung hereinzulassen, ist auch der Weg offen, um Schmerz und das ganze unter Verschluß gehaltene geladene Material herauszulassen. Dann mußt du ihr helfen, eine Weile in den Stromschnellen zu schwimmen. Das gehört dazu, wenn man die Dinge auf den neuesten Stand bringt.

Eine andere Technik, die an der Stärkungsbarriere benutzt werden kann, ist der achtsame Widerspruch. Ich bitte die Person, auf achtsame Weise die Stimme zu werden, die sie spontan hörte. Wenn sie eine Stimme sagen hörte: „Nein, ich kann!“, schlage ich vor, darüber zu diskutieren. Ich möchte sie dazu bringen, sich die automatische Reaktion anzueignen und willentlich Kontrolle über sie auszuüben. So sage ich: „Du kannst!“, und sie sagt: „Ich kann nicht.“ Wir machen das eine Weile, dann tauschen wir die Rollen. Ich sage: „Du kannst nicht“, und sie sagt: „Ich kann.“ Ich trenne den argumentativen Zusammenhang vom Inhalt. Das unterbricht das Gewohnheitsmuster und dissoziiert den Standpunkt von den durch ihn unbewußt aufrechterhaltenen Inhalten. Dadurch wird die Position „anzweifelbar“. Wenn der Klient den Standpunkt willentlich vertreten kann, wenn er einmal damit spielen kann, seine Meinung zu ändern, kann er zu glauben beginnen, daß er wirklich seine Meinung ändern kann.

Diese Technik ist Teil einer ganzen Serie, die man „musterdurchbrechende Interventionen“ nennen könnte, da sie das Unterbrechen eines gewohnheitsmäßigen Musters beinhalten. Wenn es sich um ein Geist/Körper-Muster handelt, das heißt, wenn es sowohl eine Überzeugung als auch eine körperliche Reaktionsweise auf die Überzeugung einschließt, dann bittest du den Klienten, die Körperaspekte von den verbalen Aspekten zu trennen. Wenn der Klient zum Beispiel sagt: „Ich bin eine schreckliche Person“ und immer, wenn er das sagt, seine Brust einsinken und den Kopf hängen läßt, kannst du ihn auffordern, den Satz zu wiederholen und etwas völlig anderes mit dem Körper zu tun. Er kann seine Brust vorstrecken und mit sehr stolzer Stimme sagen: „Ich bin eine schreckliche Person.“ Die emotionale Ladung wird als Gelächter hervorbrechen. Wenn du also ein Muster siehst — sei es verbal, emotional oder physisch —, kannst du die Komponenten des Musters auseinandernehmen und auf neue Weise zusammensetzen.

Strategien für den kompensiert-oralen Prozeß

Der Kompensiert-Orale ist dem Oralen ähnlich. Die orale Person sieht üblicherweise traurig aus, wie ein junger Hund. Da ist keine Verteidigung, keine

Energie, keine Aggression zu finden. Bei den Kompensiert-Oralen ist all das verborgen und wird vermieden. Das ist die Bedeutung der Kompensation. Sie fliehen vor ihrer Oralität. Sie fliehen vor Abhängigkeit und Schwäche. Aber sie existiert. Wenn du eine solche Person aus ihrer kompensiert-oralen Haltung bringst, beginnt sie sofort, die Schwäche zu fühlen. Du brauchst nur die Füße nach innen zu drehen und enger zusammenbringen. Dann versuchst du Sonden wie: „Du mußt nicht alles allein machen." Sie müssen die Überzeugung durcharbeiten, daß sie nicht alles allein tun müssen.

Die allgemeine Strategie ist also folgende: Überwinde die Kompensation, erkenne die Schwäche an und ändere ihre Ansicht darüber, keine Unterstützung von der Welt zu bekommen. Versuche, aus der Kompensation herauszukommen und an der Oralität zu arbeiten.

Strategien für den psychopathischen Prozeß

Psychopathen unterscheiden sich ein wenig von den Kompensiert-Oralen. Letztere sind in der Regel dünner, drahtiger und lebhafter. Sie werden nicht so „nette Kerle" wie die Psychopathen. Orale können sehr direkt und sehr ausdrucksvoll sein. Der Psychopath hingegen, wenn er unter Druck steht oder unter Streß kommt, versucht freundlich, sehr nett und ruhig zu sein, jeden zu beschwichtigen, auf alle Leute Rücksicht zu nehmen und allgemein jede Art von Ärger zu vermeiden. Wenn du einen Aufstand unterdrücken willst, brauchst du nur 400 Psychopathen hinzuschicken, und sofort wird sich die Lage beruhigen. Kompensiert-Orale und Psychopathen fliehen beide vor ihrer Oralität. Sie sind beide hart im Nehmen. Der Unterschied besteht darin, daß der Kompensiert-Orale sagt: „Ich kann das alles allein", während der Psychopath seine Schwäche versteckt, indem er stark aussieht und sagt: „Willst du Ärger, oder was?" Der Psychopath versucht, andere zu täuschen.

Im psychopathischen Prozeß zielst du, wie beim oralen, auf die Schwäche und den Ausdruck von Ärger. Du versuchst, es ungefährlich zu machen, die Wahrheit zu sagen. Psychopathen pendeln zwischen Oralität und Masochismus. Sie müssen ihre Schwäche und Verwundbarkeit anerkennen und fühlen können, und sie müssen lernen, Ärger direkt auszudrücken. Die Freundlichkeit des Psychopathen und/oder seine Härte sind eine Kriegslist, um sich aus jeder wirklichen Auseinandersetzung herauszuhalten. Die Hauptstrategie ist, sie in eine Situation zu bringen, wo sie ihren Ärger akzeptieren können, wo sie wissen, daß ihr Ärger nicht die Situation, jemand anderen oder sie selbst zerstört. Zuerst mußt du sie in Kontakt mit ihrer Schwäche bringen. Ganz egal, wie groß und stark sie sind — sie können zusammenbrechen und ihre Schwäche anerkennen, wenn es ungefährlich ist. Genau dieses unterschwellige Gefühl von Schwäche hält sie vom Ausdruck ab. Die Stärke, die die Psychopathen zeigen, ist nur Schein. Wie beim Oralen wartest du auf ein Anzeichen von Ärger. Und wie beim Masochisten übernimmst du langsam, bis der Ärger gefühlt und ausgedrückt wird. Trotzdem braucht man noch neun Personen, um einen zwei Zentner schweren Psychopathen festzuhalten. Psychopathen fühlen sich nicht sicher, bis sie stark eingedämmt werden. Und dann wirst du den Mörder treffen: explosiv, außer sich, voll mörderischer Wut.

Strategien für den masochistischen Prozeß

Die Hauptstrategie hat zwei Komponenten. Erstens: Gehe sehr langsam vor, Schritt für Schritt, bis du den ganzen Körper aktiv übernehmen kannst (vgl. 17. Kap.). Du beginnst mit dem aktiven Übernehmen einer winzigen Bewegung, dann immer stärkerer Impulse, bis du den ganzen Körper aktiv übernommen hast. Wenn du versuchst, den ganzen Körper sofort zu übernehmen, fühlt sich der Masochist gedrängt und blockiert. Deswegen: Langsam sein mit dem aktiven Übernehmen. Die zweite Komponente ist das Dämonenvertreiben. Masochisten sind von einer Menge Dämonen bewohnt. Sie haben viele Über-Ich-Stimmen, die sie verfolgen und blockieren. Bei den Masochisten, die zum Stoppen und Steckenbleiben neigen, ist das aktive Übernehmen die generelle Herangehensweise. Sie müssen sich durchkämpfen. Ohne Widerstand fühlen sie sich nicht wohl. Du übernimmst den Widerstand, und dann kommen sie schließlich in Gang. Dränge sie nicht! Sag ihnen, daß sie sich Zeit lassen können. Wenn sie sich angetrieben fühlen oder den Eindruck haben, daß du willst, daß sie etwas tun, wird der ganze Prozeß blockiert. Was du am dringendsten brauchst bei der Arbeit mit Masochisten, ist Zeit und Geduld.

Strategien für den rigiden Prozeß

Hier liegt der Schlüssel darin, nicht zu sehr auf Aktion auszusein. Rigide sind hartnäckig. Für sie wäre es eine große Eröffnung, zu schmelzen, sich zu entspannen, nichts zu tun. Halte dich an die Innere Achtsamkeit. Vermeide

Diskussionen. Versuche, Berichte durch „Zeugen“ zu bekommen. Die Rigiden haben eine Tendenz, aus der Inneren Achtsamkeit zu Interaktion zu schlüpfen. Bei den Hysterikern suche nach Bedeutung, bei den Phallikern nach Gefühl, indem du die Entspannung förderst. Sobald Hysteriker in ein Gefühl kommen, verlangsame dein Vorgehen. Dränge nicht nach mehr Gefühl. Hysteriker können dir soviel Gefühl geben, wie du möchtest, und noch mehr. Aber sie werden das Gefühl nicht verstehen. Deshalb: Wenn du an Gefühle kommst, laß sie dasein und suche nach der Bedeutung. Suche nach der Bedeutung für die Spannungen im Körper, suche nach der Bedeutung der Traurigkeit und so weiter.

Außerdem mußt du das „Problemlösen“ vermeiden. Du mußt vermeiden, in dieselbe Geisteshaltung zu verfallen wie der Rigide: „Ich habe ein Problem“ (hysterisch) oder: „Da gibt es ein Problem“ (phallisch), „Wir müssen etwas tun“ (beide), während wir uns in Wirklichkeit zurücklehnen und geschehen lassen sollten, was geschehen muß. Wenn du einen Ansatz verwendest, der die Person entspannt, einen Schmelzprozeß, werden typischerweise folgende Dinge passieren: Zuerst wird ein bißchen Traurigkeit heraufkommen, dann wird die Person für eine Weile anhalten, dann wird sich das Weinen vertiefen usw. Du mußt deine Klienten daran hindern, über die Dinge zu reden. Du mußt sie in ihrer Erfahrung halten, nichts daran ändern, es nur so lassen, es nur spontan sein lassen. Wenn du dich aufsaugen läßt und versuchst, ihre Probleme zu lösen, wird sich der Prozeß nicht abschließen. Sie möchten ja mehr als nur Lösungen für ihre Probleme. Das ist nicht die Hauptsache. Sie möchten jemanden, der ihnen zuhört, das ist alles. Also vermeide das Problemlösen. Vermeide Pläne, vermeide Programme, vermeide es, dich zusammen mit ihnen aufzuregen, vermeide es, ihre Frustration zu teilen. Laß dich von ihrem Trip nicht fangen. Fritz Perls würde mißbilligend sagen: „Klingt wie ein Plan!“ Fritz Perls mochte keine Pläne. Wenn du spontane Veränderungen und die natürliche Selbstheilungskraft der Menschen hervorrufen willst, mußt du Pläne fallen und den Organismus reagieren lassen. Das trifft für alle und besonders auf die rigiden Typen zu.

Beide rigiden Typen müssen lernen zu beschreiben, was sie erleben, während es passiert. Das kann an sich schon ein therapeutischer Durchbruch sein. Bring sie an einen Punkt, wo sie über ihre Gefühle Bericht erstatten können, während sie sie erleben. Laß sie nicht aus ihrer Erfahrung springen, um zu berichten. Besonders für die Hysteriker wird dies ein wichtiger Schritt sein. Deshalb vermeide Diskussionen und hole dir die augenblickliche Erfahrung! Vermeide, mit diesen Leuten zu lachen. Wenn sie lachen, werden sie zerstreut. Ihr Lachen hat etwas mit ihrem Schmerz und ihrer Verletzung zu tun. Wenn du fokussiert bleibst, hört das Lachen vielleicht auf, und die

Verletzung wird aufsteigen. Vermeide, dich von ihrer Aufregung fangen zu lassen. Du mußt entspannt bleiben, besonders bei den Hysterikern bleib auf dem Boden. Bleib ruhig und laß dich nicht davonspülen.

Alle therapeutischen Techniken können benutzt werden, aber die besten sind folgende: beim Phalliker passives Übernehmen und beim Hysteriker die Arbeit mit dem Kind. Passives Übernehmen gibt dem Phalliker die Möglichkeit, zu schmelzen und sanfte Gefühle zuzulassen. Da Phalliker überaktiv sind, bedeutet die passive Technik wirkliches Lernen für sie. Bei den Hysterikern ist das Hervortreten des Kindes der erste Schritt, um das Herz zu öffnen und ein neues Selbstverständnis zu bekommen. Während alledem unterstütze das Auskosten der Stärkung. Wenn etwas sich gut anfühlt, bleibe dabei.

Strategien für den hysterischen Prozeß

Versuche grundsätzlich, die Gefühle auf einem Niveau zu halten, auf dem die Innere Achtsamkeit noch möglich ist. In den meisten Fällen ist es besser, die Stromschnellen zu vermeiden. Hysteriker springen leicht und gern in die Stromschnellen. Hysteriker benutzen die Charakterstrategie, um in die Gefühle einzutauchen. Sie treiben einen enormen Aufwand, um die Situation nicht verstehen und akzeptieren zu müssen. Für die Therapie allerdings brauchst du nur gerade genug Gefühl, um nach der Bedeutung zu suchen. Führe sie nicht zu tief in ihre Gefühle. Halte sie ein wenig auf Abstand von den Gefühlen, so daß du zur Bedeutung kommen kannst. Auf der körperlichen Ebene geht es darum, das Herz zu öffnen. Hysteriker haben Angst, das Herz zu öffnen und wieder verletzt zu werden. Auf die Dauer öffnet sich allerdings das Herz. Deshalb vermeide es, hysterisches Gelächter oder Traurigkeit mit ihnen zu teilen.

Verwende eindrucksorientierte Sprache. Hysteriker neigen zu globalen, impressionistischen Vorstellungen. Sie denken impressionistisch. Du kannst viele Metaphern benutzen, Geschichten und Anekdoten erzählen. Bestehe nicht auf Details. Bei den Hysterikern taucht von allen Charakterprozessen das Kind am leichtesten auf. Weil sie impressionistisch denken, können sie für dich jederzeit das Kind sein. Für den Außenstehenden — oder auch für den Therapeuten — erscheint das Verhalten der Hysteriker manchmal künstlich. In dem Ausmaß, in dem sie ihre Gefühle nicht mit Verständnis integriert haben, sind diese zum Teil Ablenkungen und damit nicht völlig echt. Das ist in Ordnung. Es ist nicht sinnvoll, Druck auf sie auszuüben. Du erhältst dann nur noch mehr Gefühle.

Strategien für den phallischen Prozeß

Als allgemeine Strategie vermeidest du Worte und verwendest Berührung. Phalliker beginnen oft mit Worten, Gedanken und Körperempfindungen. Wenn du zu ihren Herzgefühlen Zugang finden willst, darfst du nicht verbal werden. Daher treten in sehr vielen Sitzungen mit Phallikern lange Perioden auf, in denen nicht gesprochen wird. Sie liegen einfach da, und ein paar Tränen kommen, und du berührst sie nur. Warte und ermutige sie, nicht zu sprechen oder etwas zu tun. Manchmal fragst du: „Was scheint dir meine Hand zu sagen?", und ihr Weinen wird etwas stärker. Dieser Prozeß kann 30 oder 40 Minuten dauern, bis sie tief und vollständig schluchzen. Du versuchst, sie von ihrer rigiden Zwangsjacke zu befreien, von ihrem Festhalten und Sichanspannen und ihrer steifen, ernsten Bedachtsamkeit. Du mußt sie aus dem Reden über die Dinge herausbringen und sie schmelzen. Dafür verwendest du viel passives Übernehmen und Sonden wie: „Es ist o.k., sich auszuruhen." Damit machst du auch deutlich, daß sie nichts für dich zu tun brauchen. Wenn du anfängst, sie anzutreiben, gehen sie bereitwillig darauf ein. Sie sind bereit, alles zu tun. Sie machen Liegestütze mit dir, oder sie lassen sich an ihren Füßen von der Decke baumeln. Immer wollen sie etwas tun. Vermeide, darin gefangen zu werden!

Phalliker müssen wieder lernen, ihre Gefühle spontan zu erleben. Ihre Aktivität blockiert — wie die Gefühle der Hysteriker — das Verständnis, und ihre Aufmerksamkeit für Details und technisches Verstehen verhindert das Gefühl. Du mußt ihre Aktivität verlangsamen und aus den einzelnen Körperempfindungen allmählich globale Empfindungen und schließlich Gefühle sich entwickeln lassen. Wenn sie sich mit etwas nicht befassen wollen, werden sie einfach sehr beschäftigt und fokussieren auf etwas anderes. Wenn du sie entspannst, öffnet sich ihr gewohnheitsmäßig enger Aufmerksamkeitsfokus, und die momentan wichtigen emotionalen Inhalte tauchen spontan auf. Solange sie ihre Gefühle durcharbeiten, bleib ruhig und mach ab und zu eine Kontaktaussage oder berühre sie einfach. Die Gefühle des Phallikers werden am ehesten durch die sanfte Berührung freigesetzt. Du legst deinen Arm um sie, und sie erinnern sich: „Mein Vater hat das nie getan" oder „Ich wollte wirklich umarmt werden, und es ist nie passiert". Wenn sie in ihre Traurigkeit hineinschmelzen, öffnet sich ihr Herz. Dann bearbeitest du das ganze Thema: „Es ist o.k., wenn du einfach nur da bist."

Charakter als Strategie

Alle Lebensstrategien sind organisierte, gewohnheitsmäßige Reaktionsmuster auf tatsächlichen und wahrgenommenen Streß. Tatsächlicher Streß kann als chronischer Schmerz, Schlafmangel oder in Form aller möglichen körperlichen Beschwerden in Erscheinung treten. Wichtiger für unsere Zwecke ist der wahrgenommene *(perceived)* Streß, der aufgrund von Kernmaterial erzeugt wird und Erwartungen, Emotionen und unbewältigte Unsicherheiten über das Selbst und die Beziehungen des Selbst zu anderen schafft. Unter anderem reduzieren Strategien diesen Unsicherheitsstreß.

Jeder Mensch ist mehr oder weniger in einer bestimmten Strategie gefangen, wobei vielleicht sekundäre und tertiäre Strategien auf geringere Weise oder nur unter ungewöhnlichen Umständen auftauchen. Der Charaktertyp und die normale Strategie sind bei einigen Menschen völlig offensichtlich; bei anderen, die unter nicht so starkem Streß im täglichen Leben stehen, treten sie nicht so deutlich zu Tage.

Die Hauptstrategien. Es gibt acht Hauptstrategien, die mit den acht Hauptcharakterprozessen korrespondieren. Einige der Bezeichnungen für die Strategietypen hat Jon Eisman als Alternative zu den Charakterbezeichnungen („Psychopath", „Hysteriker") vorzuschlagen. Sie sind folgendermaßen miteinander verwandt:

Strategietyp	**Charakterprozeß**
1. feinnervig/analysierend	Schizoid
2. abhängig/gewinnend	Oral
3. unabhängig/selbstversorgend	Kompensiert-Oral
4. hart/großzügig	Psychopath I
5. gefällig/einschmeichelnd	Psychopath II
6. belastet/duldend	Masochist
7. ausdrucksvoll/klammernd	Hysteriker
8. unermüdlich/übergründlich	Phalliker

Im einzelnen sehen die 8 Hauptstrategien folgendermaßen aus:

1. Vermeide soweit wie möglich Selbstausdruck und emotionalen Kontakt mit anderen.

Diese Strategie wird von Menschen verwendet, die als feinnervig und analysierend beschrieben werden können. Diese Menschen sind sich grundlegend darüber unsicher, ob sie ein Recht haben, hierzusein, und ob sie willkommen sind und hierher gehören. Sie fühlen sich wie Fremde in einem fremden Land, und sie schränken daher den Selbstausdruck und den Kontakt mit anderen sehr stark ein.

Einige der folgenden Charaktereigenschaften kennzeichnen solche Menschen: Sie sind zurückgezogen, scheu, bevorzugen die Isolation, lieben es, zu denken, zu theoretisieren, zu phantasieren und in ihren Vorstellungen zu leben; sie können kalt, emotionslos und unfreundlich aussehen. Mr. Spock vom Raumschiff Enterprise ist der Kulturheld dieses Typen. Ihre Bewegungen können steif und unbeholfen sein, und hinter einem ruhigen Äußeren verbirgt sich oft eine starke Spannung.

2. Suche Unterstützung durch kindliches und bedürftiges Aussehen und Handlung.

Diese Strategie wird von Menschen verwendet, die man als abhängig und gewinnend beschreiben kann. Die Grundunsicherheit besteht darin, ob sie es allein schaffen können oder nicht. Sie fühlen in sich einen tragischen Mangel, der sie unfähig macht, für sich selbst zu sorgen. Sie können sich auch sehr wertlos oder schwach fühlen.

Die folgenden Eigenschaften sind charakteristisch: Sie müssen mit Menschen zusammensein, jung tun und hilflos, liebenswert oder traurig aussehen; sie neigen leicht zum Aufgeben und suchen oft Hilfe; sie wollen umsorgt werden und mögen es, daß andere ihnen zuhören, da sie gern reden, wenn sie sich gut fühlen; unter Streß suchen sie Unterstützung von außen. Dies sind die Vorboten von Depression, und dieser Typ gerät besonders leicht in einen solchen schmerzhaften Zustand.

3. Mobilisiere Selbstunterstützung und beweise die Fähigkeit zur Selbstversorgung.

Die Grundunsicherheit bei dieser Strategie hat mit äußerer Unterstützung zu tun: „Kann ich auf andere zählen?" Üblicherweise wird diese Frage verneint. Sie fühlen das Leben als eine Reihe von Herausforderungen, für deren Bewältigung sie vorbereitet sein müssen. Sie fühlen sich wie einsame Wölfe in schwierigen Situationen.

Die folgenden Eigenschaften kennzeichnen Menschen, die diese Strategie verwenden: Unter Streß suchen sie oft Isolation, lieben es, allein zu arbeiten, Herausforderungen anzunehmen, Selbstversorgung und Selbstgenügsamkeit unter schwierigen Bedingungen zu beweisen; der Held ist hier der Cowboy, besonders der einsame Revolverheld.

4. Erscheine unangreifbar, demonstriere Wichtigsein und übernimm die Kontrolle.

Menschen mit dieser Strategie sind oft auch großzügig. Aber diese Großzügigkeit ist patronisierend und wird eingesetzt, um in einer autoritären Position sein zu können. Die Grundunsicherheit besteht darin, ob sie anderen vertrauen können, wenn sie ihr wirkliches und verletzliches Selbst zeigen. Sie haben Angst, ausgenutzt und als schwach und unwichtig behandelt zu werden. Ihre Kulturhelden sind Supermann, der berühmte General, der „starke Mann" oder das (zuweilen kriminelle) Genie.

Einige Eigenschaften: Diese Menschen verwenden Täuschung oder manchmal Charme, um sich in Machtstellung und Autoritätspositionen zu plazieren. Sie lieben es, an der Spitze zu stehen, der Führer zu sein. Sie sind bereit, andere zu unterstützen, und sind großzügig. Sie wollen ernst genommen und mit Respekt und Bewunderung behandelt werden und zögern, sich offen und gleichberechtigt anderen mitzuteilen.

5. Sei liebenswürdig und verführe die anderen dazu, dir zu geben, was du brauchst.

Menschen, die diese Strategie verwenden, gleichen dem harten und großzügigen Typ darin, daß sie etwas vortäuschen, in diesem Fall allerdings Bewunderung und Zuwendung und nicht Stärke und Macht. Beide Typen versuchen, andere zu kontrollieren und zu manipulieren, aber der eine verwendet Macht und Großzügigkeit, während der Verführertyp sexuelle Untertöne und Liebenswürdigkeit einsetzt. Die Grundunsicherheit besteht darin, ob man die Befriedigung seiner Bedürfnisse erlangen kann, wenn man sie direkt ausdrückt. Sie erwarten, daß die anderen die Bedürfnisse und Verletzlichkeiten ausnutzen. Und natürlich entsteht Streß, aus der Furcht vor Entlarvung. Wie der „starke Mann" fühlt sich auch dieser Typ unecht und falsch.

Einige typische Eigenschaften: Sie sind attraktiv, ein bißchen „ölig", haben verführerische Bewegungen und eine Menge wirklichen Charme und Liebenswürdigkeit; oft hat ihr Verhalten starke sexuelle Untertöne, und ihre sexuellen Aktivitäten umfassen einen weiteren Bereich als beim Durchschnittsmenschen. Es kann einige Verwirrung hinsichtlich Geschlechtsidentität oder eine Umkehrung vorkommen, ebenso eine Vorliebe für Bequemlichkeit und Sinnlichkeit. Sie sind nicht sonderlich ehrgeizig.

6. Halte aus und warte, bis sich der Sturm gelegt hat.

Menschen mit dieser Strategie übernehmen Lasten, ohne eine ernsthafte Anstrengung zu machen, die Dinge zu ändern. Ihre Hauptstrategie besteht darin, auszuhalten, die Situation einfach zu überdauern. Die Grundunsicherheit ist, wie effektiv sie sein können, wie gut sie Dinge bewältigen können, ohne etwas kaputtzumachen oder andere Menschen dabei zu verletzen. Sie fürchten sich davor, zu handeln. Sie wollen die Verantwortung nicht. Sie fühlen sich eingeklemmt, impotent, inkompetent und nicht so attraktiv oder effektiv wie andere Menschen.

Einige Eigenschaften: Unter Streß werden diese Menschen trotzig und langsam und bereiten sich auf das Schlimmste vor. Mit ihren Verzögerungstaktiken können sie andere aus der Haut fahren lassen; sie können unglaublich geduldig sein und jahrelang an derselben langweiligen Arbeitsstelle arbeiten. Sie handeln, als seien sie anderen unterlegen und nicht so wichtig, und erwarten, so behandelt zu werden; sie sehen sich in der unterlegenen Position; sie können trotzig und sehr hartnäckig sein und dabei höchst effektiv und kreativ Dinge aufschieben, die getan werden müssen; sie vermeiden Verantwortung und melden sich nie freiwillig; sie sind ruhig, Felsen in der Brandung und können in dieser Rolle ganz heldenmütig sein, aber sie neigen dazu, die aus sich herausgehenden, unbeschwerten und abenteuerlustigen Menschen zu bewundern, die so verschieden von ihnen sind.

7. Erringe Aufmerksamkeit und vermeide Trennung.

Menschen mit dieser Strategie sind erregbar und überschwenglich, sie neigen zum Selbstausdruck und können sehr gut andere in ihren Bann ziehen und halten. Wir nennen sie den ausdrucksvoll/klammernden Typ. Die Grundunsicherheit besteht darin, geliebt und geschätzt zu werden und die Zeit und Aufmerksamkeit von den geliebten Personen zu bekommen, die man braucht und will. Sie fürchten sich davor, weggestoßen zu werden, auch zugunsten eines anderen.

Typische Merkmale: Sie schlagen unter Streß oft Krach, können laut und sehr emotional sein und sich leicht aufregen; sie können sehr fürsorgend, mütterlich oder auf eine auffallende, Aufmerksamkeit erregende Weise verführerisch sein oder auch mädchenhaft und unschuldig, wenn das die Dinge am Laufen hält; Menschen dieses Typs vermeiden Trennungen aller Art und haben Schwierigkeiten damit, eine Unterhaltung oder eine Beziehung abzuschließen; sie fühlen sich ängstlich oder empfindsam.

8. Arbeite hart, gib nicht auf und laß dich nicht ablenken.

Wir können diesen Typ unermüdlich/übergründlich nennen. Menschen mit dieser Strategie sind zum Beispiel die arbeitssüchtigen, überernsthaften Personen, die nur daran interessiert sind, ihre Arbeit richtig hinzukriegen und dann den nächsten Job noch besser zu machen. Die Grundunsicherheit besteht über ihren Wert in den Augen anderer Personen. Sie fühlen sich ungeschätzt und unter Leistungsdruck. Wie der ausdrucksvoll/klammernde Typ haben sie Schwierigkeiten, Arbeiten und Beziehungen abzuschließen, sind aber andererseits gefaßt und ausdruckslos.

Typische Merkmale: Sie sind hartnäckig und unemotional. Sie halten Frustration und Ärger zurück, werden wunderbare Familienversorger und sind perfektionistisch. Sie können anderen kalt und zu geschäftsmäßig erscheinen; unter Streß treiben sie sich noch mehr an und arbeiten noch härter. Sie lieben die Aktivität; ihre Helden sind Leute, die große Leistungen vollbringen.

Tabelle 2: Interventionen an den Barrieren
(von Pat Ogden)

Antwort	Intervention
Gefühle	*Mach Kontakt:* „Du fühlst dich traurig?" *Verzögern der Erklärung:* Halte den Klienten in der Erfahrung: „Erzähl mir nicht jetzt sofort davon. Bleibe einfach dabei und beobachte, was du über dieses Gefühl lernen kannst." *Vertiefen:* „Was für eine Traurigkeit ist das? Was kann dir diese Traurigkeit über dich selbst sagen?" *Mach das Kind zugänglich:* „Wer ist es, der sich da traurig fühlt. Wie sieht dieser Teil von dir aus?" *Finde Zugang zum Körper:* „Wo sitzt dieses Gefühl in deinem Körper? Wie nimmt dein Körper an dieser Traurigkeit teil?" *Stärkung:* „Was braucht diese Traurigkeit?" *Distanzierung:* „Schau dir das Gefühl aus einer Distanz an! Setz diese Traurigkeit dort drüben hin. Was sagt sie dir?"
Worte	*Klärung:* Finde heraus, *wie* diese Worte auftauchen. „Ist das ein Gedanke? Hast du eine Stimme gehört, die das sagte?" *Informationssammlung:* „Wer sagt das? Was für eine Stimme ist das? Wie ist die Qualität dieser Stimme — ängstlich, traurig usw.?" *Übernehmen:* Der Assistent übernimmt die Stimme und imitiert präzise die genauen Worte, das Sprechtempo und die Betonung.

Rollenwechsel: Er ist hilfreich, wenn du keinen Assistenten hast. Der Klient gibt die Sonde, und der Therapeut ahmt die *Antwort* nach.

Übersetzung: „Was hast du gehört in dem, was ich gesagt habe?" Nützlich, wenn du eine ungewöhnliche Antwort erhältst, die darauf hinweist, daß die Sonde eine besondere Bedeutung für den Klienten hat.

Differenzierung: „Ich bin nicht deine Mutter; ich bin Pat, und ich akzeptiere dich." Nützlich, wenn der Klient nicht zwischen dir und jemand anderem unterscheiden kann.

Akzeptabel machen: „Was möchtest du hören? Was könnte das leichter akzeptierbar machen?"

Häppchenschneiden: Verringere die Stärkung auf eine Dosis, die der Klient annehmen kann: „Du kannst jetzt während der nächsten 60 Sekunden entspannen."

Achtsamer Widerspruch: Gib die Sonde und laß den Klienten mit dir streiten, und dann vertausche die Rollen. Das hilft dabei, zunächst die Kontrolle über eine unbewußte Antwort zu übernehmen, und läßt dann den Teil hervorkommen, der die Stärkung annehmen möchte.

Muster durchbrechen: Trenne Stimme, Körper und Gefühl, und laß sie vom Klienten auf eine neue Weise zusammensetzen. Er sagt zum Beispiel: „Ich bin ein schrecklicher Mensch!" in einer stolzen, selbstsicheren Stimme und Körperhaltung.

Dämonen vertreiben: Der Klient hört eine Stimme, die sagt: „Das kannst du nicht tun!" Oder er bietet eine sehr negative Wertung oder Selbstbewertung an. Dann forderst du den Klienten auf, dir das zu sagen, und streckst als Antwort die Zunge heraus oder schneidest eine Grimasse. Dadurch wird das internalisierte Verbot entschärft.

Präzisere Sonde: Manchmal wird weitere Information gebraucht, wenn zum Beispiel die Sonde: „Du bist o.k." die *Antwort* hervorbringt: „Ich bin zu fett." Dann könnte deine nächste Sonde lauten: „Dein Körper ist o.k., so wie er ist."

Klärung der Abwehr: „Was macht das so unmöglich? Was ist der Einspruch?" Achte hier sorgfältig darauf, keine Theorie zur Antwort zu bekommen — halte den Klienten in der Inneren Achtsamkeit.

	Finde Zugang zum Körper: „Wie nimmt dein Körper an dieser Aussage teil?" *Rainer-Technik:* Laß den Klienten jemanden beobachten, der die Stärkung annimmt, die er selbst zurückgewiesen hat.
Erinnerung oder Bild	*Halte den Klienten in der Erinnerung:* Stelle informationssammelnde Fragen: „Welche Farbe haben die Wände? Wer ist mit dabei?" *Mach das Kind zugänglich:* „Wie alt bist du?" (Vergleiche die Interventionen für den Kindzustand.) *Mach Gefühle zugänglich:* „Was fühlt diese Person im Inneren?" *Stärkung:* „Was braucht oder will diese Person?" *Gestalt:* Unterhalte dich mit dem Bild.
Körperliche Veränderungen, zum Beispiel Spannungen, Körperempfindungen, Gesichtsausdruck, Atmung	*Vertiefen:* Verschaffe spezifische Informationen: „Welche Muskeln haben daran teilgenommen? Wie haben sie sich angespannt?" *Bedeutung:* Finde heraus, ob der Klient die *Antwort* willkürlich nachvollziehen kann, und wenn ja, lasse sie ihn leicht übertreiben und Worte dafür finden, was der Körper sagt. *Übernehmen:* Aktives oder passives körperliches Übernehmen. *Rollenwechsel:* Laß den Klienten beobachten, wie du dich auf dieselbe Weise anspannst. *Hemmung:* Wiederhole die Sonde und laß den Klienten absichtlich die *Antwort* unterdrücken. Besonders effektiv an der Abschlußbarriere. *Wiederholung:* Der Klient wiederholt die eingetretene Veränderung mehrmals. *Handlungsimpuls:* Finde heraus, was die Spannung oder Empfindung tun will.
Spontane Bewegungen oder Impulse	*Blockierung:* Laß den Klienten die Bewegung anfangen und unterbrich sie körperlich, bevor sie vollendet ist. Dann wird sie oft klar. *Zeitlupe:* Der Klient wiederholt eine Geste in Zeitlupe, um mehr Information zu erhalten und die Feinheiten zu bemerken. *Aufschaukeln:* Erst versucht der Klient zum Beispiel zu

	schlagen, und der Therapeut hält ihn zurück (aktives Übernehmen). Dann hält der Klient zurück, während der Therapeut versucht, ihn zum Schlagen zu bringen (passives Übernehmen). *Umgekehrtes Kämpfen:* Laß den Klienten dich zurückhalten. *Suche nach Bedeutung:* Der Klient wiederholt und/oder übertreibt die Bewegung, um zu entdecken, was sie sagt. *Stärkung:* „Was würde es diesem Impuls erleichtern, herauszukommen?"
Das Kind taucht auf.	*Vertiefung und Stabilisierung:* Laß den Klienten über das Kind sprechen, besonders über die Gefühle des Kindes (vgl. Interventionen für Erinnerungen). *Kontakt:* Wenn das Kind auftaucht, kann es präverbal sein und daher viel Kontakt brauchen. Verändere deine Stimme und deine Handlungen auf eine einem Kind angemessene Weise. *Wiedervereinigung:* Laß die Person mit dem inneren Kind sprechen, es berühren und trösten. *Magischer Fremder:* Sprich zu dem Kind wie ein mitfühlender Erwachsener, nicht wie ein Therapeut. *Körperliche Unterstützung:* Unterstütze den Klienten körperlich, wie du ein Kind unterstützen würdest: Wisch die Tränen ab, putz die Nase, verwende viel Berührung. *Sonde für das Kind:* „Was passiert mit dem Kind, wenn ich sage . . .?" *Suche nach Stärkung:* „Was braucht oder will das Kind?"
Das Kind erscheint in der Distanz.	Führe den Klienten durch eine Phantasie über ein anderes Kind mit ähnlichen Eigenschaften oder in einer ähnlichen Situation und laß ihn seine Reaktionen auf dieses Kind beobachten. Nützlich, wenn der Klient sein Kind nicht akzeptiert oder Angst hat, es anzuschauen.

Tabelle 3: Zusammenstellung der Strategiekomponenten

In den folgenden Tafeln werden verschiedene Komponenten der Charakterstrategien und entsprechende therapeutische Ansätze stichwortartig zusammengestellt. Dann werden die Strategien mit den drei grundlegenden neuralen Leitsystemen in Verbindung gebracht, die ich einem Vortrag Karl Pribrams über theoretische Psychologie entnommen habe. Sie beziehen sich auf kodierte Vorstellungen, die einmal aus den Sinnesdaten über die Außenwelt stammen, dann aus Signalen von tief im Gehirn sitzenden Rezeptoren, die auf innere Vorgänge wie Temperatur, Kohlendioxidniveau und molekulare Konzentrationen aller Art reagieren — zum Beispiel Androgene und Blutzucker — und die die Produktion und Erhaltung von Wärme, sexuelle Aktivität, Hunger, Durst, Schlaf und Atmungszyklus regulieren. Das dritte System schließlich lenkt und überwacht die motorischen Systeme und demzufolge die Handlungen.

Diese vielen Querverbindungen erscheinen auf den ersten Blick ziemlich kompliziert. Aber es kann Spaß machen, viele unterschiedliche Zugänge zum Verständnis seiner selbst und anderer zu entdecken. Sobald der Therapeut dieses System integriert hat, kann er Charakterprozesse selbst aufgrund der kleinsten Hinweise erkennen. Es gibt nichts Hilfreicheres bei der Auswahl therapeutischer Strategien als dieses rasche Verstehen und die breite Grundlage, auf der es beruht.

	KOMPONENTEN DER EINZELNEN STRATEGIEN		
Strategie	Fundamentale Unsicherheit	Grund-Strategie	Disposition / Teufelskreis
feinnervig / analysierend	Zugehörigkeit	Unterdrückung von Impulsen	Denken, Phantasieren / Rückzug → Verwirrung → Panik → Rückzug
abhängig / gewinnend	Unterstützung aus dem Selbst	Hilfe holen	Aufgeben, Trauer / Zusammenbruch → keine Stärkung → Schwäche → Zusammenbruch
unabhängig / selbstversorgend	Unterstützung von anderen	Selbermachen	sich für eine Aufgabe zusammennehmen / Selbermachen → keine Unterstützung → Alleinfühlen → Selbermachen
hart / großzügig	Selbstbehauptung Kontrolle	Irreführung über eigene Kraft	unangreifbar aussehen, Problemverleugnung / Täuschung → Verleugnung von Gefühlen → Zwang zur Aufrechterhaltung des Bildes → Täuschung
gefällig / einschmeichelnd	Kollision von Bedürfnissen	Irreführung über Absichten	Verführen, Charmantsein, Manipulation, Mißtrauen/ Täuschung → Verleugnung von Gefühlen → Zwang zur Aufrechterhaltung der Bilder → Täuschung
belastend / duldend	Wirkung seiner Handlungen auf andere	abwarten, verzögern	Übernahme von Belastung, Vermeidung von Verantwortlichkeit / Widerstand → Widerspenstigkeit → Gefühle von Gedrängtwerden → Widerstand
ausdrucksvoll / klammernd	Interesse der anderen	Aufmerksamkeit erregen	Übertreibung aller Gefühle, Kontakt aufrechterhalten / Reagieren → keine Befriedigung → Frustration → Reagieren
unermüdlich / übergründlich	Selbstwert, Wertschätzung der anderen	Anstrengungen verstärken	Handeln, Kräfte aufbieten, Gefühl von unter Druck stehen / Aktivität → keine Befriedigung → Frustration → Aktivität

	KOMPONENTEN DER EINZELNEN STRATEGIEN	
Strategie	Selbstkontrolle / Position in Beziehungen	Problematische zentrale Lebensfunktionen / Barrieren
feinnervig / analysierend	überkontrolliert / gleich	Distanzsetzung, Orientierung / Einsichtsbarriere
abhängig / gewinnend	niedrig / unterlegen	Bewertung, Ausdauer / Stärkungsbarriere
unabhängig / selbstversorgend	hoch / gleich, getrennt	Bewertung, Neuorientierung / Stärkungsbarriere, Abschlußbarriere
hart / großzügig	niedrig / überlegen	Bewertung, rechtzeitiges Handeln / Stärkungsbarriere, Handlungsbarriere
gefällig / einschmeichelnd	unsicher	rechtzeitiges Handeln / Handlungsbarriere
belastend / duldend	überkontrolliert /unterlegen	rechtzeitiges Handeln / Handlungsbarriere
ausdrucksvoll / klammernd	niedrig / gleich	Orientierung, Distanzsetzung, Neuorientierung / Einsichtsbarriere, Abschlußbarriere
unermüdlich / übergründlich	hoch / gleich	Neuorientierung / Abschlußbarriere

	KOMPONENTEN DER EINZELNEN STRATEGIEN	
Strategie	Fundamentale Stärken	Reagiert empfindlich auf
feinnervig / analysierend	theoretisches Denken, analytisches Denken, Vorstellungskraft	Informationsüberladung, Unterbrechungen, soziale Situationen, emotionale Nähe, Berührung
abhängig / gewinnend	Ausnutzung aller Energiequellen	Alleinsein, Ausgeschlossensein, eigene Fähigkeiten, Kompetenz
unabhängig / selbstversorgend	Findigkeit	abhängig von anderen sein
hart / großzügig	Kreativität, Abenteuerlust	benutzt werden, als klein oder dumm behandelt werden, erniedrigt werden, Routine, Langeweile
gefällig / einschmeichelnd	für andere etwas tun, Unterhaltsamkeit	unbefriedigt bleiben, nicht die eigenen Bedürfnisse erfüllt bekommen, Bedürfnis nach Ehrlichkeit
belastend / duldend	Loyalität, Ausdauer, Resistenz gegen Beeinflussung	angetrieben, geschubst, gedrängt werden; gemocht werden; Verantwortung übernehmen
ausdrucksvoll / klammernd	Lebendigkeit, Attraktivität, künstlerische Fähigkeiten, Loyalität	zurückgewiesen, nicht gehört oder nicht verstanden werden
unermüdlich / übergründlich	Produktivität, Ausdauer, Loyalität	Frustration aufgrund von Verzögerungen, Leistung, Erwachsenenstatus, Gleichheit

	KOMPONENTEN DER EINZELNEN STRATEGIEN	
Strategie	Andere reagieren mit	In Beziehungen haben sie Schwierigkeiten mit oder brauchen
feinnervig / analysierend	Verwirrung / Sanftheit	das Gefühl, daß andere sie um sich haben wollen / daß sie dazugehören
abhängig / gewinnend	Fürsorge und Unterstützung oder Ablehnung	daß sie ein vollwertiger Partner sein können / Bedürfnis nach Fürsorge
unabhängig / selbstversorgend	Bewunderung, Vertrauen	sich auf andere verlassen können / Bedürfnis nach Isolation
hart / großzügig	Aufgabe von Führung und Kontrolle	die realen Folgen ihrer Handlungen einzusehen, gleichberechtigt und offen zu sein / Distanz
gefällig / einschmeichelnd	Nachgeben, Aufhören	Frustration mit anderen auszudrücken, Unbehagen über Manipulation und Verführung
belastend / duldend	Frustration über Langsamkeit und Verzögerungen	andere werden durch Verzögerungen, Fehler und Abschieben der Verantwortung frustriert
ausdrucksvoll / klammernd	Ablehnung der Gefühlsintensität und des Drängens nach Nähe	brauchen Aufmerksamkeit, müssen sich gemocht und verstanden fühlen
unermüdlich / übergründlich	Energie und Fleiß oder Langeweile	sie sind zu beschäftigt, kühl, unpersönlich / Wertschätzung

	NEURONALE LEITSYSTEME (nach Pribram)		
Strategie	(Empirische) Vorstellung der Außenwelt aufgrund von externer Sinneswahrnehmung	(Existentielle) Vorstellung der Innenwelt aufgrund von Disposition, Gefühlen und innerer Wahrnehmung	(Pragmatische) Vorstellung des eigenen Handelns in der Welt aufgrund von Bewegung
feinnervig / analysierend	unausweichliche Gefahr	Bedürfnis nach Unterdrückung von Ausdruck, Furcht und Panik	Eindämmung des Selbstausdrucks, Gefrieren, Kontrolle
abhängig / gewinnend	Leere, Abwesenheit von Menschen und Stärkung	Hunger, Einsamkeit, Schwäche, Leere	Zusammenbruch, Aufgeben, Energie sparen
unabhängig / selbstversorgend	Herausforderung, Verantwortung	Alleinsein, Bedürfnis, für sich selbst zu sorgen	Vorbereitung auf Herausforderungen, Bereitsein
hart / großzügig	Möglichkeiten des Gewinns / Gefahren für Status und/oder Besitz	Schwäche, geringe Ressourcen	Größe zeigen, stark tun, ein Bild von Größe und Stärke aufrechterhalten
gefällig / einschmeichelnd	Befriedigungsmöglichkeiten und deren Verhinderung	Hunger nach sinnlicher Befriedigung	Orientierung auf Lust aufrechterhalten
belastend / duldend	Schwierigkeiten, mögliche Fehler und negative Ergebnisse	Bedürfnis nach Stärke und Verwendung von Ressourcen zum Überdauern	Vorbereitung auf eine Belastung oder Anstrengung, Verausgabung
ausdrucksvoll / klammernd	Möglichkeiten für und Verlust von Kontakt	Erregung, Sehnsucht, Bedürfnis nach Berührung	zeige Erregung, bekomme Aufmerksamkeit, ziehe andere an
unermüdlich / übergründlich	Dinge, die man tun kann; Arbeit, die erledigt werden muß; Leistungsmöglichkeiten	Bedürfnis nach Handeln, Verwendung von Energie und Muskulatur	sei bereit, bleibe beschäftigt und konzentriert

	THERAPEUTISCHE STRATEGIEN (zusammengestellt von Pat Ogden)
Strategie	Allgemeiner therapeutischer Ansatz
feinnervig / analysierend	Reaktiviere den Lebensimpuls. / Konzentriere dich auf Kontakt. / Hol die Person da ab, wo sie ist. / Arbeite in ihrem Tempo. / Gehe langsam und feinfühlig vor, da sie zum Rückzug neigt. / Konzentriere dich auf die Akzeptanz der Person, so wie sie ist. / Hilf ihr, sich zu definieren, gib ihr Grenzen und decke keine tiefen Probleme auf, bevor die Person alles hat, um mit ihnen zurechtzukommen — zu schnelles Arbeiten kann ein Zerbrechen auslösen. / Integriere Kontakt und Rückzug. / Vermindere Streß und Erregung. / Verstärke langsam die Identifizierung mit den Gefühlen. / Hilf ihr zu lernen, Berichte zu geben, während sie innen ist. / Stell nicht zu viele Fragen. Sage: Ich würde gern wissen, ob . . . / Berühre sie um ihretwillen, nicht um deinetwillen. / Verstärke die Einheit des Systems, indem du die Kommunikation der Teile verbesserst. / Sei aufrichtig und echt.
abhängig / gewinnend	Erreiche und kläre die Stärkungsbarrieren. / Nähre und hilf der Person, die Stärkung anzunehmen. / Biete Wärme, Trost und Nähe an. / Unterstütze Bemühungen, Selbstverantwortung zu übernehmen. / Sie muß üben, vertrauenswürdig, selbststützend und verläßlich zu sein. / Hilf ihr zu sehen, daß Menschen für sie da sind, damit sie ihre eigene Stärke kennenlernen kann. / Arbeite an den Themen, sicher zu sein, und dem Gefühl von Verlust. / Hilf ihr zu lernen, die Hände auszustrecken und Befriedigung zu erhalten. / Hilf ihr, mit dem Ärger in Kontakt zu kommen. / Hilf ihr, Stärkung zu entdecken. / Beschäftige dich mit dem Alleinsein.
unabhängig / selbstversorgend	Überwinde die Kompensierung und erkenne die Schwäche an. / Dann weiter wie oben.
hart / großzügig	Mach es sicher, die Wahrheit zu sagen. / Hilf, mit der Schwäche in Kontakt zu kommen. / Arbeite mit dem Machtproblem. / Hilf der Person, eine ausgeglichene Sichtweise von Macht zu lernen. / Unterstütze Prozesse, die Gefühle vertiefen. / Bringe sie in Berührung mit ihrem inneren Mörder, und ermuntere die Entwicklung des wirklichen ängstlichen Selbst. / Hilf ihr, Nähe zuzulassen ohne die Angst, ausgenutzt zu werden. / Konfrontiere Übertreibungen, Drohungen, Verzerrungen. / Gib keine Versprechen.
gefällig / einschmeichelnd	Kann mechanisch sein, überkooperativ, aber nicht in der Therapie engagiert. / Bring sie dazu, sich einzulassen. / Dann wie oben.
belastend / duldend	Mache die Person auf Versuche aufmerksam, die Therapie zu sabotieren. Bring sie in Berührung mit automatischen Negationen. / Laß dich nicht auf Spiele ein, bei denen sie sich wegen dir besser fühlt. / Treib sie nicht an. / Bring sie in Berührung mit ihrem Ärger. / Bring sie dazu, mit dir zu kämpfen, und laß sie wissen, daß du ihren Ärger akzeptierst. / Unterstütze Ausdruck und Selbstbehauptung. / Laß die Gefühle frei fließen. / Vermeide, heruntergezogen zu werden. /Necke, scherze, hilf ihr, über sich selbst zu lachen. / Mach langsam. / Erarbeite den Ärger Stück für Stück. / Warte immer, bis sie sich bereit fühlt, das nächste zu tun. / Verstärke das Gefühl, reagieren zu können.
ausdrucksvoll / klammernd	Unterstütze die Achtsamkeit. / Fordere Berichte aus dem Zustand Innerer Achtsamkeit. / Bemühe dich um Klarheit. / Laß die Person nicht mit ihren Gefühlen wegrennen. / Sie braucht das Gefühl, gehört zu werden, daß ihr jemand zuhört. / Unterstütze das angenehme Gefühl, bei der Sache zu bleiben. / Hilf ihr, ein Gefühl für die eigene Stärke und Wirkung aufzubauen. / Unterstütze den Ausdruck von Aggression. / Selbstbehauptungstraining kann gut sein. / Vermeide, ihre Mutterqualitäten auszunutzen. / Laß dich nicht von kindlichem oder verführerischem Verhalten manipulieren. / Unterstütze den Abschluß. / Erlaube ihr nicht, herumzuspringen oder sich dauernd aufzuregen. / Suche nach Bedeutung. / Vermeide, mit ihr zu lachen. / Arbeite mit dem Kind. / Verwende eindrucksorientierte Sprache.
unermüdlich / übergründlich	Unterstütze Berichte aus dem Gefühl heraus. / Vermeide Diskussionen. / Hilf der Person, ihre Gefühle und Bedürfnisse direkt auszudrücken. / Unterstütze den Ausdruck von Sehnsucht und Weinen. / Gehe sanft vor. / Schmelze das Herz. / Unterstütze, sich mit weichen Gefühlen gut zu fühlen. / Unterstütze Sanftheit, Fürsorge. / Unterstütze Entspannung. / Unterstütze langsames Vorgehen, da ein hohes Tempo zu Frustration führt. / Hilf ihr, bei der Freude zu bleiben. / Sie akzeptiert Erklärungen. / Gleiche Aktiv- und Passivsein aus. / Vermeide Problemlösen, Pläne, Programme. / Geh weg von Worten und verwende Berührung.

	THERAPEUTISCHE STRATEGIEN	
Strategie	Kontaktstrategie	Therapeutischer Umgang
feinnervig / analysierend	Gib viel Raum, bemühe dich um Verständnis.	Bleibe zunächst distanziert, gib Raum zur Orientierung, diskutiere Vorstellungen.
abhängig / gewinnend	Nähe, gib viel Zeit.	Sei unterstützend, aufmerksam, mach Kontakt mit ihren Sorgen, zeige Vertrauen in ihre Fähigkeiten.
unabhängig / selbstversorgend	Gib Raum, damit die Person die Dinge auf ihre Weise tun kann.	Vermeide zu helfen, respektiere ihr Bedürfnis nach Distanz und Eigenständigkeit.
hart / großzügig	Gestehe Macht zu, respektiere Raum und eigenes Tempo.	Vermeide, Autorität zu sein, respektiere kreative Beiträge, „Pläne" und Ideen und mach Kontakt damit. Sei klar.
gefällig / einschmeichelnd	Erkenne Bedürfnisse an.	Sei klar mit Abmachungen, nimm dir Zeit, dich unterhalten zu lassen, mache Kontakt mit Gefühlen, Vorlieben und Abneigungen.
belastend / duldend	Treibe sie niemals an oder mahne zur Eile, biete „Zurückhalten" an.	Sei geduldig, freundlich, nicht vorwurfsvoll, mache Kontakt mit Gefühlen von Belastung und Unbeweglichkeit.
ausdrucksvoll / klammernd	Suche nach den Faktoren und der Bedeutung, vermeide Gefühle.	Nimm Kontakt mit Gefühlen auf, suche nach Bedeutung.
unermüdlich / übergründlich	Gestehe den Leistungsdruck zu und unterstütze das Bedürfnis nach Anerkennung.	Sei ernsthaft, erwachsen, arbeitsorientiert, zeige Wertschätzung für Leistungen, arbeite langsam auf Entspannung und Kontakt mit Gefühlen hin.

THERAPEUTISCHE STRATEGIEN

Strategie	Sonden	Übernehmen
feinnervig / analysierend	Alles in dir ist menschlich. / Du bist hier sehr willkommen. / Alles, was du fühlst, ist natürlich. / Du brauchst vor nichts in dir Angst zu haben. / Du gehörst hierher. / Es gibt nichts in dir, das mich erschreckt. / Es ist o.k. zu fühlen. / Ich möchte, daß du gut zu dir bist. / Ich möchte, daß du dich selbst wie jedes menschliche Wesen behandelst. / Mit dir ist nichts verkehrt. / Es ist völlig natürlich, wenn du . . . willst.	Übernimm das Engsein / Zusammenhalten / Mundzuhalten und Schreienlassen / Ausstrecken und Sichzusammenziehen / Abwenden des Kopfes, Wegschauen / das Körperpolstern. / Laß sie die Regie übernehmen. / Übernimm den Rückzug.
abhängig / gewinnend	Ich bin jetzt für dich da. / Ich werde dich unterstützen. / Du kannst haben, was du brauchst. / Ich werde dich halten. / Ich helfe dir, einen Weg zu finden.	Übernimm das Gewicht des Körpers. / Übernimm das Ausstrecken der Arme. / Halte die Knie durchgedrückt. / Drücke die Brust ein. / Halte den Kopf vorgestreckt. / Halte die Person am Boden — sie versucht wegzukommen, und du sagst „Es lohnt sich nicht, es kümmert sowieso niemanden usw."
unabhängig / selbstversorgend	Es ist o.k., Bedürfnisse zu haben. / Du brauchst nicht alles allein zu machen. / Ich helfe dir, stark zu sein. / Es ist o.k., Unterstützung anzunehmen.	
hart / großzügig *gefällig / einschmeichelnd*	Du bist wichtig. / Du kannst die Distanz zwischen uns bestimmen. / Es ist o.k., verletzt zu sein. / Du brauchst mich nicht zu beeindrucken. / Du bist ein guter Mensch.. / Ich schätze dich. / Es ist o.k., für dich selbst zu sorgen. / Ich will keine Macht über dich. / Deine Bedürfnisse sind wichtig. / Ich werde dich nicht benutzen oder ausnutzen.	Halte Körper und Schultern hoch. / Halte Leute fern und sage: „Laßt ihn in Ruhe." / Halte die Arme nach vorne. / Übernimm die Spannung am Zwerchfell. / Dämme den Körper ein, damit mörderische Gefühle herauskommen können.
belastend / duldend	Du bist ein guter Mensch. / Nimm dir Zeit. / Es gibt Hoffnung. / Du bist liebenswert. / Ich werde dich nicht verletzen. / Es ist o.k., ärgerlich zu sein. / Du brauchst nicht unglücklich zu sein, damit ich dich liebe. / Du kannst dich verändern. / Dein Leben gehört dir. / Es ist o.k., deine Gefühle auszudrücken. / Du kannst tun, was du willst, und ich werde dich trotzdem lieben.	Schultern niederdrücken / zusammendrücken / Mund zuhalten und schreien. / Halte den Kopf direkt nach unten. / Übernimm negative Stimmen.
ausdrucksvoll / klammernd	Alles, was du fühlst, ist o.k. / Ich werde dich nicht wegstoßen. / Es ist o.k., zu fordern, was du wirklich willst. / Du bist liebenswert, so wie du bist. / Ich höre dir zu. / Ich sorge mich um dich. / Du bist ein wertvoller Mensch. / Ich weiß, daß du etwas anzubieten hast. / Ich werde dich schützen. / Ich werde dich nicht verletzen. / Du kannst soviel Aufmerksamkeit haben, wie du willst. / Ich habe Zeit für dich.	Enge in der Brust / Gewicht des Kopfes / Hände, die das Herz umschließen / alle unfreiwilligen und hysterischen Bewegungen / Arme ausstrecken.
unermüdlich / übergründlich	Ich bin auf deiner Seite. / Du brauchst mir nichts zu beweisen. / Du bist perfekt (o.k.), so wie du bist. / Du brauchst nichts zu tun. / Ich kann dich so lieben, wie du bist. / Es ist o.k., zu berühren. / Ich unterstütze dich, wenn du etwas willst. / Du brauchst mich nicht zufriedenzustellen. / Es ist o.k., Fehler zu machen. / Du brauchst nichts zu tun, um geliebt zu werden. / Es ist o.k., auszuruhn.	Die Person liegt am Boden, und du versuchst durch Zerren und Aufforderungen, sie zum Handeln zu bringen. / Übernimm das Zusammenziehen der Brust. / Hohlkreuz / Hände von vorn und hinten über das Herz. / Sag ihr, daß sie gute Arbeit leistet, und übernimm den Widerspruch.

	THERAPEUTISCHE STRATEGIEN
Strategie	Kreatives Kämpfen (vgl. 17. Kap.)
feinnervig / analysierend	Widerstand gegen spontane Bewegungen / zusammenhalten und herauskommen lassen / bei tiefem Atem Brust zusammendrücken / Kopf ausgestreckt festhalten und einziehen lassen
abhängig / gewinnend *unabhängig / selbstversorgend*	Arme festhalten und ausstrecken lassen / Brust in eingesunkener Position festhalten / auf den Boden drücken und hochzukommen versuchen
hart / großzügig *gefällig / einschmeichelnd*	nach unten drücken / Arme oder Schultern zurückhalten / Füße auf den Boden drücken
belastend / duldend	im allgemeinen viel kämpfen / Schubs von hinten / Arme und Beine festhalten / Stoßen mit den Beinen / niederhalten und kämpfen lassen / öffnen gegen Druck von außen / (erfolgreich) ausbrechen lassen / Schenkel zusammenpressen
ausdrucksvoll / klammernd	Arme beim Schlagen oder Ausstrecken festhalten / zurückstoßen beim Sichnähern (und umgekehrt) / zurückhalten beim Sichnähern / Beine offenhalten
unermüdlich / übergründlich	allgemein ist Kämpfen nicht gut / offenhalten, während die Person versucht, sich zu schließen / Aktivität zurückhalten / Stoß von vorne oder hinten / Kopf hochhalten

	THERAPEUTISCHE STRATEGIEN
Strategie	Suche nach Bedeutung
feinnervig / analysierend	Gehen / Spaltung zwischen links und rechts / zeige ihnen, wie sie mit sich selbst kämpfen / richte den Körper aus / bedecke die Augen / wende den Kopf aus dem Kontakt / laß verschiedene Körperteile miteinander kommunizieren
abhängig / gewinnend	Kopf senkrecht über die Schultern bringen / Knie loslassen / Körper ausrichten / Kopf auf die Brust sinken lassen / Lippen ausstrecken / Lendenwirbel strecken / Hand auf dem Herzen
unabhängig / selbstversorgend	
hart / großzügig	sich erheben / Arme heben, sich aufblasen / Stimme / Berührung / Gang / verführerisches Verhalten / Atemmuster
gefällig / einschmeichelnd	
belastend / duldend	schneller Schlag auf „Nein" / öffnen und zurückbeugen / sich verkürzen / „selbst zerdrücken" / laß die Person deine Vorwärtsbewegung mit ihrem Körper blockieren / die Arme um Hilfe ausstrecken
ausdrucksvoll / klammernd	erhobener Kopf / Unterkiefer / kokettes Gehen und Verhalten / hysterisches Verhalten / Hand auf dem Herzen
unermüdlich / übergründlich	Ausrichtung nach oben und vorwärts / „der Soldat" / straffe Schultern / vorgeschobener Unterkiefer / steif halten / Hand auf dem Herzen oder der Schulter / Kampfstellung

16 Springer und Pfadfinder oder . . . Mach dir keine Sorgen, Eliot!

„Es ist eine inhärente Eigenschaft der Intelligenz, daß sie aus der Aufgabe, mit der sie sich gerade beschäftigt, herausspringen und überschauen kann, was sie getan hat; sie sucht immer nach Mustern und findet sie auch."

Douglas R. Hofstadter

In diesem Kapitel beschäftigen wir uns mit einigen wesentlichen Grundlagen einer guten therapeutischen Methode, nämlich:

1. erkennen zu können, daß du dich in einer mechanischen Routine befindest, einem wiederholten Verhaltens- oder Interaktionsmuster, das „System" genannt werden kann, und daß du aus diesem System herausspringen und es als Ganzes behandeln kannst;
2. Spurenlesen;
3. den Unterschied zwischen einer Reaktion und einer *Antwort* erkennen;
4. Bedeutung herausarbeiten.

Therapie ist eine Interaktion zwischen Klient und Therapeut, die darauf angelegt ist, mit dem Charakter des Klienten zu arbeiten und ihn zu entdecken. Charakterprozesse sind aufgrund ihrer Natur mechanisch, zwanghaft und unbewußt. Der Klient bemerkt oder verwendet die gesündere Option nicht. Und gewöhnlich versteht der Klient die Grundlage dieses schmerzhaften, wenig lohnenden Musters nicht. Charakter ist ein System von Verhalten und Überzeugungen, aus dem man herausspringen muß.

Der Klient neigt dazu, den Therapeuten und alle anderen in Interaktionen hereinzuziehen, die auf seinem Charakter begründet sind. Der Klient sitzt in irgendeinem System mit unbewußten mechanischen Eigenschaften fest, das sowohl dem Klienten als auch dem Therapeuten leicht Beschränkungen auferlegt. Ein zentraler Teil der Arbeit des Therapeuten besteht darin, diese Einschränkungen zu spüren, die Natur des Systems, in dem beide festsitzen, zu erkennen und Wege zum Herausspringen zu finden.

Aus dem System springen

„Aus dem System springen" beinhaltet, von einer Ebene des Prozesses, auf der festgesetzte Beschränkungen und Eigenschaften herrschen, auf ein höheres Niveau mit weniger Beschränkungen zu gehen, zum Beispiel, wenn man vom Sprechen über etwas dazu übergeht, die Art und Weise zu bemerken, wie man darüber spricht. Du bemerkst ein Verhaltensmuster, trittst aus ihm heraus und erkennst seine systemischen Aspekte.

Ein Beispiel: Du schläfst in deinem Lieblingssessel ein und träumst, daß du dich in einem Turm befindest und das Gemälde eines Waldes betrachtest. Plötzlich bist du in dem Wald, ohne zu wissen, daß du eigentlich in einem Sessel vor einem Gemälde in einem Turm träumst und schläfst. Du bist mehrere Ebenen unterhalb der bewußten Wahrnehmung. Jetzt beginnst du herauszuspringen. Als erstes fühlst du die Zweidimensionalität der Bäume um dich herum und bemerkst, daß du in diesem Gemälde bist, dann wird das Turmzimmer wieder klar, und du kannst das Gemälde als solches erkennen. Du gehst zum Fenster und schaust aus dem Turm heraus. Du siehst die Kirchtürme mit ihren Glocken. Der Klang erreicht dich, und du beginnst zu erwachen. Du merkst, daß du geträumt hast und die alte Wanduhr die Stunden schlug. Du bist aus deinem Traum ins wache Leben gesprungen.

Der Therapeut muß die Charaktersysteme entdecken können, die gerade am Werk sind, und dem Klienten helfen, aus ihnen herauszuspringen. Wenn dich das an Kunst und Philosophie erinnert, gut so. Wenn es dich an Achtsamkeit und Meditation erinnert, um so besser. Kunst, Philosophie, kulturelles Wachstum, Wissenschaft und Literatur sind voller Sprünge von einem Verständnisniveau zum anderen. Von spezifischen Ebenen zu allgemeinen. Von der Newtonschen Physik zur Relativitätstheorie, von Kommunikation zur Metakommunikation, von etwas Einfachem zu etwas Komplexem. Von auslassungsbedingten Ergänzungen zu bewußter Wahl, vom Mechanischen zum Organischen, vom Ich zum Gewahrsein.

Wie wir sehen werden, gerät selbst die Superspringmaschine, der kollektive Geist, gelegentlich ins Stocken (manchmal jahrhundertelang). Und der individuelle Geist ist noch anfälliger dafür, in Trance zu fallen. Springen braucht Übung, auch wenn es unser Geburtsrecht ist.

Animal Symbolicum

Nietzsche bezeichnete den Mensch als „das Tier, das Versprechen gibt". Tatsächlich ist der Mensch das einzige Tier, das hierzu in der Lage ist. Die charmanten Heiratsrituale einiger Vögel sehen vielleicht wie Versprechen aus, aber sie unterscheiden sich um einige Größenordnungen von den Verpflichtungen für die Zukunft, die Eheringe beinhalten. Denn wir Menschen sind die Symbolverwender, die Spezies des Wortes, des Bildes und der Ideen. Das ist unsere Gabe und unser bestes Werkzeug im Kampf ums Überleben. Im Alter zwischen zwei und zehn Jahren (um sehr weite Grenzen zu ziehen) gehen wir durch eine Transformation, die kein anderes Tier vollzieht. Wir werden aus reinen erfahrungs-, gefühls-, empfindungs- und handlungsorientierten Wesen zu Denkern, Planern und Symbolisierern.

Wir sind nicht vollständig an die biologischen Erfordernisse des Augenblicks oder an die Grenzen unseres Horizontes oder bekannten Gebietes gebunden. Wir können pro-jizieren und uns Vorstellungen machen. Wir können uns (und tun das auch) um rein symbolische Welten organisieren. Charakter wird nicht nur um Erfahrung organisiert. Er wird auch um die *Bedeutung von Erfahrung* gestaltet. Wieviel von dem, was wir tun, geschieht aufgrund körperlicher Bedürfnisse und Impulse? Meiner Meinung nach sehr wenig. Viel mehr wird getan, weil wir „sollten", „mußten", weil es „richtig" oder „gut" oder heutzutage „geil" ist. Wir handeln aus Plänen und Zielen heraus, die alle von Gedanken und Vorstellungen geformt sind, nicht aus der gegenwärtigen Erfahrung. Der größte Teil unseres Verhaltens wird nach der Transformation der frühen Kindheit, die zur Sprache führte, von Symbolen kontrolliert. Bertalanffy behauptet, daß wir neurotisch werden, wenn die biologische und symbolische Welt im Konflikt liegen. Neurose ist in dem Fall eine Fehlintegration von Geist und Körper.

Exogenetische Evolution. Die Gestaltung einer komplexen symbolischen Welt braucht lange Zeit. Es dauert viele Jahrhunderte, bis auch nur kleine Teile entwickelt sind. Diese Welt der Kultur und des Denkens kann nicht genetisch vererbt werden. Die Kapazität dafür, ja; die Inhalte aber nicht. Sie müssen gelehrt, von Geist zu Geist weitergegeben werden. Dies ist die exogenetische Weitergabe des *kulturellen* Erbes, und weil die Symbolwelt von Geist zu Geist schneller weitergegeben werden kann als über die generationsweise Transmission der genetischen Informationen, hat sie die Erde überschwemmt und die Menschheit zu ihrem heutigen Erfolg getragen — in nur wenigen hunderttausend Jahren. Wir sind aus dem System der rein genetischen Weitergabe von Informationen hinausgesprungen. Die Macht der Symbole ist so groß, daß wir, ihre Verwender, das Lebensgleichgewicht auf der Erde im Bruchteil einer evolutionären Sekunde verändert haben. Aus diesem Grunde beschäftigen wir uns in der Therapie mit Bedeutung und nicht bloß mit Erfahrung.

Das Danaergeschenk. In Kurt Vonneguts Roman *Frühstück für Sieger* wird der Held offensichtlich wahnsinnig, während seine Mitbürger, die Kellnerinnen und die Tankstellenwärter, ebendie Leute, die tagtäglich für ihn arbeiten und ihn sehen, nichts davon bemerken. Sie sehen nicht, daß er verrückt wird, weil sie ihn überhaupt nicht sehen. In Vonneguts Worten: Sie sehen nur ihre Erwartungen von ihm. Sie bilden sich ihn einfach ein. Er ist irgendwie in ihrem Geist fixiert. Sie haben ihn symbolisch eingeordnet und identifizieren ihn aufgrund einiger Schlüsselreize wie Stimme, Haltung, Gang, Kleider usw. und füllen den ganzen Rest mit ihrer Einbildung aus.

Vonneguts Kleinstädter sehen nur ihre Erwartungen von einem Mann, aber nicht die wirkliche Person, die verrückt wird. Vonnegut sagt darüber: „Ihre Einbildung ist das Schwungrad auf der brüchigen Maschinerie der schrecklichen Wahrheit." Einbildungskraft ist eine großartige Gabe, deren Kehrseite schrecklichen Verlust birgt. Wenn wir uns wie Vonneguts Kleinstädter die Menschen um uns herum meistenteils einbilden — nicht wirklich hinschauen —, verlieren wir den Kontakt mit dem, was ist, mit dem Staunen und der Intensität, die wir als Kinder spürten. Der Mystiker versucht, über die symbolischen Konstruktionen, mit deren Schaffung wir unser Leben verbringen, hinauszugehen. Der Gelehrte versucht ihr Herr, nicht ihr Sklave zu sein. Wenn solche Menschen Erfolg haben, sind sie frei, das zu sein, was sie wirklich sind. Sie können die Welt sowohl in ihrer Bedeutung als auch in ihrem Geheimnis erfahren.

Aber wir können uns auch festfahren und nur unsere Erwartungen sehen. Wir gewöhnen uns aneinander. Wir handeln aufgrund von Gewohnheiten, von Teilen und Bruchstücken, einem Wort, einer Geste, bloßen Hinweisreizen. Wir bleiben beieinander, ohne wirklich zu sehen oder zu erkennen. Wir verpassen nicht nur den neuen Haarschnitt, oder wie der andere langsam altert. Wir verpassen die Erfahrung des anderen und deren Bedeutung für ihn. In der Trance des Alltagsbewußtseins, im unaufhörlichen Geschnatter des Geistes, verpassen wir einander. Wie Bhagwan Shree Rajneesh sagt: „Während ich spreche, kannst du mit mir in deinem Kopf diskutieren, denken, fragen. Aber während du das tust, verpaßt du mich. Ich bin wirklich hier! Du brauchst hier nicht zu träumen."

Der Therapeut muß die Therapie am Leben erhalten, indem er da ist, wirklich da ist, mit dem Klienten als ganze Person bleibt, lebend, gerade jetzt. Therapie besteht nicht aus Teilen und Bruchstücken, um die Stunde hinter sich zu bringen, sie ist nicht nur Etikettierung und gegenseitige symbolische Interaktion. Allzuoft finden wir uns damit ab, daß der Prozeß sich aus der Frische der ersten Begegnungen in ein dumpfes, schales Ritual verwandelt. Das scheint der normale Lauf der Dinge zu sein. Es ist natürlich, glauben wir, daß die wirkliche Person aus der Sicht verschwindet und von Etiketten und Einbildungen ersetzt wird. Es bedeutet harte Arbeit, Menschen, die wir kennen, ohne Etiketten zu sehen, sie in unserem Herzen und unserem Geist frisch zu erhalten, immer wieder aus der Trance heraus und in etwas Lebendes und Wirkliches und den gegenwärtigen Moment hineinzuspringen. Aber dafür werden wir schließlich bezahlt, und hoffentlich gelingt uns das gut genug.

Spurenlesen

Spurenlesen *(Tracking)* ist einfach eine Frage der fortwährenden Beobachtung des anderen. Man beobachtet dabei die kleinen Dinge, die sich am Rande ereignen, die Hinweise und Schlüssel für die allgemeine Erfahrung und ihre Bedeutung bieten. Spurenlesen beinhaltet besonders die Beobachtung der Wirkung der eigenen Worte, Gesten und Vorstellungen auf die andere Person. Der Therapeut hat diese zweifache Aufgabe: in der Welt des Klienten zu sein, in all den üblichen Handlungsweisen eines Erwachsenen mit seiner Intelligenz und seinem kulturellen Hintergrund, und sich zur gleichen Zeit außerhalb dieser Welt zu stellen, bereit, sie aus einer größeren Perspektive zu betrachten, das Systematische und Mechanische an ihr zu sehen, die Muster zu erkennen. Spurenlesen heißt, am Klienten kleben, niemals den Kontakt abreißen lassen, niemals wegschauen, um nachzudenken oder tagzuträumen.

Die Details der Konversation des Klienten können sehr langweilig sein. Da wir Menschen sind und keine Maschinen, müssen wir jeden Hinweis dazu verwenden, um einen Weg zu finden, aus dem System zu springen, um nicht einzudösen und irrtümlich anzunehmen, daß wir wach sind. Therapie wird durch die dauernde Suche nach dem, was nicht gesagt, gefühlt und ausgesprochen wird, am Leben gehalten.

Die Elemente, deren Spur wir halten, sind Gesten, Bewegungen und kleine schnelle Veränderungen im Gesichtsausdruck und in der Stimme. Sie geschehen sehr schnell, manchmal in weniger als einer halben Sekunde, aber sie tauchen fortwährend auf. Fast immer beachten wir sie nicht. Aufgrund dieser Tendenz muß der Therapeut achtsamer sein als der Klient. Spurenlesen ist die Achtsamkeit des Therapeuten.

Auf der Grundlage dieser Elemente, der kleinen Veränderungen der Haltung, beim Atmen und im Gesichtsausdruck folgen wir der inneren Erfahrung des Klienten, machen wir unsere Kontaktaussagen und ordnen wir die

Ideen, auf die unsere Strategien gründen. Bei jedem kleinen Experiment — bei jeder Sonde und jedem Übernehmen — lesen wir die Spuren der Wirkung. Wir sind Experimentatoren und Forscher, auf der Suche nach Neuland.

Aus-dem-System-Springen — und warum Eliot sich keine Sorgen machen mußte

Was ist der Unterschied zwischen Menschen und Maschinen? Wie kann ein siebzigjähriger Aikido- oder Judo-Meister seine viel jüngeren und stärkeren Schüler zu Boden werfen? Wie durchtrennt der „Hüter des Schwertes" die Wurzeln des Ego? Hofstadter meint, daß der Unterschied zwischen Mensch und Maschine darin besteht, daß letztere sich nicht langweilt. Maschinen können endlos tätig sein, ohne das zu bemerken und ohne etwas anderes tun zu wollen. Sie langweilen sich nicht. Menschen andererseits verlieren das Interesse, besonders an langweiligen Dingen und Wiederholungen. Der alte Meister entdeckt das mechanische in den Handlungen seines Schülers den Bruchteil einer Sekunde eher als ein anderer. Auch das Ich ist voller Mechanismen, zu sehr im Symbol und zu wenig im Jetzt verhaftet. Der Hüter, wie der alte Aikido-Meister, wissen, wie man es überrascht.

In der Therapie springen wir vom Inhalt zur Form, von der Aussage zur Annahme, von der Oberflächenstruktur zur Erfahrungsbasis, von der Erfahrung zur Bedeutung, von dem, was wir tun, zu dem, der es tut und wie er es tut, vom Gedanken zum Denker, vom Teil zum Muster, vom Charakter zum Kern. Charakter ist das Mechanische in uns. Es ist Gewohnheit und Muster und unbewußte Struktur, eine geistlose Wiederholung der Art, Dinge zu tun, auf Bildern und Überzeugungen begründet, die selten die Oberfläche erreichen. Achtsamkeit liefert die Sprungkraft. In dem Ausmaß, in dem wir achtsam sind, können wir das Mechanische sehen und daher ändern.

In der Therapie nehmen wir zum Beispiel eine Veränderung in der Stimme wahr und lenken die Aufmerksamkeit darauf: „Du klingst, als wärst du ein wenig traurig darüber." Oder wir bemerken eine Geste oder einen Gesichtsausdruck: „Ein bißchen ratlos, hmm?" „Wie jung fühlst du dich jetzt?" „Was scheint dein Körper zu sagen, wenn du das tust?" Immer springen wir aus dem Inhalt in einen Teil des größeren Zusammenhangs.

Auch Humor hat Sprungkraft . . . Ich lebte einmal mit einem Freund namens Eliot zusammen. Ich hatte gerade angefangen, als Therapeut zu arbeiten, und Eliot studierte an der örtlichen Hochschule. Da er sich nicht viel Therapie leisten konnte, versuchte er, sich selbst zu therapieren. „Versuchen" ist hier das entscheidende Wort. Eliot war ziemlich rigide, und na ja . . . Eines Nachmittags lag ich auf meinem Bett und sah fern (Football oder sonstwas), und ich hörte durch die geöffneten Türen, wie Eliot versuchte, in seinem Zimmer Bioenergetik zu machen. Er versuchte eine spontane emotionale Katharsis auszulösen. Versuchte! Natürlich wurde er nur frustriert, denn wie jedes Schulkind und jeder Zen-Meister weiß, kann man das Spontane nicht geschehen machen. Eliot verwickelte sich in seinen eigenen Knoten. Er versuchte loszuschreien, und als ihm das keine Erleichterung verschaffte, wurde er noch frustrierter und probierte es noch mehr, und so weiter und so weiter, den ganzen Nachmittag lang . . .

Ich wollte meine Tür nicht schließen. Erstens hätte ich dafür aufstehen müssen. Und zweitens war ich der Ansicht, daß Eliot *seine* Tür schließen sollte, aber ich war nicht bereit, ihm das zu sagen. Ich war nur bereit, immer weiter dazuliegen und immer trotziger zu werden.

Also grollte ich still vor mich hin, als ein armes Häufchen von Eliot sich in mein Zimmer schleppte, sich niedergeschlagen auf mein Bett setzte, den Kopf hängen ließ und mit schwacher Stimme sagte: „Ich hab' schreckliche Angst, Ron, ich glaube, ich kann heute mein Abendbrot nicht essen." Eliot wollte Sympathie, und ich war so weit, daß ich ihn selbst zum Abendbrot hätte verspeisen können.

Ich wandte mich ihm zu. Sein Kopf hing immer noch, und er schaute auf seine Knie. Nach einer Weile holte ich Luft und stellte mich auf „höchstes Mitgefühl" ein. Dann sagte ich mit leiser, sanfter und liebevoller Stimme: „Mach dir keine Sorgen, Eliot . . . *ich* werde dein Abendbrot essen."

Eine Zeitlang herrschte Stille. Dann hob er den Kopf, und mit einem Ausdruck größten Erstaunens fragte er mich: „Was hast du gesagt?" Offensichtlich war meine Antwort nicht unter den Möglichkeiten, die er sich überlegt hatte. Als ich mein freundliches Angebot wiederholte, fing er an zu lachen. Er lachte so sehr, daß er schließlich in meine Arme fiel. Nach kurzer Zeit ging er zum Abendessen, und ich wandte mich etwas besänftigt wieder dem Fernseher zu.

In dieser Weise verwenden wir in der Therapie oft Humor, um aus den schweren, traurigen, unnötigen Überzeugungen herauszuspringen.

Reaktion und Antwort

Um therapieren zu können, müssen wir viele weniger wichtige und ein paar sehr wesentliche Tatsachen kennen. Dies ist eine der wichtigsten: Ein Therapeut muß immer aufpassen, um den Unterschied zwischen Reaktionen und *Antworten* wahrzunehmen. Tiere reagieren. Sie können nicht antworten. Menschen können beides. Stell dir Hunde vor, die auf bestimmte Tricks trainiert sind. „Spring, Fido!" befiehlt der Trainer. Wenn Fido nicht springt, rät der Trainer ihm nicht, darüber nachzudenken. Fido hat weder die Ausrüstung zum Denken, noch wägt er die verschiedenen Konsequenzen des Springens oder Nicht-Springens ab. Er hat es einfach nicht gehört. Er beobachtet die hübschen Lichter oder so was. Deshalb wiederholt der Trainer auch immer nur dasselbe dumme Kommando: „Spring, Fido!" Das ist alles sehr mechanisch und hört sich ganz anders an als eine menschliche Unterhaltung. Es ist immer nur: „Platz, Fido!" und „Guter Hund!", und dann gibt man ihm einen Hundekuchen — nirgends die Spur eines Gedankens.

Um zu *antworten*, muß man die Reaktion hemmen und verzögern. Verhaltensforscher führten folgendes Experiment aus: Man legt ein Stück Futter oder sonst eine Belohnung hinter eine von zwei Türen und schließt dann beide Türen. Die Versuchsperson bzw. das Versuchstier hat gesehen, hinter welcher Tür sich die Belohnung befindet, aber sie kann die Belohnung selbst nicht mehr sehen. Dann wartest du ein wenig, und nach einiger Zeit läßt du die Versuchsperson eine der beiden Türen öffnen. Ein Gorilla mit seinem 600-cm³-Hirn kann die richtige Tür in den meisten Fällen mit einer Verzögerung bis zu vier Minuten herausfinden. Danach hat er es vergessen. Er kann sich nicht daran erinnern, hinter welcher Tür das Futter liegt. Man kann einen Gorilla nur für diese Zeitspanne warten lassen. Aber Menschen kann man Jahre warten lassen, und sie finden immer noch die richtige Tür.

Wir Menschen haben eine wunderbare Fähigkeit zum Aufschub. Das ist eine unserer größten Gaben. Diese Fähigkeit gibt uns die Zeit zum Wählen, Denken und Imaginieren, Zeit, die Landkarten herauszuholen und den Kortex zu verwenden, Dinge in der Phantasie durchzuspielen, sie im Kopf auszuarbeiten, bevor wir unsere Wahl treffen. Die kortikale Hemmung versetzt uns in die Lage, Handlungen aufzuschieben und Informationen nicht nur aus der Erinnerung und der Vorstellung, sondern auch aus der Situation selbst zu sammeln. Tiere sind nicht mit diesem Luxus ausgestattet.

Die Wasserspitzmaus zum Beispiel lebt ungefähr 1 bis 3 m vom Wasser entfernt, zu dem sie sich begeben muß, um zu fressen. Sie lernt, diese Strecke hinter sich zu bringen, indem sie einige Stunden damit verbringt, den gesamten Weg von ihrem Schlafplatz bis zum Wasser zu untersuchen. Sie forscht, schnüffelt, läuft hin und her, prüft, lernt auswendig usw. und entwickelt alle Bewegungen, die sie brauchen wird, zu einer Routine. Wenn sie dann von der Höhle zum Wasser gehen muß, rennt sie den gesamten Weg mit höchster Geschwindigkeit. Und diese Mäuse können rennen! Nach dieser intensiven mehrstündigen Forschungsreise laufen sie immer mit höchster Geschwindigkeit. Sie schauen sich nicht um, immer nur volle Kraft voraus!

Wenn du dann einen kleinen Stock oder einen Stein in ihren Weg legst, dann kommt die Maus angerannt, und das arme kleine Ding rennt genau in alles hinein, was im Weg liegt. Was macht sie dann? Sie geht zurück zur Höhle und beginnt von vorne. Volle Kraft voraus! Und wieder rennt sie gegen das Hindernis. Dann beschließt sie, besser noch eine Stunde damit zu verbringen, sich die Straße anzuschauen. Sie erforscht die ganze Geschichte noch einmal und zeichnet das Hindernis in die große Karte ein. Beim nächsten Mal rennt sie mit voller Kraft über den Stein zum Wasser. Keine Zeit, um an den Blumen zu riechen, jedenfalls nicht am Werktag. Viel zuviel zu tun. Wir Menschen andererseits können uns Zeit nehmen, spazierenzugehen, mehr Information über die Situation zu gewinnen. Wir können unsere Antworten aufschieben.

In der Therapie fragen wir nach Erfahrung. Wenn die Menschen beginnen, diese Erfahrungen zu etikettieren, zu diskutieren und zu erklären, dann kannst du sie bitten, das aufzuschieben, ein wenig bei der Erfahrung zu bleiben und zu sehen, was dann hochkommt. Therapie langweilt mich schnell, wenn ein Klient über seine Erfahrungen redet, sie erklärt und theoretisiert. Oft sage ich, wenn eine Traurigkeit zu spüren ist und der Klient beginnt, mir eine lange Geschichte zu erzählen: „Hör mal, laß uns sehen, was uns die Traurigkeit erzählen kann. Laß uns mit dem Darüberreden ein wenig warten und sehen, was wir von ihr lernen können." Das zentriert die Aufmerksamkeit mehr auf die Erfahrung und weniger auf die Theorie. Ich ermutige die Menschen dazu, dabei zu bleiben, was gerade vor sich geht, bei der Erfahrung, in der sie gerade sind, und aus ihr zu lernen. Wir können die Erklärung, das Darüberreden aufschieben und bei dem bleiben, was ist, und mehr Information während dieser Zeit sammeln.

Reaktionen sind automatisch, unbewußt, schnell und systemimmanent. Ein wichtiger Zeitpunkt, um Reaktionen von *Antworten* zu unterscheiden, ist nach einer Sonde (vgl. 17. Kapitel). Eine Sonde weckt die Achtsamkeit: „Nimm einfach wahr, was passiert, wenn . . ." Nur wahrnehmen, beobachten. Eine Sonde ist eine Frage, und sie will eine Antwort in der Form eines Berichtes. „Als du das sagtest, hörte ich eine Stimme in meinem Kopf, die sagte . . ." oder: „Meine Brust entspannte sich, meine Hände fühlten sich warm an . . ." Das sind Berichte. Der Klient, der beobachtet und berichtet, ist im Zustand Innerer Achtsamkeit. Er hat genug Distanz zu dem, was vor sich geht, um einen Reaktionsimpuls zu bemerken, ihn aufzuschieben und über ihn zu berichten. So entsteht eine *Antwort*: beobachten, aufschieben und die Erfahrung in Worte fassen.

Antworten brauchen Zeit. Sie können aufgeschoben werden, und man kann über sie nachdenken. Antworten sind auf den jeweiligen Anlaß zugeschnitten, deshalb werden sie mit mehr Sorgfalt und Überlegung ausgeführt als Reaktionen. Wenn der Klient auf eine Sonde reagiert, ist das kein Bericht. Der Klient reagiert, als ob die Sonde nur Teil der normalen Unterhaltung wäre, als ob die Sonde keine Sonde gewesen wäre, sondern irgend etwas, was der Therapeut fragt. Zum Beispiel sagt der Therapeut: „Was passiert, wenn du die Worte hörst: Ich werde immer für dich dasein?" Der Klient reagiert mit: „Das bist du niemals für mich gewesen, niemand ist das jemals gewesen." Sehr oft tritt die Reaktion einfach auf, schnell und ohne die Überlegung, die in eine *Antwort* einfließen würde. Eine Reaktion ist kein Bericht. Es fehlt ihr die Achtsamkeit, und sie ist gewöhnlich Teil des Alltagsbewußtseins.

Am Steuer einschlafen. Reaktionen unterbrechen leicht jeden therapeutischen Prozeß, der auf Zugangfinden und Arbeit mit Kernmaterial ausgerichtet ist. Therapie ist keine Konversation. Der Therapeut muß schnell aus einem Interventions-Reaktions-Muster herausspringen, oder die Therapie verläuft im Nichts. Jedes Mißverständnis darüber, was Innere Achtsamkeit konstituiert, muß schnell geklärt werden. In der Lage zu sein, zu antworten und nicht bloß zu reagieren, ist eine allgemein menschliche Fähigkeit. Sie eignet sich vielleicht nicht zum Fahren auf der Überholspur der Autobahn, aber immerhin hilft sie, daß man nicht wegen Einschlafens am Steuer aus dem Verkehr gezogen wird. Der Therapeut sollte in der Lage sein, den Unterschied zu erkennen.

Suche nach Bedeutung

Therapie endet nicht, wenn der Klient in Kontakt mit seiner Erfahrung ist. An dieser Stelle beginnt sie erst. Der Therapeut muß sowohl wissen, wie er dem Klienten helfen kann, in die Erfahrung zu gelangen und bei ihr zu bleiben, als auch, was man mit der Erfahrung anfängt, wenn sie da ist. Am wichtigsten ist es, dem Klienten dabei zu helfen, diese Erfahrung auf eigene Weise zu verstehen.

Besondere und allgemeine Bedeutung. Innerhalb unserer Therapie haben wir die Theorie und die Techniken, und beides sind sinnvolle Werkzeuge. Der Therapeut erkennt eine allgemeine Art der Bedeutung aus der Theorie. Theorie ist ein Werkzeug, das der Therapeut verwendet, um zu einem allgemeinen Verständnis des Klienten zu gelangen. Die Techniken auf der anderen Seite führen den Klienten im Grunde genommen zu spezifischen, persönlichen, individuellen und einzigartigen Sinnzusammenhängen und Bedeutungen. Diese beiden Bereiche von Bedeutung entspringen verschiedenen Quellen. Allgemeine Bedeutung entspringt der Begegnung und Erfahrung des Therapeuten mit Dutzenden von Klienten. Die spezifische Bedeutung in bezug auf den Klienten entstammt einer Reihe von Ereignissen, die die persönliche Erfahrung des Klienten von Therapie repräsentieren.

Die Techniken werden eingesetzt, damit der Klient die spezifische Bedeutung erkennen kann. Für den Therapeuten muß Verständnis zum Teil von der Theorie diktiert sein, zum Beispiel der Charakterlehre. Es findet gewöhnlich keine Therapie statt, ohne daß der Therapeut in irgendeiner Form auf Theorie zurückgreift. Für den Klienten andererseits kann die Theorie leicht schädlich sein. Der Therapeut muß den Klienten zum Teil aufgrund eines irgendwie nützlichen allgemeinen Begriffsrahmens verstehen können, um den Therapieprozeß am Laufen zu halten, aber der Klient muß sich selbst als individuelle und persönliche *Tatsache* erkennen. Wenn du dem Klienten allgemeine Bedeutung anbietest, gibst du ihm Etiketten an die Hand, über die er nachdenken kann, anstatt Erfahrungen, die die persönliche Bedeutung erweitern. Und das heißt, die wirkliche Natur des therapeutischen Prozesses zu verkennen.

Es ist schwieriger, besondere Bedeutung zu erhalten als allgemeine; es braucht mehr Zeit, Intelligenz und Mitgefühl. Aber für das Wohlbefinden des Klienten ist es entscheidend. Die Erfahrungen in der Therapie sind emotional und mächtig. Der Klient braucht Zeit, um durch sie hindurchzugehen und sie zu verstehen. Du brauchst Geduld. Du mußt dem Klienten helfen, seine eigenen Entdeckungen zu machen. Und selbst wenn du diese Entdeckungen vorhergesehen hast, mußt du sie für dich selbst behalten, damit der Klient sie in seiner eigenen Weise und in seinem eigenen Tempo erfährt. Du könntest den Drang fühlen, aktiver teilzunehmen, sichtbar der Therapeut zu sein. Es ist aber viel wirksamer, einfach nur die Bühne aufzubauen, die Situation sicher zu machen, beim Zugangfinden zu helfen und die Achtsamkeit zu unterstützen. Dieser Prozeß wird zur Entdeckung führen, ohne dem Klienten die eigene Leistung der Selbstentdeckung und Veränderung durch harte und oft schmerzhafte Anstrengung wegzunehmen. Er braucht

Mut für seine Erfahrungen, und er hat es nicht verdient, daß man ihm seine eigenen Schöpfungen durch Vorhersage wegnimmt.

Der ganze Sinn von Therapie ist Veränderung, und zwar Veränderung der Bedeutung von Erfahrung. Wir verwenden Erfahrung, um die Selbstgestaltung zu erforschen und Zugang zum Kernmaterial zu finden, indem wir von Gefühlen, Empfindungen und Muskelspannungen zur Bedeutung dieser Spannungen gelangen. Der Sinn von Therapie besteht darin, Zugang zu finden und die symbolische Welt zu verändern, die alle Erfahrung formt. Natürlich ist das langfristige Ziel dieser Suche nach Bedeutung das Wiedererlangen der Fähigkeit, Gefühle und Erfahrungen ohne Unterbrechung vollständig zu erleben und sogar gleichzeitig nach ihrer Bedeutung zu suchen. Langfristig sind Bedeutung und Erfahrung eins und werden als solche gespürt. Nur weil einige Erfahrungen verstümmelt, schmerzhaft, verwirrend oder sonstwie ohne klare Bedeutung sind, müssen wir überhaupt auf die Suche gehen. Aber diese Anstrengungen unternehmen wir, weil wir die Freiheit, einfach *zu sein*, so hoch schätzen.

17 Sonden und Übernehmen

Es ist nicht einfach, zu beschreiben, was in einer Therapiesitzung eigentlich passiert, wenn man nur Theorie liest. Die Haupttechniken einer Therapie vermitteln oft viel deutlicher den Geist einer Arbeit als jede theoretische Ausführung darüber, warum diese Techniken wirken. Gewöhnlich stehen bei der Entwicklung einer neuen Therapie die Techniken am Anfang (zumindest bei Hakomi war das der Fall). Die Theorie kommt erst dann ins Spiel, wenn jemand wissen will, was passiert und warum. Das ist mit vielen verschiedenen Theorien erklärbar. Technik auf der anderen Seite ist eine wesentliche, spürbare, klinische Tatsache. In der Gestalttherapie kennen wir Techniken wie die Verwendung von *Awareness*, im Hier und Jetzt bleiben, den heißen Stuhl und die Methode, den verschiedenen Teilen einer Persönlichkeit Stimme zu geben, sowie die Arbeit mit Träumen und Phantasien. Diese Techniken drücken viel mehr aus, worum es in der Gestalttherapie geht, als jede Theorie, die darüber geschrieben worden ist. Sie beinhalten einen Glauben an Bewußtheit, Freude, Spielen und Kreativität. Sie zeigen eine Vorliebe für Nähe und Anwesenheit, für Wirklichsein, für das Zueigenmachen und die Ausnutzung aller Teile des Selbst. Das sind die in den Techniken verborgenen Werte, die Worte wie „Retroflexion" und „Konfluenz" einfach nicht ausdrücken können.

In der Bioenergetik werden Streßpositionen und emotionale Katharsis als wesentlich betrachtet. Diese Techniken spiegeln den Willen, energiegeladen zu sein, viel zu tun, hart zu arbeiten und nicht vor seinem Schmerz wegzurennen. Der forcierte Ausdruck vom Emotionen ist wesentliche Voraussetzung dafür, wirklich und ganz dazusein.

In der Psychoanalyse haben wir die Couch, die freie Assoziation und die Traumarbeit. Die Analyse legt großen Nachdruck auf die Betrachtung des Menschen als symbolverwendendes Wesen, auf geheimnisvolle und abstrakte Welten, die unseren Alltag beeinflussen. Auch wird die Einbahnstraße der Arzt-Patient-Beziehung unterstrichen, zweifelsohne ein viktorianischer Einfluß, der, wie ich hoffe, durch die Couch etwas Würze erhält.

Sonden und Übernehmen bilden die Haupttechniken der Hakomi-Therapie. Sie werden in großem Umfang im Verlauf jeder Therapiesitzung eingesetzt. Den beiden zentralen Prinzipien der Inneren Achtsamkeit und der Gewaltlosigkeit stehen als Kerntechniken die Sonden und das Übernehmen gegenüber. Ohne sie sähe Hakomi-Therapie ganz anders aus.

Meine erste Sonde gab ich spontan während einer Therapiesitzung; so entstehen übrigens die meisten Techniken. Ich arbeitete mit einer Frau. Jedes Wort, das sie sprach, und die Art und Weise, wie sie handelte und sich bewegte, zeigte mir, daß sie sich wie ein schlechter Mensch fühlte. Also bat ich sie, mir einmal zuzuhören und zu beobachten, was passiert, wenn ich ihr einen bestimmten Satz sagen würde. Ich wollte, daß sie ihre Reaktionen darauf beobachtet, wenn ich ihr sagte, sie sei ein guter Mensch. Sie hatte zu keinem Zeitpunkt direkt gesagt, daß sie sich als schlechter Mensch fühlte; das war nur ein Selbstbild, das sich in ihrem Hinterkopf befand.

Ich veranstaltete eine kleine Show. Ich forderte sie auf, mir in die Augen zu schauen (ich beobachtete ihre Augen, um festzustellen, wann sie offen für mich war), bat sie, sich für meine Worte zu öffnen und alles zu beobachten, was passierte, wenn ich ihr sagte: „Du bist ein guter Mensch." Ich sprach langsam und mehr oder weniger so, als ob ich ihr einfach eine Tatsache vor Augen führte. Ich versuchte nicht, sie zu überzeugen, sondern nur, ihr eine Aussage vorzulegen.

Zu dieser Zeit arbeitete ich als Bioenergetik-Therapeut, wenn auch ohne Wissen und Billigung des Instituts für Bioenergetik oder von sonst jemandem. Ausdruck und Emotionen wurden als Hauptziel dieser Therapie betrachtet, und wir arbeiteten hart daran, dies zu erreichen, wobei wir manchmal die Leute durch physisch schmerzhafte Prozesse führten. Ich hatte die Vorstellung, daß es prinzipiell schwierig sei, emotionalen Ausdruck zu erreichen. (Ich beziehe mich hier auf das spontane Überfließen von Gefühlen und Ausdruck, nicht auf hysterische Produktion.) Als ich ihr nun sagte: „Du bist ein guter Mensch", brach sie in Tränen aus und weinte, wie ich sie noch nie zuvor hatte weinen sehen. Nach einer Weile sprachen wir über ihr Gefühl, ein schlechter Mensch zu sein.

Zu diesem Zeitpunkt war mir noch nicht klar, was eine Sonde war, und während der nächsten sechs Monate wendete ich diese Technik nicht mehr an. Tatsächlich waren die Sonden *als Technik* für die nächsten zwei Jahre kein bewußter Teil meiner Arbeit. Die zweite Sonde übrigens richtete ich an eine Frau, die zu mir für ein Erstgespräch kam und erzählte, daß sie die älteste von zehn Kindern war, jetzt eigene Kinder hatte und keinen Mann, der ihr bei der Erziehung geholfen hätte. Dieses Thema behandelten wir in den ersten zehn Minuten. Dann fiel mir der eine Satz ein, den sie als Kind hätte hören müssen, als sie ihre kleinen Brüder und Schwestern versorgte. Ich bereitete sie vor, bat sie nur um volle Aufmerksamkeit und schaute ihr in die

Augen. (Wir schauen inzwischen nicht mehr in die Augen. Die meisten Menschen ziehen es vor, ihre Augen während einer Sonde zu schließen.)

Ich sagte zu ihr: „Ich möchte, daß du mein kleines Mädchen bist." Bei ihr hatte sich das feste Gefühl gebildet, daß sie niemals jemandes kleines Mädchen sein würde. Sie weinte mit Unterbrechungen während der gesamten Sitzung. Sie war eine starke Frau, die versuchte, stark zu sein, und es auch sein mußte. Wir redeten, wenn sie nicht weinte, und sie saß in meinem Schoß und legte ihren Kopf an meine Schulter. Ich war überzeugt, daß sie jetzt immerhin eindeutig mit dem in Kontakt war, was sie wollte und brauchte, wovor sie so lange weggelaufen war, weil sie zu irgendeinem Zeitpunkt einmal entschieden hatte, daß sie es niemals bekommen würde.

Den Rest der Geschichte habe ich vergessen. Ich vermute, daß die Sonden sich einfach nach und nach in meine Arbeit einschlichen. Später, als die Arbeit immer präziser und integrierter wurde, als ich immer mehr Menschen lehrte, was ich wußte, erschienen die Theorien und Techniken wie füreinander gemacht. Das waren sie auch, aber diese Hochzeit wurde erst spät gefeiert. Als mir alle Verbindungen klar wurden, hatten die Techniken bereits ein Eigenleben entwickelt.

Ich wurde von vielen Menschen inspiriert und habe von ihnen gelernt, aber ich sollte an dieser Stelle die Verdienste von Albert Pesso und Moshe Feldenkrais erwähnen. Obwohl ich nur an einigen Workshops dieser Männer teilgenommen und ihre Bücher gelesen habe, glaube ich, daß ihre Vorstellungen und Techniken für die Entwicklung meiner eigenen Therapie von wesentlicher Bedeutung waren. Sowohl Feldenkrais als auch Pesso verwenden Innere Achtsamkeit, und beide studieren in ihrer eigenen Art die Gestaltung von Erfahrung. Von Albert Pesso lernte ich, zu experimentieren und meinen Klienten zu erlauben, ihre Bewußtheit zu verwenden, um die Bedeutung einer Erfahrung zu entdecken. Ich lernte eine Technik, die Bewußtheit und Selbstentdeckung in den Schoß des Klienten legt, während gleichzeitig genügend Raum für die Mutmaßungen des Therapeuten bleibt, um dem Prozeß weiterzuhelfen. Von Al lernte ich auch, wie wichtig es ist, die therapeutische Umwelt sicher und stärkend zu halten. Mir ist immer noch seine Stimme gegenwärtig, wenn er in seiner sanften aufmerksamen Weise sagte: „Was passiert, wenn . . .?" Er war immer kreativ und suchte Wege, die Situation in einer Weise zu strukturieren, daß der Klient seine eigenen Entdeckungen machen konnte.

Bei Feldenkrais lernte ich Wichtiges über Sensibilität, Hintergrundrauschen und über die Möglichkeit, die Anstrengung aus den Bewegungen herauszunehmen. Der gesamte Sensibilitätskreis ist eine Ausarbeitung des Weber-Fechner-Gesetzes, über das Moshe in seinem ersten Buch spricht.

Obwohl ich dieses Gesetz von meinem Studium her kannte, hatte ich seine Anwendbarkeit auf Therapie noch nie gesehen. Dies war eine von Feldenkrais' besten Gaben, daß er die Anwendbarkeit dieser Dinge auf die grundlegenden Therapietechniken erkennen konnte. Nicht jeder Geist kann solche Beziehungen herstellen. Die ganze Idee des Übernehmens entspringt der taoistischen Vorstellung, mit dem Strom zu gehen. Feldenkrais zeigte, daß dies die beste Art ist, mit chronisch verspannten Muskeln umzugehen. Mehr darüber später.

Sonden

Sonden haben sich stetig weiterentwickelt. Nach ihren schlichten, unbewußten Anfängen gehen wir inzwischen sehr genau mit ihnen um. Ihre Form, ihre Verwendung und ihre Beziehung zum Prozeß und den Prinzipien wurde viel diskutiert und ausprobiert. *Eine Sonde ist ein Experiment*, das die Innere Achtsamkeit ausnutzt, eine Meditation mit Anleitung, wenn man so will. Wir nehmen uns einen Augenblick Zeit für die Vorbereitung und einen weiteren Moment, um die Gestaltung der Erfahrung zu studieren. Eine Sonde verlangt vom Klienten, alles zu beobachten, was als *Antwort* auf etwas geschieht, was der Therapeut tut. Wenn der Klient *Antworten* beobachtet und in der Lage ist, über diese zu berichten, dann ist der Klient achtsam — nicht einfach reagierend, sondern *antwortend* (vgl. 16. Kap.).

Eine Sonde ist keine Unterhaltung, und sie ist auch keine Stärkung nur um der Stärkung willen. Sie ist nicht anzuwenden, wenn der Klient sich im Alltagsbewußtsein befindet. Sie ist ein Experiment, das darauf angelegt ist, etwas Automatisches und Unbewußtes ins Bewußtsein zu bringen. Sie braucht und verwendet die Innere Achtsamkeit, wenn auch nur für einen kurzen Moment, um den Fluß der auf eine Intervention des Therapeuten folgende Erfahrung zu untersuchen. Kurz gesagt, Sonden sollen Material hervorrufen, mit dem man arbeiten kann, indem man dieses Material in kleinstem Detail erforscht und die Mechanismen und Überzeugungen beobachtet, die die Erfahrung gestalten.

Verbale und Körpersonden

Es gibt im Grunde genommen zwei Arten von Sonden, verbale und nichtverbale. Die verbalen Sonden haben eine klar definierte Form:

1. Fordere den Klienten auf, sich vorzubereiten.
2. Wenn der Klient bereit ist, sagst du ihm einen Satz, der mit einer Frage wie: „Was passiert, wenn du hörst . . .?" eingeleitet wird.
3. Lies die Spuren und arbeite mit der *Antwort.*

„Was geschieht, wenn ich sage: ‚Du bist ein guter Mensch'?" oder: „Was passiert, wenn du den Satz hörst: ‚Ich möchte, daß du mein kleines Mädchen bist'?" Sätze wie diese sind verbale Sonden. Nichtverbale Sonden sind ähnlich, außer daß der Therapeut statt eines Satzes eine Handlung verwendet, gewöhnlich eine sanfte Berührung, oder daß er den Klienten etwas tun läßt, zum Beispiel eine leichte Veränderung der Haltung herbeiführt. Wenn diese körperlichen Interaktionen, Berührungen und Bewegungen präzise ausgesucht und im Zustand Innerer Achtsamkeit ausgeführt werden, bringen sie immer Material hervor, mit dem man arbeiten kann.

Sonden und . . .

. . . *die Prinzipien.* Die Verbindung zwischen Sonden und Innerer Achtsamkeit ist offensichtlich. Wir setzen unser bestes Werkzeug zur Selbstentdeckung ein. Wir erforschen und beobachten. Mit den Sonden nützen wir in der Hakomi-Therapie am meisten die Innere Achtsamkeit aus. Sie sind der deutlichste Ausdruck unserer Verpflichtung zu diesem Ansatz. Zum zweiten gehen wir gewaltlos vor. Wir lassen den Klienten entdecken, was er will. Es gibt keinen Zwang, keine Interpretation, keine Erklärung. (Alle Sonden sind potentiell nährend. Nur in ganz besonderen Fällen und mit sorgfältiger Vorbereitung verwenden wir eine „negative Sonde".)

Auf verbale Sonden erhält man als *Antwort* oft Körperempfindungen, Spannungen und Bewegungen usw., während nichtverbale Sonden oft Gedanken, Erinnerungen, Bilder o. ä. produzieren. Wenn man Sonden verwendet, wird fortwährend die Schnittstelle zwischen Geist und Körper angesprochen, und auf diese Weise wird das Gefühl des Klienten gestärkt, ein integriertes, ganzheitliches Wesen zu sein. Auf paradoxe Weise trägt die Achtsamkeit auf die eigenen *Antworten* — die schließlich sehr mechanisch sind — auch zu dem Gefühl bei, lebendig und „organisch" zu sein. Der Zeuge, der Teil, der beginnt, sich frei zu entscheiden, spürt auch die wachsende Lebendigkeit.

. . . *die Methode.* Methodisch betrachtet, sind die Sonden im Grunde ein Informationssammlungsprozeß, der die gegenwärtige Erfahrung verwendet und Techniken einsetzt, die das Verharren im gegenwärtigen Erleben begünstigen, um Zugang zum Kernmaterial zu finden. Das heißt, Sonden helfen dabei, Informationen zu sammeln, sich auf die Erfahrung zu konzentrieren und bei ihr zu bleiben.

. . . und der Prozeß. Sonden werden an verschiedenen Stellen im Prozeß verwendet. Sie können gleich zu Beginn einer Therapiesitzung sehr effektiv sein, wenn der Therapeut den Klienten einige Minuten lang gesehen und ihm zugehört hat und dann eine Vorstellung entwickelt, worum es im Moment geht. Ich nenne diese Art, Sonden zu verwenden, „Fischzüge".

Fischzüge. Wenn man einen bestimmten Prozeß erkannt zu haben glaubt, kann man eine Sonde einsetzen, die dazu geeignet ist, bei einem Klienten mit diesem spezifischen Prozeß Reaktionen hervorzurufen. Wenn dir an der Art und Weise, wie der Klient etwas sagt oder wie er sitzt, sich bewegt usw., etwas auffällt, dann kannst du eine Sonde einsetzen, um das Material, das vermutlich im Hintergrund ist, hervorzurufen und in die Achtsamkeit zu bringen.

Sobald du einen Fisch gefangen hast, das heißt, sobald du eine klare Antwort erhalten hast, die für den Klienten und den Therapeuten interessant scheint, kannst du sie dazu verwenden, mehr und stärkere Reaktionen hervorzurufen. Alles, was als *Antwort* auf eine Sonde geschieht, kann zum Köder für den nächsten Fischzug werden. Es hilft auch, eine gute Eingebung betreffs der Bedeutung dieser Antworten zu haben. Dann kann die nächste Sonde noch genauer und produktiver sein. Wenn du weißt, wie man Leuten zuhört und wie man Sonden kreiert, kann die Therapie leicht und schnell auf bedeutungsvolles Material stoßen. Sonden werden nicht während der Stromschnellen oder der Arbeit mit dem Kind verwendet. Diese beiden Bewußtseinszustände eignen sich eher für direkte körperliche oder verbale Interaktionen. Beim Vertiefen allerdings oder beim Zugang zum Kernmaterial sind Sonden sehr effektiv. Sie werden auch verwendet, um Verhalten an den Barrieren zu klären. Variieren der Sonden, Erforschen verschiedener Aspekte des Widerstandes gegen die Stärkung, verzögerte Reaktionen — alle diese Faktoren sind Teil des Klärungsprozesses.

Die Form einer guten Sonde

Timing. Eine Sonde sollte ziemlich langsam gegeben werden, weil dein eigenes Tempo dem Klienten als Beispiel dient; die Sprache klingt sorgfältig und vorsichtig. Deine Konzentration begünstigt dic Konzcntration des Klienten. Sie begünstigt Achtsamkeit. Du hast um Achtsamkeit gebeten, als du die Sonde vorbereitet hast, und jetzt machst du das auch mit deiner Stimmlage und deinem Timing anschaulich. Darüber hinaus sollte eine Pause zwischen der vorbereitenden Frage und der eigentlichen Sonde liegen. Dieser kleine Moment erlaubt dem Klienten, den Zeitpunkt des Aufnehmens der Sonde präzise zu bestimmen, besonders, nachdem er einige Erfahrungen mit Sonden gesammelt hat. Wenn du zu schnell bist, verarbeitet der Klient die Sonde nur im Alltagsbewußtsein, oder er reagiert auf deine Geschwindigkeit und nicht auf die Aussage selbst. Also gehe langsam und sorgfältig vor.

Stimme. Wie bereits erwähnt, demonstriert und begünstigt der Stimmausdruck die Achtsamkeit. Deine Stimme sollte nicht überzeugend oder entschuldigend klingen. Sie läßt in keiner Weise anklingen, ob die Aussage akzeptiert oder abgelehnt werden sollte. Die meisten Menschen entdecken auch den geringsten Hinweis auf Druck oder Zwang, besonders, wenn sie offen und entspannt sind, und reagieren darauf. Darüber hinaus darf sich die Stimme am Ende der Sonde nicht heben wie bei einer Frage; denn gerade das sind die Sonden selbstverständlich nicht. Bei einer neutralen Stimmlage kann sich der Klient am besten auf den Aussageteil der Sonde konzentrieren.

Wortlaut. Der Wortlaut hilft ebenso wie Stimme und Timing, die Sonde als Experiment zu strukturieren. Sie wird immer etwa so eingeleitet: „Was passiert bei dir, wenn ich die Worte sage?“ Oder: „Was erlebst du, wenn du den Satz hörst?“ Oder: „Wie ist das für dich, wenn . . .?“ Eine Warnung zum Wortlaut: Stelle keine Fragen wie: „Was *fühlst* du, wenn?“ Oder: „Was *denkst* du, wenn ich sage?“ Verwende umfassendere Begriffe als „fühlen“ oder „denken“, Wörter wie „erfahren“, „geschehen“ und „passieren“. Der Grund dafür ist einfach. Der Klient hat vielleicht gar kein Gefühl, wenn du die Sonde gibst. Oder er könnte ein Bild oder einen Gedanken oder eine Erinnerung haben. Daher läßt man dem Klienten mehr Freiheit, wenn man offene Begriffe wie „erfahren“ verwendet.

Einzelne Gedanken und einfache Sprache. Man kann keine kurze einfache, beobachtbare Antwort auf eine Sonde erwarten, die kompliziert, philosophisch, verzwickt oder ganz einfach zu lang ist. Der Aussageteil der Sonde sollte aus einem einzelnen einfachen Gedanken bestehen, den ein fünfjähriges Kind verstehen kann.

Realistische Aussagen. Versuche nicht, dem Klienten etwas zu verkaufen, besonders nicht mit einer Sonde. Gehe nicht gegen den Strom der gegenwärtigen und vergangenen Realität. Sag keinesfalls Dinge wie: „Niemand wird sich jemals mehr über dich ärgern." Das ist unrealistisch, und der Klient wird gemischte Reaktionen darauf zeigen. Sei realistisch und wahrhaftig. Wenn du nur ehrlich, stärkend und akzeptierend bist, dann tust du genau das, was diese Person und das Kind in ihr brauchen und wollen.

Stärkung. Sonden sollten stärkend oder potentiell stärkend sein. Wir experimentieren nicht mit Sätzen oder Handlungen, die schädlich oder „giftig" sind. Sicherlich, der Klient fühlt oft Schmerzen, wenn er eine Sonde aufnimmt, aber es ist alter Schmerz, der zum großen Teil der Erkenntnis entspringt, daß die Stärkung, die die Sonde gibt, sehr nötig und ersehnt ist und für das Kind — wahrscheinlich auch für den Erwachsenen — bisher nicht existierte. Diese Art von Schmerz leitet die Heilung ein. Mit einer Sonde bieten wir Stärkung an; wir geben dem Klienten die Möglichkeit, entweder etwas Nötiges anzunehmen oder klar zu sehen, wie und warum er diese Stärkung zurückweist. Tatsächlich bieten wir genau die Nahrung an, von der wir glauben, daß der Klient sie braucht und am meisten will und — die anzunehmen ihm am schwersten fällt. Das ist der Punkt, wo die Möglichkeit zum Wachstum liegt.

Maßarbeit. Auch wenn wir viele Sonden für Fischzüge verwenden und wenigstens 2 oder 3 Dutzend Sonden gewissermaßen standardisiert sind, werden die besten Sonden in einer fortlaufenden Sitzung mit einem bestimmten Klienten entwickelt und verfeinert. Eine, an die ich mich erinnere, lautete ungefähr so: „Du brauchst das Geschirr nicht abzuwaschen, wenn du nicht willst." Das war eine wichtige Sache für sie gewesen, weil sie das einzige Mädchen in einer Familie von Jungen und Männern war. Wenn man mit einem Klienten arbeitet, werden die Sonden verfeinert und verändert, bis sie genau auf den Punkt treffen; oft bedeutet eine scheinbar unbedeutende Veränderung von einem oder zwei Wörtern einen gewaltigen Unterschied in der Antwort. Und selbst wenn die schließlich formulierte Sonde einer der Standardsonden ähnlich sein sollte — die kleine Abwandlung wird für den Klienten wichtig sein.

Vermeide Ich-Aussagen. Wenn möglich, vermeide in einer Sonde die erste Person, zum Beispiel: „Ich mag dich." Es ist besser, zu sagen: „Du bist nett." Da die Sonde im Grunde genommen ein Versuch ist, *Antworten* zu beobachten, muß man alles, was diese Beobachtung erschweren könnte, vermeiden. Bei Ich-Aussagen gerät man sehr leicht in Interaktionen, die von Übertragungsreaktionen geprägt sind. Der Klient beginnt zu handeln, als befände er sich in einer wirklichen Unterhaltung. Wenn das passiert, ist es wichtig, deutlich zu machen, daß die Sonde ein Experiment ist und nicht notwendigerweise ein wahrer Ausdruck deiner Gedanken und Gefühle.

Vermeide negative Worte. Um Sonden einfacher und leichter akzeptierbar zu machen, solltest du Worte wie „nicht", „nein" usw. vermeiden. Eine Aussage wie „Es gibt nichts zu befürchten" kann man verändern in: „Du bist hier völlig sicher." Natürlich kann der Klient um eine Aussage mit einem negativen Wort bitten, aber auch das läßt sich arrangieren. Wenn der Klient zum Beispiel möchte: „Sag mir, daß du nicht wütend bist", dann kannst du sagen: „Ich bin nicht wütend." Dies ist eine allgemeine Regel: Wann immer der Klient um etwas Bestimmtes bittet, versuche es ihm genau in der Form zu geben, die er sich gewünscht hat. Biete die Sonden nicht an, als ob jemand anderer sie sagen würde. Denke auch daran, daß du nicht versuchen solltest, der gute Vater oder die gute Mutter oder der gute sonstwer zu sein. Du bietest eine Aussage als Teil eines Experiments an. Laß dich nicht dazu verführen, jemand anderer zu sein. Das verwirrt nur und macht die Dinge kompliziert.

Bericht. Last not least hat die Sonde eine Form, die einen Bericht fordert. Sie beginnt mit: „Was passiert, wenn . . .?", und sie möchte diese Frage beantwortet haben. Das Ziel besteht darin, *Antworten* zu beobachten *und über diese zu berichten.* Daher mußt du auf einen Bericht warten! Wenn keiner kommt, mußt du danach fragen. Zum Beispiel könnte der Klient einfach so antworten, als befände er sich mit dir in einem gewöhnlichen Gespräch und als ob du den Satz nebenbei gesagt hättest.

Du beginnst zum Beispiel mit: „Was passiert, wenn ich sage . . . ‚Du bist ein guter Mensch'?" Und der Klient antwortet: „Ach, niemand hat mir das jemals gesagt" oder: „Das meinst du nicht wirklich". Wenn das passiert, mußt du um einen Bericht bitten: „Ich verstehe, was du sagst, aber ich glaube nicht, daß du mir gesagt hast, was passierte, als ich dir die Sonde gegeben habe. Hattest du einen Gedanken, ein Gefühl oder sonst etwas?"

Dies sind einige Aspekte der Form von Sonden. Mit ein wenig Übung kannst du sie leicht in der richtigen Art und Weise geben. Als nächstes müßten wir darüber sprechen, woher wir die Sonden bekommen.

Die Entstehung von Sonden

Die Standardsonden. Es gibt eine Reihe von Sonden, die mit bestimmten Charakterprozessen verbunden sind. Sie wurden weitgehend im Laufe der letzten fünf Jahre entdeckt und verwendet. Im Zentrum jeder dieser Charakterprozesse liegen drei oder vier Kernüberzeugungen und eine Reihe eher peripherer Anschauungen. Beim schizoiden Prozeß zum Beispiel sind Überzeugungen hinsichtlich Sicherheit und Willkommensein sehr wichtig. Daher verwenden wir bei diesen Prozessen sehr oft die Sonde: „Du bist hier sehr willkommen." Am Beginn eines Therapieprozesses eignen sich Standardsonden sehr gut für Fischzüge.

Der Körper. Eine Möglichkeit zu entdecken, welche Sonde wirksam sein könnte, besteht darin, sich den Körper des Klienten einschließlich der Haltung, der Struktur und des Bewegungsstils zu betrachten. Aufgrund solcher Beobachtungen kann man eine ungefähre Einschätzung des Charakterprozesses erhalten, mit dem man es in der Therapie zu tun bekommen wird. Das bedeutet im Grunde zu wissen, wie man einen Körper für Charakterinformationen liest und daß man die Sonden parat hat, die mit den einzelnen Prozessen einhergehen.

Gesprächsinhalt. Der Inhalt der Erzählung des Klienten ist eine weitere sehr reiche Quelle, aus der man Sonden gewinnen kann. Die Welt des Klienten ist eingeengt von Vorannahmen und der Bedeutung wichtiger Erfahrungen der Vergangenheit. Indem du genau auf diese Dinge lauschst — insbesondere die Erfahrung des Klienten und deren Bedeutung für ihn —, kannst du die Überzeugungen, Stärkungsbedürfnisse und Bedingungen für sein Wohlbefinden bestimmen. Wenn der Klient zum Beispiel darüber spricht, wie sehr er versuchte, seine Eltern zu erfreuen, und du hörst eine Traurigkeit und Enttäuschung in seiner Stimme, dann kannst du eine Sonde verwenden wie: „. . . Du mußt es niemandem recht machen, außer dir selbst" oder: „. . . Du bist liebenswert, gerade so, wie du bist". Dies sind Standardsonden für den rigiden Prozeß. (Ein guter Vorschlag von Pat Ogden: Stell dir eine gute Kontaktaussage vor und verwandle sie in eine Sonde. Zum Beispiel: „Müde, hm" könnte in die Sonde verwandelt werden: „Es ist o.k., sich auszuruhen.")

Klang der Stimme und Worte. Der Klang der Stimme liefert Hinweise darauf, was bei dem Klienten gerade passiert, und ist daher eine potentielle Quelle von Sonden. Auch die Worte des Klienten liefern Hinweise. „Ich kriege nie, was ich will", zum Beispiel, würde fast sicherlich von mir bei der nächsten Gelegenheit die Sonde hervorbringen: „Was passiert, wenn ich sage . . . ,Du kannst haben, was du willst'?" Das heißt nicht, daß ich gemein bin. Man kann wirklich eine Menge darüber entdecken, wie man sich selbst um eine so trostlose Anschauung herum organisiert. Als Antwort auf diese Sonde können sich leicht Erinnerungen einstellen, die direkt auf eine solche Anschauung bezogen sind.

Auf der Grundlage des beobachteten Inhalts, der Haltung und des Klangs der Stimme bildet sich ein Muster heraus, das im Zusammenhang mit der gesamten Erfahrung des Klienten sinnvoll ist. Indem man zuhört, zuschaut und in Gedanken mit Einfällen experimentiert, gelangt man zu intuitiven Einsichten darüber, was gerade in der Person, mit der man arbeitet, vorgeht.

Übernehmen

„Übernehmen" heißt für den Klienten etwas tun, was er gewöhnlich selber macht. Es ist ein Angebot, Dinge leichter zu machen, einen Teil der Anstrengungen abzunehmen — kurz gesagt, es ist ein Unterstützungsangebot. Es ist eine Einladung dazu, eine unterstützende, nicht einengende Beziehung einzugehen. In gewisser Weise ist es das Gegenteil von Selbstverantwortung des Klienten, allerdings sollte man, wie jeder Gestalttherapeut weiß, ein wenig vorsichtig damit sein, wieviel man für einen Klienten tut. (Ich werde dieses Thema weiter unten unter der Überschrift „Wachstum" diskutieren.) Die Technik des Übernehmens ist einfach. Sie beinhaltet zum Beispiel, das Gewicht des Kopfes des Klienten abzunehmen, nachdem dieser sich langsam nach vorne und unten gesenkt hat, etwa im Verlaufe einer immer größer werdenden Traurigkeit. Oder falls der Klient auf eine Sonde mit einer inneren Stimme reagiert, können wir diese Stimme übernehmen und das, was sie sagt, für den Klienten aussprechen. Es gibt, wie weiter unten gezeigt wird, eine ganze Reihe von Dingen, die wir übernehmen können.

Hauptsächliche Auswirkungen des Übernehmens

Im wesentlichen wird folgendes bewirkt:

1. Übernehmen vermindert das Hintergrundrauschen und erhöht die Sensibilität.
2. Übernehmen schafft Sicherheit.

3. Übernehmen erlaubt dem Gewahrsein, von defensiven Aufgaben zu den abgewehrten Gefühlen und Erinnerungen, auch des Kindes, zu wechseln.

Indem wir etwas übernehmen — das Gewicht des Kopfes zum Beispiel —, ermöglichen wir den Muskeln, die den Kopf in einer vorwärtsgeneigten Position halten, sich zu entspannen. Wir schaffen die Möglichkeit dazu. Wir machen nicht, daß die Dinge geschehen, wir bieten nur Gelegenheiten. Eine Funktion des nach vorne gesenkten Kopfes — einer unbewußten Gewohnheit — besteht darin, Traurigkeit und ihren Ausdruck unter Kontrolle zu halten. Das Gewicht des Kopfes wirkt auf die Muskeln der Brust und des Rückens ein und erschwert die tiefe Atmung. (Das kannst du leicht selbst ausprobieren, indem du einfach nur versuchst, tief zu atmen, während du deinen Kopf hochhältst, und dann dasselbe mit vornüberhängendem Kopf versuchst.) Effektiv wird die Traurigkeit dadurch unterdrückt.

Indem der Therapeut das Gewicht des Kopfes übernimmt, übernimmt er die Arbeit dieser Muskeln; selbst wenn sich der Kopf immer noch in der nach vorn geneigten Stellung befindet, kann der Klient jetzt tief atmen und wird das entweder tun und dabei die Erfahrung vertiefen, oder er wird weiterhin versuchen, seine Gefühle unter Kontrolle zu halten, indem er das Gewicht des Kopfes wieder selbst trägt oder indem er andere Muskeln (am wahrscheinlichsten das Zwerchfell) anspannt. Das Übernehmen des Gewichtes des Kopfes bewirkt eine Verminderung der Anstrengung und senkt das Hintergrundrauschen, das durch die Anspannung erzeugt wird. So erhöht sich die Sensibilität. Anspannung blockiert die Erfahrung. Das ist eine ihrer Funktionen. Stell dir vor, du schlägst dir mit dem Hammer auf die Finger; du hältst die Luft an, und der ganze Körper verspannt sich. Indem der Therapeut anbietet, diese Spannung zu übernehmen, gibt er dem Klienten die Gelegenheit, sich auf die verdeckte Erfahrung einzulassen.

Das erste Mal wandte ich die Technik des Übernehmens bei einer Frau an, die nahe an etwas sehr Wichtiges herangekommen und mit Gefühl aufgeladen war. Sie lag auf dem Rücken, und als wir begannen, ihre Erfahrung in die Innere Achtsamkeit zu bringen, begann ihr Rücken sich immer stärker durchzubiegen. Innerhalb kurzer Zeit hielt sie sich in einer großen Brücke, wobei nur ihr Kopf und ihre Fersen den Boden berührten. Zu dieser Zeit arbeitete ich als Bioenergetik-Therapeut (inoffiziell, wie bereits gesagt). Meine Herangehensweise an eine solche Abwehr bestand darin, Streß auszuüben und dann zu versuchen, das Nachgeben zu erzwingen. Da in diesem Fall das Durchbiegen eine Abwehr war (was kann rigider sein, als sich rücklings in der Form einer Brücke durchzubiegen), war ich bereit, so viel Gewicht auf den Bauch der Frau zu legen, bis die Brücke zusammenbrach.

Das wäre der logische „Kampf-der-Abwehr-Ansatz" gewesen. Aber ich hatte ebendiese Brücke selbst einmal erlebt. Ich erinnerte mich daran, wie ohnmächtig ich mich dabei fühlte. Es geschah einfach mit mir. Ich wußte, wie furchtbar es sich anfühlen würde, wenn ich versuchte, die Klienten zum Zusammenbruch zu bringen. (Der Therapeut, zu dem ich damals ging, tat überhaupt nichts — wieder eine großartige Gelegenheit verpaßt.) Ich konnte es nicht über mich bringen, diese Frau zum Zusammenbrechen zu zwingen.

Statt dessen legte ich meine Hände unter ihren Rücken und sagte ihr, sie könne, wenn sie wollte, ihren Rücken entspannen, ich würde sie halten. Das war mein erster Fall von Übernehmen, auch wenn ich damals und auch lange später noch keinen Namen dafür hatte. Sie probierte es erst ein wenig aus, indem sie mir zunächst einen Teil des Gewichtes überließ, bis sie schließlich ihr ganzes Gewicht auf meine Hände gelegt hatte. Das dauerte ungefähr eine halbe Minute. Und als sie zuließ, mir das Gewicht ihres Körpers zu übergeben, ließ sie auch die Gefühle und die Erfahrung der Dinge zu, gegen die sie gekämpft hatte — eine schmerzhafte Erinnerung und die sie begleitenden Gefühle und Einsichten.

Stelle dir vor, ich hätte sie gezwungen und auf sie draufgedrückt. Stelle dir den Kampf vor, bei dem sie zwischen meinem Drücken und ihren sich dagegen wehrenden unbewußten Kräften gefangen gewesen wäre. Stelle dir das Chaos, die Anstrengung und den Schmerz vor. Und was wäre das Ergebnis gewesen, wenn sie schließlich zusammengebrochen wäre? Die Hälfte der Einsichten wäre nur unter einer ungeheuren Menge chaotischer, schmerzhafter Gefühle ans Licht gezwungen worden, und gleichzeitig hätte sie zu Recht die Überzeugung gewonnen, daß man ihr etwas angetan hätte bzw., wenn sie an diesen therapeutischen Ansatz geglaubt hätte, daß man etwas für sie getan hätte. Sie hätte ihre Energien im Kampf gegen den Therapeuten und im Ertragen des Schmerzes verbraucht. Ihre Erfahrung wäre verwirrend, überwältigend, schmerzhaft und konfliktbeladen gewesen. Jeder heilende oder integrierende Einfluß hätte zuerst die „Behandlung" überwinden müssen und erst dann, wenn überhaupt, die „Krankheit".

Aber sie brauchte sich nicht auf diesen Kampf einzulassen. Statt dessen konnte sie sich in ihrem eigenen Tempo entspannen, in die Erfahrung hinein, vor der sie weggelaufen war. Sie sah es deutlich. Sie arbeitete es bewußt und in Achtsamkeit durch, und obwohl sie die Unterstützung realisierte, die ich ihr gegeben hatte, übernahm sie völlig zu Recht die vollständige Verantwortung für die Konfrontation und Durcharbeitung der schmerzhaften Erfahrung. Es war ihre Leistung, sie hatte es getan. Ich gab ihr die Möglichkeit, und sie nahm sie an. Für sie war es eine stärkende Erfahrung.

Für mich bedeutete es eine Befreiung. Ich begann, mehr und mehr Wege zu sehen, den Klienten zu helfen, ohne gegen sie zu kämpfen — indem ich ihnen half, das zu tun, was sie bereits taten. Ich sah einen Weg, in die Abwehrstrategien des Klienten einzusteigen und wie ein alter Aikido-Meister der Energie zu verhelfen, dahin zu gehen, wo sie gebraucht wurde und wohin sie gehen wollte — ohne Anstrengung und ohne die egozentrikbehaftete Rolle eines Kämpfers gegen die Mächte des Bösen.

Eine Person, die in eine Brücke geht, sich nach vorne zusammenkrümmt oder sich selbst festhält, versucht ihre Erfahrungen in der Hand zu halten, um sie sicherer und weniger schmerzhaft zu machen. Wenn ein Therapeut anbietet, dabei zu helfen, resultiert daraus fast immer das Gefühl größerer Sicherheit. Der Klient fühlt sich unterstützt und vertrauensvoll. Das liegt daran, daß man jemanden auf seiner Seite hat, daß einem jemand die Zeit gibt, sich vorzubereiten und zu absorbieren, was geschieht. Es existiert nicht dieses Hintergrundgefühl, daß der Therapeut bewertet und einen anschaut, so als würde er eine Krankheit sehen und nur nach dem Skalpell suchen, um sie zu beheben.

Wenn man sich nicht mit diesem Therapeutenbild zu beschäftigen hat, verringert sich dieses Hintergrundrauschen, wobei das andere Therapeutenbild dem Klienten die Stärke und den Mut gibt, dem ins Auge zu schauen, was konfrontiert werden muß. Der Therapeut ist keine erschreckende Figur, die Schmerz bereitet, „weil es gut für dich ist" (wie beim Zahnarzt). Der Therapeut ist vielmehr der, der Unterstützung gibt, der die Arbeit der Selbstentdeckung erleichtert, sie sicherer und klarer macht. Die Therapie verläuft sehr viel anders, wenn der Klient so empfinden kann.

Diese Kombination von Sensibilität und Sicherheit erlaubt dem Klienten, seine Identifikation mit dem Abwehrbewußtsein auf den Kontakt mit Erinnerungen und Gefühlen zu verlegen, gegen die die Abwehr errichtet worden ist. Wenn der Therapeut für den Klienten Abwehraufgaben übernimmt, so bedeutet das, daß der Klient frei ist, Teil dessen zu werden, wogegen sich die Abwehr richtet.

Diese Identifikationsverlagerung führt zu einer direkten Annäherung an das Kernmaterial. Der große, starke Psychopath kommt sehr schnell in Kontakt mit dem traurigen, erschreckten Kind, das er beschützt. Der Masochist spürt den Impuls, frei zu sein.

Stell dir vor, wie frei du deine Gefühle ausdrücken könntest, wenn wir dich zurückhalten würden. Wie frech du werden könntest, wenn jemand versuchen würde, dich davon abzuhalten, einen Streit mit dem Kellner anzufangen. Wie befriedigend es wäre, am Flughafen über den Gepäckschalter zu springen und Mord und Totschlag zu verbreiten, wenn man dich nur zurückhalten würde. Denke an all die wunderschönen Dinge, die du einem Polizisten sagen könntest, der dich gerade angehalten hat, wenn jemand in der Nähe wäre, der stark genug ist, dir den Mund zuzuhalten.

Du könntest im Nu das Temperament des sanften Biedermannes vergessen und einem Impuls folgen, der schon immer um Freiheit gekämpft hat. Du könntest dich mit diesem Impuls identifizieren, während du einen Augenblick zuvor noch völlig damit beschäftigt warst, ihn festzuhalten und die Kontrolle zu behalten. Und all das nur, weil es jetzt ungefährlich ist. Jemand anders hält dich zurück, jemand anders hat deine Abwehr dagegen übernommen, dich auszudrücken. Diejenigen Teile deines Selbst, die du in den Schatten gedrängt hast und die du nicht einengst, können in Besitz genommen werden, wenn jemand anders deine Abwehr übernimmt. In der Sicherheit der übernommenen Abwehr kommst du an die Teile deines Selbst heran, mit denen du lange nicht in Kontakt gewesen bist.

Auf diese Weise hilft das Übernehmen dabei, unbewußtes Material ins Bewußtsein zu heben — ein großer Schritt bei der Veränderung von Gewohnheiten in bewußte Prozesse. Ich habe viel über das Übernehmen gelernt, indem ich Moshe Feldenkrais beobachtete und seine Bücher las. Er geht von der Vorstellung aus, daß fast alle unsere Bewegungsgewohnheiten damit zusammenhängen, daß sie in einem Schwerkraftfeld vor sich gehen. Der größte Teil unserer Anstrengungen kreist darum, uns mit der Schwerkraft zu arrangieren. Um sich nur organisieren zu können, ist es am besten, soviel wie möglich von diesen zentralen Einflüssen zu entfernen. Daher ließ Feldenkrais die Leute sich hinlegen, um soviel Gewicht wie möglich an den Boden abzugeben. Oder er legte Handtücher und Kissen unter diejenigen Teile, wo der Körper zu gespannt ist, um sich flach auf dem Boden oder dem Tisch zu entspannen.

Auf diese Weise nahm er einfach die Anstrengung weg. Er übernahm die Anstrengung, den Körper hochzuhalten, oder er ließ den Boden das tun, so daß sich neue Gewohnheiten entfalten können. Der gestaltende Kern, die Antwort auf die Schwerkraft, wird nicht benötigt, und die an diesen Kern gebundenen Gewohnheiten können nun frei reorganisiert und reintegriert werden. Auf dieselbe Weise verlieren wir die fixierten Abwehrreaktionen auf Kernthemen, das Festhalten oder Zurückhalten, die Rückzugs- oder Perseverationstendenz, wenn wir die Anstrengung wegnehmen, viel von ihrer Macht, das Verhalten zu integrieren und zu gestalten.

Vor einiger Zeit arbeitete ich in Chicago mit einer Frau mit suizidalen und selbstverstümmelnden Tendenzen. Gleich zu Beginn der Arbeit spürte ich eine sehr zarte und zerbrechliche Person. Nicht, daß sie klein oder so etwas war. Sie hatte einen großen Körper, besonders um die Hüften und das Becken herum, mit unverhältnismäßig kleiner Brust und flachem Brustkorb. Als ich mit ihr sprach, wurde ich äußerst sanft und weich. Ich spürte, daß sie sehr zerbrechlich und gespannt war, wie ein erschreckter Vogel — immer bereit, sich plötzlich zurückzuziehen.

Während ich mit ihr sprach, machte sie eine Bewegung, nach deren Bedeutung ich sie fragte. Sie bewegte ihre Faust in Richtung auf sich selbst. Sie sagte, es fühle sich an, als wolle sie sich selbst erstechen. Ich meinte: „O.k. Ich halte dich zurück, und du versuchst, dich selbst zu erstechen." Ich suchte nach einem Gegenstand, mit dem sie sich selber erstechen konnte, und fand einen schönen großen Löffel. Hätte ich ein Messer gefunden, hätte ich es sicher auch benutzt.

Im gleichen Moment, in dem ich ihr Handgelenk festhielt, begann diese ruhige, gespannte Frau um sich zu schlagen und wollte den Löffel in sich hineintreiben. Wir fielen auf den Boden und rollten hin und her, bis ich erschöpft war. Sie aber schien keineswegs müde zu sein und zeigte keinerlei Anzeichen, aufhören zu wollen. Sie verbrachte tatsächlich die schönsten Minuten ihres Lebens. Nach Jahren des Kampfes mit diesem Impuls zur Selbsttötung, nach Jahren der Verzweiflung, der Angst, des Schmerzes darüber, was richtig und was falsch war, hatte sie jetzt eine Chance, alles herauszulassen. Und genau das tat sie.

Schließlich kamen wir an den Punkt, wo ich bald aufhören mußte. Ich war ziemlich erschöpft. Angesichts des dämonischen Glitzerns in ihren Augen erwartete ich keine Rücksichtnahme. Also nahm ich meine ruhigste und allervernünftigste Stimme zu Hilfe (die so offensichtlich vernünftig klingt, daß es dem Gegenüber einfach nicht einfällt, daran zu zweifeln), und ich sagte zu ihr: „Stopp! Laß uns einen Moment aufhören." Ich tat so, als ob ich noch im Vollbesitz meiner Puste und Stärke wäre. Sie schaute mich mit Augen an, die völliges Unverständnis verrieten: Was sollte das heißen: Stopp! War ich denn verrückt? Glaubte ich denn tatsächlich, daß sie diese Leidenschaft einfach beenden könnte, diesen völlig absorbierenden, hinreißenden, mörderischen, selbstmörderischen Anfall einfach beenden könnte? Dachte ich das wirklich?

Ich erwiderte ihren Blick, ohne auch nur im geringsten von dieser sanften täuschenden Ruhe (die aufrechtzuerhalten ich mich bemühte) abzuweichen. Mein sanfter, ruhiger, vernünftiger Blick gab ihr die ebenso stille wie feste Antwort: „Ja, genau das dachte ich."

Sie entspannte sich langsam und gab den Kampf auf. Wir sprachen eine Weile miteinander. Dann, als ich mich ausgeruht hatte und weil sie es so sehr mochte, begannen wir noch einmal von vorne. Nachdem wir das viermal gemacht hatten, hörte sie ohne jedes Problem in dem Moment auf, als ich sie dazu aufforderte.

Sie machte bei ihrem regulären Therapeuten recht gute Fortschrittc, und als ich sechs Monate später wieder nach Chicago kam, erkannte ich sie nicht wieder. Sie hatte sich in eine leichte, glückliche Person verwandelt. Sie mußte mir erklären, daß sie die Frau war, die die Selbstmordgedanken hatte. Ich glaube, daß der größte Nutzen, den sie aus unserer Sitzung zog, in der ich ihr Bemühen übernommen hatte, sich nicht umzubringen, und in der ich ihr erlaubt hatte, völlig in den Impuls hineinzufallen, das Wissen war, daß sie jederzeit, wenn sie wollte, aufhören konnte.

Formen des Übernehmens

Allgemeines. Du kannst auf drei verschiedene Arten übernehmen:

1. mit oder ohne Innere Achtsamkeit,
2. aktiv oder passiv,
3. körperlich oder verbal.

Übernehmen kann in Verbindung mit Innerer Achtsamkeit genau wie eine Sonde für einen Fischzug oder als Teil einer fortlaufenden Exploration verwendet werden. Übernehmen wird auch in großem Umfang während der Stromschnellen benutzt und bildet die grundsätzliche Art und Weise, wie wir spontanes Verhalten und diesen Bewußtseinszustand unterstützen. Während der Stromschnellen fordern wir allerdings nicht die Achtsamkeit. Wir übernehmen einfach alles, was spontan passiert, um so den Fluß der Gefühle einzugrenzen. Wenn der Klient sich zum Beispiel zusammenrollt, helfen wir ihm, sich zusammenzurollen. Wenn er sich auf die Seite drehen möchte, helfen wir ihm dabei. Was immer er tut, um den Fluß der Erfahrung zu ermöglichen, wir bieten unsere Hilfe an.

Es gibt aktives und passives Übernehmen. Beim aktiven Übernehmen können wir den Klienten zum Beispiel auffordern zu schlagen, während wir seinen Arm zurückhalten. Das Übernehmen, das ich bei der selbstmordgefährdeten Frau anwendete, war ein derartiges aktives Übernehmen. Es bringt einen aktiven Kampf mit sich. Beim passiven Übernehmen fordern wir den Klienten auf, einfach nur passiv zu sein. Zum Beispiel können wir den Klienten bitten, sich zu entspannen und darauf zu achten, was passiert, wenn wir seine Arme langsam in eine ausgestreckte Haltung heben. Oder wenn der Klient zum Beispiel seine Augen bedeckt, können wir das für ihn tun.

Passives Übernehmen im Zustand Innerer Achtsamkeit verlangt einen relativ hohen Grad von Sensibilität auf der Seite des Klienten. Falls der Klient nicht in der Lage ist, seine Aufmerksamkeit ruhig auf das Geschehen zu konzentrieren, wenn einfach zuviel Spannung in dieser Person herrscht, wenn zuviel Energie oder Ladung in den Muskeln steckt, dann ist es gut, aktives Übernehmen zu verwenden. Dann würden wir, anstatt nach subtilen Bedeutungen zu suchen, den Klienten nur auffordern, einen aktiven Kampf einzugehen, der sich gut anfühlt. Lust aus der körperlichen Spannung zu ziehen ist der Weg zur Entspannung und Sensibilität.

Schließlich kann Übernehmen entweder körperlich oder verbal sein. Die oben erwähnten Beispiele beinhalten alle körperliches Übernehmen. Ein verbales Übernehmen liegt dann vor, wenn der Therapeut einen Gedanken des Klienten übernimmt, den dieser als *Antwort* auf eine Sonde oder bei der Suche nach der Bedeutung einer körperlichen Spannung beobachtete. Einige Beispiele:

Bei meiner ersten Reise nach Deutschland war eine Frau in meiner Abendgruppe sehr erregt und sah äußerst müde aus. Ich fragte nach, und sie erzählte mir, daß sie seit einigen Tagen nicht geschlafen hatte. Sie hatte Magenkrebs. Ich arbeitete ein wenig mit ihr, und wir entdeckten einen furchtbaren Konflikt in Verbindung mit dem Einschlafen. Ein Gedanke war, daß, wenn sie schliefe, der Krebs wachsen und sie schließlich töten würde. Ein anderer, fast ebenso starker Gedanke bestand darin, daß sie sich ausruhen müsse oder schwächer werden und nicht mehr gesund werden würde.

Ich verwendete das passive Übernehmen. Ich bat sie, sich hinzulegen und so gut wie möglich zu entspannen und einfach nur zu beobachten, was passierte, wenn . . . Dann setzte ich zwei Leute auf ihre Seite, die so präzise wie möglich, in genau denselben Worten und derselben Stimmlage die beiden Gedanken wiederholten. Die beiden Assistenten arbeiteten einige Minuten daran, die Sätze genau richtig hinzubekommen, und dann wiederholten sie sie immer wieder, zehn- oder zwanzigmal. Nach den ersten zwei oder drei Wiederholungen entspannte sie sich tief, und nach drei oder vier Minuten war sie fest eingeschlafen.

In diesem Fall hatten wir den gesamten Konflikt übernommen. Es war ein passives verbales Übernehmen. Hier ist ein weiteres Beispiel:

Nimm an, du gibst eine Sonde, und die Kehle des Klienten zieht sich zusammen. Dann forderst du die Person auf, sie einige Male willkürlich zusammenzuziehen, um herauszufinden, was der Körper mit diesem Zusammenziehen der Kehle sagen will. Der Klient findet die Worte: „Ich werde nicht weinen." Jetzt kannst du ihn auffordern, zu beobachten, was passiert, wenn du diese Worte für ihn sagst. Du wiederholst einige Male:

„Ich werde nicht weinen", und dann kann der Klient unter Umständen beobachten, wie sich zum Beispiel seine Kehle entspannt, der Unterkiefer zu zittern beginnt und Tränen in die Augen steigen.

Die verschiedenen möglichen Fälle von Übernehmen haben Aspekte aller drei Dimensionen: verbal oder physisch, aktiv oder passiv, mit oder ohne Innere Achtsamkeit. Manchmal bitten wir den Klienten absichtlich, mit uns zu streiten, während wir etwas wiederholen, was er gerade gesagt hat, zum Beispiel: „Ich muß immer lieb sein." Der Therapeut sagt dann: „Beobachte einmal, was passiert, wenn wir uns streiten und ich die Aussage verwende, die du gerade gemacht hast." Das ist ein Fall von aktivem verbalen Übernehmen mit Innerer Achtsamkeit. Wir wollen uns jetzt im einzelnen anschauen, was alles übernommen werden kann.

Gedanken und Überzeugungen. Man kann Gedanken und Überzeugungen oder wie in dem Beispiel von der Frau mit dem Magenkrebs zwei widersprüchliche Überzeugungen übernehmen.

Muskelspannung. Es gibt viele Arten, Muskelspannung zu übernehmen. Aktives Übernehmen wird bei chronisch verspannten Muskeln verwendet, die für die Haltung verantwortlich sind. Wenn zum Beispiel die Schultern hoch- und festgehalten werden, umschließen wir sie mit einem Griff und halten sie hoch und nach innen gewendet. Dann fordern wir den Klienten auf, zu versuchen, die Schultern gegen unseren Widerstand hinunterzuzwingen. Diese Art von Kämpfen fühlt sich für den Klienten gewöhnlich gut an. Das ist eines der Zeichen dafür, daß wir auf der richtigen Fährte sind: daß es sich gut anfühlt. Schließlich tun wir etwas für den Klienten, was er bisher unter Umständen fast sein ganzes Leben lang für sich selber getan hat. Zusätzlich könnte der Klient dadurch, daß er die Schultern sinken läßt, etwas ausdrücken, was er sein Leben lang zurückgehalten hatte.

Oft fühlt der Klient im Laufe einer intensiven emotionalen Sitzung plötzlich eine Muskelverspannung, wenn sein Erleben nahe an einen entscheidenden Punkt kommt. Wir können den Klienten dann auffordern, die entsprechenden Muskeln zu entspannen, während wir sie für ihn anspannen. Zum Beispiel spannen sich die Bauchmuskeln oft ganz spontan an. Der Therapeut kann dann eine Hand oder Faust verwenden, um Druck auf diese Stelle auszuüben, während der Klient seine Muskeln losläßt. Das ist ein passives Übernehmen von Muskelverspannung.

Blockierter Ausdruck. Die Sicherheit, begrenzt und kontrolliert zu werden, erlaubt einem Impuls, der ausgedrückt werden will, herauszukommen, und mit ihm kommt die Einsicht, wie begrenzt und kontrolliert wir selber sind. Das trifft besonders auf Blockaden des Ausdrucks von Ärger, Wut und Haß zu. Indem wir die Arme zurückhalten oder den Unterkiefer geschlossen halten, können die Impulse, zu schlagen, zu beißen und zu würgen usw., hervortreten. Muskelspannungen sind oft mit solchen Ausdrucksblockaden verbunden.

Bewegungen. Vergleiche das Beispiel im 14. Kapitel (von der Frau, die ihren Kopf abwandte). Viele Bewegungen beinhalten Selbstberührung. Ohne es zu merken, berühren viele Menschen ihre Brust oder bedecken ihre Augen, oder sie falten ihre Hände. Jede einzelne dieser Handlungen kann übernommen werden. Zuerst bemerkt der Klient vielleicht nur, daß sich das gut anfühlt oder daß es ihn in einer guten Weise traurig macht, daß du ihn berührst. Aber nach einer kurzen Zeit und mit Innerer Achtsamkeit kann die Bedeutung der Berührung klar werden. Sie repräsentiert natürlich etwas, was der Klient glaubt, selber tun zu müssen, das aber sehr viel schöner wäre, wenn es von jemand anderem käme, wie zum Beispiel Trost und Fürsorge.

Impulse. In vielen Fällen, in denen der Klient sich sehr stark mit seinem Widerstand gegen etwas identifiziert hat, wie zum Beispiel schlagen (was oft bei psychopathischen Klienten der Fall ist), können wir den Impuls selbst übernehmen: „Du machst eine Faust, ich versuche, sie zum Schlagen zu bringen, und du leistest Widerstand. Laß uns einmal sehen, was passiert, wenn wir das machen." Oft kommen die starken Verbote gegen den Ausdruck von Ärger zusammen mit Erinnerungen an ähnliche Situationen hoch.

Aufschaukeln. Wenn das Übernehmen in einer Richtung zunächst nicht produktiv ist, besonders, wenn das chronische Spannungsniveau des Klienten hoch ist, können wir zwischen dem Übernehmen des Blocks und dem Übernehmen des Impulses hin und her wechseln (dies entspricht dem Wechsel zwischen einzelnen Anteilen, den wir aus der Technik der Gestalttherapie kennen).

Selbstunterstützung. Wir haben bereits die Technik von Feldenkrais erwähnt, der zwischen den Körper und den Boden Kissen legte. Überall, wo der Klient sich in irgendeiner Weise selbst hält, zum Beispiel, indem er seinen Kopf in die Hand stützt oder sich anlehnt usw., können wir diese Unterstützung der Person übernehmen. Diese Art des Übernehmens funktioniert sehr gut bei Menschen in einem oralen Prozeß. Auf die Weise erforschen wir die

Blockaden, die die Annahme von Stärkung verhindern. Es können noch viel mehr Möglichkeiten des Übernehmens entwickelt werden. In der Therapie ergeben sich immer wieder neue Techniken. Die hier erwähnten Beispiele sind nicht erschöpfend.

Übernehmen und . . .

. . . *die Prinzipien.* Übernehmen ist ein Hauptbeispiel für das taoistische Prinzip des Mit-dem-Strom-Gehens. Es ist die Gewaltlosigkeit selbst. Indem wir dem Klienten helfen, zu tun, was er bereits selber tut, treten wir einfach in den Fluß der Erfahrung des Klienten ein, in einer ungefährlichen, unterstützenden Weise. Natürlich muß Übernehmen im Zusammenhang mit Innerer Achtsamkeit verwendet werden, um Kernmaterial zu evozieren, aber sein Wesen zeigt sich in der wunderschönen Weise, wie es dem Prinzip der Gewaltlosigkeit folgt.

. . . *die Methode.* In Übereinstimmung mit der allgemeinen Methode ist Übernehmen primär eine Technik zur Verminderung des Hintergrundrauschens, wodurch die Sensibilität erhöht wird und Informationen, die vorher nicht zur Verfügung standen, gesammelt werden können.

. . . *der Prozeß.* Wie bereits erwähnt, verwendet man Übernehmen, um die Erfahrung zu erforschen und Kernmaterial zu evozieren. Daher wird es in vielen Phasen des Prozesses verwendet. Es ist besonders angemessen zur Unterstützung spontanen Verhaltens während der Stromschnellen. In Beziehung zum Sensibilitätskreis und den Barrieren wird es sehr überlegt eingesetzt. Die verschiedenen Formen des Übernehmens sind in verschiedenen Abstufungen an verschiedenen Barrieren nützlich. Während aktives Übernehmen an der Handlungsbarriere sehr angemessen ist, wobei man den Impulsen, die sich ausdrücken wollen, die aber zurückgehalten werden, hilft, zeitigt das passive Übernehmen mehr Erfolge an der Abschlußbarriere, an der Schmelzen und Loslassen gebraucht werden. Das Übernehmen von Selbstunterstützung ist eine gute Weise, an der Stärkungsbarriere zu arbeiten. Die Kontrolle des Informationsflusses durch das Übernehmen von blockierten Gefühlen, Einsichten und Körperempfindungen hilft an der Einsichtsbarriere.

Wachstum

Einige werden sich die Frage stellen, wie wir Wachstum fördern können, wenn wir so unterstützend sind und Abhängigkeiten nicht bloßstellen. Dieser Einwand beruht auf folgendem Gedankengang: Wenn man die Versuche des Klienten, Unterstützung zu erhalten, nicht bloßstellt, dann wird der Klient nicht lernen, seine eigenen Hilfsquellen zu benutzen. In der Hakomi-Therapie übernehmen wir gerade die Versuche des Klienten, sich selbst zu unterstützen und sich selbst zu kontrollieren, Dinge, die der Klient bereits für sich selber tut. Wir übernehmen die gewohnheitsmäßigen Selbstunterstützungen des Klienten, wie die Spannungen, die dabei helfen, den Fluß der Gefühle unter Kontrolle zu halten. Dies sind nicht Dinge, die der Klient von uns fordert oder in die er uns hineinzumanipulieren versucht. Dies sind genau die Bereiche, wo der Klient keinerlei Unterstützung für möglich hält. Wir bieten Unterstützung da an, wo der Klient keine Fragen stellt und keine Erwartungen hat, Bereiche, in denen sich der Klient auf das bloße Management von Bedürfnissen, Wünschen und Schmerzen beschränkt. Er hält seine Erfahrung dabei auf einem Minimum und unterdrückt Wachstum. Indem wir diese Unterstützung anbieten, geben wir dem Klienten neue Kraft und neue Hilfsquellen, mit deren Hilfe er über den Punkt hinaus gelangen kann, an dem er Schmerz und Frustration nur unter Kontrolle hält und an dem er sich neu gestalten und seine Möglichkeiten erweitern kann.

Das Ziel der Hakomi-Therapie besteht darin, mit Kernmaterial Kontakt aufzunehmen und mit ihm zu arbeiten. Wir fördern Wachstum, indem wir es so ungefährlich und leicht wie möglich machen, Kernmaterial ins Bewußtsein zu bringen, um den Einfluß dieses Materials auf die Gestaltung der Erfahrung zu ändern.

Es gibt wenigstens zwei Möglichkeiten, persönliches Wachstum zu fördern. Eine besteht darin, Abhängigkeiten aufzudecken, und die andere, direkte Bemühungen nach Wachstum zu unterstützen. In einer Lebensphase nährt die Mutter ihr Kind und läßt es abhängig sein. In einer anderen entwöhnt sie es und lehrt es Möglichkeiten, sich selbst Nahrung zu beschaffen. Es ist diese Kombination von Entwöhnung des einen und Unterstützung des anderen Teils, die Wachstum in die Wege leitet.

Wenn wir etwas übernehmen und gleichzeitig in der Erfahrung bleiben, bieten wir erstens Unterstützung für die Versuche des Klienten an, seine Erfahrung, den Fluß der Gefühle und Bilder zu kontrollieren und sich sicher und verstanden zu fühlen, während wir zweitens die Bewußtwerdung und direkte Erfahrung der schmerzhaften Erinnerungen, Gefühle und Überzeugungen fördern, die bisher nicht beachtet worden sind.

Wenn wir überhaupt Abhängigkeiten aufdecken, dann ist es der Impuls, das, was auf der Ebene des Kernmaterials vor sich geht, zu verdecken und zu ignorieren, der Impuls, einfach nur dazusitzen, zu reden und zu träumen, ohne sich ernsthaft die eigene innere Welt zu betrachten. Aber ich muß sagen, mir ist sehr wenig Abhängigkeit dieser Art vor Augen gekommen. Ich glaube, das liegt einfach daran, daß der Impuls nach persönlicher Freiheit, Stärke und Unabhängigkeit auf lange Sicht immer der stärkere ist. Indem wir Innere Achtsamkeit und die Bemühungen unterstützen, das Leben zu verstehen und zu gestalten, fördern wir Wachstum.

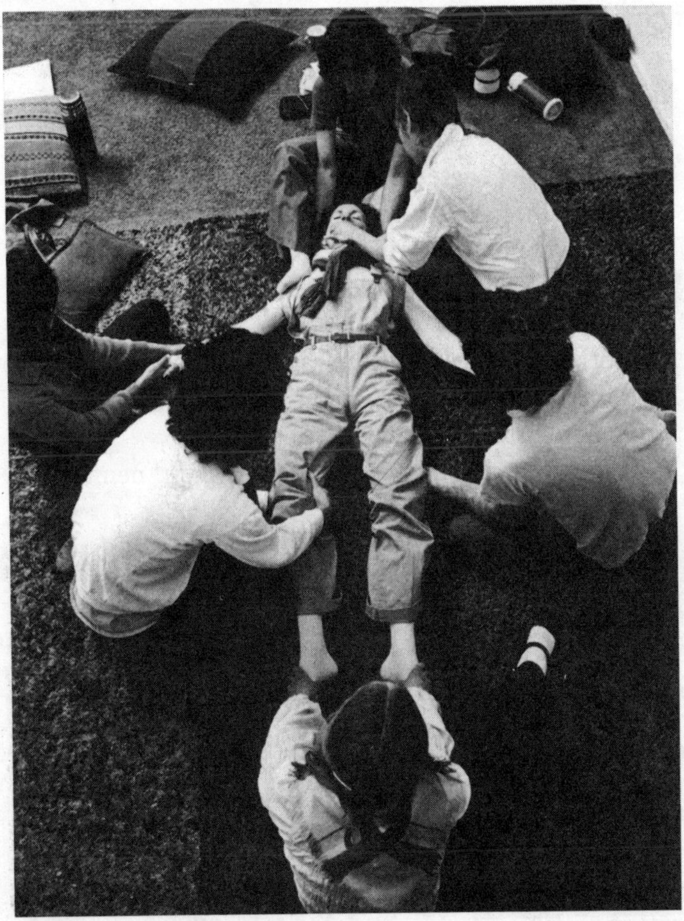

IV. Teil
Die Prinzipien

Ein Schüler sagte zu Hazrat Inayat Khan:
„Wir haben Angst. In unserem Haus lebt ein Geist.
Bitte sag uns, was wir tun sollen!"
Er antwortete: „Legt ein Gedeck mehr auf."

Norkay Tensing wurde gefragt, was er von
seiner Eroberung des Mount Everest dachte.
Er antwortete: „Ich würde es
‚Freundschaftschließen mit dem Everest' nennen."

18 Die Prinzipien

Die Prinzipien der Hakomi-Therapie sind eine Reihe philosophischer Konzepte, die hinter der Arbeit stehen und alle Hakomi-Therapeuten leiten. Auch wenn sie abstrakt sind und weitreichende Implikationen haben, bilden die Prinzipien die direktesten und wichtigsten Komponenten des Wissens des Therapeuten. Wir machen uns mit diesen Konzepten vertraut, indem wir sie in der Ausbildung studieren, in unserer Arbeit anwenden und indem wir sie schließlich zu fundamentalen Werten unseres Lebens machen. Die Prinzipien ermöglichen uns freie Kreativität, und in dem Maße, in dem wir sie in unsere Arbeits- und Lebensweise integrieren, handeln wir ohne Anstrengung oder bewußtes Denken aus ihnen heraus. *Jeder Therapeut ist sein eigenes Instrument.* Wir machen nicht einfach Therapie — wir leben Prinzipien. Unsere Therapie ist nicht bloße Methode oder Technik. Im Kern all dessen, was wir gelernt haben und was wir geworden sind, liegt der Geist der Arbeit.

Die Prinzipien und die Methode sind komplementär, sie unterstützen und verstärken einander. Die Arbeit bildet das Übungsfeld, auf dem die Prinzipien fortwährend gefestigt werden. Jedesmal wenn eine Technik greift, verifiziert sie die Prinzipien. Sie baut unser Vertrauen auf. Wenn eine Technik nicht funktioniert, so liegt das oft daran, daß es uns nicht gelungen ist, den Prinzipien zu folgen. Die Prinzipien leiten die Methode. Prinzipien ohne Methode sind nur intellektuelle Übungen. Methode ohne Prinzipien ist blinde Technologie. Zusammengenommen hauchen sie der Arbeit Leben ein.

In diesem Kapitel werden die fünf Hauptprinzipien diskutiert:

1. Einheit
2. Innere Achtsamkeit
3. Gewaltlosigkeit
4. Organizität
5. Geist/Körper-Holismus

Einheit

Das Einheitsprinzip besagt, daß das Universum fundamental ein Muster von Beziehungen bildet, in dem alle Eigenschaften und Komponenten vom Ganzen untrennbar sind und nicht isoliert existieren. Diese Sichtweise steht in scharfem Gegensatz zu der atomistischen und Newtonschen Ansicht, daß unzerstörbare, unteilbare und isolierte Materieteile in einem ansonsten absolut leeren Behälter mit Namen „Raum“ schweben. Aus diesen kontrastierenden Sichtweisen der Realität entsteht jeweils eine andere Art von Bewußtsein, mit entsprechenden Konsequenzen für alle Lebens- und Seinsbereiche. In letzter Zeit sind verschiedene Bücher geschrieben worden, die die Auswirkungen dieser beiden Modelle auf Physik, Medizin, Wirtschaft usw. beschreiben. Einige der Konsequenzen für unsere Arbeit werden später unter der Überschrift „Von den Teilen zum Ganzen“ behandelt.

In unserer Arbeit erkennen wir das Einheitsprinzip in dem dauernden Bemühen, Ganzheit und Harmonie in alle jene Teile unseres Selbst zu bringen, die isoliert und in Konflikt sind. In ihm zeigt sich unser Ziel, alle Aspekte einer Person einzubeziehen: Geist-Geist, Geist-Körper und Selbst-Universum. Abwehrsysteme werden als notwendige Anpassungsprozesse betrachtet und als Teile dieser Person akzeptiert, die angenommen, harmonisiert und in das Ganze integriert werden sollten. Ein Großteil der Heilkraft von Therapie beruht auf dieser klaren und vollständigen Akzeptierung aller Eigenschaften einer Person, die auf dem Vertrauen auf eine dahinterstehende Einheit und dem Wissen davon begründet ist.

Wichtige Gedanken über das Einheitsprinzip finden sich in den Schriften Gregory Batesons und James Grier Millers. Batesons Kriterien von Geist werden weiter unten in einem Abschnitt vorgestellt, der nicht allzu überraschend mit „Batesons Kriterien“ überschrieben ist.

Innere Achtsamkeit

Hochkomplexe, organisierte, lebende Systeme wie wir Menschen funktionieren auf der Grundlage eines gestaltenden Kernmaterials. Als Hakomi-Therapeuten sind wir insbesondere an dem Material interessiert, das unsere Anschauungen organisiert. Diese Anschauungen gestalten den Fluß von Aktivitäten und Erfahrung. In normalen Bewußtseinszuständen, während wir uns um unsere alltäglichen Geschäfte kümmern und mit anderen interagieren, kontrollieren uns diese Anschauungen unbemerkt. Sie wirken im

Hintergrund, legen Stil und Sinn der Dinge fest, die wir tun, und beeinflussen die Art und Weise, wie wir fühlen. Das Hauptziel des therapeutischen Prozesses besteht darin, diese gestaltenden Anschauungen ins Bewußtsein zu bringen, wo sie beobachtet, verstanden und möglicherweise verändert werden können. Zu diesem Zweck verwenden wir die Innere Achtsamkeit.

Achtsamkeit als Bewußtseinszustand ist von folgenden Merkmalen gekennzeichnet:

1. Achtsamkeit ist Aufmerksamkeit auf die gegenwärtige Erfahrung. Wir können nicht in der Vergangenheit achtsam sein; wir wissen nur, daß wir uns an die Vergangenheit erinnern, weil dieses Erinnern in der Gegenwart stattfindet. Der Weg zur Achtsamkeit ist gegenwartszentrierte Aufmerksamkeit.
2. Achtsamkeit ist „willentlich passiv". Das heißt, man entscheidet sich, die gegenwärtige Erfahrung zu beobachten, ohne in sie einzugreifen. Diese rezeptive Einstellung liefert selbst dann, wenn sie nur für kurze Zeit ausgeübt wird, unter der Leitung des Therapeuten einen reichen Strom an Einsicht.
3. Meistenteils ist die Achtsamkeit nach innen gerichtet.

Wir verwenden die Innere Achtsamkeit, um die Gestaltung der Erfahrung zu studieren. Dadurch, daß wir die Art und Weise beobachten, in der die Erfahrung zusammengesetzt wird, enthüllen sich die gestaltenden Anschauungen. Mit Hilfe der Achtsamkeit untersuchen wir die Feinstruktur der Erfahrung und entdecken in ihr die Wurzel unseres Soseins und Werdens. Durch sie finden wir kreative neue Möglichkeiten, zu sein und zu leben. Es gibt keine Hakomi-Therapie ohne Achtsamkeit. Unser Nachdruck auf Innerer Achtsamkeit als Hauptwerkzeug der Therapie bedeutet, daß wir uns nicht darauf konzentrieren, spezifische Erfahrungen, wie Loslassen oder den Ausdruck blockierter Gefühle, zu kreieren. Wir kreieren keine Erfahrungen! *Vielmehr untersuchen wir die Gestaltung von Erfahrungen.* Wir verwenden die Erfahrungen, um in Kontakt mit den Anschauungen zu kommen, die diese Erfahrung schaffen und gestalten. Wir hoffen, daß wir die Anschauungen durch ihre Bewußtmachung objektiver beurteilen können und dann in der Lage sind, sie zu überschreiten. Wir hoffen, uns die Chance zu geben, über einige zentrale Lebensthemen zu denken und zu fühlen.

Während der Therapie geschehen wichtige Erfahrungen. Man fühlt starke Emotionen, und frühe Erinnerungen kommen intensiv und klar zurück. Aber Therapie ist dort nicht zu Ende. Wir untersuchen diese Erfahrungen mit Sorgfalt und geeigneten Unterstützungsmaßnahmen und verwenden sie dazu, uns von dem schmerzhaften und unbewußten Zwang zu befreien, sie immer zu wiederholen.

Weil die Achtsamkeit auf die Unterstützung der Gestaltung von Erfahrung gerichtet ist, verlangt sie sehr viel mehr Zeit und Information als die Ausführung gewohnheitsmäßiger Handlungen oder das bloße Wahrnehmen der fortlaufenden Erfahrung. Innere Achtsamkeit ist eine beobachtungsorientierte geistige Einstellung, langsam, sorgfältig, genau und zurückhaltend. Sie entfaltet sich außerhalb von Handlung, Anstrengung und Wünschen. Sie unterscheidet sich vom Alltagsbewußtsein in derselben Weise, wie eine überlegte *Antwort* sich von einer automatischen Reaktion unterscheidet (vgl. 5. und 17. Kap.).

Gewaltlosigkeit

Gewaltlosigkeit ist die Methode des Mit-dem-Strom-Gehens, bei dem zu bleiben, was natürlich, einfach, effektiv und leicht ist. Sie ist leise und undramatisch. Sie akzeptiert einfach das, was ist. Gewaltlosigkeit ist die Ergänzung der Inneren Achtsamkeit. Wenn man gewaltlos ist, muß man darauf achten, auf welche Weise die Dinge „gehen wollen". Man muß dem natürlichen Fluß der Ereignisse sorgfältig folgen, um mit ihm zu gehen. Auf der anderen Seite muß man, um achtsam zu sein, offen und absichtslos sein und nicht versuchen, der Umwelt seine Vorstellungen und Wünsche aufzuzwingen. Man darf keinen zu engen Blickwinkel haben. Die beiden Prinzipien der Inneren Achtsamkeit und Gewaltlosigkeit hängen eng miteinander zusammen, wie sie auch zentrale Themen des Buddhismus und Taoismus sind.

In der Therapie läßt sich auf verschiedene Weise sehen, wie Gewaltlosigkeit funktioniert. Ein wichtiges Beispiel ist die Art und Weise, wie wir mit Abwehrsystemen arbeiten. Wir stellen uns dem Abwehrprozeß nicht entgegen. Wir unterstützen vielmehr die Abwehr, um dem Klienten die Möglichkeit zu geben, ungefährdet die Erfahrungen, gegen die er sich wehrt, zu untersuchen. Jeder Versuch, sich den Abwehrsystemen entgegenzustellen, trifft sowieso auf Widerstand, und die Arbeit wird mühevoll und sehr viel schmerzhafter als nötig. Die Abwehrsysteme sind schließlich kreative Bemühungen des Klienten, sich an reale Situationen anzupassen. Unterstützung dieser Abwehrsysteme zeigt einen tiefen Respekt für die gesamte Person.

Ein zweites Beispiel für Gewaltlosigkeit in der Therapie ist die Betonung der Erfahrung statt Theorie oder Ratschläge oder Interpretation. Als Therapeuten versuchen wir mit Hilfe von Sicherheit, Achtsamkeit und der geschickten Verwendung unserer eigenen Erfahrung die geeignete Umgebung zu schaffen, in der der Klient seine eigenen Entdeckungen macht. Wir unternehmen keinen Versuch, Ratschläge zu geben oder unsere Vorstellung darüber zu verkaufen, wie der Klient ist oder was er tun sollte. Unsere Verantwortung besteht darin, dem Klienten dabei zu helfen, jene Erfahrungen zu machen, die ihn Wesentliches über sich selbst lehren werden. Wir versuchen nicht, dem anderen unseren Weg aufzuzwingen. Indem wir die Klienten wählen lassen, ihr Tempo und ihren Prozeß unterstützen, verleihen wir ihnen die Kraft, das Verdienst für ihre Fortschritte und ihr Wachstum in Anspruch zu nehmen.

Organizität

Das Organizitätsprinzip hilft uns, den Unterschied zwischen lebenden Menschen und Maschinen, auf die uns einige Theorien gern reduzieren würden, zu verstehen und auf ihn zu reagieren.

Wir sind lebende Systeme. Die hervorspringenden Eigenschaften solcher Systeme sind ihre unglaubliche Komplexität und ihr selbstregulierender Charakter. Lebende Systeme sind in der Lage, ihre Integrität und Organisation angesichts einer sich verändernden Umwelt aufrechtzuerhalten. Sie sind „nicht-passiv". Außerdem sind sie in der Lage, sich zu reparieren und sich zu reproduzieren. Allgemein gesprochen sind sie selbstbezogen *(self-referenced)*, das heißt, sie besitzen Information, die als Modell des Selbst verwendet wird. Die DNS-Moleküle des Gensystems sind ein Beispiel dafür. Lebende Systeme können sich selbst wiederherstellen.

Diese letzterwähnte Fähigkeit legt die Vermutung nahe, daß in einigen Fällen einige Systeme auch in der Lage sind, sich selbst zu transzendieren. Wenn das „Modell" des Selbst verändert wird — wie bei einer genetischen Mutation —, wird das alte Selbst transzendiert. Eine Veränderung in den gestaltenden Anschauungen ist ein weiterer Akt der Selbsttranszendierung. Es ist ein allgemeiner Beitrag der humanistischen Therapien, daß sie die Fähigkeit des Menschen anerkennen, sich selbst zu regulieren und zu verändern. Diese inhärente Lebensfunktionen werden durch die Prinzipien der Gewaltlosigkeit und der Inneren Achtsamkeit verstärkt und unterstützt.

In der Therapie suchen wir nach natürlichen Prozessen und folgen ihnen.

Einer dieser natürlichen Prozesse ist die Entfaltung der Bewußtseinszustände in den verschiedenen Phasen des Gesamtprozesses (vgl. 4. Kap.). Darüber hinaus erkennen wir an, indem wir die Abwehrsysteme unterstützen, daß organische Systeme ihren eigenen Weg und Sinn haben und daß sie allen Versuchen, sie in Richtungen zu zwingen, in die sie nicht gehen wollen, Widerstand leisten. So unterstreicht das Organizitätsprinzip unseren Respekt vor dem Leben und unser Vertrauen in die Heilkraft des Individuums.

Geist/Körper-Holismus

Geist und Körper beeinflussen sich gegenseitig. Sie interagieren. Wir haben besonderes Interesse an den Einflüssen, die unsere Anschauungen auf Haltung, Körperstruktur, Gesten, Gesichtsausdruck und Verhalten haben, insbesondere jene Anschauungen, die die Grundlagen des Charakters einer Person ausmachen. Wir erkennen an und arbeiten ebenfalls mit den Einflüssen, die der Körper auf den Geist hat. Viele Hakomi-Therapeuten sind in Körpertherapie ausgebildet (wie Massage, Rolfing, Bewegungstherapie und Ernährungsberatung). In diesem Handbuch allerdings werden wir uns auf den Faktor des Geistes, der den Körper beeinflußt, konzentrieren. In der Therapie arbeiten wir fortwährend an der „Schnittstelle" von Geist und Körper. Wir lenken die Aufmerksamkeit darauf, wie bestimmte Aussagen des Therapeuten körperlich erfahren werden, wenn der Klient sich im Zustand Innerer Achtsamkeit befindet. Wir lenken die Aufmerksamkeit auch auf Veränderungen in der Erfahrung nach bestimmten sanften körperlichen Interventionen. Daher arbeiten wir stets an der Geist/Körper-Schnittstelle, gleich, ob wir vom Körper ausgehend zu Erfahrungen, Erinnerungen und Bedeutungen gelangen oder von den Anschauungen herkommend deren Wirkung auf die Körpererfahrung untersuchen.

Von den Teilen zum Ganzen

> „Wir beschäftigen uns mit der Tendenz der Natur, Ganzheiten zu erzeugen, die aus Einheiten bestehen, die mit Hilfe von Kommunikation verknüpft werden. Dies macht aus einem Körper ein lebendes Wesen, das handelt, als besäße es Geist — den es in der Tat besitzt."
>
> *Gregory Bateson*

Einheit, Integration, von den Teilen zum Ganzen, all das bedeutet: hineinpassen, Teil werden von, gehört werden und angesprochen werden. Es gibt alle möglichen Therapien mit diesem Ziel: funktionale Integration (auch als Feldenkrais-Methode bekannt), strukturale Integration (Rolfing), Osteopathie, Akupunktur, Gestalttherapie und viele andere. Menschen, die sich in Familien zusammenschließen, eine Stadt oder eine Nation, Muskeln, die sich organisieren, um eine Bewegung auszuführen oder in einem Schwerkraftfeld zu funktionieren, Organe in einem gesunden Körper, die harmonisch zusammenarbeiten, zusammenwirkende Gedanken, Vorstellungen, Anschauungen, die ein einzelnes Selbst formen: alle diese Systeme repräsentieren den Integrationsgedanken. Sie alle können untersucht werden, indem man die Art und Weise erforscht, in der sie die Kommunikation zwischen ihren Teilen ermöglichen und begünstigen bzw. wie sie leiden und sterben, wenn die Kommunikation zusammenbricht und aufhört. Auf der Ebene des ganzen Wesens bezieht sich Integration auf Körper, Geist und Seele.

Östliche Religionen behaupten, daß wir in Illusionen leben und daß die größte Illusion darin besteht, daß wir getrennte Wesenheiten sind. Die größte Lüge, die primäre und verderblichste Illusion ist die Unterscheidung zwischen Selbst und anderen. „Selbst" bedeutet an dieser Stelle noch nicht einmal, daß du ein Mensch oder ein Körper oder irgend etwas in dieser Richtung bist. Es bedeutet nur, daß man an „Zweisein" glaubt und danach lebt. Das ist die Urlüge. Der Unterschied zwischen Einheit und Dualität gleicht dem zwischen einer holographischen Wellenfront und den von ihr produzierten einzelnen Bildern. Ein Hologramm besteht aus einem Netzwerk von Wellenmustern, wie eine bewegte Wasserfläche im Regen. Man muß diese sich vermischende, integrierende holographische Ganzheit nehmen und sie in einzelne „Selbst" und „Andere" trennen. Dafür braucht man Kodiermechanismen. Nach Karl Pribram sind alle Sinnesorgane, einschließlich des Berührungssinnes, solche Kodiermechanismen. Die östlichen Kulturen wissen seit langem, daß die Sinnesorgane lügen. Wir sehen einander als getrennte Objekte, weil wir durch unsere Augen sehen und weil wir gelernt haben, von uns und den anderen so zu denken. Das unbelastete Herz sieht anders.

Wir spalten unsere Ganzheit auf verschiedenen Ebenen. Der große Bruch tritt ein, wenn wir beschließen, daß wir einzeln sind. Wir trennen uns weiterhin in Geist und Körper. Diese Ebene der Geist-Körper-Spaltung war und ist der Brennpunkt intensiver Studien, religiöser Übungen und endloser Spekulationen. Heutzutage spricht man vom Geist-Körper-„Problem".

Letztlich spalten wir nicht nur Körper und Geist, sondern auch den Geist selbst. Unsere Erfahrungsmöglichkeiten werden stark eingeschränkt, wenn wir die Geist-Körper-Einheit fragmentieren. Und wenn der Geist in „Ich“ und „Nicht-Ich“ gespalten ist, gehen Ganzheit, Integrität, Harmonie und Frieden verloren. Jung nannte diese Teile des Geistes „Schatten“ und „Persona“, das Verborgene und die Maske. Keines von beiden ist real. Wir zerfallen in solche Teile, die wir in Anspruch nehmen, besitzen und für die wir Verantwortung übernehmen, und in solche, für die das nicht zutrifft. Wir sagen nicht bewußt: Das bin ich, und das bin ich nicht. Wir bemerken jene anderen Teile nicht; wir hören nicht auf sie, schauen sie nicht an oder fühlen sie. Wir vermeiden sie aktiv. Wir senden sie in die Gefilde des Unbewußten. Es stimmt nicht, daß die Schattenteile nicht bewußt sein können; vielmehr trifft zu, daß wir sie nicht bewußt werden lassen. Aber sie *können* und müssen in die Familie des Selbst gebracht werden, wenn wir ganz sein wollen.

Schatten und Persona sind Teile, die nicht kommunizieren. Ein Psychotherapeut wird versuchen, die Kommunikation zwischen diesen beiden mentalen Teilen in Gang zu bringen. Es ist eine schwierige Kunst, die Schattenteile aus ihrem Versteck zu locken und ihnen dabei zu helfen, offen und direkt zu sprechen. Ich glaube, daß Gestalttherapie gerade bei dieser Arbeit hervorragend ist. Gestalttherapeuten arbeiten in der Sprache des Dramas und des Theaters. Sie arbeiten mit der Interaktion der Teile, die wir spielen. Gestalttherapie spricht immer von Teilen und Ganzen. Auf dem heißen Stuhl trittst du in einen Dialog. Du sprichst zu einer Projektion eines Teiles deiner selbst, den du nicht eignen möchtest, den du weggeschoben hast. Im Laufe dieses Dialoges beginnen die Teile wieder zu kommunizieren. Das ist das Wichtigste bei diesem Prozeß: Er bewirkt die Wiederaufnahme der Kommunikation. Nicht ein bestimmter Teil des Dialoges ist signifikant, sondern der Prozeß selbst. Zu lernen, mit allen Teilen seines Selbst zu kommunizieren, verändert das Leben.

Perls vertraute darauf — und mir geht es ebenso —, daß die Teile, wenn man sie wieder dazu bringt, miteinander zu sprechen, ihre Verschiedenheit auflösen und zur Harmonie finden können. Das gilt besonders dann, wenn man einem Teil helfen kann, das zu finden und zu wissen, was er braucht, um sich in der Anwesenheit des anderen Teils sicher zu fühlen. Man braucht nicht nur Kommunikation, sondern auch Sicherheit, Mitgefühl und die Distanz zu den Ereignissen, die mit Innerer Achtsamkeit einhergeht. Diese Alchemie des Dialogs zwischen den Teilen ist der beste Weg zur Harmonie und bestätigt und verstärkt unser Vertrauen in die Tendenz der Welt, Ganzheiten zu schaffen.

Mit Hilfe dieses Kommunikationsprozesses reorganisiert sich die Spaltung von Schatten und Persona in ein Ganzes. Das ist Heilung. In der Gestalttherapie spricht man vom Aha-Erlebnis. Die Psyche reorganisiert sich spontan, um mit Ken Wilber zu sprechen. Diese Tendenz, diese Erkenntnis, Wertschätzung und Liebe, dieser Trieb zur Einheit bildet die heilende Kraft. Auch das Nervensystem reorganisiert sich spontan, glaubt man Feldenkrais. Unterstellt man eine Kommunikation zwischen den an einer Bewegung beteiligten Teilen, dann werden sie sich natürlicherweise entlang der am wenigsten anstrengenden Funktion integrieren. Das, was nicht dazugehört, fällt spontan weg. Gesundheit ist ein natürlicher Zustand, wenn wir achtsam sind und den einzelnen Teilen Aufmerksamkeit schenken. Dann entsteht Einheit. Heiler besitzen diesen Glauben. Es ist ein Glauben an das Leben selbst.

Unsere Therapie versucht, die Kommunikation innerhalb des Körperbewußtseins herzustellen und zu verstärken. Wir versuchen, den Teilen bei der Kommunikation zu helfen, die dazu neigen, nicht einander zuzuhören, und so handeln, als wenn sie getrennt wären. Oft hören wir nicht auf die Signale des Körpers. Wir erkennen unsere körperlichen Bedürfnisse nicht oder handeln nicht nach ihnen. Wir neigen dazu, uns von unseren Problemen, Zielen usw. auffressen zu lassen. Wir essen nicht, wenn wir hungrig sind, oder essen nicht das, was wirklich gut für uns ist. Oft bewegen wir uns nicht, wenn wir das müßten, oder ruhen uns nicht aus, wenn wir erschöpft sind. Viel eher trinken wir noch eine Tasse Kaffee und machen weiter. Und indem wir weitermachen, stoßen wir die Bedürfnisse und Botschaften des Körpers zur Seite.

Wenn man mit dem Körper kommunizieren will, muß man seine Sprache kennen. Außen ist das die Bewegung, die Geste, der Gesichtsausdruck, die Haltung, der Klang der Stimme. Innen ist es die Erfahrung. Also müssen wir, um einen Dialog zwischen Körper und Geist einleiten zu können, Zugang zu jenem anscheinend besonderen Bewußtseinszustand finden: der Erfahrung. Tatsächlich tun wir noch mehr. Wir sind nicht nur *in* unserer Erfahrung, sondern wir untersuchen darüber hinaus sorgfältig ihre Gestaltung.

Batesons Kriterien

Es gibt ein Buch von Gregory Bateson mit dem Titel *Geist und Natur*. Es ist ein hochintellektuelles Buch, eine äußerst präzise erkenntnistheoretische Untersuchung. Es ist auch ein sehr wichtiges Buch, wenn man den Geist verstehen will. Bateson stellt die These auf, daß jedes System bestimmte Qualitäten, bestimmte Charakteristika hat, von denen man sagen kann, sie hätten Geist. Diese beschreibt Bateson mit einer Reihe von Kriterien. Er stellt fest, daß dieselben Kriterien sowohl auf den menschlichen Geist als auch auf Natur anwendbar sind. Bateson definiert Natur als etwas, das Geist hat. Natur handelt intelligent. Wenn man sich die Evolution betrachtet, so erscheint diese als ein intelligenter Prozeß, als klug und strategisch, und in diesem Sinne ist sie geistbegabt.

Batesons Kriterien gleichen sehr unseren Prinzipien: Einheit, Achtsamkeit, Gewaltlosigkeit, Organizität und Körper/Geist-Holismus. Diese schaffen den Raum, aus dem sich die Hakomi-Theorie und Techniken entwickelt haben, wie aus Euklids Axiomen die gesamte euklidische Geometrie abgeleitet und bewiesen werden kann. Alle Details unserer Arbeit sind in diese wenigen Prinzipien eingebettet. Die Prinzipien zu kennen und nach ihnen zu leben bedeutet somit, in unserer speziellen Arbeit kreativ sein zu können. Ich möchte Batesons Kriterien im einzelnen darstellen und die Eigenschaften betrachten, die Geist ausmachen und die für jedes geistbegabte System gültig sind.

Das erste Kriterium lautet: Ein Geist ist ein Aggregat von zusammenwirkenden Teilen oder Komponenten. *Von den Teilen zum Ganzen:* das Einheitsprinzip. Wenn du einige Tage lang immer nur bei allem, was du tust oder was dir begegnet, auf die Vorstellung achtest, entdeckst du eine unglaubliche Zahl von Systemen, die diese Eigenschaft besitzen. Familien, das Organsystem des Körpers, Fußballmannschaften, Atome und Moleküle, Sterne und Galaxien. Dies ist das Kriterium der Negentropie.

Das zweite Kriterium lautet: Die Wechselwirkung zwischen Teilen des Geistes wird durch Unterschiede ausgelöst, das heißt, *die Teile kommunizieren miteinander.* Daher haben wir es nicht mit einem Energiemodell, sondern mit einem Informationsmodell zu tun. Die osteopathische Medizin ist ein Beispiel für ein solches Informationsmodell. Sie beruht auf der Vorstellung, daß man krank ist, weil bestimmte Botschaften nicht von einem Teil des Körpers zum anderen gelangen können, das heißt, Krankheit ist ein Kommunikationsproblem. Die Osteopathie betrachtet das Rückgrat als den wesentlichen Kanal, durch den Botschaften vermittelt werden. Wenn ein Osteopath die Wirbelsäule zurechtrückt, versucht er, die Kommunikation zwischen den einzelnen Teilen des Körpers zu verbessern. (Selbst die Theorie der Krankheitserreger kann als Informationsmodell betrachtet werden: Krankheit zeigt an, daß irgendein Teil des Immunsystems die Krankheitserreger nicht entdeckt und somit die Informationen darüber den dafür zuständigen Teilen nicht zukommen läßt.)

Unsere Arbeit — Sonden, Übung der Achtsamkeit, Übernehmen — ist ein Weg, unsere inneren *Antworten* zu beobachten. Diese Techniken verschaffen uns Informationen darüber, wie wir uns selbst organisieren. Ein Teil unseres Selbst beobachtet, wie wir unsere Welt zusammensetzen, und oft entdecken wir Teile, die normalerweise nicht im Bewußtsein sind. All diesen informationsorientierten Methoden der Heilung liegt eine gemeinsame Anschauung zugrunde: Es ist die Überzeugung, daß sich das System, sobald seine Kanäle geöffnet sind, selbst korrigieren wird. Erreiche den kritischen Punkt, warte, bleibe bei deiner Achtsamkeit, und du erhältst ein automatische, spontane Auflösung und Verbesserung der Funktion. Aber wir bleiben nicht am kritischen Punkt. Hakomi-Therapie hat einzigartige Methoden entwickelt, um mit den Gewohnheiten zu arbeiten, die die spontane Reorganisation verhindern: die Interventionen an den Barrieren.

Die Fähigkeit zur Selbstkorrektur ist eine Eigenschaft lebender Systeme. Wenn man bestimmte Bewegungen mit Achtsamkeit durchführt, verbessert sich die Funktion „spontan". Der Organismus weiß, wie er sich integrieren kann. Die Reorganisation geschieht, weil die Teile wieder miteinander kommunizieren. Die Muskulatur des Nackens „weiß", was das Becken tut. Sie sind nicht mehr isoliert voneinander. Sie stehen in einer Beziehung und beginnen, als Ganzes zu arbeiten. Und da eine derartige Integration im besten Interesse des Organismus liegt, ist der Impuls zum Ganzwerden in allen lebenden Systemen präsent und stark.

Das dritte von Batesons Kriterien beschäftigt sich mit der Energie. Es besagt, daß der geistige Prozeß *kollaterale* Energie braucht. Wichtig in bezug auf den Geist ist nicht die Art und Weise, wie Energie verarbeitet wird. Wichtig ist, wie der Geist Informationen verarbeitet. Natürlich braucht man Energie, aber es ist nicht wichtig, von welcher Art diese Energie ist. Zucker, Batterien, Wechselstrom, Gleichstrom — es spielt keine Rolle, solange das Radio spielt. Nicht die Amplitude der Nervenimpulse ist wichtig, sondern der Umstand, daß sie überhaupt funktionieren. Es gibt eine Reihe von Systemen, die Energie besitzen, aber keinen Geist. Man denke nur an Atombomben. Allerdings hat der Stoffwechsel und damit die bereitstehende Energie eine Auswirkung auf die Charakterentwicklung — mehr oder weniger abhängig vom Individuum (siehe 20. Kap.).

An dieser Stelle treffen wir auch auf einen Perspektivenwechsel. Es könnte sein, daß wir aus dem Zeitalter einer energie- und machtzentrierten Geisteshaltung herauskommen. Wir kommen heraus aus jener Art von Bewußtsein, die durch eine Fixierung auf das zweite Gesetz der Thermodynamik geschaffen wurde, das im wesentlichen besagt: „Wir haben nur soviel, und damit müssen wir auskommen." Das trifft für alle geschlossenen Systeme zu. (Natürlich gibt es im Universum einen unglaublichen Betrag von Energie, der aber — nach diesem Gesetz — doch begrenzt ist.) Das ist das Gesetz von der Erhaltung der Energie. Es handelt sich dabei um ein „Entweder-Oder-Denken". Wir aber sprechen über Informationen: Wenn ich dir etwas erzähle, weiß ich es immer noch. Und nachdem ich es dir erzählt habe, wissen wir es beide: *sowohl* du *als auch* ich. Auf einer praktischen Ebene ist das die Grundeigenschaft von Information. Anders als Materie und Energie kann eine gegebene Information an zwei Orten zugleich sein. Ich verliere sie nicht, weil ich sie dir gebe. Aus diesem Denken in den Begriffen von Geist und Information entsteht eine neue Art von Bewußtsein. Der Besitzbegriff zum Beispiel erscheint für das Gebiet der Information ungeeignet: Man denke nur an Priester und Spione, Gerüchte, Geheimnisse und das Copyright von Video-Cassetten!

Der erste Computer hatte 18.000 elektronische Röhren. Er füllte einen gewaltigen Raum mit elektronischer Ausrüstung, und er verbrauchte 140.000 Watt. In diesem System war Energie signifikant (insbesondere, wenn du selber die Stromrechnung zu bezahlen hattest). Ich habe in diesem Jahr einen Computer gekauft, der das Äquivalent von über 1 Million elektronischer Röhren besitzt. Er ist sehr viel kleiner als eine Schreibmaschine. Sein Energieverbrauch ist nicht erwähnenswert. Aber die Informationsverarbeitungskapazität ist überwältigend. Er braucht *etwas* Energie (z.B. eine Batterie), aber die Informations*kapazität* hängt vom Design ab und nicht davon, wieviel Energie zur Verfügung steht. Wesentlich ist, daß der Computer — wie auch der Geist — ein informationsverarbeitendes System ist. Wenn man untersuchen will, wie der Geist organisiert ist, ist Energie nicht sonderlich wichtig, solange ein Grundstock vorhanden ist. Das menschliche Energiesystem ist allerdings sehr komplex, und es muß gut eingespielt sein. Wenn man aber darüber nachdenkt, wie Menschen ihre Erfahrungen gestalten, dann hat die Arbeit des Geistes Priorität. Energie ist kollateral.

Batesons viertes Kriterium lautet folgendermaßen: Der geistige Prozeß verlangt *zirkuläre (oder noch komplexere) Determinationsketten.* Geistbegabte Systeme sind komplexer als einfache lineare Kausalsysteme. Man kann die Arbeit des Geistes nicht linear verfolgen. Geistbegabte Systeme besitzen Feedbackschleifen. Sie bestehen aus Teilen, die miteinander kommunizieren. Man kann nicht einfach sagen: „Wenn ich hier schiebe, dann wird das Ding in der und jener Weise weitergehen." Geist verhält sich nicht so einfach. Ein geistbegabtes System besitzt seine eigene interne Organisation. Es wird sich an das anpassen, was du tust. Man kann die Form der Anpassung nicht immer vorher wissen. Deshalb ist es so schwierig — und in der Tat unmöglich —, zu beschreiben, wie ein bestimmter Geist arbeitet.

Systeme mit Geist sind hochkomplex organisiert. Sie handeln nicht linear. Linear ist: Wenn eine Vitaminpille gut für einen ist, dann sind 1000 Vitaminpillen tausendmal so gut. Lebende Systeme sind nicht linear. „Es gibt kein System in der Biologie, in dem mehr immer besser ist." Das ist ein Zitat von Bateson.

Das fünfte Kriterium besagt: Im geistigen Prozeß müssen die Auswirkungen von Unterschieden als Umwandlungen, das heißt *kodierte* Versionen, von vorausgegangenen Ereignissen aufgefaßt werden. Man nimmt seine Erfahrung und gestaltet sie. Das meint Bateson mit Kodierung. Im Gehirn existieren keine Bilder; vielmehr wird die visuelle Information, die das Auge erreicht, in Nervenimpulse umgewandelt (kodiert). Auf einigen Ebenen ist die Kodierung unabänderlich; auf anderen kann man die Art und Weise der Gestaltung der Erfahrung verändern. In der Psychotherapie sind wir an der Kodierung auf höheren Ebenen interessiert, wie zum Beispiel den Theorien über uns selbst und über die Welt. Eine Überzeugung wie: „Ich muß mir die Zustimmung und Liebe anderer Menschen verdienen" gestaltet in starkem Ausmaß die Erfahrung. Leistungsorientierte Menschen, die nicht in der Lage sind, langsam zu treten und sich auszuruhen, wenden diese Umwandlung oft auf ihre Erfahrung an. Sie formen ihr Leben, ihre Urteile und Entscheidungen an dieser Überzeugung. Wenn ihnen jemand sagt: „Das hast du gut gemacht", dann kann das eine große Wirkung auf sie haben. Auch ihre muskelbezogene Gestaltung kreist um diese Vorstellung. Ihre Muskulatur ist auf Handlung hin aktiviert, und ihr Geist ist auf die Aufgaben fokussiert, die zu erledigen sind. Batesons fünftes Kriterium sagt uns, daß wir unsere Erfahrung gestalten, und es impliziert auf einem höheren Abstraktionsniveau, daß wir die Art und Weise dieser Gestaltung ändern können.

Das sechste Kriterium lautet: Die Beschreibung und Klassifizierung dieser Transformationsprozesse enthüllt eine *Hierarchie* von logischen Typen, die dem Phänomen immanent sind. Bateson verwendet Bertrand Russells Theorie der logischen Typen. Man kann auf eine Tafel den Satz schreiben : „Auf dieser Tafel steht nichts." Ein solcher Satz ist nach Russell sinnlos. Ein Satz *über* die Tafel gehört einer anderen Ordnung, einem anderen logischen Typ an als ein Satz *auf* der Tafel. Diese logischen Typen spielen eine Rolle in lebenden Systemen, weil wir mit Organisationsniveaus befaßt sind. Das ganze Selbst gehört einem höheren logischen Typ an als entweder Geist oder Körper. Ein ganzer Geist gehört einem höheren logischen Typ an als Bewußtes oder Unbewußtes. Diese Systeme besitzen logische Niveaus. Es ist wichtig, die Ebenen nicht miteinander zu verwechseln. Du bist nicht deine Gedanken, du bist nicht dein Körper, *du* bist all das und mehr. Auf der Ebene der Ganzheit kann man alle anderen Teile beobachten.

Es ist unendlich viel wichtiger, die Hakomi-Prinzipien zu kennen und zu verstehen als die Techniken. Die Techniken entstehen natürlich und spontan aus der Kenntnis der Prinzipien. Es ist besser, ein Gefühl für die Arbeit zu entwickeln, als stundenlang eine bestimmte Intervention zu üben. Beides wird gebraucht, aber Verständnis ist viel wichtiger. Die Prinzipien sind im Grunde genommen sehr einfach, auch wenn wir sie uns nicht schnell aneignen können. Achtsamkeit und Gewaltlosigkeit sind für die meisten nicht das tägliche Brot. Viel häufiger sind wir in Eile, viel öfter wenden wir gewaltige Energien auf, um praktisch nichts zu erreichen. Aber in der Inneren Achtsamkeit liegt die Möglichkeit, zu lernen, zu verändern und letztlich frei zu sein. Mit Innerer Achtsamkeit tritt die Veränderung oft leicht und mühelos ein. Aber wir scheinen Anstrengung vorzuziehen. Kämpfen macht uns zu Helden. Gewalt und Heldentum sind zwei Seiten desselben Phänomens. Und unnötige Anstrengung gleicht sehr der Gewalt. Betrachte diese Zeile aus einem Zen-Sutra: „Der große Weg ist nicht schwer für diejenigen, die absichtslos sind." Keine Absichten! Keine Bevorzugung eines bestimmten Weges. Kein Kampf mit dem, was einfach ist. Diese Einstellung ist grundlegend für Achtsamkeit und Gewaltlosigkeit.

Der Körper mobilisiert sich, um den vom Geist strukturierten Situationen gerecht werden zu können. Auf diese Weise reflektiert der Körper das geistige Leben. Unser Verständnis, unsere Dispositionen, unsere Erwartungen und Pläne haben eine Wirkung auf den Körper. Wenn man Erwartungen hat, bereitet sich der Körper darauf vor, entsprechend zu handeln. In deinem Ärger findest du, wenn du so disponiert bist, immer etwas, worüber du dich ärgern kannst. Wenn man Absichten hat, wenn man Wünsche hat, wenn man möchte, daß etwas in einer bestimmten Weise geschieht, wenn man emotional an die Ergebnisse seiner Anstrengungen und Wahlen gefesselt ist, dann wird der Körper daran teilhaben. Wenn du dich selbst sein läßt und wenn du auch nur für einen Moment ein Gefühl von Wollen, Sehnsucht usw. empfindest, kannst du fühlen, daß der Körper sich anspannt. Wie eine große Hand greift der Körper nach dem begehrten Ergebnis.

Der absichtslose Mensch hält nicht in dieser Weise fest. In der Absichtslosigkeit wird dem Körper keine Gewalt angetan, gibt es kein begehrliches Festhalten. Der absichtslose Mensch akzeptiert das, was ist. In diesem Nachgeben liegt keine Anstrengung und keine Gewalt.

Innere Achtsamkeit wird gebraucht, um Absichten fallenlassen zu können, weil man noch nicht einmal seine Präferenzen ohne Achtsamkeit erkennen kann. Ohne Achtsamkeit ist man nicht in Kontakt mit seinen Anschauungen und Dispositionen. Ohne Achtsamkeit und Gewahrsein handelst du aus der Gewohnheit heraus, alle Reaktionen sind automatisches Verhalten.

Du kannst dich vielleicht bewegen, du kannst Dinge schaffen, aber du kannst nicht lernen, dich zu verändern, zu wachsen und freier zu werden.

Nur wenn du klar weißt, was deine innersten Anschauungen sind, kannst du sie angehen. Bis du verstanden hast, wie dich eine solche Anschauung am Laufen hält, kannst du nicht wissen, wie man stoppt. Du bist dann nahe an der Freiheit, wenn dir deine Theorien über dich klar und wenn die Worte, die diese Theorien ausdrücken, präzise und wahr sind. Innere Achtsamkeit ist die Methode, die Klarheit bringt.

Die Erleuchteten unter uns haben ihre Absichten aufgegeben. Sie haben in ihren Geist geschaut und alles losgelassen, was dem Leben und der Wahrheit Gewalt antun könnte. Aber um deine Absichten aufgeben zu können, mußt du erst erkennen, daß du sie hast und was sie wollen.

19 Grundlagen des Charakters

„Die Grundlage für eine starke Konvergenz besteht einfach darin — so prosaisch sich das auch anhören mag —, daß bestimmte Überlebensweisen exakte Form- und Funktionsanforderungen an jeden Organismus stellen, der auf diese Weise überleben will."

Steven Jay Gould

„Diese abstrakten Formen bilden optimale Lösungen für allgemeine Probleme." *Darcy Thompson*

Im Kern eines jeden holistischen Ansatzes für eine Charakterlehre liegt die Vorstellung, daß menschliche Aktivität „multifaktoriell bestimmt" ist. Verhalten oder Charakter wird von keinem einzelnen Grund bestimmt. Die Suche nach dem einen großen traumatischen Ereignis — wie sich volkstümliche Filme über Psychoanalyse das vorstellen — entspricht keineswegs dem üblichen Therapieverlauf. Beim Verständnis oder der Veränderung eines Charakters hilft vielmehr die Suche nach der Art und Weise, in der Anschauungen, Dispositionen, Gewohnheiten usw. die fortlaufende Erfahrung lenken und gestalten. Auch wenn Kernmaterial sehr oft Erinnerungen an traumatische Vorfälle enthält (die übrigens nicht rein interpersonaler Natur sein müssen, sondern auch Ereignisse wie Autounfälle und chirurgische Operationen einschließen), so verursachen diese gewöhnlich nicht primär die Erfahrung. Wichtiger sind die Kernanschauungen und physiologischen Eigenschaften. Diese entwickeln sich um bestimmte Charakterstrategien und unterstützen sie.

Charakter als Funktion und Fehlfunktion

Das westliche Modell der Medizin sucht nach „Krankheitsursachen", wie einem Magengeschwür oder einem Virus. In diesem Modell ist Charakter das Ergebnis traumatischer Ereignisse, wie Entbehrung, Mißbrauch in der Kindheit usw. Natürlich sind derartige Dinge bei der Charakterentwicklung äußerst wichtig, und dieses Modell hat sich bei vielen Krankheiten, wenn auch nicht so sehr beim Charakter, als wirksam erwiesen. Das östliche Modell — ein Modell der „disharmonischen Strukturen" — betrachtet Krankheit als das Ergebnis von ungeeigneten Beziehungen der Teile eines Systems zum Ganzen und zueinander. Hier liegt die Betonung darauf, das Gleichgewicht und die harmonische Beziehung der Teile wiederherzustellen, und nicht so sehr darauf, den Grund oder die Ursachen zu eliminieren.

Man kann sich Charakter vorstellen als das Ergebnis einer Interaktion des Wachstumsprozesses des Kindes und seiner Umwelt. Der daraus resultierende Charakter läßt sich als zu Strategien verdichtete Eigenschaften mit Überlebenswert betrachten, aufgrund derer das Kind in seiner Kindheitssituation zurechtkommt. In diesem Licht erscheint Charakter der Kindheitssituation angemessen und läßt sich eher als Funktion denn als Fehlfunktion sehen. Aber eine Stärke, die so weit übertrieben ist, daß sie ein Ungleichgewicht herstellt, bildet in einem anderen Kontext eine Schwäche, und jede Funktion, die nur in einer Richtung entwickelt ist, hält die andere Polarität unterdrückt. Zum Beispiel belastet die Fähigkeit des Masochisten, unter schwierigen Bedingungen auszuhalten, dieselbe Person mit einer Langsamkeit und Ernsthaftigkeit, die seine Entscheidungen lähmt und normale Gefühle von Freude und Leichtigkeit sogar in solchen Situationen unterdrückt, in denen sie angemessen wären.

Charakter als Funktion. Als Funktion läßt sich Charakter am besten als Strategie und Handlungspräferenz verstehen. Jon Eisman untersucht im 20. Kapitel einige der zugrundeliegenden Stoffwechseltendenzen, die Charakterstrategien unterstützen und deren Entwicklung begünstigen. Zum Beispiel führt das hohe sympathikotone Erregungsniveau der Schizoiden zu erhöhter sinnlicher Wahrnehmungsfähigkeit und Imaginationskraft. Natürlich erlaubt dieselbe Sensibilität den Schizoiden, Gefahren früh zu spüren, und läßt gewöhnliche Geräusch-, Licht- und Berührungsstimuli schmerzhaft erscheinen. Ungleichgewichtigkeit der sensomotorischen Funktionen, besonders beim Schwerkraftmechanismus, sowie das Ausmaß der kortikalen Hemmung sind zwei weitere Dimensionen, die Eisman beschreibt. Diese grundlegenden Verzerrungen des Gleichgewichtes der physiologischen Funktionen führen zu Stärken in einigen Gebieten und zu Schwächen in anderen. Zusätzliche Unterstützung für Charakterstrategien entspringt aus dem Aufmerksamkeitsmechanismus, dem bevorzugten internen Prozeß und dem Denk- und Handlungsstil, die weiter unten behandelt werden. Schließlich können wir im Bereich von Charakter als Funktion die Analogie von Charakterstrategie und „Biostrategien" anführen, das heißt Strategien, die verschiedenen Tierarten gemeinsam sind, zum Beispiel die harte Schale der Schildkröte oder Auster oder die täuschende Färbung von Insekten, Tigern und Schlangen.

Charakter als Fehlfunktion. Zwei Aspekte von Fehlfunktionen werden in diesem Kapitel behandelt: die Unterbrechung der normalen Wachstumsmuster (in dem Abschnitt über die verstümmelte Funktion) und Reaktionen auf den Streß bei Informationsüberlastung. Wiederum muß betont werden, daß diese Fehlfunktionen nur die Kehrseite von Charakterstärken sind.

Diese grundlegenden Dimensionen — Funktion des Nervensystems, biologische Adaption, Entwicklung, soziale Integration und Erfahrungsgestaltung — erklären Charakter nicht „reduktionistisch". Sie liefern bloß Perspektiven, unter denen wir mit einzelnen Menschen arbeiten können. Struktur und Verhalten der Menschen geben zwar Hinweise auf ihr Kernmaterial, die aber bloß Ausgangspunkte sein können, von denen aus wir die Person wahrnehmen und verstehen.

Charakter als Strategie. Dieses Gebiet wurde bereits im 15. Kapitel behandelt. Hier möchte ich einige Aspekte dieses Themas vertiefen: die Dimensionen von Charakter, Biostrategien (Charakter als Anpassung an die Umwelt) und die Fehlfunktionen: unterbrochenes Wachstum und Informationsüberlastung.

Dimensionen des Charakters

Der Elefant rennt nicht weg und versteckt sich auch nicht, während das Kaninchen nicht trompetet und auch nicht angreift. Ihre verschiedenen Verhaltensweisen werden von den Fähigkeiten, Stärken und Dimensionen bestimmt, die sie geerbt haben und die sie weitergeben. In diesem Abschnitt werden wir die zugrundeliegenden Dimensionen des Charakters behandeln, jene einzelnen genetischen Aspekte von Struktur und Verhalten, die die Strategien und das Problemlösungsverhalten unserer gewachsenen Persönlichkeit bestimmen. Ich möchte nur diejenigen Dimensionen aufführen, die sich bisher in meiner Arbeit als wertvoll erwiesen haben. Sie stammen von Milton Erickson (Aufmerksamkeit, Distanz, Suggestion, Kontrolle), Ed Wilson (bevorzugter innerer Prozeß) und David Shapiro (Fokus, Denkstil, Handlungsstil). Weitere Dimensionen (autonome Funktionen, Disposition und kortikale Kontrolle) werden im 20. Kapitel besprochen.

Aufmerksamkeit

Diese Dimension kontrolliert die Input-Funktionen, darunter jene Operationen, die den Informationsfluß zum System modifizieren und kontrollieren. Dadurch trägt sie wesentlich dazu bei, wie die Welt wahrgenommen wird, und begleitet jeden Prozeß, in dem eine Person sich mit der Welt befaßt. Sie ist besonders wichtig in Situationen von Informationsüberlastung.

Intern/extern. Jeder Mensch legt zu einem bestimmten Zeitpunkt seinen Aufmerksamkeitsfokus entweder auf äußere Vorgänge (unter Verwendung von Distanzrezeptoren) oder auf interne Vorgänge (Spüren von Körperlage und -empfindungen, Gefühlen, Hunger, innere Temperatur usw.). Natürlich kann man sich auch mit beiden gleichzeitig befassen oder schnell von interner auf externe Aufmerksamkeit und zurück wechseln. Einige Menschen besitzen diese Flexibilität. Aufschluß über den Charakter gibt uns vor allem die Fixierung auf oder eine starke Präferenz für einen bestimmten Aufmerksamkeitsfokus. (Dies trifft für jede Dimension zu. Charakter ist ein Beschränkung, ein Unflexibilität, sogar auf der Ebene dieser zugrundeliegenden Variablen.)

Menschen mit internem Aufmerksamkeitsfokus zeigen leichte Verzögerungen in ihren Reaktionen, wenn sie die Welt wahrnehmen und in innere Erfahrung verwandeln. Sie haben weniger Probleme damit, ihre Gefühle und andere interne Vorgänge zu erkennen, aber andererseits können ihnen Handlungen, der Kontakt mit neuen Orten, neuen Menschen, Massen, Lärm und ähnlichem Schwierigkeiten machen. Diese Art der Aufmerksamkeit ist verwandt mit C. G. Jungs introvertiertem Typ. Menschen mit externem Aufmerksamkeitsfokus sind direkter mit ihrer Umwelt verbunden und haben Schwierigkeiten, ihre internen Zustände zu erkennen; sie entsprechen dem extravertierten Typ bei Jung.

Wir sehen die Wirkung dieser Dimension zum Beispiel bei Hysterikern und Phallikern. Bei den Hysterikern ist der interne Aufmerksamkeitsfokus stärker, bei den Phallikern der externe. Die Leichtigkeit, mit der Hysteriker (und Orale) über Gefühle berichten können, ist ein Zeichen für einen internen Aufmerksamkeitsfokus. Achtsamkeit ist natürlich ein Training für interne Aufmerksamkeit.

Eng/diffus. Aufmerksamkeit kann eng oder weit fokussiert sein. Sie kann offen sein für neue Informationen, weitschweifend und flexibel bezüglich der Informationsauswahl. Sie kann aber auch verengt und pointiert sein, bei einer Sache bleiben und keine neuen Informationen oder Unterbrechungen zulassen. Sie kann auf allgemeine Muster orientiert oder im Detail verwurzelt sein. Und wie alle anderen Dimensionen kann sie flexibel sein und von einer Form zur andern wechseln. Menschen mit einem offenen Fokus können globalere Bereiche erfassen und integrieren; aber die Details gehen verloren. Der enge Fokus besitzt demgegenüber die Eigenschaften, feine Details aufzunehmen und das Gesamtbild aus dem Auge zu verlieren. Diese Variable steht in enger Beziehung zu Kontrollfaktoren und zum Denkstil. Es bedarf eines hohen Ausmaßes von kortikaler Kontrolle, um den Fokus angesichts größerer Störungen aufrechtzuerhalten.

David Shapiro hat darauf hingewiesen, daß ein enger Aufmerksamkeitsfokus nötig ist, um zum Beispiel einen paranoiden Denkstil zu unterstützen. Ein diffuser Fokus ist eher für die Hysteriker charakteristisch, die sich nach dem Gefühl einer Gesamtsituation richten und nicht nach deren Details. Auch der Denkstil der Hysteriker ist globaler, allgemeiner, eher menschen- und musterorientiert. Sie kochen nach Geschmack und Intuition, ohne Rezepte und Meßbecher.

Distanz

Man kann völlig in etwas vertieft sein und alles andere total vergessen, das Gefühl für Zeit, Ort und sogar für sich selbst verlieren. Vertieft oder „absorbiert" zu sein heißt, die Distanz zwischen sich selbst und dem Objekt seiner Aufmerksamkeit aufzuheben. Andererseits können wir uns getrennt, nicht berührt fühlen, als wenn alles in großer Entfernung wie hinter einer Glasscheibe, außerhalb unseres persönlichen Feldes geschieht und uns nichts angeht. Im Extremfall ist dies das Ideal von Objektivität und objektiver Wissenschaft. Ob wir uns vollen Herzens in unsere Interaktionen stürzen oder auf Distanz bleiben — Objektivität steht eindeutig mit Charakterstrategien in Beziehung.

„Absorption" steht mit den starken sozialen Bedürfnissen und Neigungen der parasympathikotonen Typen in Verbindung. Ihre Beschäftigung mit anderen und ihre Vorliebe für die Unterstützung anderer verlangen Absorption. Die mehr distanzierenden Menschen wie Schizoide und andere sympathikotone Typen sind eher in der Lage, bei sich zu bleiben und ihre Umwelt mit kühlen Augen zu betrachten.

Denkstil

Denken kann, wie der Aufmerksamkeitsfokus, global oder detailliert sein. Beim analytischen Denkstil geht leicht die praktische umfassende Bedeutung der Dinge verloren. Im Extremfall haben wir das Denken des Paranoiden, der überall nach Hinweisen sucht, während die wirkliche Struktur der unmittelbaren Situation aus dem Fokus gedrängt wird. Der globale, „impressionistische“ Denkstil hingegen erfaßt die Vorgänge gefühlsmäßig und wird oft als intuitiv bezeichnet. In diesem Fall werden die Einzelheiten als unwichtig betrachtet und gehen so verloren. Diese Dimension ist äußerst wichtig für Therapeuten, da es im Verlauf der Therapie notwendig ist, von einem Stil zum anderen überzuwechseln.

Handlungsstil

Handeln läßt sich mit Hilfe einer Skala beschreiben, die von dem einen Extrem der hochkontrollierten, geplanten, vorbedachten und genau umschriebenen bis zum anderen Extrem der völlig spontanen, ungeplanten, vom Augenblick geborenen, unerwarteten und impulsiven Handlungsweisen reicht. Der Masochist ist extrem überkontrolliert, während der „Schizophrene“ völlig ohne Bremsen handelt. Im 20. Kapitel behandelt Jon Eisman diese Dimension unter der allgemeinen Überschrift „Kortikale Kontrolle“. Der Einfluß von Hemmung oder Impulsivität kann leicht an Bewegungen, Gesten, dem Informationsfluß und der Interaktion abgelesen werden. Bei sehr „gefaßten“ Menschen kann der Therapeut wahrscheinlich viel aktives Übernehmen einsetzen. Es gibt auch Strategien für die hochimpulsiven Typen, zum Beispiel Suche nach Bedeutung und Betonung der Inneren Achtsamkeit.

Suggestion

Diese Dimension bezieht sich darauf, ob eine Person auf direkte oder indirekte Suggestion reagiert. Sie wird stark von der Sensibilität für Manipulation oder harte Behandlung beeinflußt. Die parasympathikotonen Typen mit ihrem feinen sozialen Gespür und Takt reagieren eher auf indirekte Suggestionen, während die sympathikotonen auf direkte ansprechen. Das wenigstens ist meine Theorie.

Kontrolle

Bei dieser Dimension geht es um die Position, in die man sich in Beziehungen am liebsten stellt oder in der man sich gern wiederfindet. Einige Menschen bevorzugen die Sicherheit und geteilte Verantwortlichkeit einer gleichberechtigten Position. Sie wollen als Gleichberechtigte behandelt werden und leisten jedem Versuch, sie in eine Führungs- oder Untergebenenposition zu drängen, Widerstand (siehe unten). Andere bevorzugen es, über- oder unterlegen zu sein. Die Unterlegenen, wie Masochisten und Orale, versuchen, jemand anders die Verantwortung übernehmen zu lassen. Die Überlegenen (Psychopathen) nehmen diese Stellung aufgrund der Privilegien ein, die diese Position mit sich bringt. Aus diesem Grunde findet man oft Orale oder Masochisten in einer engen Beziehung mit Psychopathen.

Bevorzugter innerer Prozeß

Jungs Typologie klassifiziert Introvertierte, Extravertierte, Gefühlstypen usw. Ed Wilson korrelierte diese Typen mit physiologischen Variablen, wie Gehirnwellenfrequenzen, Neurotransmittern, bevorzugten Streßwegen *(preferred stress paths)* sowie bestimmten psychosomatischen Erkrankungen. Ohne hier ins Detail zu gehen, können wir erwähnen, daß die verschiedenen Jungschen Typen Streß bevorzugt jeweils in ein bestimmtes Körpersystem ableiten. Die Körperempfindungstypen leiten ihren Streß meistens in die Muskulatur, die Gefühlstypen in das endokrine (Hormon-) System. Die Denktypen (Introvertierte) bevorzugen Herz-Kreislauf-Streßwege. Da Dr. Wilson seine Forschungen hierüber noch nicht abgeschlossen hat und seine Befunde noch nicht veröffentlicht sind, will ich nicht mehr darüber sagen.

Biostrategien

An der Küste von Kalifornien lebt ein kleiner silberfarbener Fisch, der zu Tausenden an die Strände kommt, um seine Eier zu legen und zu befruchten. Sie kommen immer bei Vollmond; dann ist die Flut am höchsten, und die Eier bleiben ungestört im Sand, bis zehn Tage später die nächste Hochflut kommt. In zahllosen Jahren hat sich dieser Fisch an die Gezeiten angepaßt.

Sein Verhalten ist in dem Sinn strategisch, daß es sinnvoll und klug erscheint. Natürlich ist dieser scheinbare Sinn nicht das Ergebnis sorgfältigen Denkens und Planens. Und doch passen das Verhalten der Fische und der Mondzyklus wie Schlüssel und Schloß harmonisch zusammen. Dieses innige Zusammenpassen von Organismus und Umwelt legt den Gedanken an Strategie und Sinn nahe. Die Verwendung von Abwehrsystemen, Gewohnheiten, „Spielen" und all dem, was den Charakter einer Person ausmacht, bildet ebenfalls eine wunderbare und innige Anpassung an die Umwelt.

Tiere haben viele Möglichkeiten im Umgang mit ihrer Welt entwickelt, die unseren Charaktermustern sehr ähnlich sind. Mein Lieblingsbeispiel sind Täuschungen und Mimikry. Tiere verwenden ein ganzes Arsenal von Verkleidungen und täuschenden Farben. Viele überleben, indem sie wie etwas aussehen, das sie nicht sind; zum Beispiel sehen einige ungiftige Schlangen und Raupen genauso aus wie ihre giftigen Vettern. Diese Mimikry scheint mir den Täuschungsmanövern des Psychopathen zu gleichen. Gefährlich oder unschuldig (oder wichtig, stark oder entspannt) auszusehen, ohne es wirklich zu sein, ist die Schlüsselstrategie des Psychopathen.

Gewisse Motten täuschen nahrungssuchende Vögel durch große, runde, dunkle Flecken auf ihren Flügeln, die für die Vögel wie die Augen eines großen Tieres aussehen. Dies gelingt auch den Psychopathen, die andere besonders dazu bringen, sie für größer, stärker, wichtiger, klüger und reicher zu halten, als sie wirklich sind. Auch einige Fische tun das, während andere, wie der Anglerfisch, das Gegenteil erreichen, nämlich harmlos auszusehen, obwohl sie es nicht sind. Sie täuschen Unschuld vor, und das ist die Strategie des Psychopathen II. Diese vorgetäuschte Unschuld verbindet ihn mit dem Masochisten. Beide spielen unschuldig. Der Psychopath allerdings, großer Schauspieler, der er ist, glaubt an seine Unschuld, während der Masochist nur die unausweichliche Strafe verzögert und sich selbst dann schuldig fühlt, wenn er wirklich das Opfer ist.

Löwe und Eisbär, Gorilla und Delphin tummeln sich in ihrem Reich ohne Angst — ausgenommen natürlich vor dem Menschen. Diese Tiere haben keine natürlichen Feinde und brauchen sich nicht zu verstecken. Die meisten anderen Tiere allerdings gehen mit Schnelligkeit oder List denen aus dem Weg, die ihnen schaden könnten. Erstarren, totstellen, Bewegung unterdrücken und möglichst unsichtbar zu sein sind die Strategie der Beutelratte und des Schizoiden, die Biostrategie des Gejagten. Die Oralen andererseits verwenden die Strategie der Jungtiere vieler Spezies, die schwach und hilfsbedürftig aussehen, damit sie von den Eltern gefüttert, geschützt und gewärmt werden. Vom Seehund bis zum kleinen Känguruh, von den frisch geschlüpften Küken bis zu den Bienenlarven, alle werden versorgt, bis sie ihren Platz in der „Erwachsenenwelt“ einnehmen und ihrerseits für den neuen Nachwuchs sorgen können. Die Oralen nutzen dies aus, und es ist eine Strategie der Abhängigkeit. Die Masochisten verlassen sich — wie die Schildkröten, Austern usw. — auf eine starke, unempfindliche Schale, an der sich böswillige Gegner erschöpfen. Die Hysteriker ihrerseits, die Aufmerksamkeit von diesen oder jenen brauchen, machen ein lautes oder verführerisches Getue, zeigen lärmende Furcht oder sonst irgend etwas Aufregendes, um das Interesse so vieler Menschen wie nötig zu fesseln. Wie die großen Schreikraniche, die sich mit Getöse ankündigen, stellen die Hysteriker sicher, daß man ihre Anwesenheit bemerkt. Natürlich ist das eine Strategie, die früher funktionierte, als sie zum Beispiel Aufmerksamkeit eines überfokussierten Elternteils des Informationsfiltertyps (s. u.) auf sich lenken wollten. Dann überrannten sie einfach den Filter, indem sie lauter oder kränker oder was immer wurden, bis sie die anderswohin fixierte und absorbierte Aufmerksamkeit auf sich gelenkt hatten. Ihr Geschrei funktionierte ebenso wie das Täuschungsmanöver des Psychopathen. Der Phalliker erscheint hier wie eine Bulldogge, deren hartnäckige Ausdauer den Sieg erringt, wenn sie sich in die Nase eines größeren Tieres verbeißt und einfach nur festhält, bis das Spiel zu Ende ist. Ausdauer — das ist die Strategie, und sie ist ein realer Teil im Leben von vielen, die um ihre Existenz kämpfen müssen.

Charakter als verstümmelte Funktion

Im Verlauf der Entwicklung tauchen bestimmte natürliche Funktionen auf, wie Stehen, Gehen, Sprache usw. Wir können Charakter als eine Unterbrechung der natürlichen psychologischen und sozialen Funktionen betrachten. Diese Unterbrechung des normalen Wachstums einer psychologischen Funktion „verstümmelt“ sie, das heißt, sie wird verzerrt oder unvollständig gelernt. In diesem Abschnitt wollen wir drei Aspekte von Charakter als verzerrter oder verstümmelter Funktion betrachten:

1. die verstümmelte Funktion,
2. die normale Entwicklung der Funktion,
3. verstümmelnde Ereignisse und Interaktionen.

Die verstümmelte Funktion. Die folgende Tafel gibt die Beziehung zwischen verstümmelter Funktion und Charaktertyp wieder:

Funktion	Charakter
Zugehörigkeit	Schizoide
Unterstützung, Selbstunterstützung	Orale
Abhängigkeit, gegenseitige Unterstützung	Kompensiert-Orale
Soziales Verhalten	Psychopathen
Ehrlichkeit in bezug auf:	
Bedürfnisse, Schwäche	Psychopath I
Intentionen, Gefühle	Psychopath II
Verantwortlichkeit, Freiheit	Masochisten
Sein, ohne zu tun	Rigide
Entspannung, Loslassen	Phalliker
sich geliebt und beachtet fühlen	Hysteriker

Die Grundfunktion der Zugehörigkeit wird benötigt, um in die jeweilige Umwelt hineinzupassen. Das ist die grundlegendste Form von Einheit. Palmen wachsen in Florida, und Eisbären leben in der Arktis. Beide Lebensformen passen in ihr normales Ökosystem und harmonieren mit ihm. Sie sind eingebunden und passen zu ihrer Umwelt. Die Schizoiden lernen diese Funktion nicht gut.

Die Unterstützungsfunktion enthält verschiedene Aspekte: Unterstützung bekommen und annehmen, unterstützende Personen erkennen und Unterstützung geben — Stärkung annehmen und wissen, wie und wo man sie bekommt. Sie ist eng verbunden mit dem Glauben, daß die Welt ein stärkender Ort mit Zukunft ist. Orale und Kompensiert-Orale haben die meisten Schwierigkeiten mit dieser Funktion.

Teil der Familie und der größeren sozialen Gruppe zu werden ist eine Funktion, die schlecht oder unvollständig von den beiden Psychopathen gelernt wird. Das Gefühl der Wertschätzung von Ehrlichkeit und Großzügigkeit ist bei den Psychopathen geschädigt. Die Entwicklung dieser Funktion wurde nicht unterstützt, und eine Strategie der Täuschung hat funktioniert. Die Funktion der Verantwortlichkeit und der Freiheit, sich auszudrücken, ist beim Masochisten unvollständig. Bei den Rigiden ist es, sein zu können, ohne etwas leisten oder hübsch aussehen zu müssen.

Die normale Entwicklung der Grundfunktionen. Die Funktion der Zugehörigkeit entwickelt sich, wenn sich das Kind an Geräusche und Helligkeit, an die Berührungen der Mutter und andere unmittelbare Inputs aus der Umwelt anpaßt, während gleichzeitig die Umgebung auf die Bedürfnisse des Kindes reagiert. Dieses Einpassungslernen liefert die Grundlage für die Funktion der Zugehörigkeit. Die Welt, die Umgebung, die Mutter, Familie und Gruppe passen sich ihrerseits an das Kind an und geben ihm das Gefühl, daß es Teil dessen ist, was passiert, und daß es sicher und willkommen ist.

Unterstützungsfunktionen entwickeln sich, wenn das Kind lernt, daß es sich darauf verlassen kann, daß andere für Nahrung, Wärme und sein körperliches Wohlbefinden sorgen. Das Kind antizipiert aufgrund eines organisch wachsenden Rhythmus von Bedürfnis und Stärkung, daß seine Bedürfnisse erfüllt werden. Da es sich auf seine Stärkungsquelle verlassen kann, unternimmt es gern Experimente zur Selbstversorgung oder gegenseitigen Unterstützung.

Die Sozialfunktionen entwickeln sich, wenn das Kind die Regeln des sozialen Lebens kennenlernt und sich auf sie verläßt. Wenn Ehrlichkeit, Freundlichkeit und Offenheit unterstützt und ermutigt werden, lernt es diese sozialen und moralischen Werte.

Verantwortlichkeit und Freiheit lernt das Kind, wenn es mehr und mehr Gelegenheit erhält, sich aus den Zentren der Kontrolle und Überwachung in Bereiche zu begeben, wo es auf sich selbst gestellt ist, tun kann, was es will, und für sich selbst entscheiden muß. Sein, ohne leisten zu müssen, kann das Kind, wenn sich eine schlichte und enge Beziehung zu den Eltern entwickelt hat und diese das Kind schon um seiner bloßen Anwesenheit willen schätzen: ein Vater, der mit seinem Sohn oder seiner Tochter ruhig beisammensitzt, ohne etwas zu tun. Die Liebe, die sich in einer solchen Interaktion zeigt, erlaubt dem Kind, für sich selbst zu sorgen, ohne daß es in Konflikte darüber gerät, ob es hübsch oder fleißig genug ist.

Verstümmelnde Ereignisse und Interaktionen. Die natürliche Entwicklung dieser Funktionen kann jedoch unterbrochen werden. Die Kälte und Rigidität einiger Familien machen es einigen Kindern unmöglich, dazuzugehören. (Der *Double-bind* ist ein Beispiel dafür: Es gibt keine Möglichkeit, sich anzupassen. Jede Entscheidung, die man trifft, ist falsch und führt zu schmerzhaften Ergebnissen.) Wenn die Art, wie das Kind gefüttert, getragen, trockengehalten und umsorgt wird, nicht verläßlich ist, kann es nicht lernen, Unterstützung von anderen mit Selbstunterstützung zu integrieren. Das Ergebnis besteht entweder in einer starken Abhängigkeit oder in einer übertriebenen Unabhängigkeit. Wenn Ehrlichkeit und die anderen Regeln für einen unbefangenen Umgang in der Familie verletzt werden und sich Täuschung und andere „antisoziale" Verhaltensweisen auszahlen, dann werden die Sozialfunktionen verstümmelt. Wenn Täuschung funktioniert und Ehrlichkeit zu Schmerz und Strafe führt, wird das Kind nicht lernen, „ein guter Bürger" zu sein.

Die Funktionen der Freiheit und Verantwortlichkeit werden verstümmelt, wenn die Familie zu viel Kontrolle und Fürsorge ausübt und Bemühungen des Kindes um freie Entscheidungen und verantwortliches Handeln bestraft. Und wenn Eltern ein Kind nur um seiner Leistungen, physischen Attraktivität, Talente usw. willen schätzen und nicht um seiner selbst willen, dann gehen Selbstakzeptanz und die Fähigkeit verloren, sich selbst wohl zu fühlen.

Informationsüberlastung

Wenn Informationen und Ereignisse schneller eintreten, als ein System sie momentan verarbeiten kann, wird das System überlastet, es sei denn, es wird eine Anpassung vorgenommen. Diese Anpassung nennt man Informationsüberlastungsstrategien. Mit ihrer Hilfe läßt sich gut beschreiben, was mit einer Person geschieht, die einfach zu viel zu bewältigen hat. Die Vorstellung von Verdrängung angesichts überwältigender Ereignisse paßt hierher, und auch die Verwendung von Vermeidungsgewohnheiten gegen allzu schmerzhafte Gefühle ist ein solcher Anpassungsprozeß. Die Charakterabwehrsysteme lassen sich alle als Informationsüberlastungsstrategien betrachten.

In seinem Buch *Living Systems* erwähnt James Grier Miller acht solcher Anpassungsprozesse: Wenn wir versuchen Schritt zu halten, ohne in irgendeiner Weise die hereinkommende Information zu manipulieren, können wir 1) *Fehler machen* oder 2) einen Teil der hereinkommenden Informationen *weglassen*. Oder wir können versuchen, die Informationsquelle zu verlangsamen bzw. die Verarbeitung der Information zu verzögern, indem wir Informationen in der gleichen Art in Wartestellung schieben, wie Flugzeuge an einem verkehrsreichen Flughafen in Warteschleife gebracht werden. Das ist die Strategie der 3) *Warteliste (queuing)*. Oder wir können die Informationen 4) *filtern*, das heißt eine Sorte von Botschaften annehmen und andere nicht. Das ist, als wenn man nur die Passagierflüge landen läßt und alle Frachtflüge zu einem anderen Flughafen schickt oder sich nur mit einer bestimmten Sorte von Leuten und Gefühlen befaßt. 5) *Abstrahieren* bedeutet Details auszulassen, indem man zum Beispiel die Ebene von Erfahrung und Achtsamkeit verläßt — die eine Menge Zeit braucht — und sich auf das Niveau von Gewohnheiten und Vorstellungen begibt, was dabei hilft, schneller voranzukommen. Entscheidungen werden erleichtert, wenn man in Schwarz und Weiß denkt und Regeln folgt, anstatt sich mit jedem Moment zu befassen, wie er in seiner Einzigartigkeit daherkommt. 6) Der Gebrauch von *Ersatzkanälen (multiple channels)* bezieht sich auf den Prozeß, mit dessen Hilfe wir jemanden dazu bringen, Teil der Last zu übernehmen, das heißt, Hilfe zu holen. 7) *Flucht (escape)* bedeutet genau das, was das Wort besagt: Fersengeld zu geben, keine Telefonate mehr entgegenzunehmen, den Fernseher anzustellen, das Büro zu verschließen und nach Tahiti zu fliegen. Schließlich gibt es 8) *Blockbildung (chunking)*. Dies bezieht sich auf die Methoden, mit deren Hilfe wir die ankommende Information kodieren, so daß wir alle Informationen in einer kompakten Form erhalten (vgl. das Beispiel mit Isaak Stern im 7. Kapitel).

Die Schizoiden, die sich zurückziehen und auf Konzepte und Ideen spezialisieren, verwenden Flucht- und Abstraktionsstrategien. Die Oralen mit ihrer Abhängigkeit und ihrer Neigung, andere zur Stärkung zu bewegen, verlassen sich auf Ersatzkanäle. Auch die Psychopathen bringen andere dazu, Dinge für sie zu tun, aber sie zapfen die Ersatzkanäle mittels Täuschung an. Die Masochisten können gut Wartelisten aufstellen, die Aktion verlangsamen und anhalten. Die Hysteriker scheinen eine Strategie der Signalmaskierung oder der Erzeugung von Hintergrundrauschen zu verwenden, um etwas zu überdecken, das sie nicht verstehen wollen. Dies könnte eine Art von Flucht sein, und das verbindet sie mit den Schizoiden. Wie wir im 14. Kapitel gesehen haben, haben sowohl Hysteriker als auch Schizoide Einsichtsbarrieren.

Die Hauptstrategie der Phalliker besteht im Filter, der Verengung des Fokus und der intensiven Konzentration auf eine Sache. Das ist ihre Stärke, und das führt die Leute dazu, sie für unsensibel und effizient zu halten. Sie werden irritiert, wenn jemand ihre intensiv fokussierte Aktivität unterbricht, und dieser Jemand fühlt sich oft roh zur Seite gestoßen.

Im Licht der Informationsüberlastungsstrategien erscheint Charakter viel gutartiger und hat einen sehr viel neutraleren Aspekt. Dies hilft auch ein wenig dabei, die Kluft zwischen zwei sehr wichtigen Disziplinen zu überbrücken: Die Psychotherapie und die Systemtheorie haben gerade erst angefangen, einander zu entdecken, und schon erweist sich ihr gegenseitiges Interesse aneinander als höchst fruchtbar.

20 Charaktertypologien

von Jon Eisman

Die Hakomi-Therapie basiert auf einer umfassenden Charaktertheorie. Es ist wichtig, daran zu denken, daß Charaktertheorie eine Beschreibung des gemeinsamen Nenners von „Spielen“, Formen, Gewohnheiten und Strategien ist, die Menschen als Antwort auf ihre Welt entwickeln. Charakterlehre ist kein Versuch, Menschen zu kategorisieren. Man kann nur mit Hilfe der Prinzipien und Techniken und ohne Charaktertheorie therapeutisch arbeiten. Aber die Theorie ist ein wertvolles Werkzeug. Sie kann dir sicherlich alternative therapeutische Möglichkeiten an die Hand geben und dein Verständnis und Mitgefühl für die Menschen, mit denen du arbeitest, vergrößern. Ich betrachte Charakter gern als einen Theaterauftritt oder eine Maskerade. Es ist die Maske, die du trägst, um den Gesichtern zu begegnen, die du triffst, wie T. S. Eliot sagt.

Welche Masken du zu tragen gelernt hast, entspringt einer Vielzahl von Quellen, gewöhnlich in der Kindheit. Du kommst in die Welt, und die Welt lebt um dich herum, und du entwickelst langsam und schrittweise eine Reihe von Anschauungen darüber, wie die Welt ist. „Die Welt ist sicher“ oder: „Sie ist voller Schrecken“ oder: „Niemand bemerkt mich“ oder: „Ich kann tun, was ich will“. Du entwickelst Anschauungen, die zumindest aus deiner Sicht wirklich wahr zu sein scheinen: „So ist die Welt!“ Manchmal ereignet sich etwas wirklich Dramatisches, und deine Anschauung entsteht fast sofort; gewöhnlich allerdings sammelst du eine Reihe von Erfahrungen und schaffst eine Anschauung, die aus der Gesamtwirkung all dieser Erfahrungen herausdestilliert ist.

Als Konsequenz deiner Anschauungen entwickelst du Strategien, die es dir erlauben, am wirkungsvollsten mit der Welt umzugehen, so wie sie dir erscheint. Wenn die Welt erschreckt aussieht, ziehst du dich vielleicht zurück und schaffst eine Menge Phantasien über eine bessere Welt. Wenn dich niemand bemerkt, wirst du vielleicht lauter oder auffallender. Vielleicht fühlst du dich geschätzt, also erlaubst du dir, die Welt in ihrer Tiefe zu erforschen. Manchmal funktioniert eine Strategie nicht, oder sie „kostet“ zuviel, um sie auf einer bestimmten Ebene aufrechtzuerhalten. Also verwirfst du sie und findest eine andere. Du experimentierst ein wenig, bis du Strategien findest, die deine Bedürfnisse erfüllen.

Wenn sich eine Strategie als erfolgreich erweist, verstärkt sie dein Vertrauen in die Richtigkeit deiner Anschauungen. Schließlich scheint es dir unwiderleglich zu sein, daß die Welt so ist und daß du in ihr so sein mußt, um die Dinge so zu bekommen, wie du sie willst. Die Anschauungen und Strategien werden automatische Reaktionen. Du verwendest nicht mehr viel Zeit und Energie auf diese Grundebene des Lernens und Ausprobierens. Deine Maske, dein Kostüm ist vollständig, und du kannst deinen Platz auf der Bühne einnehmen, um deine Rolle in dem Spiel zu spielen, das sich dir während der letzten Jahre so fundamental erschlossen hat. Wenn man Charakterverhalten auf diese Weise betrachtet, verdient jeder Fünfjährige einen *Oscar.*

Wenn ich über Masken und Kostüme rede, spreche ich sowohl metaphorisch als auch wörtlich. Dein Charakter ist nicht einfach die Überzeugung, die dein Verhalten und deine Ansichten formt; er ist auch die Form, die dein Körper annimmt, um diesen Standpunkt zu porträtieren. Dies ist die Grundlage aller körperzentrierten Psychotherapeuten. Interne Information gestaltet die äußere Erscheinung. Du bildest deinen Körper in einer Form nach, die dir am ehesten erlaubt, deine Strategie auszuagieren. Wenn deine Strategie darin besteht, Unterstützung zu finden, beginnst du, ein wenig hilflos auszusehen. Wenn du bestimmt und effektiv sein mußt, lehnt sich dein Körper nach vorne und nimmt eine Pose von Bereitschaft ein. Wer immer du im Inneren bist, dein Körper beschreibt es und hält es perfekt aufrecht. Und dies gibt uns sowohl eine Leinwand, auf der wir diese innere Welt in sorgfältiger dreidimensionaler Wiedergabe sehen können, als auch einen Zugangsweg dorthin über die Form des Körpers, auf dem wir diese Welt erforschen und entdecken können (das Kaninchenloch zum inneren Wunderland).

Der Grund, warum wir diese Welt erforschen und entdecken wollen, ist der, daß die Anschauungen, die du entwickelst, und die Strategien, die du gewählt hast, nicht immer die effektivsten oder befriedigendsten sein müssen. Sie brauchen noch nicht einmal wahr zu sein, oder vielmehr, sie waren einmal wahr, aber jetzt sind sie es nicht mehr: Sie sind überholt. Wenn du sie immer noch aus Gewohnheit automatisch verwendest, dann lohnt sich der Zeitaufwand, sie zu überprüfen und festzustellen, ob jetzt ein anderes Stück gespielt wird als früher und ob deine Rolle immer noch genau und angemessen ist. Warum Ränke schmieden wie Macbeth, wenn dir alle die Krone aufdrängen?

Bevor wir diskutieren, woher die Anschauungen oder Strategien im einzelnen kommen oder warum sie ausgewählt werden, müssen wir Charakter im Licht der Prinzipien der Inneren Achtsamkeit und Gewaltlosigkeit betrachten. In der Hakomi-Therapie versuchen wir die *Information* zu finden, die unser Verhalten gestaltet. Wenn wir diese Information gefunden haben, wollen wir sie nicht etwa beurteilen und im Sinne einer therapeutischen Norm „reparieren". Wir wollen nur die Optionen erforschen, die uns zur Verfügung stehen, und die befriedigendsten auswählen. Daher glaube ich, daß ein Charakter keine Krankheit oder ein Problem ist, sondern eine Verhaltensmöglichkeit, die eine Person auf der Grundlage aller Informationen, die ihr zu dieser Zeit zur Verfügung standen, gewählt hat.

Wenn die Person heute nicht glücklich ist, ist es sehr wahrscheinlich, daß die alte Information nicht vollständig und nicht mehr genau ist. Vielleicht gibt es neue Informationen, die eine neue Verhaltensmöglichkeit zulassen. Aus diesem Grund glaube ich daran, daß Therapie — und Veränderung — möglich ist. Mit anderen Worten, wir tun das Beste, was wir können, damit unser Leben funktioniert.

Vielleicht funktioniert es mit etwas mehr Information noch besser. Für mich bedeutet diese Vorstellung des „So-gut-wir-Könnens", daß ich nicht mehr bewerte, sondern Mitgefühl habe. Es hilft mir, mit anderen zu arbeiten von einem Standpunkt der Fürsorge und Großzügigkeit aus, anstatt mit Autorität und Helferanspruch. Es gibt, kurz gesagt, keine „schlechten" Charaktere — schlimmstenfalls schlecht informierte. Und denke auch daran, daß Charakter nicht die Person ist, sondern nur eine Strategie, die angenommen wurde, um mit bestimmten Situationen fertig zu werden.

Einer der faszinierendsten Aspekte der Hakomi-Therapie ist Rons bahnbrechender Versuch der Integration vieler verschiedener Charaktertheorien zu einer umfassenden Ganzheit. Sein *multifaktorieller Ansatz* besteht darin, so viele Faktoren und Einflüsse wie möglich einzuschließen, und hat wenigstens drei verschiedene Vorzüge:

1. Jede Komponente muß, damit das ganze System genau sein kann, perfekt mit jeder anderen zusammenpassen. Dadurch erhalten wir systematische Überprüfungsmöglichkeiten: eine interne Feedbackschleife, durch die die Genauigkeit jeder Komponente verifizierbar wird.
2. Hakomi kann aufgrund dieser weiteren Perspektive eine festgelegte Erfahrungsebene verlassen und viele andere Ebenen integrieren oder, genauer gesagt, die inhärente Einheit dieser Ebenen erkennen. Das heißt, die Theorie beruft sich nicht allein auf geistige Anschauungen, physiologische Daten oder psychologische Kategorien; sie erklärt auch die Einheit und Interaktion all dieser Komponenten.

3. Weil die Therapie einen universellen Anspruch hat, indem sie alle Teile des Charakter- und Informationsuniversums einschließt, hilft sie, die unglaubliche Verschiedenheit zwischen den Menschen zu erklären. Es gibt immer wieder Unterschiede zwischen Personen desselben „Typs" (ganz gleich, welche Typologie man anwendet), und der Einbezug von multiplen und sich überschneidenden Kriterien erklärt sinnvoll mehr Fälle von Verschiedenheit als eine einzelne Typologie.

Eine Möglichkeit, die multiplen Einflüsse auf die Charakterbildung zu betrachten, ist die Vorstellung der *Disposition* (dieser Begriff stammt von Karl Popper; vgl. Popper und Eccles: *Das Selbst und sein Gehirn)*. Man kann sich einen Organismus (oder einen Teil eines Organismus) als für eine bestimmte Handlungsweise oder Einstellung disponiert vorstellen. Eine Amöbe ist dazu disponiert, sich zurückzuziehen, wenn sie berührt wird. Eine Gallenblase ist dazu disponiert, sich zusammenzuziehen, wenn Fett in den Darm eintritt. Eine Mutter ist dazu disponiert, ihr Baby mit Zärtlichkeit zu behandeln. Auf dieselbe Art wird ein Individuum zu bestimmten Anschauungen und Strategien disponiert. Manche Menschen sind zum Zusammenbrechen, einige zum Durchhalten disponiert, einige zum Widerstandleisten, wieder andere zum Sichzurückziehen usw. Und natürlich sind einige in einer bestimmten Situation auf die eine und in der nächsten Situation auf eine andere Weise disponiert. (Du hast sicher schon den Satz gehört: „Ich arbeite viel lieber, wenn ich mit Menschen zusammen bin.") Um zu verstehen, was dich wozu disponiert, mußt du die verschiedenen spezifischen Beeinflussungsfaktoren der Disposition kennen. Zu diesem Zweck müssen wir einige der verschiedenen Ebenen und Kategorien dieses Einflusses erläutern.

Zunächst gibt es fast endlos viele Typensysteme. Im allgemeinen scheinen Typologien in drei Kategorien zu fallen: physiologische, umweltbezogene und geistige. (Eine andere Aufteilung dieser Kategorien könnte folgendermaßen aussehen: der Einfluß deiner inneren körperlichen Welt auf die äußere Welt, der Einfluß der äußeren Welt auf deine innere Welt und der Einfluß der metaphysischen Welt sowohl auf deine innere als auch die äußere physikalische Welt.) Beispiele für physiologische Typensysteme sind die vier Gemütstypen, die im alten Griechenland entwickelt wurden, Kelleys Stoffwechseltypen, Sheldons Somatotypen usw. Umweltbezogene Typisierung sind Konzepte wie A-Typ-Verhalten oder die fünf Entwicklungstypen der Bioenergetik. Geistige Typisierungssysteme können zum Beispiel astrologische Typen oder Chakra-Dominanzen einbeziehen. In der Hakomi-Therapie verwenden wir im Grunde sechs Typologien oder Einflußfaktoren auf die Disposition: Stoffwechsel, kortikale Kontrolle, somatisches Temperament, sensomotorische (Schwerkraft-) Mechanismen, Entwicklungsphasen und entwicklungsbezogene Reaktionsstrategien. Zweifellos könnten viele andere Systeme in diese Struktur integriert werden. Tatsächlich darf man als sicher unterstellen, daß, wenn ein System stimmt, es notwendigerweise in diese Struktur passen muß, da die Theorie letztendlich universale Bedeutung haben soll. Jedenfalls besteht der Schlüssel in Integration. Anders als die meisten psychologischen Systeme anerkennt Hakomi, daß der Charakter, jene tiefsitzenden Anschauungen, die die Verhaltensmuster fixieren, nicht einfach als das Ergebnis von Interaktionen mit signifikanten anderen betrachtet wird, sondern wie Ron sagt, als „eine Interaktion zwischen psychologischen Situationen und diätetischen, temperamentsmäßigen, stoffwechselbezogenen und physikalischen Prädispositionen für psychologische Eigenschaften. Geist und Körper interagieren, um sich wechselseitig zu formen."

Offensichtlich kann man Bände über jede dieser Typologien schreiben, und sie sind auch geschrieben worden. Hier präsentiere ich nur einen allgemeinen theoretischen Umriß der einzelnen Typologien und ihre besondere Anwendung auf die Charaktertheorie.

Das autonome Nervensystem

Den größten Beitrag zum Verständnis und zur Nutzung von Stoffwechseltypisierungen haben Dwight McKee und William Donald Kelley geleistet. Ihre Arbeit bezieht sich auf die automatischen Funktionen des autonomen Nervensystems (ANS). Das ANS besteht aus zwei komplementären Zweigen: dem sympathischen (S) und dem parasympathischen (P) Nervensystem (Vagus). Alle Stoffwechselfunktionen des Körpers werden von der Zusammenarbeit dieser beiden Systeme kontrolliert. Einige Funktionen werden vom S aktiviert und vom P desaktiviert, für andere trifft das Gegenteil zu. Im allgemeinen löst das sympathische Nervensystem den sogenannten „Kampf-oder-Flucht-Mechanismus" aus — jene Körpersysteme, die für das Handeln in der Außenwelt notwendig sind, das heißt Skelett, Muskulatur und die Herz-Kreislauf-, Zentralnerven- und Hormonsysteme. Ein solcher Mechanismus wird von Nervenimpulsen aus dem sympathischen Zweig stimuliert und von Impulsen aus dem parasympathischen Zweig unterdrückt. Ein Beispiel für den Kampf-oder-Flucht-Mechanismus wäre das Reaktionsbedürfnis, wenn man bei einem Spaziergang durch den

Dschungel auf einen Tiger trifft. Das ist kaum die richtige Gelegenheit, Popcorn zu essen und eine Fernsehserie anzuschauen — jetzt ist der Moment gekommen, auf einen Baum zu klettern oder Pfeil und Bogen zu erfinden.

Das parasympathische Nervensystem aktiviert die „Ruhe-und-Erholungs-Mechanismen": Verdauung, Ausscheidung und Immunsystem. Wenn kein externes Problem ansteht, sorgt der Körper für seine inneren Bedürfnisse: Assimilation, Aufbereitung von Stoffen, Neuaufbau von Zellen usw.

Da die sympathischen und parasympathischen Systeme reziprok arbeiten, schaltet die Aktivierung einer Systemgruppe die andere ab. Der Körper ist entweder für „Kampf oder Flucht" oder „Ruhe und Erholung" programmiert bzw. disponiert, aber nicht für beides gleichzeitig. Darüber hinaus ist man im gesamten Verlauf seines Lebens entweder häufiger auf S, häufiger auf P oder ungefähr zu gleichen Teilen disponiert. Die dominante oder ausgeglichene Ausprägung des ANS wird vom Säure/Basen-Gleichgewicht der Zellen bestimmt. Eine Erhöhung des *Säuregehaltes* stimuliert den *sympathikotonen* Zweig, eine Erhöhung des *Basengehaltes* stimuliert den *parasympathikotonen* Zweig.

Der ph-Wert (das Säure/Basen-Gleichgewicht) des Körpers und damit auch die autonome Enervierung verlaufen in Zyklen. Man durchläuft einen täglichen Zyklus mit S- und P-Spitzen, und es gibt einen wöchentlichen und monatlichen Zyklus abhängig von Ernährung, Umgebung, Streß usw. Die meisten Menschen erleben in ihrem Leben Phasen relativ starker Aktivität des einen oder anderen Zweiges.

Die ANS-Funktion besitzt einen zweiten Parameter, und zwar die Effizienz. Die Stoffwechselfunktion des Menschen kann von hocheffizient bis zu pathologisch ineffizient reichen.

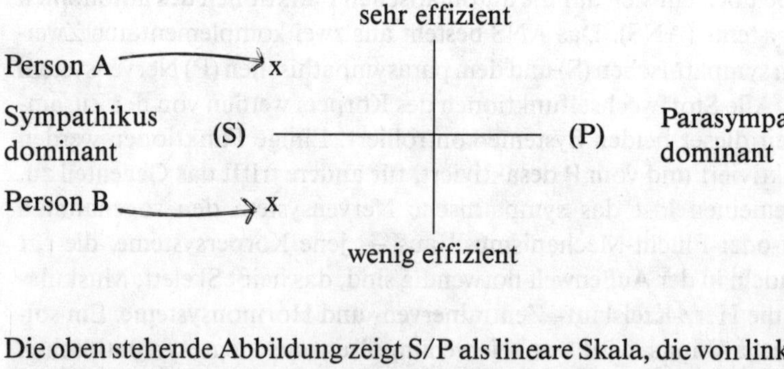

Die oben stehende Abbildung zeigt S/P als lineare Skala, die von links nach rechts verläuft, während Effizienz die vertikale Koordinate bildet. Person A in diesem System ist sympathikoton und effizient, Person B sympathikoton und ineffizient. Jedem Menschen läßt sich auf diesem Koordinatenkreuz ein

Platz zuweisen, der seine Kombination von ANS-Dominanz und Effektivität beschreibt.

Die ersten Menschen, die in den heißeren Gebieten der Erde lebten, waren größtenteils sympathikoton. Schließlich lebten sie in einem Dschungel, und um zu überleben, mußten sie zu Kampf oder Flucht disponiert sein. Außerdem mußten sie sich *gut* wehren können, das heißt, sie mußten effizient sein. Die Ineffizienten hatten sehr viel geringere Überlebenschancen, entweder verhungerten sie oder wurden von Säbelzahntigern gern gefressen. Wichtig sind in diesem Zusammenhang die Nahrungsmittel, die diesen sympathikotonen Menschen am leichtesten zur Verfügung standen: Früchte und wilde Gemüse, die basenbildend wirken (das heißt, sie hinterlassen im Körper nach der Assimilation einen Basenrest).

Die Natur richtete es ein, das ANS dieser Menschen auf diese Weise etwa ausgeglichen zu halten. Später wanderten die Menschen nach Norden, entwickelten den Ackerbau und schufen eine geordnetere Welt. Durchhaltevermögen wurde wichtiger als Flucht, Aufbauen wichtiger als Kämpfen, und die Menschen wurden parasympathikotoner. Das Klima lieferte die Grundlage für eine ausgeglichene Ernährung — Körner, Milch und Fleisch (letzteres stand jetzt wegen der Viehzucht durchgängig zur Verfügung). Noch weiter im Norden wurde extremes Durchhaltevermögen notwendig, und die Menschen wurden noch stärker parasympathikoton. Basenbildende Nahrungsmittel wie Papayas gab es dort nicht, statt dessen standen säurebildende Nahrungsmittel wie Bohnen und Elche zur Verfügung.

Während der letzten 200 Jahre haben sich Technik und Geschichte verschworen, den natürlichen Stoffwechselfluß zu unterbrechen. Skandinavier leben in Florida, Menschen aus Jamaika haben sich in Kanada angesiedelt, man kann den ganzen Winter lang in Chicago Orangen bekommen und Steak in Phoenix essen. Daher haben zumindest in unserer Kultur nur wenige Menschen einen reinen Stoffwechseltyp bewahrt.

Die meisten von uns sind hybride, ein oft wirrer Salat (oder Fleischeintopf) aus sympathikotoner und parasympathikotoner Dominanz. Umweltverschmutzung, Bodenerosion, chemische Nahrungsmittelverarbeitung usw. haben zu einem größeren Prozentsatz von Ineffizienz geführt, während zur selben Zeit die technischen Fortschritte in der Medizin, Hygiene, Architektur usw. das Überleben selbst der im evolutionären Sinn „schwächsten" Individuen sicherstellten. Daher zeigen wir alle eine Mischung von Stoffwechselmustern und -bedürfnissen und damit komplexere Stoffwechseldispositionen.

Auf den Charakter angewendet, disponiert ein bestimmter Stoffwechsel einfach gesagt für bestimmte Verhaltensweisen. Sympathikotone Typen handeln gerne; sie werden sich Strategien aussuchen, die Taten verlangen. Wenn man an die verschiedenen Systeme denkt, die von S stimuliert werden, kann man sehen, daß Sympathikotone zu Leistung, Aggression, Motivation, Sorgen, Nervosität, Übungen, Entschiedenheit usw. neigen, kurz gesagt zum Handeln. Einige dieser Eigenschaften sind erfreulich oder positiv, während man andere wahrscheinlich nicht haben möchte. Dies liegt zum Teil an der Effizienzvariablen, aber auch an der immanenten Natur der Disposition zu Kampf oder Flucht.

Parasympathikotone sind im Gegensatz dazu auf längerfristige Handlungen disponiert, auf eine Politik der kleinen Schritte. P-dominante Personen haben typischerweise Eigenschaften wie Charme, Intuition, Gefälligkeit, schlechte Konzentration und viel Durchhaltevermögen.

Ausgeglichene Stoffwechseltypen besitzen Eigenschaften von beiden Seiten. Man kann jetzt leicht sehen, wie der Stoffwechsel die Charakteroptionen beeinflußt. Parasympathikotone wählen keine Strategie, die eine Menge Herumrennen oder Detailarbeit verlangt. Ihre Physiologie unterstützt diese Strategie nicht. Ähnlich wird sich ein Sympathikotoner nicht auf Charme verlassen, um zu bekommen, was er will. Ein sympathikotones Kind, das hungrig in seiner Wiege oder seinem Bettchen liegt, könnte versuchen herauszuklettern und seine Mama herzuholen. Ein parasympathikotones Baby wird wahrscheinlich weinen, gurgeln oder jammern. Die Ausnutzung der Körperenergie — der Ladung — disponiert jeden von uns auf stoffwechselkongruente Verhaltensoptionen. Und weil so viele Menschen Anteil an beiden Typen haben, sind unsere Charaktere komplexer und variabler geworden.

Diese Stoffwechseldisposition wird natürlich in der Körperform reflektiert. Und umgekehrt disponiert uns die Form des Körpers auf bestimmte Arten von Bewegungen und Optionen. Sympathikotone haben eher klar gezeichnete Muskeln, eckige oder scharfe Knochenstrukturen, trockene Haut und Haare und sehen flach aus. Sie sind für Bewegung und Schnelligkeit gebaut. Parasympathikotone andererseits haben schweres Gewebe, rundere Gesichter, fettigere Haare und Haut und eine rundere allgemeine Form. Es gibt tatsächlich eine lange Reihe dominanzspezifischer körperlicher Eigenschaften, von der Dichte der Augenbrauen bis zur Hornhaut an den Füßen. Du kannst ein ziemlich genaues Bild des Stoffwechsels einer Person erhalten, indem du sie einfach genau anschaust. Und wiederum wirst du bei den meisten Menschen wahrscheinlich einige Eigenschaften beider Typen erkennen.

Kortikale Kontrolle

Das zweite Typisierungssystem hat mit der Stärke der kortikalen Kontrolle zu tun. Unser Gehirn besteht aus drei grundsätzlichen Schichten. Sowohl körperlich als auch evolutionsmäßig zuunterst liegt das Zwischenhirn. Dieses niedere Hirnzentrum kontrolliert unsere automatischen biologischen Bedürfnisse wie Atmung, Verdauung, Ausscheidung, Drüsensekretion usw. Über diesem Reiz/Reaktions-Zentrum liegt das limbische System, das für höhere tierische Funktionen wie Instinkt, Impuls und Gefühl verantwortlich ist. Zum Beispiel ist die Treue eines Hundes zu seinem Herrn eine Aktivität des limbischen Systems. Schließlich finden wir bei den Lebewesen an der Spitze der Evolutionsparade den zerebralen Kortex, der den Rest des Gehirns wie eine Rinde (daher der Name) umschließt. Der Kortex versetzt uns in die Lage, ausgesprochen menschliche Leistungen wie Sprache und Mathematik zu erzielen. Eine der erstaunlichsten Eigenschaften des Kortex ist seine Fähigkeit, den Einfluß der niederen Gehirnzellen zu hemmen. Dies war entwicklungsgeschichtlich gesehen wesentlich für die Entwicklung unserer Spezies, damit sichergestellt wurde, daß Interaktionen zwischen Menschen auf einer sorgfältigen, überlegten und vernünftigen Basis stattfinden und nicht auf der Grundlage von tierischen Reaktionen. Sobald wir den Dschungel verlassen hatten, erwies sich das Gesetz des Dschungels — töten oder getötet werden — als unzureichend für die geschmeidige Aufrechterhaltung der Zivilisation (natürlich können wir immer noch jeden Tag die Nachwirkung des alten Gesetzes — und der niederen Gehirnzentren — auf den Titelseiten unserer Zeitungen wiederfinden . . .). Diese Fähigkeit des Kortex, die Impulse des limbischen Systems und des Mittelhirns zu hemmen, wird kortikale Kontrolle (KK) genannt.

Jeder von uns besitzt die kortikale Kontrolle in einem größeren oder geringeren Ausmaß. Einige von uns haben viel davon und scheinen denkende Menschen zu sein, andere haben weniger und werden als emotionale oder physisch veranlagte Menschen betrachtet, wobei natürlich keineswegs denkende Menschen niemals fühlen und umgekehrt. Es geht hier nur um Präferenzen. Natürlich bestimmt das Ausmaß der kortikalen Hemmung auch den Verhaltensstil. Mit der KK wird man auf eine Streßsituation mit Hemmung der Impulse, Gefühle und körperlichen Bedürfnisse reagieren und höchstwahrscheinlich die Fähigkeiten des Kortex einsetzen. Man wird versuchen, sich vernünftig durch die Situation hindurchzubewegen, sich verbal auszudrücken, sich zu kontrollieren und ernsthaft zu sein, und man wird — höchstwahrscheinlich ohne es zu bemerken — die Bewegung im Körper zurückhalten. Die Gefühle und Muskelaktivitäten sind dann gebunden, und wir bezeichnen Menschen mit großer KK als „übergebunden“ *(overbounded).*

Das Gegenteil trifft auf Menschen mit geringer KK zu. Ihre Impulse können frei hervorströmen, und sie werden im Extremfall „untergebunden“ *(underbounded)* genannt. Untergebundene neigen zu emotionalem Ausdruck (z.B. Weinen oder Wutanfälle), größeren oder lauteren Ausdrucksformen, Suggestibilität, körperlicher Bewegung und im allgemeinen weniger Selbstkontrolle.

Während einer langen Zeitperiode (seit der Renaissance und der „Dämmerung der Vernunft“, der Aufklärung) wurde in unserer Kultur großer Wert auf hohe KK gelegt. „Ruhig, kühl, gesammelt“ zu sein und „vernünftige Lösungen“ zu finden waren bewunderte Eigenschaften. Menschen, die ihrer Emotionalität nachgaben, hatten Prügel verdient, und man erwartete dann von ihnen, daß sie auch noch dankbar für ihre Rückführung zur „geistigen Gesundheit “ waren: „Danke, das hat nötig getan.“ Dies traf, nicht zufällig, mit der Unterdrückung der Frau zusammen. Frauen durften — und es wurde sogar von ihnen erwartet — irrational sein (d.h., es war ihnen erlaubt, ihre Meinung zu ändern), und sie durften sich hysterisch benehmen. Gleichzeitig wurden sie — relativ zu den geltenden Normen — als ungeeignet für politische und wirtschaftliche Führungsaufgaben betrachtet. Während der letzten beiden Jahrzehnte allerdings hat die Bewegung zur Entwicklung menschlicher Potentiale *(human potential movement)* daran gearbeitet, dieses System zu mäßigen. Bewußtseinserweiterung, Sensibilitätsübungen und Encounter-Gruppen haben vielen geholfen, wieder mit den Gefühlen in Kontakt zu kommen und ihnen Ausdruck zu geben. In diesem Zeitalter der Information und Technologie wird der Kortex zwar immer noch geschätzt, aber jetzt mehr wegen seiner Leistungsfähigkeit als wegen seiner Kontrollfunktion.

Jedenfalls ist der Einfluß von KK auf den Charakter klar. Die Stärke der Gebundenheit disponiert dich für bestimmte Strategien. Darüber hinaus beeinflußt die Hemmungskraft des Kortex das Zwischenhirn und damit das ANS, wobei größere KK die Stoffwechselfunktionen eher herabsetzt, was zu größerer Ineffizienz sowohl des S- als auch des P-Systems führt. Auf der anderen Seite erlaubt weniger kortikale Kontrolle wahrscheinlich größere Stoffwechselaktivität, da das ANS dann nicht so streng kontrolliert wird. Wie wir gesehen haben, können Veränderungen in der Effizienz und der ANS-Dominanz zur Veränderung der Charakterstrategien führen.

Sheldons Somatotypen

Hakomi integriert Stoffwechseldominanz und KK mit einer dritten Typologie, nämlich William Sheldons dreiseitigem *Temperamentssystem*. Sheldon entwickelte seine Theorie, nachdem er 45.000 Menschen beobachtet, gemessen, fotografiert und interviewt hatte. Er stellte fest, daß es im Körper vorwiegend drei Arten von Gewebe gibt: viszerales Gewebe, Muskelgewebe und Nervengewebe. Sie entstehen aus verschiedenen Schichten des sich entwickelnden Organismus. Sheldon nannte die viszerale Gewebeschicht *Viszeratonia* und die Eigenschaft, viszerales Gewebe zu haben, nannte er *Endomorphie*. Die Muskelschicht heißt *Somatonia* und führt zur *Mesomorphie*, Nervengewebe ist *Zerebrotonia* und schafft *Ektomorphie*. (Morphie kommt vom griechischen Wort für Form. *Endo* heißt innen, *meso* in der Mitte und *ekto* außen. Diese Begriffe entsprechen den Entwicklungsgeschichten beim Embryo.)

Jeder Mensch besitzt alle drei Gewebetypen in verschiedener Proportion. Das heißt, einige von uns sind mehr endomorph, andere mehr ektomorph, andere relativ ausgeglichen usw. Man kann sich die drei Gewebetypen als die Eckpunkte eines gleichseitigen Dreiecks vorstellen. Abhängig vom Anteil jedes Gewebetyps, den man hat, kann man bestimmen, wo innerhalb dieses Dreiecks oder dieser „Gewebekarte" man sich befindet (vgl. Abbildung). Sheldon beobachtete, daß Gruppen von Menschen mit bestimmten Persönlichkeitsmerkmalen oder Verhaltensweisen sich auch gewebetypmäßig ähneln. Gewebedominanz, so folgerte er, schafft eine Konsistenz im Charakter, die er „Temperament" nannte. Schließlich entwarf er eine große Karte, der temperamentsmäßigen Disposition jeden Typs (endo-, meso-,

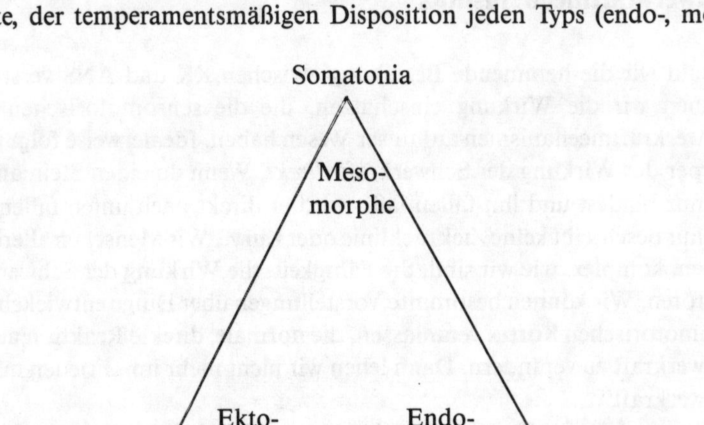

und ektomorph). Die Kategorien dieser Karte reichen von der Reaktionszeit über Schlafgewohnheiten zur Aggressivität. Zum Beispiel fühlt der Endomorphe, wenn er Sorgen hat, ein Bedürfnis nach Menschen, der Mesomorphe ein Bedürfnis nach Handeln und der Ektomorphe nach Einsamkeit.

Es wird jetzt offensichtlich, wie Stoffwechsel und KK mit Temperament in Beziehung stehen. Viszeratonia, die auch die Verdauung und Ausscheidung mit umfaßt, wird vom parasympathischen Nervensystem aktiviert. Auf diese Weise sind Endomorphie und P-Dominanz miteinander verwandt. Ähnlich wird die Somatonia vom sympathischen Nervensystem gesteuert, was eine Beziehung zwischen Mesomorphie und S-Dominanz herstellt.

Wie wir gesehen haben, hängt das Ausmaß der kortikalen Kontrolle von der Größe des Kortex ab. Anders gesagt, je mehr Zerebrotonia oder Nervengewebe wir haben, desto weniger Viszeral- und Muskelgewebe besitzen wir und desto weniger ANS-Funktion. Also beeinflussen sowohl Ektomorphie als auch kortikale Kontrolle das Ausmaß der Hemmung der „niederen" Hirnzentren und Körperfunktionen.

Diese Beziehung zwischen kortikaler Kontrolle und Stoffwechsel wird in der Abbildung „Charakterdimensionen" (S. 257) graphisch dargestellt. Die Extreme von KK und Stoffwechsel liegen in den vier Eckpunkten, das Gleichgewicht liegt in der Mitte. Dazwischen finden sich — im Aussehen wie eingemachte Gurken — die moderat beeinflußten Charakterstrategien.

Schwerkraftmechanismus

Sobald wir die hemmende Beziehung zwischen KK und ANS verstehen, können wir die Wirkung einschätzen, die die sensomotorischen oder Schwerkraftmechanismen auf unser Wesen haben. Idealerweise folgt unser Körper der Wirkung der Schwerkraft *direkt*. Wenn du einen Stein an eine Schnur bindest und ihn fallen läßt, wird er direkt nach unten fallen. Die Schnur beschreibt keine Zickzacklinie oder Kurve. Wir Menschen allerdings haben, komplex, wie wir sind, die Fähigkeit, die Wirkung der Schwerkraft zu stören. Wir können bestimmte Vorstellungen über Dinge entwickeln, die den motorischen Kortex veranlassen, die normale, direkte Reaktion auf die Schwerkraft zu verändern. Dann leben wir nicht mehr im „Frieden mit der Schwerkraft".

Während der Stoffwechsel durch geeignete Ernährung, Atmung, spezifische Unterstützungsmaßnahmen, Übungen usw. verändert werden kann,

TAFEL 4: CHARAKTERDIMENSIONEN

Kortikale Kontrolle und Stoffwechseltypen

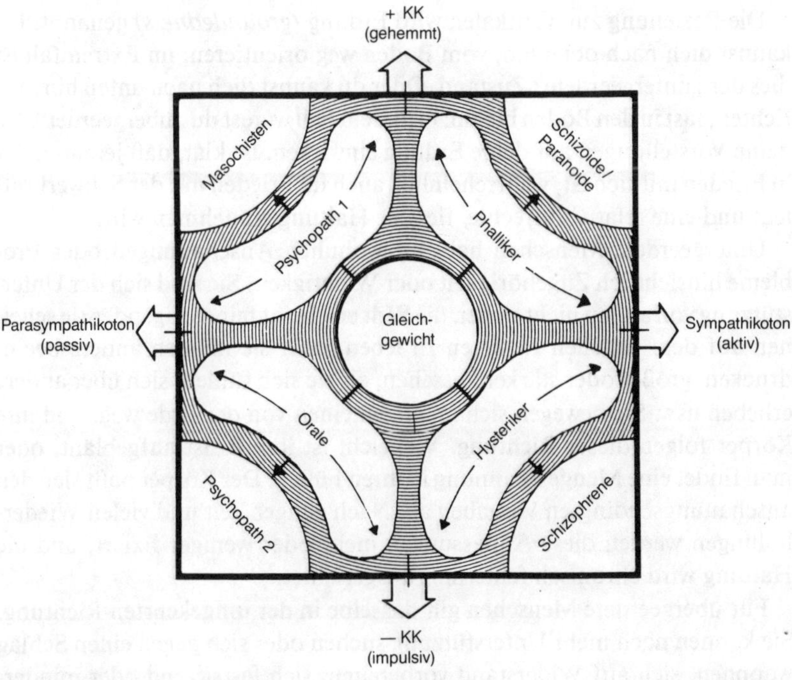

Die Typen in den vier Ecken stehen unter extremem KK- und ANS-Einfluß. Der geringere Einfluß dieser Funktionen auf die anderen vier Typen resultiert in größeren Ausdrucksmöglichkeiten.

sind Schwerkraftmechanismen einfach da und *können nur gestört werden.* Physiologisch wird die Reaktion auf die Schwerkraft von der Schnecke im Innenohr und den Muskeln, die vom extrapyramidalen Trakt enerviert werden, aufrechterhalten. Diese folgen der Schwerkraft, reflexiv und automatisch, es sei denn, Vorstellungen oder Anschauungen heben ihre normale Reaktion auf. Das Kind lernt mit dem Stehen und dem Gehen, wie es diese Funktionen aufheben kann.

Die Beziehung zur Vertikalen wird Erdung *(groundedness)* genannt. Du kannst dich nach oben hin, vom Boden weg orientieren; im Extremfall ist dies der „untergeerdete" Zustand. Oder du kannst dich nach unten hin ausrichten, fast in den Boden hinein; in diesem Fall wärest du „übergeerdet". Da deine Vorstellungen auf deine Erdung einwirken, ist klar, daß jemand, der in Frieden mit sich ist, wahrscheinlich auch im Frieden mit der Schwerkraft lebt und eine relativ aufrechte, flexible Haltung einnehmen wird.

Untergeerdete Menschen haben gewöhnlich Anschauungen oder Probleme hinsichtlich Zugehörigkeit oder Wichtigkeit. Sie sind sich der Unterstützung von außen nicht sicher, die Welt erscheint feindselig, oder sie scheinen auf dem falschen Planeten zu leben, oder sie müssen andere beeindrucken, größer oder stärker aussehen, als sie sich fühlen, sich über andere erheben usw. Sie bewegen sich im allgemeinen von der Erde weg, und ihre Körper folgen dieser Richtung. Vielleicht ist ihre Brust aufgebläht, oder man findet eine Menge Spannung in ihren Füßen. Der Körper paßt sich den anschauungsbedingten Vorgaben an. Nach einiger Zeit und vielen Wiederholungen werden diese Anpassungen mehr oder weniger fixiert, und die Haltung wird chronisch fehlerhaft ausgerichtet.

Für übergeerdete Menschen gilt dasselbe in der umgekehrten Richtung. Sie können nach mehr Unterstützung suchen oder sich gegen einen Schlag wappnen, sich auf Widerstand vorbereiten, sich festsitzend oder minderwertig fühlen usw. Ihre Körper scheinen zusammenzubrechen, zusammengedrückt zu sein oder bis zu den Knien im Schlamm zu stehen.

Viele Heilungssysteme legen Nachdruck auf unsere Beziehung zur Schwerkraft. Lowen betont die verschiedenen Fallängste, die den unterschiedlichen Charaktertypen eigen sind. (Schizoide fürchten sich zum Beispiel auseinanderzufallen, Orale zurückzufallen usw.)

Feldenkrais arbeitet direkt mit den sensomotorischen Mechanismen und erzieht das Nervensystem dazu, die Muskeln auf leichte, effiziente, geschmeidige und integrierte Weise neu zu dirigieren. Tiefe Bindegewebearbeit — Rolfing, Lomi, Posturale Integration usw. — versucht, den Körper nach seinem eigenen natürlichen Konstruktionsplan zu rekonstruieren.

Die Schwerkraftmechanismen schaffen nicht aus sich selbst heraus Charakter; sie wirken theoretisch gesehen auf alle Menschen gleich. Nur die Abweichungen von der Schwerkraft sind wesentlich, denn in ihnen können wir sowohl die sie störenden Anschauungen entdecken als auch die strukturalen Strategien finden, die eine bestimmte Charakterdisposition festhalten. Das Vorschieben des Unterkiefers, durchgedrückte Knie und hochgezogene Schultern können die Information enthüllen, durch die unser Sein in der Welt geformt wird. Ron faßt dies beredt zusammen:

> „Allzu wenige erfreuen sich des Friedens mit der Schwerkraft, des Friedens mit der körperlichen Realität und des Vertrauens in die schönsten und wesentlichsten Errungenschaften des Körpers — seine organische Kraft und Weisheit."

Entwicklungsphasen

Mit der Diskussion der sensomotorischen Mechanismen und ihrer Beeinflussung durch unsere gestaltenden Anschauungen schlagen wir eine Brücke von den inneren charakterformenden Kräften zu den äußeren. Internalisierte Überzeugungen wirken sich physiologisch über den Kortex aus; aber unsere Überzeugungen leiten sich größtenteils aus den Erfahrungen mit der Außenwelt ab.

Die Neo-Freudianer beschreiben vier kindliche Entwicklungsphasen: taktil, oral, anal, genital. Diese Begriffe beziehen sich auf Funktionen, die das Kind zu einer bestimmten Zeit integriert, und beinhalten die Erfahrungen des Kindes von der Geburt bis ins Alter von ungefähr sechs oder sieben Jahren. Die Phasen folgen aufeinander, sind aber nicht klar abgegrenzt; es gibt während der Übergangszeiten einige Überlappungen.

Die erste Entwicklungsphase ist taktil bestimmt. Im Uterus erfährt das Kind die Welt unmittelbar nur durch den Berührungssinn. (Die Augen sind geschlossen, Geräusche sind stark gedämpft.) Die Welt ist warm, sicher und pulsiert. Auch während und kurz nach der Geburt informiert dieser Tastsinn das Kind über seine Umgebung. (Aus diesem Grunde bestehen Befürworter der natürlichen Geburt auf warmen Geburtsräumen, gewaltlosen Entbindungen, sofortigem Kontakt mit der Mutter, Massage anstatt eines Schlages, um die Atmung auszulösen.) Erst dann tragen Gesichts- und Gehörsinn zur Bewußtheit des Kindes bei. In dieser Phase hält das Kind den Kontakt mit der Welt über alle Sinnesorgane aufrecht. Da es präverbal ist und praktisch nicht handelnd eingreifen kann, erlebt es die Welt passiv rezeptiv (über die Sinne). Aus diesem Grunde fühlt es sich nicht von der Welt getrennt: Es und die Welt sind ein einziges fortwährend wechselndes Kaleidoskop von

Sinnesdaten. Mit der Zeit lernt das Kind aufgrund unterschiedlicher Sinneswahrnehmungen im Zusammenhang mit Bewegungen — zum Beispiel, daß das Wenden des Kopfes verschiedene visuelle Szenen liefert —, Objekte von sich selbst zu unterscheiden. Aber bis dahin erfährt es sich nicht als eigenständige Wesenheit. Es glaubt, selbst die Welt zu sein. Deshalb wird jeder unerfreuliche Sinneseindruck — ein kalter Raum, rauhe Stimme, grelle Lichter — so interpretiert, daß sowohl die Welt als auch das Selbst unerfreulich sind. Man kann leicht sehen, daß wiederholte Informationen dieser Art über die Probleme in der Kernpersönlichkeit hinaus zu einem sehr frühen und grundlegenden Konzept von der Welt als feindlichem Ort führen können. Weil außerdem das sensorische System vom sympathischen ANS-Zweig stimuliert wird, sind sympathikotone Menschen für diese sensorische Inputs auch empfänglicher. Die taktile Phase kann daher für sie unter ungünstigen Bedingungen schwierig zu bewältigen sein. Dasselbe gilt aus ähnlichen Gründen für die zerebrotonen Ektomorphen. Man beachte, daß diese Grundfragen von Zugehörigkeit und Akzeptanz durch eine liebende Welt Existenz- und Überlebensfragen betreffen, ebenjenen Lebensbereich, den der Kampf-und-Flucht-Mechanismus, das sympathische Nervensystem regiert. Das Ziel des Kindes in der taktilen Phase besteht darin, sein Lebensrecht in der Welt zu behaupten. Wenn das nicht gelingt, greift es zur zweiten Überlebensstrategie — Flucht oder Ausweichen. Phantasie, Isolierung und sowohl psychologischer als auch physischer Rückzug markieren den klassischen schizoiden Charakter.

Nachdem sich das Kind mit dem Thema des Hierseins befaßt hat, ist es als nächstes in der oralen Entwicklungsphase damit konfrontiert, Unterstützung und fortlaufende Nahrung zu erhalten. Es ist von seiner Mutter (oder der Mutterperson) abhängig, und so verläßt es die Einheit der taktilen Phase („Ich bin die Welt") und gelangt zu einer Vorstellung von Zweiheit („Die Welt unterstützt mich"). Das Kind erwartet existentiell die Unterstützung; dies ist, so fühlt es, wie es sein sollte. In der Zweiheit nimmt das Kind eine fixierte Position ein, da es davon ausgeht, daß der Fluß der Energie (die Nahrung) auf es zukommt. Das Kind ist das Zentrum des Universums, und der mütterliche Stern dreht sich um es. Jede Unterbrechung dieses Arrangements — wenn die Mutter zum Beispiel beschäftigt oder unfreundlich ist — wird vom Kind als Vertragsbruch betrachtet. Es fühlt sich verlassen oder ungestützt. Es bekommt nicht die Nahrung, die es braucht und auf die es ein Recht hat. Auf der anderen Seite kann das Kind, wenn es richtig unterstützt wird, unabhängig werden und Sicherheit entwickeln in seiner Fähigkeit, zu bekommen, was es braucht.

Während dieser Zeit lernt das Kind, sich aufrecht zu halten, „auf eigenen

Beinen zu stehen" und so von der Unterstützung durch andere zur Selbstunterstützung zu kommen. Wenn sich das Kind nicht unterstützt fühlt, wird sich das wiederum körperlich auswirken — tatsächlich scheint der orale Charakter zusammenzubrechen (eingesunkene Brust, hängende Schultern, durchgedrückte Knie, man hat den Eindruck, es „hängt in den Seilen"). Wenn die Stärkung versagt wird, ist einfach nicht genug Energie für das anstrengende aufrechte Stehen vorhanden.

Das Problem der Assimilation von Stärkung und der Aktivierung des Körpers für den aufrechten Gang bedarf der Unterstützung durch verschiedene Funktionen des parasympathischen Systems: Verdauung, Wachstum, Zellerneuerung usw. P-dominante Kinder haben die größten Schwierigkeiten, wenn diese Funktionen gestört werden. Für das S-dominante scheint dieser Themenkreis nicht so wichtig zu sein. Auch Stoffwechselineffizienz kann ein Kind zur Oralität disponieren, und umgekehrt kann eine orale Weltsicht die Effizienz unterminieren.

Das Kind kommt als nächstes in die anale Phase. Nun beginnt es, die Möglichkeiten für eine Umkehrung des Energieflusses zu sehen. Es realisiert, daß es in gewisser Weise frei ist und nicht mehr ausschließlich von der Mutter abhängig; es kann für sich entscheiden, indem es ja oder nein sagt. Die Zweiheit „Ich und die Welt" besteht zwar noch, aber jetzt wird die Fähigkeit des Kindes, auf die Welt einzuwirken, klar. Der Energiefluß wird umgekehrt. Dies wird durch die Ausscheidungsfunktion symbolisiert: Das Kind kann sein „Zeug" in die Welt setzen.

In dieser Phase verlagert sich der Konflikt auf die Kontrollfrage: Wer hat das Sagen. Idealerweise wird ein Kompromiß erreicht, wobei die Mutter dem Kind hilft, Selbstkontrolle zu entwickeln (exemplarisch durch Sauberkeitserziehung, braves Zubettgehen, das ganze Essen aufessen usw.). Das Kind kann aber auch gegen die Bevormundung Widerstand leisten und durch eine starke Trotzphase gehen. Kontrolle und die Verweigerung von Kooperation sind Strategien, die Selbstbestimmung sicherstellen sollen.

Wiederum findet man eine enge Verbindung zum parasympathischen Zustand, was diese Phase für P-dominante Kinder schwer macht. Das Kind wehrt sich gegen die von außen kommenden Anstöße und fühlt sich herumgeschubst — ganz im Gegenteil zum Sypathikotonen mit seiner Vorliebe für Bewegung. Auch das Erlernen der internen Kontrollfunktionen, zum Beispiel der Ausscheidung, ist ein parasympathisches Projekt, so wie Halsstarrigkeit eine parasympathische Strategie ist. Typischerweise reflektieren die Körper von Kindern mit Konflikten in der analen Phase diese Kämpfe. Sie können eine größere Körpermasse entwickeln, kurz oder dick erscheinen, übergeerdet wirken, die körperliche Beweglichkeit verlieren, schwerfällig oder verstopft sein usw.

Die letzte Entwicklungsstufe ist die genitale Phase. Das Kind hat Zugehörigkeit, Unterstützung und Selbstregulierung durchgearbeitet. Es ist jetzt ein Individuum und bereit, am allgemeinen sozialen Leben teilzunehmen: Interaktionen mit anderen beinhalten nicht nur, etwas zu bekommen oder Widerstand zu leisten, sondern auch zu teilen und zu kooperieren. Selbstzentriertheit wird durch wechselseitige Wertschätzung und Austausch ersetzt. Das Kind wird Teil einer Dreiheit: Nicht nur „Ich und Mami", sondern „Ich, Mami und andere Menschen", was zu diesem Zeitpunkt durch den Einbezug des Vaters in die kindliche Welt charakterisiert wird.

Die Themen der genitalen Phase sind Gleichwertigkeit und das Recht auf den Erwachsenstatus. Da dieser auf gleicher Verteilung beruht, wird Leistung entscheidend. Das Kind will etwas leisten und bedarf der Anerkennung und Zustimmung für seine Handlungen. Dieses Bedürfnis zeigt sich in dem erblühenden Bewußtsein von Sexualität, wobei wichtig ist, daß wir gerade mit den Genitalien unseren Beitrag zur Erhaltung der Art leisten. (Man denke an die vielen sexualitätsbezogenen Probleme, an denen wir Menschen in bezug auf Leistung und Zustimmung leiden!) Wenn das Kind keinen Erfolg und keine Anerkennung erfährt, erlebt es diese Phase als Zurückweisung und kann sich charakterologisch gesehen auf diese Bereiche (z.B. Überleistung, Ausagieren usw.) fixieren.

Diese Phase repräsentiert klar eine Rückkehr zu sympathikotonen Eigenschaften, da Erfolg vom Handeln abhängt. P-dominante Kinder fühlen nicht den gleichen biologischen Drang, um Gleichberechtigung zu kämpfen, und können es in dieser Phase leichter haben. S-dominante Kinder, die hier steckenbleiben, entwickeln entsprechende Körper: einen aktionsbereiten, allgemein hohen Muskeltonus, Verletzlichkeit oder Panzerung des Herzens, breite attraktive Hüften usw.

Ron weist darauf hin, daß Ereignisse während der frühen Phasen — taktil und oral — den oberen Körperteil (Kopf, Augen, Mund, Hals usw.) betreffen. Während der analen und genitalen Phasen dominiert der untere Teil des Körpers. Dies steht in Beziehung zum ursprünglichen Bedürfnis des Kindes, in der Welt zu stehen und seinen Status zu entdecken, sowie zu seiner Bereitschaft, teilzunehmen und in der sozialen Welt Fuß zu fassen.

Charakterherleitung. Stoffwechsel, kortikale Kontrolle, Somatotyp, Schwerkraftmechanismen und Entwicklungsphasen interagieren und kreieren die verschiedenen Charakterstrategien. In der Nachfolge von Wilhelm Reich umreißt Alexander Lowen fünf Grundtypen oder Strategien. Hakomi

TAFEL 5: CHARAKTERHERLEITUNG

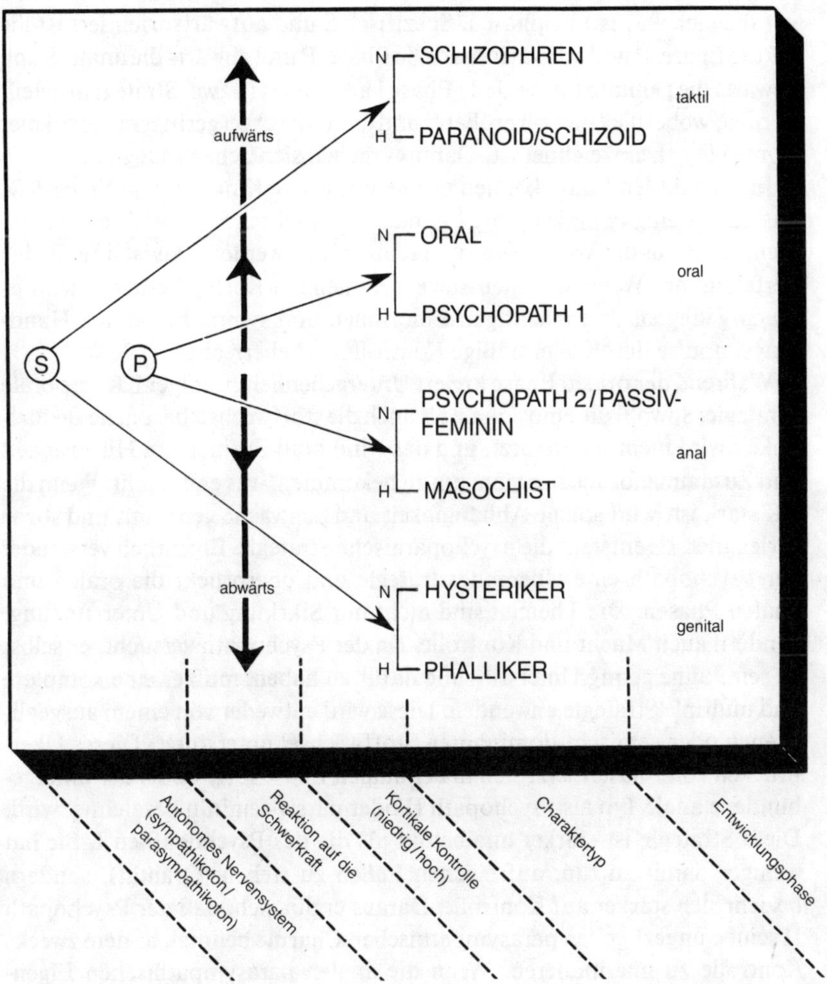

beschreibt acht Grundtypen, wobei wir drei von Lowens Klassifizierungen in je zwei unterschiedliche Charaktere aufteilen. Die Abbildung „Charakterherleitung" ist eine graphische Darstellung der folgenden Erörterungen.

Wenn wir die beiden Stoffwechselqualitäten (S und P) mit den beiden Reaktionen auf die Schwerkraft (aufwärts und abwärts) verbinden, erhalten wir die vier Wachstumsphasen. Spezifisch S und aufwärtsorientiert ist die taktile Phase, P und aufwärts die orale Phase, P und abwärts die anale, S und abwärts die genitale Phase. Jede Phase kann weiter in zwei Strategien geteilt werden, wobei die eine von größerer und die andere von geringerer kortikaler Kontrolle gekennzeichnet ist. Daraus ergeben sich acht Strategien.

In der taktilen Phase können problembelastete Kinder mit geringer KK, das heißt wenig Fähigkeit, ihre Phantasien und ihren Stoffwechsel zu hemmen, völlig aus der Welt fliehen und schizophren werden. Das ist ihre einzige Verteidigung. Wenn sie einen stark hemmenden Kortex besitzen, wird es ihnen gelingen, ihre mächtigen Emotionen und sympathikotonen Handlungsimpulse durch übermäßige Kontrolle zu beherrschen.

Während der oralen Phase kreiert Untergebenheit (weniger KK) die orale Strategie. Sowohl die emotionale als auch die stoffwechselbezogene Bedürftigkeit wird nicht unterstützt, und das Kind muß Zuflucht zu Hilflosigkeit und Zusammenbruch nehmen, um zu bekommen, was es braucht. Wenn die KK stark ist, wird solche Abhängigkeit und Schwäche gehemmt und sogar verleugnet. Es entsteht die psychopathische Strategie. Eigentlich verwendet der Psychopath eine Übergangsstrategie und überbrückt die oralen und analen Phasen. Die Themen sind nicht nur Stärkung und Unterstützung, sondern auch Macht und Kontrolle. Da der Psychopath versucht, er selbst zu sein, ohne genug Unterstützung dafür zu haben, muß er eine komplexe und multiple Strategie anwenden. Diese wird entweder von einem ausgeglichenen oder gemischt-dominanten Stoffwechsel unterstützt. Dieses Überbrücken von Phasen setzt sich in der analen Phase fort, wobei der untergebundene anale Typ als Psychopath II oder passiv-feminin bezeichnet wird. Diese Strategie ist stärker analbetont als die des Psychopathen I. Sie hat weniger damit zu tun, auf eigenen Füßen zu stehen (Oralität), sondern bezieht sich stärker auf Kontrolle. Daraus ergibt sich, daß der Psychopath II seinen ungezügelten parasympathischen Charme benutzt, andere zwecks Kontrolle zu manipulieren. Wenn die analen parasympathischen Eigenschaften an der kurzen Leine gehalten werden, hängt die Strategie von Unbeweglichkeit und Durchhalten ab, wobei die Möglichkeit zum Widerstand auf Kosten des Festsitzens geht. Dies ist die masochistische Strategie.

Schließlich bringt in der genitalen Phase die kortikale Kontrolle ebenfalls zwei Strategien hervor: die hysterische und phallische. Hysteriker haben wenig KK und verwenden ihre sympathikotonen Energien darauf, Aufmerksamkeit zu erhalten und bemerkt zu werden. Die sympathikotonen Impulse zum Handeln sprudeln als Emotionen hervor. Die Phalliker mit ihrer größeren KK konzentrieren ihre Energien auf präzise, wohlgeplante Aktivitäten. Sie werden leistungsorientiert, um Anerkennung zu erreichen.

Wenn man sich in Erinnerung ruft, daß die KK die Reaktionen der willkürlichen Muskulatur beherrscht, wird deutlich, daß diese verschiedenen Charakterdimensionen durchweg im Körper repräsentiert werden. Tatsächlich wurde ursprünglich Charakter induktiv über den Körper entdeckt. Körper wurden beobachtet, und allgemeine Verhaltenskonstanten notiert.

Es ist wesentlich, darauf hinzuweisen, daß keine einzelne charakteristische Handlungsweise notwendigerweise außerhalb der Grenzen der „Normalität" fällt. Ein bedeutender Autor oder Physiker kann zum Beispiel viele schizoide Eigenschaften haben, die zu seinem Erfolg beitragen. Jede dieser Strategien ist bloß eine Kombination physiologischer und historischer Inputs, welche Individuen auf bestimmte Verhaltensweisen disponieren.

Bis hierher habe ich bei der Beschreibung der Strategien, nur die Einflüsse von Physiologie und der Entwicklungsphasen erwähnt. Jede Strategie hat darüber hinaus ihren eigenen psychologisch abgeleiteten Ursprung und kann genau (wenn auch etwas beschränkt) allein in diesen Begriffen diskutiert werden. Die Details finden sich im 15. Kapitel, und sie vervollständigen diese Übersicht über multiple Herleitungen des Charakters.

Ganz gleich, welches die körperlichen Dispositionen sind, sie werden keine Charakterstrategie formen, es sei denn, daß Lebensereignisse das Bedürfnis nach einer solchen Strategie schaffen. Andererseits wird man, auch wenn die Beziehung zu den Eltern die typischen Themen einer bestimmten Strategie aufzeigt, diese Strategie nicht wählen, es sei denn, daß Stoffwechsel, Kortex, Temperament usw. sie unterstützen. Entweder werden die Probleme nicht so kritisch erscheinen, oder man wird eine andere Strategie finden, die der eigenen Dispositon besser entspricht.

Die multifaktoriell abgeleitete Charaktertheorie ist damit ein Versuch, so viele signifikante Quellen des Selbst wie möglich zu integrieren. Viele andere Theorien oder Typologien passen zweifelsohne auch hinein, und wir haben sie entweder noch nicht richtig untersucht oder integriert (zum Beispiel die Techniken der chinesischen Medizin), oder es sind interessante Neuformulierungen derselben grundsätzlichen Ideen. Es laufen so viele Charaktere herum, wie es Menschen gibt, die mit der Welt in der ihnen am angemessensten erscheinenden Weise interagieren. Sie zu untersuchen ist eine Lebensaufgabe, und insoweit es ein Studium ganzer Menschen ist, ist sie immer neu und faszinierend.

21 Die Typen

von Pat Ogden

Im folgenden gebe ich eine Übersicht über die Ätiologie (Entstehungsgeschichte) und Merkmale der sechs Hauptcharakterstrategien. Um Wiederholungen zu vermeiden, habe ich Charakteraspekte nicht behandelt, die in anderen Teilen des Buches erscheinen. Der Leser möge sich auf „Barrieren und Charakter“ (Kap. 14) beziehen, um zu lernen, wie jede Strategie in den Sensibilitätskreis paßt, auf „Charaktertypologien“ (Kap. 20) für eine Erörterung des Einflusses von Stoffwechsel, kortikaler Kontrolle und Entwicklungsphasen auf die Charakterentwicklung und auf „Therapeutische Strategien“ (Kap. 15) für Informationen darüber, wie man mit jedem der Typen arbeitet.

In diesem Kapitel wird die Mutter als der Elternteil präsentiert, der die Entwicklung der ersten vier Strategien prägt, und der Vater als der primäre Einfluß auf die Entwicklung der letzten beiden — eine Reflexion der herkömmlichen Elternrollen. Historisch gesehen waren die Rollen von Mutter und Vater klar umrissen — die Mutter war Hausfrau und sorgte in erster Linie für das Kind, während der Vater den ganzen Tag arbeitete, um die Familie zu ernähren. Heutzutage allerdings beginnen sich die Rollen zu überlappen, so daß der Vater sehr gut der Hausmann und die Mutter die Brotverdienerin sein kann. In solchen Fällen kann der Vater auch der Hauptversorger des Kindes im Kleinkindalter und der frühen Kindheit sein, wodurch er signifikant auf die Entwicklung der frühen Charakterstrategien einwirkt — die Mutter hätte dann mehr Einfluß auf die letzten beiden Typen.

Der Leser sollte daran denken, daß keine „reinen“ Charaktertypen existieren. Jede Person ist einzigartig und viel zu komplex, um in den Grenzen einer einzelnen Kategorie definiert zu werden. Kein Individuum zeigt ausschließlich die Merkmale eines bestimmten Charaktertyps; jeder von uns ist eine Mischung verschiedener Strategien — wobei mal die einen, mal die anderen überwiegen. Um der Klarheit willen fand ich es allerdings notwendig, jede Charakterstrategie so zu präsentieren, als beschriebe ich einen „reinen“ Typ.

Der schizoide Typ

Der schizoide Charakter entwickelt sich als Reaktion auf Traumata in der Zeit vor der Geburt und während des ersten Lebensjahres. In dieser Zeit differenziert das Kind nicht zwischen Selbst und anderen, und sein erstes Selbstbild hängt völlig von der Umwelt, insbesondere von seiner Mutter ab. Wir können uns das neugeborene Kind als Bündel reiner Lebensenergie vorstellen, das die Welt nicht kennt und keine Erwartungen hat. Sein Kernausdruck besteht einfach in: „Hier bin ich! Ich existiere!", und sein Leiden beginnt, weil dieser Ausdruck von Anfang an durch die Mutter in Frage gestellt wird. Im schlimmsten Fall wird seinem Wesensausdruck „Ich bin!" mit Haß, Ablehnung und Feindseligkeit begegnet, weil die Mutter das Kind nicht will. Das kann schon im Uterus passieren, da der Fötus die Spannungen und Ablehnung der Mutter aufnimmt und merkt, daß etwas nicht stimmt. Im besten Fall ist die Mutter bloß unempfänglich für die Bedürfnisse des Kindes und behandelt das Baby nicht sanft und liebevoll. Diese Unsensibilität muß nicht einmal absichtlich sein; die Mutter braucht nur geistig abwesend, beschäftigt oder ängstlich aufgrund von Umständen zu sein, die das Baby nicht betreffen.

Moderne Krankenhausgeburten können gut zu diesem Problem beitragen. Das Kind wird abrupt aus seiner dunklen, warmen pulsierenden Umwelt herausgerissen und grellem Licht und Kälte ausgesetzt. Es wird sofort vom Kontakt mit der Mutter abgeschnitten und weggebracht, um allein in einem Bettchen zu liegen, in kratzigem Stoff und desorientiert durch die dauernden Krankenhausgeräusche. All dies geschieht zu einem Zeitpunkt, an dem das Kind lernt, seine Sinneswahrnehmungen zu integrieren. Seine Sinne werden so schockiert und überladen, daß es sich abschließt, um in der Welt überhaupt sein zu können.

Wenn dem wesentlichen Lebensausdruck mit Ablehnung begegnet wird, übernehmen Schizoide die wahrgenommene Einstellung der ablehnenden Person (der Mutter) und sagen sich: „Mit mir stimmt etwas nicht, weil ich so schlecht behandelt werde. Ich gehöre nicht hierher — ich bin nicht gewollt." Die eigene Lebensenergie bedroht das Überleben. Und so treffen sie die Entscheidung, die eigene Lebenskraft unter Verschluß zu halten. Die Impulse, die eine so negative Reaktion der Umwelt hervorrufen und daher lebensbedrohend sind, werden unterdrückt.

In diesem Prozeß schneiden Schizoide ihre Gefühle ab. Es ist nicht etwa nur eine Frage der Unterdrückung von Gefühlen: Tatsächlich lernen sie von Anfang an niemals die Gefühlswelt kennen. Das Grauen, daß sie aufgrund der ablehnenden Umwelt erfahren haben, die ihr Recht auf Existenz in Frage stellte, ist so tiefliegend, daß sie entschieden haben, einfach nicht zu fühlen. Ausdruck oder auch nur die innere Erkenntnis von Gefühlen könnte zur Vernichtung führen. Daher vermeiden Schizoide, mit ihrem wirklichen inneren Selbst in Kontakt zu treten. Sie leben in einer Welt von Gedanken und Phantasien. Wenn man sie fragt, wie sie sich fühlen, erzählen sie dir, was sie denken. Sie wissen es nicht anders.

Unter dem Aspekt seines zurückgezogenen Zustandes kann der schizoide Typ als „nicht-authentisch" beschrieben werden; sein Verhalten hat eine „Als-ob"-Qualität. Schizoide scheinen über den Dingen zu stehen, außerhalb dieser Welt zu sein und nicht in der Realität des Hier und Jetzt zu leben. Weil sie ihren Impulsen nicht vertrauen, lernen die Schizoiden, wie sie sich in der Welt zu verhalten haben, indem sie andere beobachten und dann imitieren. Sie übernehmen ihre Rolle durch Beobachtung, anstatt die Angemessenheit ihrer Rolle von innen her zu fühlen; aus diesem Grunde wirkt ihr Rollenverhalten nicht überzeugend. Wenn sie nicht ein festes Verhaltensmodell haben, neigen sie zum Beispiel in einer neuen Situation zu unangemessenem und nicht voraussagbarem Verhalten. Selbst mit einem solchen Modell reagieren Schizoide auf eine gegebene Situation eher schematisch, folglich ist ihr Verhalten niemals ganz passend.

Emotionale Ausbrüche sind kurzlebig, und es fehlt ihnen die unterstützende Energie der inneren Überzeugung. Der Schizoide neigt zur Polarisierung, die Welt in Schwarz und Weiß, Gut und Böse aufzuteilen. Auch wenn er in einem Augenblick warm auf die Zuwendung anderer antworten kann, kann er im nächsten Moment erstarren und erkalten. Ohne offensichtlichen Grund kann er plötzlich fühlen, daß ein Freund sich gegen ihn gewandt hat. Dann kann der Schizoide genauso plötzlich die Sache umdrehen und wieder freundlich sein. Wie wir sehen, ist das Verhalten von Schizoiden für den Außenseiter und sogar für sie selbst ziemlich unvorhersehbar. Natürlich stehen andere den wahren Gefühlen und Absichten eines Schizoiden gegenüber vor einem Rätsel; aber der Schizoide selbst ist im allgemeinen ebenso von seinem eigenen Verhalten verwirrt.

Schizoide scheuen enge Beziehungen, da sie Intimität um alles in der Welt vermeiden und in einem Isolationszustand verbleiben. Sie initiieren keinen Kontakt, und Versuche von anderen, ihnen nahe zu sein, erregen ihr Mißtrauen. Da sie es vorziehen, im Hintergrund zu bleiben, vergrößert sich ihre Angst, wenn andere sie aufsuchen und ihnen Aufmerksamkeit schenken. Von anderen wegzukommen und allein zu sein bedeutet Erleichterung. Sie können völlig unfähig sein, körperlichen Kontakt zu ertragen, und richtig zurückzucken, wenn sie berührt werden. Also bleiben Beziehungen kontaktarm, flach und sporadisch und sind abhängig von ihrer Fähigkeit, wenigstens oberflächlichen Kontakt zu ertragen. Schizoide kommen am besten mit ihrer eigenen Art zurecht oder vielleicht mit Psychopathen, die sich auch vor Intimität fürchten. Das Bedürfnis nach Nähe, das die anderen Charaktertypen spüren, läßt diese in einer Beziehung mit Schizoiden unbefriedigt und schreckt gleichzeitig den schizoiden Partner ab.

Das Wort „schizoid" bezieht sich auf das Konzept des Gespaltenseins, Nicht-Ganzseins und Unvollständigseins. Vom Gesichtspunkt der Hakomi-Therapie aus können wir diesen Zustand als eine Verletzung des Einheitsprinzips begreifen. Das System ist nicht geeint; die Teile kommunizieren nicht miteinander. Wir haben bereits die primäre Spaltung von Körper/Geist und Selbst/Welt/Gefühl erörtert. Ein anderer spaltender Einfluß bei den Schizoiden sind die beiden vorherrschenden Gefühle von Panik und Wut. Das Grauen veranlaßt sie dazu, ihre Lebensimpulse einzufrieren und alles im Innern zu halten. Gleichzeitig allerdings fühlt ein Teil des Schizoiden eine große Wut darüber, so rauh behandelt worden zu sein, und die Wut droht fortwährend nach außen zu explodieren. Zeitweise kann die Wut auch in Form gemeiner, teuflischer Gedanken oder kurzer Explosionen herauskommen, welche den Schizoiden selbst erschrecken und überraschen.

Diese Entstehungsgeschichte, die soviel Schmerz und Rückzug verursacht, trägt auch zur Entwicklung der positiven Eigenschaften der Schizoiden bei. Der Zustand von Rückzug und Introversion erlaubt ihnen, eine aktive und erfindungsreiche Vorstellungskraft zu entwickeln und so ihre Kreativität zu vergrößern. Nicht überraschend werden Schizoide gute Künstler. Sie neigen dazu, sehr scharfsinnig zu sein, und sind oft sogar mit außersinnlicher Wahrnehmung begabt, als ein Ergebnis des reduzierten externen Kontaktes. Das heißt, der Verdacht, daß andere eine Bedrohung darstellen, kann zu besonders sensibler Wahrnehmung führen. Darüber hinaus wäre es unklug, Schizoide zu belügen, weil dieser Charaktertyp Unehrlichkeit meilenweit riechen kann. Schließlich können Schizoide ihre spirituelle Seite entwickeln und vielleicht Zuflucht in der spirituellen und mystischen Welt finden, um nicht in der wirklichen Welt sein zu müssen.

Von der Energie her sind Schizoide sehr hoch geladen; allerdings ist die Energie als Ergebnis des früheren Grauens intern gefroren. Aufgrund dieser hohen, aber gefrorenen Ladung ist das System unstabil; es gibt im Inneren keinen Platz mehr für zusätzliche Erregung oder Energie. Schizoide besitzen eine hohe kortikale Kontrolle, aber wenn das System überladen ist und die üblichen normalen Flucht- und Rückzugsmechanismen nicht ausreichen, könnten sie die kortikale Kontrolle verlieren und impulsiv und irrational handeln. Daher haben Schizoide eine sehr niedrige Schwelle für Erregung oder Streß.

Wir wollen nun betrachten, auf welche Weise die schizoide Strategie im Körper reflektiert wird. Es gibt zwei vorherrschende Eigenschaften des schizoiden Körpers: 1) der Körper ist eng zusammengezogen, 2) er erscheint fragmentiert.

Das Zusammenziehen offenbart sich in einer allgemein erhöhten Muskelspannung, die das System buchstäblich umklammert und die Energie daran hindert, die Peripherie zu erreichen. Dieses Muster hat zwei Funktionen: Es verhindert, daß 1) interne Impulse nach außen dringen und 2) Umweltstimuli nach innen gelangen. Daher unterstützt die Muskulatur effektiv die Trennung des Schizoiden vom Rest der Welt. Nach außen hin wird der Körper — besonders der Rumpf — eng gehalten, er ist fest und leblos. Die Gelenke sind gefroren und fühlen sich oft kalt an; die gehaltene Energie verleiht ihnen eine rötliche Färbung, besonders an den Knien, den Schultern und den Ellenbogen. Auch das Zwerchfell ist hochgespannt und funktioniert wie ein fester Deckel, um Gefühle zu vermeiden. Das oft paradoxe Atemmuster vereinigt sich bei der Einatmung — sowohl eine Folge des Grauens als auch der Faktor, der dieses Gefühl aufrechterhält. Die Schädelbasis enthält ebenfalls Spannung und trennt daher effektiv den Kopf vom Körper. Schizoide haben oft durchgedrückte Knie, hochgewölbte Fußbögen und Hammerzehen — alles körperliche Manifestationen eines Fehlens der Verbindung zur Erde.

Die Fragmentierung der Schizoiden wird durch die Eckigkeit in den Körperteilen deutlich, die leicht unproportional zueinander sind. Die Arme sind im Vergleich zum Rumpf sehr dünn, die Hände und Füße klein. Der Körper ist zwischen links und rechts sowie oben und unten gespalten. Nacken und Hals sind lang und oft geknickt, und der Kopf ist abgewinkelt und sieht aus, als sei er nicht fest mit dem Körper verbunden. Im Rückgrat findet man oft Skoliose, was sich als Ausdruck des Sichabwendens von der Realität betrachten läßt. Ron hat darauf hingewiesen, daß der schizoide Körper aussieht, als sei er aus Ersatzteilen gemacht; er paßt einfach nicht zusammen. Schizoide sehen äußerst unintegriert aus, was sich auch in einem ungelenken, unkoordinierten, mechanischen und in extremen Fällen homolateralen Bewegungsablauf manifestiert. Das Gesicht der Schizoiden fällt durch seinen maskenartigen Ausdruck auf — leer von Gefühl, insbesondere freudlos. Die Augen blicken blank und leer, ähnlich denen eines gefangenen Tieres. Sie suchen fortwährend Kontakt; aber wenn sie direkt in die Augen des anderen schauen, mißlingt die Verbindung. Man fühlt sich nicht angeschaut, als wäre man Luft.

Die oralen Typen

Oralität entwickelt sich während der ersten beiden Lebensjahre. Wenn die Bedürfnisse in dieser Phase angemessen versorgt werden, entwickelt das Kind das sichere Gefühl, daß die Welt ein stärkender Ort ist und seine Bedürfnisse befriedigen wird. Im Fall der Oralen allerdings werden solche Bedürfnisse nicht angemessen erfüllt. Stell dir ein Kind vor, daß hungrig in seinem Bettchen liegt und nach seiner Mutter schreit. Es schreit und schreit, aber ohne Erfolg, und schließlich gibt es auf. Mit der Zeit unterdrückt es die Sehnsucht nach der Mutter. Es entsteht ein Konflikt zwischen dem Bedürfnis nach Zuwendung, Nahrung oder Kontakt mit der Mutter und der Furcht vor Enttäuschung, wenn die Mutter nicht reagiert. Also stellt das Kind seine Bemühungen ein, wird passiv und beginnt, die Welt als einen nicht unterstützenden Ort zu betrachten.

Die Mutter kann das Kind aus verschiedenen Gründen vernachlässigen. Im Extremfall lehnt sie die Bedürfnisse des Kindes ab, will nicht für es sorgen und ignoriert das Bitten des Kindes. In weniger extremen Fällen kann die Mutter versuchen, angemessen zu sorgen, aber es gelingt ihr nicht, das Kind zu befriedigen. Zum Beispiel kann sie es für längere Zeitspannen allein lassen, trotz seines Weinens und Wimmerns, oder das Kind nach einem festen Plan, nicht auf Verlangen, füttern. Oder die Mutter kann dem Kind nicht genug Zeit lassen, soviel es will zu sich zu nehmen, und verschafft ihm so ein Gefühl von Unbefriedigtsein und Unterernährung. Diese Bedingungen gelten nicht nur für die Ernährung, sondern auch für die anderen Bedürfnisse des Kindes, wie gehalten, umarmt oder trockengelegt zu werden.

Die Eltern können dem Kind Aufmerksamkeit in der Form von Spielzeug und hübschen Kleidern schenken, aber natürlich gleicht das nicht den Mangel an Nähe, Zuwendung und individualisierter Fürsorge für seine wirklichen Bedürfnisse aus. Wenn das Kind älter wird, kann es zu einem „verzogenen Gör" werden. Es sieht so aus, als hätte es alles, was es will, aber seine wirklichen Bedürfnisse werden verneint, und deshalb ist es immer noch unglücklich. Es fühlt sich um sein Recht auf körperliche und emotionale Stärkung betrogen. Es fühlt sich sowohl einsam und unerfüllt in seiner Anschauung, daß niemand seine Bedürfnisse stillen wird, als auch machtlos und uneffektiv in seinen Bemühungen, Befriedigung zu erreichen.

Aufgrund der Erfahrung von Entbehrungen und tiefsitzenden Gefühlen von Hilflosigkeit wird sich der Orale in erster Linie damit beschäftigen, seine Bedürfnisse gestillt zu bekommen. Er bildet eine narzißtische Einstellung aus, denn er ist nur an seinen eigenen Gefühlen und Bedürfnissen interessiert. Gleichzeitig ermüdet er leicht, weil seine früheren Bemühungen um Bedürfnisbefriedigung vergeblich waren, und er neigt dazu, seine Ziele aufzugeben, bevor die Möglichkeit einer Bedürfnisbefriedigung sichtbar wird.

Vielleicht, ohne daß die Mutter es direkt ausgesprochen hätte, empfing das Kind die Botschaft: „Werde erwachsen und stehe auf deinen eigenen Füßen, weil sonst niemand deine Bedürfnisse stillen wird." Statt dieser Botschaft zu folgen und für sich selbst zu sorgen, bricht der Orale zusammen, weigert sich, „erwachsen zu werden", und setzt hartnäckig seine Versuche fort, andere dazu zu bringen, für ihn zu sorgen.

Der Impuls des Oralen, die Hand auszustrecken und Befriedigung zu erlangen, wird allerdings behindert. Er hofft, seine Bedürfnisse, ohne darum zu bitten, befriedigt zu erhalten, ohne jede Anstrengung seinerseits. Wenn er überhaupt die Hand ausstreckt, fühlt er sich ohnmächtig und ineffektiv und bringt nicht die Energie auf, diese selbstbehauptende Geste durchzuhalten. Er versucht auch, durch Nichthandeln die geringe Energie, die ihm zur Verfügung steht, zu bewahren und ihre weitere Erschöpfung zu verhindern. Konsequenterweise bekommt er nicht das, was er braucht.

Aggressive Gefühle sind im Oralen schwach, und jeder Ärger oder jede Aggression ist kurzlebig. Er ist oft aufgrund unbefriedigter Sehnsucht irritierbar und ungeduldig. Er will auch den Zeitpunkt selbst bestimmen, wenn er etwas haben will, und besitzt nur in geringem Ausmaß die Fähigkeit, Bedürfnisbefriedigung aufzuschieben.

Orale können gewöhnlich die Stärkung in ihrer Umwelt nicht entdecken. Da sie als Kind Entbehrungen litten, suchen sie ohne Unterschied Stärkung von jedem und allem, was ihnen über den Weg läuft. Doch sie verwerfen schnell alle potentiell befriedigenden Personen oder Situationen als unzureichend. „Ich weiß nicht, was ich will" ist eine oft gehörte Beschwerde der Oralen. Da sie selten, wenn überhaupt, in der Kindheit Befriedigung erfuhren, lernten sie niemals, das zu erkennen, was sie befriedigen würde. Also suchen sie fortwährend weiter und finden nicht, was sie wollen.

Orale sind von einer großen Sehnsucht nach der Stärkung erfüllt, die sie vermißten. Sie fühlen sich unausgefüllt, leer und isoliert. Wenn jemand für sie „da" ist, fühlen sie, daß das nur vorübergehend ist, und ihre Furcht, von dieser Person verlassen zu werden, hindert sie daran, die Unterstützung anzunehmen und sich darüber zu freuen.

Da der orale Typ unabhängig bleibt, wehrt er den Schmerz der Leere und des Verlassenwerdens ab. Er erscheint sowohl körperlich als auch emotional schwach und bedürftig, um andere dazu zu bringen, für ihn zu sorgen. Wegen seiner Einstellung und seiner schwachen körperlichen und energetischen Struktur ist der Orale unfähig, Unterstützung für sich selbst zu schaffen. Er weigert sich, für sich selbst zu sorgen, und sucht statt dessen Sympathie, Hilfe und Unterstützung von anderen. Natürlich weigert sich die Welt der Erwachsenen, diese infantilen Forderungen anzuerkennen, was letztendlich zu Depression führt. Der Versuch, im Erwachsenenalter wiederzugewinnen, was in der Kindheit versagt worden ist, ist zum Scheitern verurteilt. Aber der Orale ist nicht willens, diesen unerfüllbaren Traum aufzugeben, und ist so dazu verdammt, sich ständig beraubt und enttäuscht zu fühlen. Darüber hinaus fehlen Abwehr und Schutz gegen die Härte der Welt.

Das Bedürfnis des Oralen nach Stärkung ist so groß, und sein System ist so erschöpft, daß er weder die objektive Voraussicht noch die Stärke hat, sich zu schützen. Er ist äußerst verletzlich und sensibel für seine Umwelt, wie ein kleines Kind. Er ist sicherlich nicht mit allen Wassern der Welt gewaschen, er ist in der Tat ganz naiv — und möchte jemanden haben, der ihn vor der Realität beschützt.

Da der Orale — unbewußt oder nicht — glaubt, daß die Welt ihm den Lebensunterhalt schuldet, kann es ihm schwerfallen, eine Arbeit zu behalten. Er besitzt nicht die Hartnäckigkeit, die Zukunftsorientierung oder den Willen, sich selbst materiell zu unterstützen. Da er typischerweise ein „Versager" ist, stehen seine Leistungen oft in keinem Verhältnis zu seinen Fähigkeiten.

Im sozialen Umgang sehnen sich Orale nach Interaktion mit anderen und umgeben sich mit vielen Freunden. Andere Menschen können auf sie anfangs mit einem Gefühl von Mitleid und Fürsorge reagieren, aber sie fühlen sich bald ausgesaugt und entmutigt, weil dem Oralen nichts genug ist. An Beziehungen klammert sich der orale Typ stark an und will fortwährend Aufmerksamkeit und Sympathie. Hinzu kommt, daß er die Anstrengungen seiner Freunde nicht schätzt. Er fokussiert narzißtisch auf seine eigenen Bedürfnisse, und oft fehlt ein Gefühl für die Probleme des anderen. Oder er kann ganz empathisch sein, aber unfähig, seine Freunde zu unterstützen. Orale haben große Schwierigkeiten mit der angemessenen „Austausch"-Natur erwachsener Beziehungen, wobei sie typischerweise mehr nehmen als geben. Sie sind zum Beispiel äußerst wortgewandt, können aber dauernd über sich selbst sprechen, ohne den anderen zuzuhören, oder stellen viele Fragen und sind dann nicht an den Antworten interessiert.

In einer Primärbeziehung stehen Orale im selben Dilemma. Da sie wünschen und erwarten, daß ihre Bedürfnisse gestillt werden, können sie nur auf einer infantilen abhängigen Ebene nahe sein, „Ich liebe dich" heißt bei ihnen oft: „Ich will, daß du mich liebst". Sie neigen zu intensiver Eifersucht und wollen, daß ihr Partner immer für sie da ist. Wenn er sich jemand anderem zuwendet, interpretieren sie sein Verhalten als Entzug von Unterstützung und Stärkung. Orale sind in erster Linie mit ihrer eigenen Leere beschäftigt und haben weder die Stärke noch das Verlangen, den Bedürfnissen des Partners entgegenzukommen. Und da der Partner natürlich ihre unrealistischen Forderungen nicht erfüllen kann, werden sie leicht ärgerlich oder sogar feindselig. Daher können in ihren Beziehungen leicht Konflikte dadurch entstehen, daß beide Partner fühlen, daß der andere nicht genug gibt.

In sexuellen Beziehungen können Orale einfach aufgrund der geringen Energie eine Verminderung der genitalen Potenz erfahren. Sie sind energetisch untergeladen, und die geringe Ladung, die da ist, erreicht nicht die Peripherie. Dennoch haben sie Freude an der Sexualität, allerdings weniger wegen der organischen Entladung als wegen des Kontaktes und der Aufmerksamkeit, die sie mit sich bringt. Sie verwenden Sex als einen Weg, gehalten zu werden und jemandem nahe zu sein — wiederum auf einer infantilen Beziehungsbasis. Sie suchen nicht die erwachsene Lust am Orgasmus.

Dennoch haben Orale sowohl die Fähigkeit als auch den Wunsch, ihre Gefühle (außer Ärger) offen und leicht auszudrücken, und versuchen nicht, eine Maske aufzusetzen oder jemand zu sein, der sie nicht sind. Andere finden sie unbedrohlich und können leicht auf viele Weise Beziehungen zu ihnen aufnehmen, da sie sehr herzlich und liebenswert sind und bei körperlicher und emotionaler Nähe aufblühen.

Der orale Körper vermittelt den Eindruck von Schwäche und Erschöpfung. Er scheint zusammenzubrechen und zeigt ein kindliches, bedürftiges Aussehen: Orale sind typischerweise dünn, was Ausdruck ihrer Unfähigkeit ist, körperliche Stärkung anzunehmen. Das Gewebe neigt zur Schlaffheit, ist ohne Innendruck und Tonus und weist auf eine allgemeine Schwäche und Fehlen von Energie hin. Der Kopf der Oralen ist nach vorn geschoben, wodurch er ein Hohlkreuz und durchgedrückte Knie ausgleicht, und repräsentiert ein passives Ausstrecken der Lippen nach Stärkung. Die durchgedrückten Knie sind ein Versuch, sich selbst zu unterstützen — sonst würde der Orale zu Boden fallen. Der Körper biegt sich in einer S-Kurve, und weil die Beine schwach sind, liegt großer Streß auf dem Rückgrat. Die Augen blicken bittend und traurig, die Lippen können voll sein, und der Mund steht oft offen. Auch die Stimme hat einen traurigen Klang.

Runde Schultern und schwache Arme reflektieren die Unfähigkeit der Oralen, ihre Arme auszustrecken, sowie ihre fehlenden aggressiven Tendenzen. Der Brustkorb ist eingesunken, und manchmal findet man sogar auf dem Brustbein eine Vertiefung, in der Sehnsucht und Einsamkeit festgehalten werden. Der Bauch wölbt sich nach vorne und gleicht dem Kugelbauch eines kleinen Kindes.

Das Atemmuster des oralen Typs ist sehr flach, was ebenfalls zu einem niedrigen Energieniveau beiträgt. Allgemein ruft seine körperliche Erscheinung eine Mitleidsreaktion hervor und den Wunsch zu helfen — und genau das soll sie auch bewirken.

Der kompensiert-orale Typ. Kompensiert-Orale haben genau dieselbe Ätiologie wie Orale, reagieren auf sie aber etwas anders. Dieser Typ hat einen ziemlich effizienten Stoffwechsel und ist dominant sympathikoton, während Orale gewöhnlich „ausgebrannte" sympathikotone Stoffwechsel haben. Daher haben Kompensiert-Orale mehr Energie in ihrem System. Anstatt zusammenzubrechen und abhängig zu werden, entscheidet sich der Kompensiert-Orale für Unabhängigkeit und übernimmt schon früh die Verantwortung, seine Bedürfnisse selbst zu erfüllen. Er nahm sich die Botschaft: „Werde erwachsen und stehe auf deinen eigenen Füßen" zu Herzen und lernte schon in sehr früher Zeit gehen und sprechen.

Die Kompensation ist eine Abwehr gegen das Versinken in die Oralität. Anstatt zu sagen: „Bitte hilf mir, laß mich nicht allein!", behauptet der Kompensiert-Orale: „Ich kann es selbst tun. Ich brauche dich nicht!" Der Kompensiert-Orale will nicht von anderen abhängig sein, weil diese Strategie nicht befriedigend war. Also weigerte er sich, Unterstützung von anderen anzunehmen. Er weiß, daß er auf sich selbst zählen kann, und entscheidet sich, die Dinge allein zu tun, anstatt das Risiko einzugehen, fallengelassen zu werden.

Der Kompensiert-Orale versucht, sowohl körperlich als auch emotional stark zu sein, und übertreibt die Unabhängigkeit von anderen. Er kann sich in schwierige Situationen bringen, um zu beweisen, daß er überleben kann. Kompensiert-Orale haben große Angst davor, bedürftig zu sein und keine Unterstützung zu bekommen, und ihr Verhalten reflektiert diese Furcht. Sie erkennen ihr Bedürfnis nicht an.

Der Körper des Kompensiert-Oralen sieht wie der des Oralen aus, aber mit einer rigiden Schicht darüber. Er hat sehr viel mehr Energie, was in seiner Fähigkeit, für sich selbst zu sorgen, reflektiert wird. Er kann einen „Revolverhelden"-Körper haben, wobei die Knie immer noch durchgedrückt sind. Über allem liegt aber eine Schicht von Bereitschaft und Energie.

Die psychopathischen Typen

Die psychopathische Charakterstrategie wird zwischen zwei und vier Jahren gebildet, wenn das Kind seine Umwelt als getrennt von sich sieht und seine

Bedürfnisbefriedigung in gewisser Weise von seinen Handlungen abhängig ist. Es entwickelt Autonomie, bedarf jedoch noch der Hilfe seiner Mutter. Für das Kind entsteht ein Dilemma, weil die Bedürfnisse der Mutter Vorrang vor seinen eigenen haben. Das heißt, die Mutter ist unfähig oder nicht willens, ihre eigenen Wünsche lange genug beiseite zu stellen, um die Bedürfnisse ihres Kindes zu respektieren und zu erfüllen. Statt dessen versucht sie, das Kind zu kontrollieren und auf indirekte, verführerische Weise an sich zu binden. Statt ihre Wünsche offen und ehrlich zu formulieren, benutzt sie hinterrücks die Bedürfnisse des Kindes, um ihre eigenen zu befriedigen. Wenn das Kind sich um Hilfe oder Kontakt bemüht, verdreht die Mutter dieses Eingeständnis von Verletzlichkeit, so daß *sie* bekommt, was sie will. Das Kind, das naiv Mitgefühl und Hilfe erwartet, erlebt statt dessen, daß sein Bedürfnis gegen es selbst gewandt wird, und fühlt sich daher verletzt, unwichtig und töricht. Mit der Zeit lernt das Kind langsam und schmerzhaft, daß es tatsächlich gefährlich ist, seine wahren Gefühle zu zeigen.

Die Ätiologie dieses Charaktertyps weist auf eine Verkehrung der natürlichen Beziehung zwischen Mutter und Kind hin. Das Kind ist natürlich nicht in der Lage, für sich selbst zu sprechen. Es kann nicht sagen: „Das ist nicht richtig; du solltest für mich sorgen." Es ist auch zu jung, um ohne Kontakt und Unterstützung von seiner Mutter zu überleben. Also sitzt es in der Falle, und es bleibt ihm nur die Alternative, sich entweder zu unterwerfen und benutzen zu lassen oder die Strategie der Mutter zu übernehmen und raffinierter zu werden als sie, indem es selbst manipuliert und Macht ausübt. Das Kind wird, statt wirklich und verletzlich zu werden, objektiv und berechnend. Es versucht, seiner Mutter zuvorzukommen, ihre Schwächen herauszufinden und so zu vermeiden, benutzt zu werden. Kurz gesagt, es lernt, ein Spiel zu spielen, seine eigenen Gefühle zu verneinen und jedes Zeichen von Verletzlichkeit oder Schwäche zu verbergen. Die Geschichte hat es schließlich gelehrt, daß es bei ehrlichem und offenem Ausdruck seines wahren Selbst manipuliert werden kann. Es muß sich selbst anstrengen und quälen, bevor es das Spiel mit einigen Erfolgsaussichten zu spielen gelernt hat.

Im Verlaufe dieses Prozesses lernt der Psychopath zu täuschen. Täuschung wird seine primäre Überlebensstrategie. Er sagt sich: „Ich werde nicht mehr verletzt werden. Ich werde niemanden meine wahren Gefühle sehen lassen. Nur dann kann ich vermeiden, ausgenutzt zu werden." Während die meisten Kinder natürlicherweise offen und ehrlich sind, lernt der Psychopath in einem frühen Alter, seine Bedürfnisse und Gefühle zu verbergen. Schließlich kann er sogar bei sich selbst nicht mehr zwischen Lüge und Wahrheit unterscheiden. Tatsächlich lügt der Psychopath unter Streß skrupellos, um seine Position zu unterstützen, wobei er die ganze Zeit glaubt, daß er die Wahrheit sagt. Die meisten Menschen überprüfen an der Realität, was in ihrem Kopf vorgeht, aber der Psychopath betrachtet seine interne Wirklichkeit als genauer und glaubhafter als die äußere. Er lügt nicht absichtlich, vielmehr glaubt er wahrhaftig daran, daß seine Gedanken und Phantasien real sind.

Es gibt zwei Arten von Psychopathen, auch wenn die Kategorien sich ein Stück weit überlappen. Psychopath I reagiert auf die bedrohliche und manipulative Situation, indem er den „starken Mann" spielt, eine Pose von Macht und Stärke einnimmt und Zwang verwendet, sowohl um zu vermeiden, ausgenutzt zu werden, als auch um seine Bedürfnisse zu erfüllen. In dieser Kategorie sind Männer angesichts des kulturellen Stigmas, mit dem aggressive und mächtige Frauen behaftet sind, in der Überzahl. Psychopath II auf der anderen Seite reagiert auf dieselbe Situation mit Verführung, Zuvorkommenheit und Charme. Aber auch er wird andere manipulieren, bevor sie ihn manipulieren.

Psychopath I zeigt einen starken Wunsch nach Macht über andere. Es ist wichtig, zu verstehen, daß er diese Macht nicht so sehr will, um andere zu verletzen oder zu manipulieren, sondern um sicherzustellen, daß kein anderer Macht über ihn hat. Psychopathen sind oft sehr großzügig und lieben es, anderen einen Gefallen zu tun, weil solche Handlungen sie in eine überlegene Position bringen. In dieser Position ist es weniger wahrscheinlich, verletzt oder benutzt zu werden, da die Empfänger ihrer Gefälligkeiten in ihrer Schuld stehen. Psychopathen besitzen oft real große Macht, aber wenn man die Ätiologie ihres Zustandes und die begleitende Furcht, sich in der schmerzhaften Zwangslage ihrer Kindheit wiederzufinden, in Betracht zieht, fühlen sie, daß sie niemals genug Macht haben, und versuchen daher, mehr und mehr davon zu bekommen.

Kurz gesagt, der Psychopath fühlt sich niemals sicher dabei, wenn er mit anderen auf der gleichen Ebene eine Beziehung aufnimmt. Mensch zu sein bedeutet, andere zu brauchen, Kontakt zu brauchen, aber solche Bedürfnisse haben dem Psychopathen großen Schmerz bereitet. Also negiert er diesen gemeinsamen menschlichen Nenner von Gefühl und Bedürfnis und setzt sich davon ab, indem er sich selbst als unverletzlich und „über den anderen" sieht. Er identifiziert sich nicht mit seinen Mitmenschen; tatsächlich fühlt er sich von ihnen entfremdet, getrennt und außerhalb des normalen Lebensflusses. Lowen verwendet den Begriff „besonders", um zu beschreiben, wie der Psychopath sich selbst sieht, und zwar nicht in dem Sinne, daß er besondere Talente oder Gaben hat, sondern daß er immun gegenüber alltäglichen Sorgen, Problemen und Gefühlen — insbesondere Angst — ist. Es war zu gefährlich, im Prozeß des Aufwachsens „normal" zu sein; darüber hinaus wurde ein infantiles Gefühl von Omnipotenz von der Mutter verstärkt, die den Anschein erweckte, als ob das Kind ihre Bedürfnisse zu stillen vermochte. Daher entwickelt das Kind ein übertriebenes Gefühl seiner eigenen Macht und Fähigkeit. Als Erwachsener hat es die Illusion, Supermann oder der Retter zu sein: Keine Aufgabe ist zu schwierig oder zu abschreckend. Ebendiese Einstellung behindert die emotionale Gesundheit.

Die Handlungen des Psychopathen veranlassen auch andere, ihn als etwas Besonderes zu sehen. Indem er vorgibt, jemand anderes zu sein als die erschreckte verletzte Person, die er ist, verkauft er ein Bild von sich selbst als Wirklichkeit. Sein Leben verbringt er in dem Versuch, diesem Bild gerecht zu werden und Entlarvung durch andere zu verhindern. Dieses Bild kann abhängig vom Individuum verschiedene Formen annehmen. Psychopath I will eine Erscheinung von Bedeutung und Macht projizieren, während der Psychopath II mehr zu einem Bild von verführerischer Attraktivität und Jugend neigt. Wenn sein Bild zusammenbricht oder enthüllt wird, ist der Psychopath zerstört (siehe Richard Nixon). Was immer die Illusion ist, der Psychopath identifiziert sich mit ihr total. In diesem Prozeß übernimmt organische Freude eine Nebenrolle. Der Psychopath zum Beispiel kann Sex um der Eroberung willen statt aus Lust betreiben. Selbst in diesem Kontext richtet er sein Leben darauf aus, sein Bild zu unterstützen, anstatt seinen Wunsch nach Lust und Befriedigung zu erfüllen.

Beziehungen mit anderen präsentieren für den Psychopathen ein Problem. Gleichberechtigung wird als Sturz aus Status und Macht gesehen, was zu einer Unfähigkeit führt, auf einer gleichberechtigten Basis Beziehungen einzugehen. Der Psychopath umgibt sich oft mit Gefolgsleuten, um Kontakt mit anderen zu erreichen. Aber der Kontakt folgt seinen Bedingungen: Er arrangiert jede Situation so, daß andere ihn brauchen und von ihm abhängig sind; auf diese Weise braucht er kein eigenes Bedürfnis auszudrücken, und darüber hinaus kann er die Kontrolle behalten. Psychopathen sind so charmant und klug, daß sie andere von allem überzeugen könnten. Indem der Psychopath Liebe, Wärme und Anregung verspricht, lockt er die Menschen in sein Netz. Erleichtert wird der gesamte Prozeß durch die Tatsache, daß normale menschliche Ängste ihn nicht belasten, so daß andere Leute geneigt sind, ihn als überlegen oder gar abgeklärt zu sehen. Viele unserer Generäle, Schauspieler, Präsidenten und großen Lehrer sind Psychopathen.

Es bedarf kaum weiterer Erwähnung, daß der Psychopath große Schwierigkeiten mit intimen Beziehungen hat, die ja einen freien und ehrlichen Ausdruck von Gefühlen verlangen. Der Psychopath wehrt sich dagegen, den Bedürfnissen anderer unterworfen zu sein, und entscheidet sich statt dessen, Beziehungen zu dominieren und zu kontrollieren: „Ich kann nur nahe sein, wenn du mich brauchst, zu mir aufschaust und nicht versuchst, zu intim zu werden." Im Austausch gegen Respekt, Wertschätzung und Vermeidung von emotionalen Forderungen an ihn kann der Psychopath sehr großzügig, liebevoll und charmant sein und hat oft Freude daran, für seinen Partner oder Freund zu sorgen. Man findet ihn oft in Beziehungen mit Oralen, die jemanden wollen, der für sie sorgt. Der Psychopath befriedigt seine Bedürfnisse indirekt, indem er seinen Partner mit Charme und Versprechungen derart manipuliert, daß dieser seine Bedürfnisse erfüllen will. Schließlich allerdings wird der Partner frustriert, weil sein Bedürfnis und sein Wunsch nach mehr Intimität nur zu einem kleinen Teil befriedigt werden und ernsthafte Versprechungen des Psychopathen, sich zu ändern, niemals erfüllt werden. Je stärker die Forderung nach Nähe, desto ausgeprägter wird die Strategie des Psychopathen, und er zieht sich um so mehr zurück, wird verführerischer oder einschüchternder und frustriert dadurch seinen Partner noch mehr. Daher fällt es dem Psychopathen schwer, eine Primärbeziehung aufrechtzuerhalten. Am Ende kann ihn sein Partner verlassen, gestärkt von seiner Fürsorge, aber frustriert durch das Fehlen von Intimität.

Die ganze psychopathische Strategie ist natürlich eine Abwehr gegen das Gefühl der Schwäche und gegen das Gefühl, überwältigt, ausgenutzt und unwichtig zu sein. Man findet ein Grundgefühl von Schwäche und Oralität und eine Sehnsucht nach Intimität, die der Psychopath aber niemals zugibt. Darüber hinaus versetzt eine enorme unterdrückte Wut darüber, ausgenutzt worden zu sein, den Psychopathen in Panik und überzeugt ihn davon, daß er die Kontrolle nicht verlieren darf, wenn er nicht buchstäblich vor Wut verrückt werden will. Also lebt er weiterhin in einer Welt der Ideen, Gedanken und Phantasien.

Bei der Entwicklung dieser ausgefeilten Täuschungsstrategie kultiviert der Psychopath bestimmte Eigenschaften, die in seinen gewohnheitsmäßigen Wahrnehmungs- und Handlungsstil eingehen. Eine gesteigerte Wahrnehmung wird begünstigt, wenn er lernt, andere, insbesondere seine Mutter, zu durchschauen, um nicht manipuliert zu werden (aus diesem Grund sind psychopathische Persönlichkeitsanteile gut für Therapeuten). Er hat gelernt, charmant, klug und lieb zu sein, um andere dazu zu verführen, ihm zu geben, was er braucht. Er kann auch amüsant, unterhaltsam und charismatisch sein. Seine Schauspielerfähigkeiten werden überzeugend zur Unterstützung seines Images und zur Verneinung seiner wahren Gefühle eingesetzt. Da er schmerzhafte Realitäten völlig unbeachtet läßt, kennt er keine Angst, tatsächlich ist die Fähigkeit, alles mit vollständiger Furchtlosigkeit anzugehen, das Markenzeichen des Psychopathen.

Weil er sich als Kind unwichtig fühlte, lebt er auf, wenn er im Zentrum der Aufmerksamkeit steht und wegen seiner Beiträge geschätzt wird. Ein Großteil des Verhaltens des Psychopathen ist darauf angelegt, ihm die Wertschätzung, den Respekt und die Bedeutung zu verschaffen, die ihm als Kind versagt waren. Obwohl seine Strategie sicherlich ihre Nachteile hat, unterstützt sie auch die Entwicklung einer großen Zahl positiver Eigenschaften.

Der Körper des Psychopathen ist aufwärts mobilisiert, so daß die obere Hälfte groß und aufgeblasen wirkt, wohingegen die untere Hälfte dünn und wenig muskulös ist. Die Energie fließt nach oben, mit wenig Energie in Becken und Beinen. Tatsächlich reflektiert der Körper das Bemühen des Psychopathen, mächtig auszusehen, was dazu dient, andere auf Distanz zu halten. Die Schädelbasis ist äußerst gespannt, und der Kopf kann im Vergleich zum Körper groß sein, wobei er möglicherweise die Tendenz des Psychopathen reflektiert, in seinem Kopf statt in seinem Körper zu sein. Die Augen blicken mißtrauisch und können stechend wirken. Der Hals ist gespannt und schneidet den Energiefluß zwischen Kopf und Körper ab, wodurch Gefühle unterdrückt werden. Schultern und Arme sind gut entwickelt und groß und halten die Wut und den Ausdruck von Aggressionen zurück.

Man findet einen Block an der Hüfte, wo der Körper dünner wird und weniger Energie hat. Die Bauchdecke ist gespannt, das Becken und die Beine sind dünn und fest, was eine fehlende Erdung in der Realität reflektiert.

Die Stimme des Psychopathen ist überraschend weich und freundlich und maskiert seine Wut. Sein Atemmuster besteht darin, die Einatmung festzuhalten, seine Brust aufzublasen und dann nicht vollständig auszuatmen, was einem Kontrollverlust gleichkäme. Seine Bewegungen können eine ärgerliche, stampfende Qualität haben, was ebenfalls seine innere Wut reflektiert.

Psychopath II ist in seinen Körper- und Verhaltensmerkmalen mehr verführerisch als mächtig. Dieser Typ bricht nicht zusammen, aber er macht auch keine aggressiven Gesten. Er neigt statt dessen zu masochistischen Verhaltensweisen und weigert sich, die Verantwortung für seine Handlungen zu übernehmen. Er manipuliert andere dahin gehend, für ihn zu handeln. Er ist nicht so impulsiv wie der Psychopath I; vielmehr tendiert er dazu, Pläne zu schmieden und auf diese Art und Weise vorzubauen.

Dieser zweite Typ besteht im allgemeinen aus sehr lieben, netten und umgänglichen Menschen, die ihre Wut maskieren, indem sie hilfsbereit erscheinen. Sie sind nach außen hin rücksichtsvoll, haben sanfte Umgangsformen, und im Kontakt mit anderen zeigen sie oft eine übertriebene Höflichkeit. Sie sind nicht direkt und selbstbehauptend und enthüllen nicht ihre Gefühle. Tatsächlich können sie etwas affektflach sein.

Die Spannung im Körper des Psychopathen II liegt ganz tief unter einer weichen und nachgiebigen Oberflächenmuskulatur. Daher ist der Körper hyperflexibel. Diese Merkmale reflektieren die raffinierten, verführerischen Eigenschaften dieses Typs. Auch seine Stimme hat diese Merkmale. Sie klingt glatt, ohne Resonanz und Schärfe. Auch die Augen sind verführerisch, während sie gleichzeitig seine wahren Emotionen verhüllen.

Der masochistische Typ

Die Ätiologie des masochistischen Charaktertypen wird gekennzeichnet durch die elterliche Unterdrückung der Selbstbehauptung und Unabhängigkeit des Kindes. Das Kind hat in den ersten Lebensphasen Stärkung und Liebe erhalten; in der Tat war die ganze Familie sehr liebevoll und betont herzlich, sowohl körperlich wie auch verbal. Sobald das Kind allerdings alt genug wird, um zu realisieren, daß es sich selbst behaupten und nein sagen kann (d.h. um 18 Monate und später), gerät es in einen Konflikt, weil die Mutter seine natürlichen Impulse hemmt. Da sie nicht in der Lage ist, die Selbstbehauptung des Kindes zu ertragen, schubst sie es herum und kontrolliert es, um es zum Gehorsam zu bewegen. Dies geschieht nicht auf bösartige Weise; tatsächlich kann die Mutter übermäßig liebevoll und freundlich sein und oft sowohl ihre Liebe als auch Schuldgefühle zur Manipulation einsetzen: „Tu's für Mama; du weißt, daß Mama dich liebhat. Mama weiß, was am besten für dich ist. Du bist mein kleiner Junge, und ich weiß, daß du mir nicht weh tun willst." Das sind allgemeine Schachzüge, mit deren Hilfe das Kind zur Kooperation gezwungen wird. Die Mutter ist dominierend und selbstaufopfernd; sie neigt dazu, das Kind zu erdrücken und seine Wünsche und Anstrengungen, sich von ihr zu befreien, zu ersticken.

Die Mutter kann das Kind auch durch Scham und Lächerlichmachen dazu bringen, ihrem Willen zu gehorchen. Das klassische Beispiel ist die Sauberkeitserziehung, bei der die Mutter so strikt ist, daß das Kind sich schließlich erniedrigt und in seiner Privatsphäre verletzt fühlt. Das Kind lernt, seine natürlichen Körperimpulse zurückzuhalten und genauso seine emotionalen Impulse zu hemmen.

Um Liebe von der Mutter zu erhalten, muß das Kind sie erfreuen, ihr gehorchen und seine eigene Unabhängigkeit und Selbstbehauptung verleugnen. Daher gibt es für diese Liebe seine Würde, Individualität, Unabhängigkeit und Selbständigkeit preis. Liebe zu empfangen wird damit assoziiert, zu tun, was jemand anderer will, und den damit einhergehenden Gefühlen von übernommener Verpflichtung und abgegebener Verantwortung.

Zunächst ist das Kind über die Forderungen seiner Mutter offen wütend, aber die Versuche, den Ärger auszudrücken, werden sofort zunichte gemacht. Lowen sagt, daß Masochisten als Kinder rebellisch und jähzornig waren, was sie dann aufgeben mußten. Aussagen wie: „Merkst du nicht, daß du mir weh tust?“ erzeugen Schuldgefühle und zwingen das Kind zum Gehorsam.

Für das Kind erscheint die Situation hoffnungslos. Es kann sich nur entweder behaupten und die Mutter verlieren oder aber ihr gehorchen, ihre Liebe gewinnen und damit sich selbst verlieren. Seine einzige gerade noch akzeptable Zuflucht besteht darin, nach außen hin gehorsam zu sein, aber innerlich Widerstand zu leisten. Auf diese Weise kann es einen Anschein von Würde und Selbstrespekt bewahren.

Das Kind kann den Selbstverlust einzig dadurch kompensieren, daß es dafür sorgt, daß auch die Mutter ihr Ziel nicht erreicht. Das ist, als ob es sich sagt: „Ich kann zwar nicht sein, was ich will, aber ich will auch nicht sein, was du willst.“ Seine Strategie besteht im Widerstandleisten, in der Verzögerung von Handeln. Das Kind läßt die Mutter auf sich warten, während es oberflächlich lieb und kooperativ ist. Das ist der einzige Weg, es ihr heimzuzahlen.

In dieser Zwangslage kommen seine widerstreitenden Gefühle von Liebe und Wut hinzu, die sich gegenseitig am Ausdruck hindern. Man muß daran denken, daß etwa 18 Monate lang die Beziehung zwischen Mutter und Kind sehr liebevoll, zärtlich und sicher war. Folglich hat das Kind eine warme Bindung an seine Mutter entwickelt. Wenn es dann Ärger fühlt, sobald es unterdrückt wird, und wenn ihm vermittelt wird, daß sein Gefühl schlecht ist, dann sitzt es in einer echten Zwickmühle. Das Kind will seinen Ärger nicht ausdrücken, weil es seine Mutter wirklich liebt, und sie vermittelt ihm das Gefühl, daß sie, wenn es wütend auf sie ist, verletzt wird. Zur selben Zeit wird wegen des ungelösten Ärgers auch seine Liebe daran gehindert, sich auszudrücken. Das Kind realisiert nicht, daß es auf seine Mutter ärgerlich sein und sie dennoch lieben kann. Für es sind diese beiden Gefühle völlig unvereinbar und negieren einander. Weil diese Gefühle so viele Konflikte in seinem System erzeugen, hemmt es beide. Schließlich wird der Hemmungsprozeß auf alle Gefühle generalisiert, und der Masochist wird ziemlich ausdruckslos und affektflach. Er wird zurückhaltend, weil ihm das Gefühl vermittelt wurde, daß seine Impulse schlecht sind. Würde, Selbstrespekt und

Kompetenz des Kindes werden so beschädigt. Es ist erniedrigend, unterwürfig zu sein, woraus sich ein Grundgefühl von Verachtung und Widerwillen dagegen ergibt, in diese peinliche Situation gesetzt zu sein.

So hat der Masochist ein negatives Selbstbild und ist geneigt, sich anderen unterzuordnen. Er fühlt sich minderwertig und vermittelt den Eindruck, dumpf und dumm zu sein, während er tatsächlich alles andere als dumm ist. Natürlich werden diese „negativen" Gefühle niemals anerkannt. Der masochistische Typ vermittelt immer den Eindruck, „ein guter Junge" zu sein, der sich so sehr bemüht, wie er kann.

Der Masochist übernimmt die Rolle des unschuldigen Opfers. Da er tief innen glaubt, daß er wirklich schuldig ist, daß jedes Unglück seiner Mutter sein Fehler war, sucht er sich Situationen, die diese Überzeugung unterstützen. Er richtet es so ein, daß er Mißerfolg haben muß und unglücklich wird. Er gibt sein Bestes, aber trotzdem mißlingt es ihm. Es ist, als ob der Masochist versucht, Liebe durch den Aufwand anstatt durch das Ergebnis seines Handelns zu gewinnen. Weil sein automatisches Nein ein so tiefer unbewußter Habitus ist, merkt er nicht, daß er sich selbst sabotiert. Er glaubt wirklich, daß ihm schlimme Sachen einfach immerzu passieren, und er sieht seine Rolle bei der Herbeiführung des Mißerfolgs nicht. Er hat die Einstellung: „Ich Armer, schau nur, wie sehr ich mich bemühe, aber nichts klappt." Auf diese Art gelingt es ihm, Mitleid von anderen zu bekommen.

Die Unschuld des Masochisten verdeckt auch die Verachtung und Wut, die er im Inneren fühlt; tatsächlich ist die Enttäuschung anderer eine passiv-aggressive Rache. Als Kind fand er es notwendig, seinen Ärger innen zu behalten oder zu riskieren, Liebe zu verlieren, so daß der Ausdruck jedweden Wutgefühls bis heute so bedrohlich ist, daß er es durch ein nettes und unschuldiges Äußeres kompensiert. Nichts ist jemals sein Fehler. Und doch freut er sich heimlich darüber, Dinge zu verpfuschen, als einziges sicheres Ventil für seinen Ärger.

Das Grundgefühl des Masochisten ist, im Morast zu stecken, mit geringen Aussichten auf eine Verbesserung. Er fühlt sich hoffnungslos, nachdem er gelernt hat, innerlich zu allem nein zu sagen — zu seinen Gefühlen, zu seiner Mutter und zu jedem anderen, der möglicherweise etwas von ihm will. Widerstand wird seine Hauptstrategie bei der Bewältigung innerer Impulse und äußerer Stimuli. Er widersteht dem Ausdruck und dem Handeln. Wenn er einen Handlungsimpuls hat, wird diesem sofort und unbewußt mit einem inneren Nein begegnet. Die Gewohnheit des Masochisten, gegen Handlungen zu opponieren, macht ihn unbeweglich und für Veränderung resistent. Er übernimmt nicht die Führung seines Lebens und akzeptiert keine Verantwortung. Er neigt auch dazu, konservativ zu sein, und geht in seinem Leben kein Risiko ein.

Freude ist dem Masochisten ein fremdes Gefühl. Leben besteht aus Pflicht und Verpflichtung. Für den Masochisten ist es harte Arbeit, den Tag hinter sich zu bringen. Er weiß nicht, wie man spielt. Seine Spontaneität ist so tief unter dem Widerstand vergraben, daß er buchstäblich nicht versteht, was es bedeutet, Spaß zu haben. Wenn der Masochist sich freut, tut er es im kleinen Kämmerlein, um seine Leidens- und Opferrolle nicht zu ruinieren.

Energetisch und körperlich gesprochen, hält der Masochist eine enorme Spannung im Inneren fest. Natürlich suchen seine Impulse Ausdruck, aber er preßt seinen Körper zusammen, um sie innen zu halten. Er würde sehr gerne einen Teil dieser Spannung freisetzen, aber er übernimmt nicht das Risiko oder die Verantwortung dafür. Er sitzt fest. Seine Lösung? Der Masochist organisiert eine Situation, in der er gezwungen ist, seine Kontrolle aufzugeben, aber keine Verantwortung hat. Dies gelingt ihm durch Provokation, durch passiv-aggressive Verärgerung von anderen in der unbewußten Hoffnung, daß sie ärgerlich werden, in welchem Fall er dann gezwungen sein könnte, einen Teil seiner aufgestauten Gefühle auszudrücken. Er bringt die Dinge zum Siedepunkt, alles explodiert, und dann fühlt er sich besser. Man erinnert sich an das kleine Kind, das eine Menge Spannung und Angst in seinem System hat. Es irritiert laufend seine Eltern, macht alles falsch, bis die Eltern es schließlich nicht mehr aushalten und das Kind schlagen. Das Kind weint, was seine aufgestauten Gefühle entlädt, sein System entspannt sich, und es fühlt sich viel besser. Das Kind hat die Bühne dafür bereitet, auf der es seine Eltern zum Schlagen provoziert, so daß es entladen kann.

Der Masochist provoziert auf vielerlei Weise. Er beschwert sich fortwährend in einer weinerlichen, wiederholenden Art, die darauf angelegt ist, nicht so sehr ein Problem zu präsentieren und eine Lösung zu finden, sondern vielmehr zu irritieren und zu provozieren. Er liebt es, etwas für andere zu tun, aber er baut immer Mist — und doch hat er sich so sehr bemüht, der Arme! Unter Streß wird er noch unbeholfener und stolpert über die eigenen Füße bei dem Versuch, Dinge richtig zu tun, und natürlich kommt alles verkehrt heraus. Er ist sehr langsam und halsstarrig, was andere auf die Palme bringt; aber sobald sie ungeduldig werden, leistet er um so mehr Widerstand. Dies sind die Leute, deren Wagen an der Verkehrsampel stehenbleibt, wenn du hinter ihnen stehst und dich schon verspätet hast, oder die dir einen Füllfederhalter zu Weihnachten schenken, der über dein Lieblingskleid spritzt, wenn du ihn das erste Mal benutzt. Natürlich ist das niemals die Schuld des Masochisten, und deshalb bist *du* jetzt ohne ein Ventil für deinen eigenen Ärger.

In Gegenwart eines Masochisten kannst du dich irritiert und ärgerlich fühlen, und er kann dir trotzdem leid tun, da niemals in seinem Leben etwas zu klappen scheint. Du könntest Schuldgefühle wegen deines Ärgers empfinden, weil dein eigenes Leben im Vergleich zu seinem wie geschmiert verläuft. Du fühlst dich vielleicht deprimiert und ebenfalls festgefahren. Aber wenn du ungeduldig wirst und ihm Beine machen willst oder versuchst, ihm ein besseres Gefühl zu verschaffen, sitzt du bereits in der Falle, denn der Masochist wird deine Anstrengungen sabotieren. „Ja, aber . . ." ist eine oft gehörte Beschwerde des Masochisten, der an jedem Vorschlag, den du machst, etwas auszusetzen findet. Du endest dann mit dem Gefühl des Mißerfolgs.

Selbst ganz normale vernünftige Forderungen, die du an einen Masochisten stellst, erinnern ihn an das Herumschubsen seiner Mutter, also leistet er Widerstand. Er wird dir nicht geben, was du willst, selbst wenn er es selber will, weil ihn das automatische Nein bestimmt.

Trotz alldem sind Masochisten liebevolle Menschen, die ein großes Bedürfnis nach Nähe zu anderen haben. Ihr Familienleben war schließlich sehr liebevoll und nah, und Masochisten besitzen die Fähigkeit und haben das Verlangen, in liebevollen Beziehungen zu leben. Die Schwierigkeit ist, daß Liebe mit Gehorsam, Verantwortung und Verpflichtung verknüpft ist. Sie halten sich selbst in einer untergeordneten, minderwertigen Position und sind nur dann nah, wenn sie unterwürfig sind. Wegen ihres negativen Selbstbildes finden sie Wege, in Beziehungen den Mülleimer zu spielen und sich schlecht zu fühlen. Zum Beispiel kann ein Masochist sich zu jemandem hingezogen fühlen, der sehr sensibel ist und immer dazu neigt, sich verletzt zu fühlen, worauf er dann antworten könnte: „Ich verletze dich, ich bin ja so ein schlechter Mensch." In einer sexuellen Beziehung kann der Masochist körperlichen Kontakt suchen, aber sich selbst die Lust an der Sexualität verweigern.

Wir wollen einen weiteren Blick auf einige positive Aspekte des Masochismus werfen. Wie bereits erwähnt, sind Masochisten sehr herzlich und liebevoll. Sie sind loyale, fürsorgliche Freunde, und selbst wenn nichts klappt — ihre Absichten sind lauter. Sie besitzen enorme Ausdauer und Hartnäckigkeit. Sie schaffen selbst den langweiligsten Job, auch wenn es ewig dauert. Sie halten noch durch, wenn andere längst aufgegeben haben. In einer Zeit, wo Spontaneität und Impulsivität in Mode sind, kann die Dienstbereitschaft des Masochisten erfrischend sein. Er ist ein hingebungsvoller Partner und „Familienmensch" und ist bereit, Beziehungen durchzuhalten, auch wenn die Zeiten schlechter werden. Und es gibt selten etwas so Erfreuliches wie einen „reformierten" Masochisten, der gelernt hat, über sich selbst zu lachen. Mit einer solchen Person zusammenzusein ist eine Lust, denn sie hat einen trockenen, scharfen Sinn für Humor, sobald sie versteht, daß es in Ordnung ist, ein bißchen Spaß zu haben.

Der hauptsächliche strukturale Effekt der masochistischen Strategie besteht darin, daß der Körper komprimiert und nach unten gedrückt wird und belastet und angestrengt wirkt. Der Körper sieht aus, als ob er in einer Zange gehalten wird. Die Muskulatur ist überentwickelt, dick und zusammengezogen, besonders in den Flexoren. Man findet oft übermäßige Körperbehaarung. Masochisten neigen zu Übergewicht. Die Struktur scheint im Boden verwurzelt zu sein, unbeweglich, festsitzend. Man sieht keinen Stolz in dem Körper. Energetisch gesprochen ist das System hochgeladen, aber festgehalten und kontrolliert, was zu einem hohen Angstniveau führt. Die Energie hat kein Ventil.

Das Gesicht zeigt einen unschuldigen Ausdruck („Wer, ich?"), der Unterkiefer ist dick und gespannt und hält Ärger und Ausdruck jeder Art zurück. Die Mimik ist eingeschränkt, obwohl die Augen leidend aussehen können („Kuhaugen"). Der Hals ist kurz und dick und wird oft als „Stiernacken" bezeichnet, weil er in den Schultergürtel gezogen ist. Der Kopf vermittelt den Eindruck des Sichduckens, als ob er einen Schlag von hinten erwartet.

Der Rücken ist gerundet und schwer und zeugt von einem Gefühl der Niederlage. Weil der ganze Oberkörper sich nach vorne biegt, trifft man auf enorme Spannung im Bauch und Zwerchfell. Die Arme sind stark, aber leblos. Es gibt auch sehr viel Spannung im Gesäß, das aussieht, als habe der Masochist den Schwanz eingezogen, was ein Gefühl von Scham und Erniedrigung repräsentiert. Die Beine sind meistens stark und die Muskeln der Waden und der Vorderseite der Oberschenkel überentwickelt, was charakteristisch für Übererdung ist.

Im allgemeinen sieht der Körper aus, als sei er nicht richtig lebendig. Tatsächlich erscheint die Haut bräunlich, ein Zeichen für stagnierende Energie. Der allgemeine Ausdruck entspricht der psychologischen Disposition zu Widerstand, Niederlage, Hoffnungslosigkeit und großem Leiden.

Der phallische Typ

Die beiden rigiden Typen, Phalliker und Hysteriker, sind die beiden letzten charakterologischen Strategien unseres Systems. Sie entwickeln sich im Alter zwischen drei und fünf Jahren. Diese Typen haben nicht die Traumata der vorhergehenden erlitten; sie sind bis dahin von der Mutter und der

Umwelt gestärkt und unterstutzt worden. In dieser Phase beginnen die präsexuellen Gefühle des Kindes, auch wenn vom Bewußtsein her diese Gefühle noch nicht von liebenden und zärtlichen unterschieden werden. Während bei den vorhergehenden Typen die Mutter den Haupteinflußfaktor darstellte, übernimmt der Vater die Hauptrolle bei der Entwicklung der beiden Rigiden. Der Vater wird traditionell als Verbindung des Kindes zur Außenwelt betrachtet, der es in Beziehung mit Menschen außerhalb der Familie und in die Welt außerhalb des Heims einführt. In dieser Funktion hat er Einfluß auf die Entwicklung der phallischen Strategie des Kindes. Heutzutage, mit den sich verändernden Männer- und Frauenrollen, kann auch die Mutter an diese Stelle treten.

Das Kind war in früheren Jahren ausdrucksvoll und liebend, mochte sich selbst, und seine Beziehungen in der Familie waren gut. Die Eltern waren typischerweise akzeptierend und unterstützend, aber wenn das Kind ungefähr im Alter von vier Jahren beginnt, die Umgebung außerhalb des Heims zu erforschen, beginnt sich diese Beziehung zu ändern. Die Eltern werden weniger akzeptierend und herzlich und wollen, daß ihr Sohn ein „kleiner Mann" wird und gute Leistungen bringt. Insbesondere die Liebe des Vaters hängt nun davon ab, ob das Kind etwas leistet. Wir können uns einen kleinen Jungen vorstellen, der eifrig seinem Vater bei der Autowäsche helfen will; der Vater gibt seinem Sohn das Wischleder, aber nachdem er ein paar unbeholfene unerfahrene Wischbewegungen beobachtet hat, wird er ungeduldig und nimmt ihm den Lappen wieder ab, um die Arbeit selbst zu beenden. Die Grundbotschaft, die dem Jungen vermittelt wird, lautet: „Du bist nicht gut genug." Der Vater ist von seinem Sohn enttäuscht und will mehr, als das Kind geben kann. Das Kind fühlt, daß es nicht so akzeptiert wird, wie es ist, sondern daß es gute Arbeit tun muß, um die Liebe und Zustimmung des Vaters zu gewinnen. Es verbringt den Rest seiner Kindheit und möglicherweise auch sein Erwachsenenleben in dem Versuch, die Erwartungen seines Vaters zu erfüllen.

Der Vater kann dem Kind diese Botschaft vermitteln, mit Kommentaren wie: „Du mußt dich mehr anstrengen, du könntest das besser; du schöpfst deine Fähigkeiten nicht aus." Eine ähnliche Botschaft kann aber auch indirekt vermittelt werden, indem der Vater zum Beispiel kein Interesse am Kind zeigt und es sogar ignoriert, bis sein Sohn auf einem Gebiet Gutes leistet, das für den Vater wichtig ist. Der Junge kann ein Tor schießen oder ein gutes Zeugnis nach Hause bringen oder etwas anderes leisten, das den Vater stolz macht, so daß er seinen Sohn lobt. Schließlich erhält das Kind die väterliche Aufmerksamkeit, die es so sehr ersehnt, indem es den Vater erfreut. Die Botschaft ist immer noch dieselbe: „Ich liebe dich, wenn du etwas leistest."

Wie bereits erwähnt, wird das Kind dazu ermuntert, „ein kleiner Mann“ zu sein und seine „Babyimpulse“ zu hemmen. Es ist ihm nicht erlaubt, ein kleiner Junge zu sein, der sich um kindliche Dinge Sorgen macht. Vielmehr muß er aufwachsen, bevor er seine Kindheit abgeschlossen hat. Er kann dazu veranlaßt werden, „tapfer“ zu sein und nicht zu weinen, wenn er sich verletzt hat, und er kann auch davon abgehalten werden, sich mit „unproduktivem“ Kinderspiel zu befassen. Der Fokus liegt auf Aufgaben, Kompetenz und Aktivitäten, die in den Augen des Vaters als Leistung gelten, daher zeigt das Kind eine Ernsthaftigkeit und eine Konzentration, die einem älteren Menschen angemessener wären. Es kämpft darum, den Erwachsenenstatus zu erhalten, indem es sich sagt: „Wenn ich mehr tun kann und wenn ich es gut mache, wenn ich stark sein kann und nicht weine, dann werde ich gut genug sein.“ Es hält Ausschau nach Gelegenheiten, zu beweisen, daß es sowohl den Erwachsenenstatus als auch die ihn begleitende Anerkennung und Aufmerksamkeit verdient. Tatsächlich fürchtet es, unterdrückt und zurückgehalten zu werden, nicht die Chance zu erhalten, sich selbst zu beweisen. Der Phalliker ist immer bereit, sich mit einer Einstellung von „Schick mich hinein, Trainer!“ ins Getümmel zu stürzen. Und doch schafft er es niemals, „gut genug“ zu sein, weil seine Verantwortlichkeiten und die elterlichen Erwartungen mit seinem Kompetenzniveau wachsen. Er funktioniert fortwährend an der Grenze seiner Fähigkeiten.

Da Leistung betont wird, ist das Kind darauf aus, eher einen guten Job zu tun, als sich zu freuen. Vor die Wahl zwischen zwei Aktivitäten gestellt, von denen eine einfach Spaß machen würde, wie Cowboy und Indianer zu spielen, während die andere ihm Gelegenheit gibt, zu beweisen, daß er etwas leisten kann, wie Teilnahme an einem Leistungssport, neigt der Phalliker zur Wahl des letzteren. Seine Fähigkeit, sich einfach glücklich zu machen und Freude zu erfahren, ist beschränkt. Freude wird mit Leistung anstatt mit einem guten Gefühl assoziiert. Schließlich erlebt er Freude nur durch erfolgreiches Handeln, welches die Anerkennung von anderen gewinnt.

Ein weiterer Aspekt in der Ätiologie des Phallikers (in dem er dem Hysteriker ähnlich ist) ist die Unempfänglichkeit des Vaters für den Ausdruck der Liebe und der zarten Gefühle des Kindes, für sein Bedürfnis nach Intimität mit dem männlichen Elternteil. Der Vater kann sich körperlich zusammenziehen, wenn der Sohn (oder die Tochter) offen seine Zuneigung zeigt, oder er kann sogar sagen: „Jungs tun das nicht.“ Das Kind fühlt, daß sein Ausdruck von zarten liebenden Gefühlen nicht angemessen ist.

Der Junge reagiert auf die Abweisung seines Vaters mit Versteifung. Wir können uns vorstellen, daß das Kind in früheren Jahren spontan war und seine Zuneigung offen ausdrücken konnte; wenn dieser offene Ausdruck später plötzlich nicht akzeptierbar ist, wird es mißtrauisch, sein Körper versteift sich und hemmt seine Spontaneität. Diese Abwehrreaktion soll verhindern, was ihm Schmerz und Ablehnung bringt — nämlich Äußerungen der Zärtlichkeit und Liebe, der weicheren „Herzgefühle". Das Kind fürchtet sich, seinen Herzgefühlen nachzugeben. Es sagt sich: „Wenn ich meine zarten Gefühle nicht zeige, dann werde ich mir nicht weh tun." Also wacht es über sein Herz, schützt es gegen Hingabe und Weichheit und hat dennoch eine tiefe Sehnsucht danach, Liebe und Zartheit auszudrücken und von seinem Vater zu bekommen. Die wachsame Einstellung hilft ihm, ein starkes Selbstgefühl aufrechtzuerhalten. Es bricht nicht zusammen wie die Oralen oder hemmt und hält alles in sich wie der Masochist. Vielmehr wacht es einfach über sein Herz, bleibt mißtrauisch vor äußerer Gefahr und hält den Ausdruck von weichen Gefühlen zurück.

Die wesentliche Lektion für solch ein Kind ist, daß es sich anstrengen muß, um gut genug zu sein, und daß es sein Herz nicht öffnen darf. Es nimmt sich fest vor, nicht nachzugeben oder loszulassen. Das Loslassen wird in zweifacher Weise bedrohlich. Einmal empfindet es eine gewaltige Furcht davor, von einem mächtigen Gefühl hinweggeschwemmt zu werden und die folgende Verletzung und Ablehnung zu erleben, und dann bedeutet Loslassen auch eine Niederlage seines Ichs und seines Stolzes. Also wird es rational, logisch und ernsthaft, um sich gegen das Nachgeben zu schützen.

Der Phalliker bemüht sich hartnäckig, Perfektion zu erreichen, in dem Glauben, daß er perfekt sein muß, um Zustimmung zu gewinnen. Er ist von einem großen Wunsch nach Erfolg und Bewunderung für seine Leistungen beseelt, und er wird sehr produktiv und zielorientiert. Anstatt seinen Gefühlen zu trauen und sich von ihnen leiten zu lassen, beschäftigt er sich mit Fakten, Regeln und Details. Sein Fokus verengt sich, während er immer stärker leistungsorientiert wird. Wir können uns den Phalliker als mit Scheuklappen ausgestattet denken, die ihn davon abhalten, von irgend etwas, das sich nicht auf die vorliegende Aufgabe bezieht, abgelenkt zu werden. Da der Phalliker so leistungsbestimmt ist, kann er sich nur äußerst schwer entspannen, denn dann beginnen die bedrohlichen Gefühle aufzutauchen. Später im Leben kann er einen Vaterersatz finden, einen Chef oder einen Vorgesetzten, den er fortwährend zu erfreuen versucht. Doch der Phalliker erlaubt seinen Leistungen niemals, ihn zu stärken, er macht niemals eine Atempause oder fühlt die Befriedigung einer getanen Arbeit. Für ihn gibt es immer noch etwas zu tun. Er glaubt nicht, daß es in Ordnung ist, „zu sein" und „nichts zu tun". Daher fühlt er sich niemals ganz fertig.

Der Phalliker ist ständig frustriert. Ganz gleich, wieviel er erreicht, für ihn ist es nicht genug. Anstatt sich zu entspannen und darauf einzustellen, zu entdecken, was sein System wirklich braucht, nimmt er Zuflucht im Handeln. Aber dieses Handeln befriedigt nicht; es ist nicht so sehr aus organischen Bedürfnissen entstanden, sondern aus dem Wunsch des Phallikers, sich zu beweisen. Unter Streß wird diese Strategie noch deutlicher. Wenn ein Phalliker sich mit seiner Frau streitet, legt er eine Nachtschicht im Büro ein. Für den Phalliker bedeutet Passivität Verletzlichkeit, und Handeln bewahrt ihn davor, sich verletzt oder weich zu fühlen.

Der Phalliker hat auch das Gefühl, fortwährend gefordert oder in Frage gestellt zu werden. Er fühlt einen tiefsitzenden Widerwillen dagegen, die Erwartungen der anderen zu erfüllen und niemals Liebe oder Anerkennung um seiner selbst willen zu erhalten. Er wird schnell ärgerlich und verhält sich abweisend, nicht so sehr in dem, was er sagt oder tut, sondern in der Art seines Sprechens oder Verhaltens. Er kann defensiv reagieren oder Situationen oder andere Menschen als Herausforderung seiner Leistungsfähigkeit oder seines Rechtes auf Erwachsenenstatus interpretieren. Indem er die Kritik von anderen vorwegnimmt, kann er „vorbeugend“ aggressiv werden.

Der Phalliker ist mehr als jeder andere Typ in der Lage, enge Beziehungen einzugehen. Aber bei aller Intimität bewahrt er Zurückhaltung und weist, wie es seine Gewohnheit ist, seine sanften und zarten Gefühle zurück. Da er sich nicht sicher fühlt, wenn er seine Bedürfnisse oder seine Verletzlichkeit ausdrückt, manövriert er, um näherzukommen. Er manipuliert nicht, da er gleichberechtigte Beziehungen gern hat und verlangt, und er hat auch nicht das Bedürfnis, „überlegen“ zu sein. Aber er neigt in Beziehungen zur Indirektheit und wappnet sich gegen einen möglichen Verrat oder unbeabsichtigtes Nachgeben seinerseits. Er ist in der Lage, eine starke Bindung an andere Menschen und Dinge zu entwickeln. Aber weil er nicht daran gewöhnt ist, nur für sein Selbstsein geliebt zu werden, fühlt er fortwährend, daß er Liebe durch seine Leistungen verdienen muß, und hat daher Probleme damit, sich einfach zu erlauben, geliebt zu werden.

Sexuell ist der Phalliker sehr aktiv, weil er fortwährend Bestätigung sucht, aber nicht findet. Verfolgung und Eroberung werden ein allgemeines Muster auf der Suche nach dem „perfekten Partner“, der ihn befriedigen würde. Er merkt nicht, daß seine Frustration in *ihm* steckt und nicht von äußeren Gegebenheiten abhängt. Daher fällt es ihm oft schwer, in einer langfristigen Beziehung mit einer Person zu bleiben, weil er fortwährend jemand „Besseren“ sucht. Energetisch ist der Phalliker voll geladen und hat Freude am Sex, aber er fühlt sich nach dem sexuellen Akt nicht erfüllt. Er will es sofort noch einmal tun. Er kann Schwierigkeiten erleben, Liebe und Sex zu integrieren, da er diese Integration unbewußt als Nachgeben oder Loslassen empfindet. Wiederum findet man bei ihm eine starke Angst davor, das Herz zu öffnen.

Auf der positiven Seite sind Phalliker gewöhnlich sehr erfolgreich, unternehmungslustig und kompetent. Sie können übermäßig leistungsbetont sein und im Extremfall arbeitssüchtig. Sie sind sehr verantwortungsbewußt, da sie Verantwortung in einem frühen Alter übernommen haben. Sie sind schnelle Arbeiter, schnelle Denker. Phalliker sind gewöhnt, sich selbst anzutreiben, ziehen es vor, nach den Regeln zu leben. Sie werden im allgemeinen gute Sportler und Soldaten. Andere finden sie energetisierend, stimulierend und aufregend, auch wenn sie sich manchmal von ihnen gefordert fühlen. Phalliker sind sehr ausdauernd, wettbewerbs- und realitätsorientiert. Insgesamt funktionieren sie in der Welt recht erfolgreich und werden von der Gesellschaft als „verantwortliche Bürger" betrachtet.

Die Körperstruktur des Phallikers ist wohlproportioniert und integriert, mit einem guten Muskeltonus. Der phallische Typ ist im allgemeinen für das andere Geschlecht sehr attraktiv. Der Körper hat eine „Kettenhemdpanzerung", die die gesamte Peripherie mit einer leichten Spannung umgibt. Diese allgemeine Panzerung hält die Gefühle unter Kontrolle und schützt den Phalliker vor äußerer Gefahr. Die Streckmuskeln sind besonders gespannt und biegen den Körper nach hinten, als wenn er sich für eine Anforderung bereithalten müßte. Dies verleiht dem Körper einen Ausdruck von Bereitschaft und Kompetenz. Obwohl der phallische Körper hoch geladen ist, fließt die Energie nicht frei und spontan.

Der Kopf hebt sich hoch und stolz. Man kann Spannung auf der Stirn finden, als Ausdruck tiefer Konzentration und des Versuchs, Dinge herauszufinden. Der Nacken ist steif, und die Augen leuchten. Der Unterkiefer zeigt Bestimmtheit und Entschlußkraft. Die Schultern sind zurück- und manchmal etwas hochgezogen und können breit sein, was die Fähigkeit des Phallikers reflektiert, Verantwortung auf seine Schultern zu nehmen. Die Arme sind gut entwickelt und leicht gebogen und verweisen auf seine Bereitschaft zum Handeln. Die Brust ist nach vorn gestreckt und repräsentiert Stolz und Stärke nach außen, aber auch ein Zurückhalten von Sehnsucht und Zärtlichkeit. Der Bauch ist flach und fest, aber es gibt keine übermäßige Spannung im Zwerchfell. Allerdings beschränkt die allgemeine Spannung des Körpers die Atmung.

Das Becken ist nach vorn gedreht und hoch geladen, aber zurückgezogen („Revolverhahn"), das Gesäß wohlgerundet und die Beine starr mit einer verstärkten Spannung in den hinteren Oberschenkeln und Waden. Der Rücken des Phallikers ist aufgrund der verkürzten Rückenstrecker extrem gespannt und gebogen.

Die Bewegungen des Phallikers reflektieren Bestimmtheit und hohe Energie. Phalliker können hochaktiv sein und daher mit kleinen motorischen

Bewegungen — wie Trommeln der Finger oder Schaukeln eines Beins — überflüssige Energie entladen.

Im allgemeinen sieht der Körper so aus, als sei er in einer „Hab-acht-Stellung". Er vermittelt ein Fluidum von Kompetenz, Bereitschaft und Aggression und reflektiert eine eifrige und gespannte Einstellung zum Leben.

Der hysterische Typ

Beim hysterischen Typ sind die Frauen, auch aufgrund der sexuellen Ätiologie, in der Überzahl, aber auch eine beträchtliche Zahl von Männern verwendet diese Strategie. Für sie gelten die in diesem Abschnitt über die Hysteriker*in* getroffenen Feststellungen entsprechend. Die hysterische Strategie entwickelt sich während der genitalen Phase ab einem Alter von drei Jahren. Das kleine Mädchen beginnt, sich seiner Sexualität bewußt zu werden. Es realisiert, daß es sich sehr von seinem Bruder unterscheidet, und seine Bindung wechselt von der Mutter auf den Vater. Reich beschreibt den Vater in seinem Buch *Charakteranalyse* als zunächst sehr zärtlich und liebevoll, aber wenn das Kind sich seiner Weiblichkeit bewußt wird, lehnt der Vater es ab. Reich ist der Ansicht, daß der Vater sich von seinen eigenen sexuellen Impulsen dem Kind gegenüber bedroht fühlt und sich von ihm zurückzieht, um diese Gefühle zu hemmen und zu verleugnen. Wenn das Kind den Wunsch äußert, auf dem Schoß des Vaters zu kuscheln, stößt er es vielleicht mit den Worten weg: „Du bist zu groß dafür." Während dieser Phase nimmt das Kind natürlich seine Impulse nach Nähe nicht als sexuell wahr, also erfährt es einfach nur Zurückweisung und Verrat; es fühlt, daß seine Gefühle im allgemeinen nicht akzeptiert werden.

Reich beschreibt den Vater auch als etwas autoritär, was in dem Kind eine Angstreaktion auslöst. Diese Reaktion wiederum führt zu einer Unterwerfung des Kindes, mit den begleitenden Ablehnungs- und Trotzgefühlen. Schließlich entwickelt das Kind ambivalente Gefühle gegenüber Männern im allgemeinen. Der hysterische Typ will nah sein und versucht durch Unterwerfung und nicht durch Selbstbehauptung nahe zu kommen; aber schließlich beginnt er Trotz zu fühlen, was die Intimität behindert.

Obwohl die von Reich beschriebenen Bedingungen als Beitrag zur Formierung der hysterischen Strategie gesehen werden können, ist unserer Meinung nach die Ätiologie viel breiter und schließt nicht notwendigerweise das sexuelle Thema ein. Nach unserer Ansicht können die Eltern, entweder

Mutter oder Vater oder beide, einfach nur sehr mit anderen Problemen als der Tochter beschäftigt sein. Wichtig ist, daß das Kind, aus welchen Gründen auch immer, nicht die Aufmerksamkeit seiner Eltern erhält. Man kann sich ein kleines Mädchen vorstellen, das beträchtliche Zeit damit verbracht hat, ein buntes Bild zu malen, und schließlich zu seinem Vater rennt. Der aber liest die Zeitung und sagt: „Nicht jetzt, kannst du nicht sehen, daß ich beschäftigt bin." Das Kind ist betroffen, aber anstatt sich zurückzuziehen, um mit seinen Gefühlen allein zurechtzukommen, protestiert es, erhebt seine Stimme, erzählt ihm von all den wunderbaren Dingen auf dem Bild und wedelt es vor seinem Gesicht hin und her. Es „dreht auf", um gehört zu werden. Dies ist nur eine Szene, die im Leben eines kleinen Kindes geschehen mag. Der wesentliche Punkt ist, daß seine Eltern, besonders sein Vater, ihm nicht zuhören; sie geben ihm nicht die Aufmerksamkeit, die es will.

Die Eltern kümmern sich vielleicht nur dann um das Kind, wenn es sehr nervös oder körperlich verletzt oder krank ist, und ignorieren es, wenn es gesund und zufrieden ist. Das Kind lernt schließlich, daß Aufmerksamkeit nur dann zu bekommen ist, wenn es in seinem Leben eine Krise gibt, und schließlich kreiert es Krisen, nur um Aufmerksamkeit zu erhalten. Das Kind fühlt sich unbeachtet und ist natürlich sehr enttäuscht, daß seinen Bemühungen um Kontakt nur mit Indifferenz begegnet wird. Es fühlt sich verraten, weil sein Gefühlsausdruck früher akzeptiert wurde und jetzt plötzlich aus keinem offensichtlichen Grund zurückgewiesen wird. Daher entwickelt es eine tiefe Furcht vor Verletzungen, besonders von Männern, und sehnt sich zutiefst danach, akzeptiert zu werden. Zur selben Zeit fühlt es Ärger und Trotz. Zusätzlich lernt das Kind, seine Verletzlichkeit zu verringern, indem es sagt: „Du kannst mich nicht mehr verletzen, weil ich mich dir nicht mehr öffnen werde." So erwächst aus seinem Trotz gegen das Weggestoßenwerden ein Stolz, eine Abwehr gegen die Enttäuschung und den Verrat.

Weil die Hysteriker dominant sympathikoton sind, nehmen sie die Ablehnung nicht ruhig oder passiv hin. Statt dessen neigen sie zu Übertreibung, Dramatisierung oder Überemotionalisierung. Wenn das Kind zum Beispiel Angst hat, zum ersten Mal in den Kindergarten zu gehen, und die Eltern sich nicht darum kümmern oder die Angst verharmlosen, dann kann das Kind weinen, schreien und damit drohen, von zu Hause wegzulaufen, um seine Eltern zum Zuhören zu bewegen. Mit der Zeit wird diese Übertreibung von Gefühlen zur Gewohnheit.

Die Hysterikerin hat Angst davor, direkte Forderungen nach Aufmerksamkeit zu stellen, da diese Strategie früher nur zur Zurückweisung geführt hat. Sie tritt nicht für ihre Rechte ein. Statt dessen schafft sie ein Drama, um ihr Leben interessant genug zu machen, damit sie die Aufmerksamkeit der geliebten Person verdient. Jede anscheinend triviale Erfahrung kann beim Erzählen derart aufgebauscht werden, daß sie jede Ähnlichkeit mit den tatsächlichen Vorfällen verliert. Wir können uns die Hysterikerin als jemanden vorstellen, der alles in Superlativen erlebt: Eine normalerweise „nette" Begegnung kann von einer Hysterikerin als „absolut unglaubliche Erfahrung" beschrieben werden.

In *The Art of Psychotherapy* beschreibt Anthony Storr zwei weitere Motivationen für die Erzeugung hysterischer Merkmale, etwa der Dramatisierung. Die eine ist die Vermeidung von Situationen, die für die Hysterikerin unerfreulich oder erschreckend sind. Die klassischen „Kopfschmerzen zur rechten Zeit" sind ein Beispiel, das auch die Abneigung der Hysterikerin für direkten Ausdruck reflektiert. Ein anderes Beispiel sind Selbstmorddrohungen, die nur dann in die Tat umgesetzt werden, nachdem die Hysterikerin genügend Vorsichtsmaßnahmen getroffen hat, um rechtzeitig entdeckt zu werden. Solches Theater gewinnt nicht nur Aufmerksamkeit, sondern verschafft ihr auch die Möglichkeit, an den geliebten Personen, die sie abgelehnt haben, Rache zu üben.

Die Übertreibungstendenz bleibt den Hysterikern unbewußt, und obwohl sie gewohnheitsmäßig überreagieren und theatralisch sind, kommen die emotionalen Ausbrüche auch für sie selbst unerwartet. Es muß betont werden, daß dieses Verhalten eine tiefe Traurigkeit und Angst vor Verletzung überdeckt. Die wirklichen Gefühle der Hysterikerin wurden nicht ernst genommen, also maskiert sie sie durch Dramatisierung. Hinter all diesem Theater steckt ein sehr erschreckter und verletzter Mensch.

Die Hysterikerin ist auch hochsuggestibel. Sie kann schnell von etwas überzeugt werden, aber genauso schnell ihre Meinung ändern, woraus sich große Inkonsistenz und mangelnde Konzentration auf einen Punkt ergeben können. Darüber hinaus besitzt sie starke Imaginationsfähigkeiten, und sie verwechselt ihre Phantasie oft mit der Realität, wobei sie an die Realität ihrer Phantasien fest glaubt.

Das Leben der Hysterikerin kreist um Beziehungen, Heim und Familie, und besonders auf diesem Gebiet offenbart sich ihre hysterische Strategie. Sie kann sehr kompetent und erfolgreich im Beruf sein und bei der Arbeit nur wenig hysterische Merkmale zeigen. Aber in ihren Beziehungen — besonders mit Männern — offenbart sich die Neigung zu Überreaktionen, unbeabsichtigten emotionalen Ausbrüchen und Dramen. Tief im Inneren ist sie von einer großen Angst vor emotionaler Bindung erfüllt, und sie verwendet die hysterische Strategie, um sich selbst zu schützen.

Die Hysterikerin trennt in ihrer Liebe die sexuellen von den zärtlichen Gefühlen. Für sie ist es äußerst bedrohlich, sexuelle *und* zärtliche Gefühle für dieselbe Person zu erleben. Wenn wir Reichs Erklärung folgen, hat das Kind einmal seine ganze Liebe aus Herz und Becken auf eine Person — den Vater — gerichtet und wurde abgelehnt. Die Aussicht einer weiteren Ablehnung versetzt die Hysterikerin in Panik, und daher erlebt sie in Beziehungen mit Männern ein Trauma. Sie wird sexuelle Anziehung für den einen und zärtliche Gefühle für den anderen, aber nie beide Arten von Liebe für denselben Mann empfinden. Daher tendiert sie dazu, ihre Beziehungen mit Männern zu sabotieren. Sie kann sich zurückziehen, wenn die Beziehung intim zu werden droht, eine Ablenkung in Form eines Dramas kreieren oder ängstlich oder passiv werden. Sie könnte unvernünftige Forderungen an ihren Partner stellen, um so einen „Liebesbeweis" zu erhalten. Sie könnte ausschließlich Aufmerksamkeit von ihm verlangen und ihn unter Druck setzen, seine Beziehung mit anderen — sogar platonische Beziehungen — abzubrechen.

Die Hysterikerin stellt oft unmöglich hohe Erwartungen in eine Primärbeziehung, da sie immer noch versucht, die totale Liebe zu erhalten, die sie von ihrem Vater wollte. Sie klammert sich an das Kindsein, in der Hoffnung, diese Liebe und diesen Schutz zu bekommen. Sie kann ihren Gatten oder jeden wichtigen Mann in ihrem Leben auf ein Podest stellen, ihn „vergöttert" oder als „Helden" ansehen — jemand, der alle ihre Wünsche erfüllen wird. Tatsächlich findet sich allgemein bei Hysterikern die klassische Dornröschenphantasie, in der das schöne Mädchen vom Märchenprinzen gerettet wird. Die Hysterikerin weigert sich, in Beziehungen eine Erwachsenenrolle zu übernehmen, und sucht statt dessen die totale Hingabe und den Schutz, den ein Kind von seinen Eltern erwartet. Auf diese Weise bereitet sie sich selbst eine Enttäuschung.

Sie neigt außerdem dazu, alle Beziehungen mit dem anderen Geschlecht zu sexualisieren und sie sogar dann als sexuell zu betrachten, wenn sie das gar nicht sind. Sie erscheint in Bewegung, Kleidung und Sprache oft sexuell herausfordernd. Sie möchte angeschaut werden, und sie kleidet sich gut, in der Absicht, dem Betrachter zu gefallen. Weil sie sich nicht liebenswert fühlt, hofft sie, Aufmerksamkeit dadurch anzuziehen, daß sie sich unwiderstehlich macht. Die Hysterikerin ist in ihrer Annäherung nicht direkt, sondern verführerisch und aufreizend in Auftreten, Gesten und Sprache. Wenn die Männer sie beim Wort nehmen, werden sie oft enttäuscht und merken, daß sie es nicht ernst meint. Auf der anderen Seite kann sie auf oberflächliche Weise sexuell promiskuitiv werden, wodurch sie Intimität vermeidet. Sie kann vor starker genitaler Erregung und dem Kontrollverlust Angst bekommen, während sie gleichzeitig nach körperlicher Nähe hungert. Oberflächliche sexuelle Beziehungen können sehr wohl ihre Lösung für diese miteinander in Konflikt stehenden Gefühle sein: Durch Sexualität erhält sie körperliche Nähe ohne wirkliche Intimität oder Verletzlichkeit. Auf jeden Fall entspringen ihre Reaktionen auf Männer nicht böser Absicht, sondern sind das Ergebnis ihrer fehlenden Klarheit oder ihrer Furcht vor Verletzung.

Die Hysterikerin lebt in einem ausgefüllten sozialen Leben auf. Da sie äußerst kommunikativ ist und alle Einzelheiten ihres Lebens mit anderen teilen möchte, besteht ihre Reaktion auf Trauer, Furcht oder jedes andere Gefühl darin, jemanden zu finden, mit dem sie sprechen kann. Dieses fast verzweifelte Bedürfnis nach Nähe läßt die Hysterikerin in Beziehungen, Distanz nicht ertragen. Sie hat sehr viel Trennungsangst und kann Probleme kreieren, um den Geliebten dazu zu bringen, sie nicht emotional oder körperlich zu verlassen. Aus diesem Grunde kann sie kaum Veränderungen in der Beziehung akzeptieren und will statt dessen ständige Nähe.

Diese Sehnsucht, die Dinge am Abschluß zu hindern, ist mit einer Tendenz zu niedriger kortikaler Kontrolle verbunden, was es für die Hysterikerin schwierig macht, objektiv und rational zu sein. Es fällt ihr schwer, lange genug oder mit genügend Objektivität bei einer Sache zu bleiben und sich zu konzentrieren. Sie erscheint im Gespräch oft zerstreut, springt von einem Thema zum anderen und wird leicht von Nebensächlichkeiten abgelenkt. Daher ist es für sie schwierig, Klarheit zu erreichen.

Dennoch mögen andere Menschen gern mit einer Hysterikerin zusammensein, da sie fortwährend Drama und Aufregung sucht. Ihr Enthusiasmus, ihr überschäumendes Temperament und ihre Spontaneität besitzen einen kindlichen Charme, selbst wenn ihre Übertreibungen andere dazu veranlassen können, sie nicht so ernst zu nehmen. Einige werden sogar glauben, daß sie sich etwas „einbildet", und es letztendlich schwierig finden, mit jemandem eine Beziehung einzugehen, der Emotionen vortäuscht und Erfahrungen fabriziert.

Auf der Gefühlsebene ist sie warm, sehr liebevoll und empfänglich. Da sich ihr Leben um Menschen dreht, häuft sie Aufmerksamkeiten auf ihre Freunde und Liebhaber und verschafft ihnen das Gefühl, daß sie ihr wichtig sind, was natürlich völlig wahr ist. Probleme können allerdings entstehen, wenn die Freunde oder Geliebten einer Hysterikerin ihr nicht so nahe sein wollen wie sie ihnen. In einem solchen Fall kann ihre Aufmerksamkeit sich manipulativ anfühlen. Jeder Versuch, sich von ihr zu distanzieren, kann zu weiterem Klammern und Trotz gegen das Loslassen führen, wodurch andere sich unter Druck gesetzt und in der Falle fühlen.

Im Berufsleben werden Hysteriker wunderbare Schauspieler, da sie den Applaus, die Aufmerksamkeit und die Wertschätzung genießen, die sie vorher so sehr entbehrt haben. Tatsächlich gibt ihnen die Schauspielkunst eine

Chancc, aus ihrcr Licbc zum Drama und ihrer Fähigkeit, Emotionen auszuagieren, Kapital zu schlagen. Hysteriker können sich tatsächlich wirklicher fühlen, wenn sie schauspielen, als wenn sie wahrhaftig sie selber sind.

Wir wollen einen Blick darauf werfen, wie die Körperstruktur die hysterische Strategie reflektiert. Allgemein gesprochen ist der Körper recht weiblich und verführerisch in seiner Erscheinung, mit einer horizontalen Spaltung im Zwerchfellbereich. Die obere Hälfte ist schmal und fest, von kindlicher Erscheinung, während die untere Hälfte weicher ist, runder und voller mit breiten Hüften. Diese Eigenschaften reflektieren sowohl die kindlichen Qualitäten der Hysterikerin als auch ihre Weiblichkeit. Körperlich ist sie für das andere Geschlecht sehr attraktiv.

Den zusammengezogenen Oberkörper kann man sich als Reaktion auf die Zurückweisung der Eltern vorstellen, die das Herz traf, das jetzt beschützt wird. Gleichzeitig hindert die verengte Brust die Impulse daran, direkt nach außen zu gelangen. Die Überentwicklung der unteren Hälfte reflektiert einen Versuch, die blockierten Herzgefühle zu kompensieren und die Wärme weiblichen Ausdrucks zu erreichen. Der Kopf ist stolz hochgehalten, die Augen sind oft weit aufgerissen und sehen erschreckt aus, wobei sie doch funkeln, flirten und verführerisch blicken. Der Unterkiefer zeigt Entschlossenheit, und der Nacken ist steif und fest.

Auch die Schultern der Hysterikern sind fest, manchmal auch knochig und leicht abfallend. Die Arme erscheinen schwach und uneffektiv. Diese Eigenschaften reflektieren die hysterische Blockade der Impulse des Ausstreckens und die Zurückhaltung von Aggression. Der Rücken der Hysterikerin ist rigide und unnachgiebig. Man findet eine Spaltung an der Hüfte, wo das Gewebe nach unten zu weicher und sogar schwabbelig wird. Das Becken kann zurückgezogen sein. Bauch und Hüften sind rund und weich, die Oberschenkel können schwer sein, während Fußknöchel und Füße klein und dünn aussehen können. Energiemäßig ist die Hysterikerin gut geladen, aber die Energie ist ungleichmäßig verteilt und kommt nur sporadisch zum Ausdruck. Sie neigt zu plötzlichen energetischen Veränderungen, die sich in schnell wechselnden Stimmungslagen äußern können. Ihr Atemmuster tendiert zur Überladung ihres Systems, da sie einatmet, so stark es ihre Brust erlaubt, aber nicht vollständig ausatmet. Dies trägt zur ihrer Unfähigkeit, loszulassen und sich zu entspannen, bei. Das Atemmuster kann auch zu einem Zustand chronischer Hyperventilation führen, welche wiederum Panikzustände und Ängste hervorruft. Die Stimme der Hysterikerin ist sehr ausdrucksvoll und wird unter Streß schrill. Sie kann schnell sprechen. Die Bewegungen der Hysterikerin sind sexuell provokativ: weich, rollend und suggestiv, oft mit einem übertriebenen Hüftschwung.

Tabelle 4: Übersicht über die 6 Hauptcharaktertypen

	Schizoid	*Oral*	*Psychopath*	*Masochist*	*Phalliker*	*Hysteriker*
Entstehungszeit	Vor, während oder direkt nach der Geburt. / Kind differenziert nicht zwischen Selbst und Mutter.	Während der ersten beiden Jahre. / Sehnsucht nach der Mutter wird unterdrückt, bevor die Bedürfnisse befriedigt sind.	Vor dem Alter von 4 Jahren. / Das Kind entwickelt Autonomie, will aber noch Hilfe.	In dem Alter, in dem das Kind lernt, zu laufen, sich frei zu bewegen, sich selbst zu behaupten.	Wenn das Kind alt genug ist, sich sexueller Unterschiede gewahr zu werden.	Wenn das Kind alt genug ist, sich sexueller Unterschiede gewahr zu werden.
Ätiologie	Das Kind fühlt sich abgelehnt. / Kind ist nicht willkommen. / Entweder haßt die Mutter das Kind vor der Geburt, oder die Geburt ist traumatisch und wird nicht von Mutterliebe gefolgt. / Mutter ist kalt und haßerfüllt. / Kind kann viel allein gelassen oder mißbraucht worden sein. / Mutter bestrafte die Lebensenergie des Kindes. / Kind ist äußerst sensibel. / Umwelt ist rauh. / Kind wird nicht sanft und liebevoll behandelt.	Das Kind fühlt die Entbehrung. / Mutter lehnt die Bedürfnisse des Kindes ab. / Sie will nicht für das Kind sorgen. / Kind erhält nicht genug Körperkontakt, Aufmerksamkeit, Nahrung und Unterstützung. / Das Kind weint, und die Mutter kann sich darüber ärgern. / Die Mutter steht aus irgendeinem Grund für die Versorgung des Kindes nicht zur Verfügung. / Das Kind entwickelt kein Vertrauen. / Das Kind gibt auf, wenn die Mutter seine Bedürfnisse nicht erfüllt.	Kind fühlt sich machtlos. / Kräfte stoßen das Kind herum. / Das Kind hat keine Macht. / Mutter setzt das Kind herab, manchmal überwältigend. / Kind fühlt sich überwältigt, klein, schwach. / Mutter kann dem Kind gegenüber verführerisch agieren, um es an sich zu binden. / Kind wird schwach gehalten und darf keinen Beitrag leisten. / Kontakt befriedigt die Bedürfnisse der Mutter, nicht des Kindes.	Kind fühlt sich unter Druck. / Mutter ist überfürsorglich. / Vater ist unterwürfig. / Mutter schubst und nörgelt. / Macht Liebe von Gehorsam abhängig. / Starke Betonung von Essen und Ausscheidung. / Mutter ist ehrgeizig / will, daß das Kind erfolgreich ist. / Kind darf nicht frei und spontan sein. / Mutter setzt Schuldgefühle ein: Sieh, wie du mir weh tust. / Alle Widerstandsversuche werden im Keim erstickt. / Trotzanfälle, Jähzorn als Kind. / Mutter betont materielle Bedürfnisse / verneint die spirituellen Bedürfnisse des Kindes.	Hauptproblem ist der Vater. / Vater weist das Kind zurück. / Akzeptiert das Kind nicht, wie es ist. / Kind kämpft um den Erwachsenenstatus. / Das Kind ist nicht gut genug, fühlt, daß es verraten wird, wenn es Liebe frei ausdrückt. / Frustriert beim Versuch, Lust zu gewinnen. / Wächst schnell auf. / Zu früh Verantwortung. / Liebe des Vaters hängt von Leistung ab. / Kind wird dazu angetrieben, ein „kleiner Mann“ oder eine „kleine Dame“ zu sein, bevor es dazu bereit ist. / Darf kein Kind sein.	Eltern behandeln das Kind nicht als eigenständige Person. / Achten nicht auf das Kind. / Nehmen seine Gefühle nicht ernst. / Hören nicht zu. / Das Kind muß die Lautstärke erhöhen, damit es gehört wird. / Vater war zunächst liebevoll, erstarrt dann vor der Sexualität des Kindes. / Stößt das Kind weg. / In unserer Kultur ist dieser Typ meistens weiblich. / Vater kann vor seinen eigenen sexuellen Gefühlen gegenüber dem Kind Angst haben.
Mutter	haßerfüllt / abweisend / hart / unsensibel für die Bedürfnisse des Kindes / Behandelt das Kind roh.	nicht unterstützend / nicht nährend / Befriedigt nicht die Bedürfnisse des Kindes.	übermächtig / Behandelt das Kind, als ob es unwichtig sei. / Verführerisch manipulativ / Nimmt das Kind nicht ernst.	liebevoll, aber dominierend / vermittelt Schuldgefühle / nörgelt / schubst das Kind herum, kann das Kind erniedrigen.	Vater: abweisend / fordernd / zurückgezogen / immer enttäuscht / will mehr von dem Kind.	Vater: in frühen Jahren zugewandt, dann zurückgezogen / nicht interessiert am Kind / reagiert möglicherweise nur, wenn das Kind aufgeregt ist.
Kernüberzeugungen	Mit mir ist etwas verkehrt. / Wenn ich meine Lebenskraft zeige, werde ich vernichtet. / Ich lebe auf dem falschen Planeten. / Ich kann meinem Körper nicht vertrauen. / Ich gehöre nicht hierher. / Ich bin hier nicht willkommen.	Es ist niemand für mich da. / Alle werden mich verlassen. / Ich bin ganz allein. / Ich kann keine Unterstützung bekommen. / Ich fühle mich gewogen und zu leicht gefunden. / Ich kann nie genug bekommen. *Kompensiert-oral:* Ich brauche niemanden. / Ich kann es allein schaffen. / Ich brauche keine Unterstützung.	Dräng mir nichts auf. / Komm mir nicht zu nahe. / Du kannst mich nicht verletzen. / Ich werde es ihnen zeigen. / Du kannst mir nahe sein, solange du zu mir aufschaust. / Ich brauche niemanden. / Ich werde niemals jemandem zeigen, wie verletzt ich bin.	Ich bin ein schlechter Mensch. / Ich mache alles falsch. / Es ist hoffnungslos. / Sieh nur, wie schlecht es mir geht — bitte liebe mich. / Ich muß anderen gehorchen, um geliebt zu werden. / Es ist nicht o.k., Spaß zu haben.	Ich muß arbeiten, um o.k. zu sein. / Es gibt immer noch etwas zu tun. / Ich muß aufpassen, sonst werde ich verletzt oder benutzt. / Ich kann mich nicht entspannen oder nachgeben. / Ich muß etwas leisten.	Niemand versteht mich (hört mir zu). / Meine Gefühle sind nicht akzeptierbar. / Ich werde meinen Herzgefühlen nicht nachgeben; dann kannst du mich nicht verletzen. / Ich kann nicht die Aufmerksamkeit bekommen, die ich brauche.

	Schizoid	*Oral*	*Psychopath*	*Masochist*	*Phalliker*	*Hysteriker*
Eigenschaften	Energie erreicht nicht die Körperfläche. / Das Kind unterdrückt die Lebensenergie und zieht sie nach innen. / Es bestraft die eigene Lebensenergie, um der Vernichtung zu entgehen. / Hält sich gegen das drohende Auseinanderfallen zusammen. / Das Gefühl für das Selbst ist verwundet. / Behandelt das Selbst mechanisch. / Das Kind kann autistische Tendenzen haben. / Neigt zur Trennung von Denken und Fühlen. / Das Verhalten paßt nicht zum Gefühl. / „Als-ob"-Verhalten. / Unechtes Verhalten mit gelegentlichen Ausbrüchen kurzlebiger Aggression. / Keine überzeugenden Handlungen. / Schwierigkeiten, sich dem Leben zu stellen. / Überfokussiert. / Kann nicht unter Druck funktionieren. / Spaltet Körper und Geist, Selbst und Welt. / Nicht im Kontakt mit sich selbst und der Welt. / Fixiert sich auf eine abstrakte Welt.	Innere Leere. / Unfähigkeit, allein zu sein. / Sucht Stärkung, kann sie aber nicht annehmen. / Neigt zur Abhängigkeit. / Düstere Zukunftssicht. / Sucht nach anderen, die ihn versorgen. / Hat Probleme, in der Erwachsenenwelt zurechtzukommen. / Leicht entmutigt. / Bricht ab, wenn es schwer wird. / Oft ermüdet. / Neigt zu Depression. / Will viel Aufmerksamkeit. / Kann Stärkung nicht entdecken. *Kompensiert-oral:* Angst, andere für ihn sorgen zu lassen. / Versucht, körperlich stark zu sein, für sich selbst zu sorgen. / Übertriebene Unabhängigkeit, die unter Streß zusammenbricht. / Muß Schwierigkeiten sehen und sie bewältigen.	*Psychopath I:* Das Kind reagiert mit Druckausübung, mißbräuchlicher Verwendung von Macht. / Verleugnet Gefühle. / Verringert die Gefahr des Überwältigtwerdens weitgehend. / Neigt zur Ignorierung eigener und fremder Gefühle. / Versucht Menschen fernzuhalten. / Blockiert die Machtfrage, indem es sich nett und freundlich verhält und den „inneren Mörder" versteckt. / Paßt seinen Stil der Situation an. / Indirekt. / Opportunistisch. / Impulsiv. / Nicht zukunftsorientiert. / Verkauft ein Bild von sich für Wirklichkeit. / Hat Probleme mit Status: will Respekt. / Täuschend. / Kann asozial sein. / Fühlt sich nicht in andere ein. / Unzuverlässig. *Psychopath II:* Sanfte Art. / Zuvorkommend. / Überhöflich. / Kooperativ. / Umgänglich. / Raffiniert. / Verführerisch. / Manipulativ. / Untergräbt andere. / Oberflächliche Unterwerfung. / Indirekt.	Äußerlich verdächtig unterwürfig. / Unterdrückte Verachtung, Wut. / Festgefahren. / Schwierigkeiten, Energien in Fluß zu bringen. / Schwierigkeiten, Emotionen auszudrücken und sich selbst zu behaupten. / Probleme zu entladen und loszulassen. / Furcht vor Risiko. Indirekter Ausdruck von Ärger. / Bestraft mit Schweigen. / Ewiges „Nein". / Kann nicht sehen, daß er die Last abwerfen und Spaß haben kann. Wendet Impulse nach innen. / Beschwert sich ständig. / Versucht aggressiv zu sein, aber ohne Erfolg. / Würde ist beschädigt. / Hartnäckig. / Versucht, Zustimmung durch sein Bemühen zu gewinnen. Übernimmt die Rolle des unschuldigen Opfers. / Zeigt seine Freude nicht offen.	Stärkere Erregung. / Strebt nach Perfektion. / Leistungsbedürfnis. / Bedürfnis nach Bewunderung für Leistungen. / Ausdauernd. / Wettbewerbsorientiert. / Unflexibel. / Nachdrücklich. / Nimmt Zuflucht zum Handeln. / Kann arbeitssüchtig sein. / Versucht die Zustimmung seines Vaters zu gewinnen. / Hat Probleme, sich zu entspannen. / Betonung der Realität. / Beschäftigt sich mit Details. / Logisch. / Ernst. / Rational. / Ärgert sich leicht. / Hat Probleme mit weichen, sanften Gefühlen. / Angst vor Nachgeben. / Hält Gefühle zurück. / Dauernd wachsam. / Häufig Sex, aber keine Befriedigung. / Akzeptiert keine Fehlschläge. / Liebt Herausforderungen. / Produktiv. / Betrachtet Passivität als Verletzlichkeit. / Fürchtet sich vor Spontaneität. / Betrachtet das Leben als Problem, das gelöst werden muß.	Klammert sich an Kindsein und elterlichen Schutz. / Überreaktiv. / Leicht erregt. / Nervös. / Dramatisch. / Theatralisch. / Übertreibt Gefühle. / Bemüht sich nicht um intellektuelles Verständnis oder Details. / Sensibel. / Weint leicht. / Neigt zur Zerstreutheit. / Hat Probleme, zu fokussieren. / Noch suggestibel. / Inkonsistent. / Neigt zu unerwartetem und „ungewolltem" Verhalten oder Gefühlswechselbädern. / Tendenz zu Enttäuschungsreaktionen. / Furcht, für seine Rechte einzutreten. / Angst, direkte Forderungen zu stellen. / Fühlt sich unfähig, auf gleicher Basis mitzuhalten. / Kann sexuelle Aktivitäten als Abwehr gegen tiefes Einlassen einsetzen. / Kann promisk sein. / Kann Sexualität mit dem einen, Herzgefühle mit einem andern haben. / Weigert sich, Veränderungen zu akzeptieren. / Will Nähe. / Produziert Emotionen, um Kontaktabbruch zu vermeiden.
Existentielle Anschauung	„Ich kann existieren, wenn ich keine Bedürfnisse habe." Bleibt isoliert.	„Ich kann Bedürfnisse haben, wenn ich nicht unabhängig bin." Bleibt abhängig.	„Ich kann unabhängig sein, wenn ich die Kontrolle nicht aufgebe (jemandem zu nahe kommen)." Muß alle Beziehungen dominieren und kontrollieren. / Kann keine enge Beziehung eingehen.	„Ich kann nah sein, wenn ich nicht frei bin." Bleibt unterwürfig als Preis für Intimität.	Ich kann frei sein, wenn ich keine Wünsche habe." Kann das Herz nicht öffnen.	

	Schizoid	*Oral*	*Psychopath*	*Masochist*	*Phalliker*	*Hysteriker*
Gefühle	Grauen im Hintergrund. / Entwickelt nie ein Gefühlsleben. / Kann keinen Kontakt mit Gefühlen aufnehmen. / Haß der Mutter führt zur Panik, vernichtet zu werden. / Angst, daß die Lebensenergie explodiert. / Gefährdet. / Verwirrt. / Fühlt sich isoliert, fremd.	Entbehrung führt zu Schwächegefühl. / Furcht, verlassen und allein gelassen zu werden. / Hilflos. / Fühlt sich ungefüllt, leer, unsicher.	Verleugnet Gefühle, besonders Verletzlichkeit. / Fühlt sich unwichtig, fürchtet sich, überwältigt zu werden. / Fühlt sich von anderen entfremdet und sehnt sich nach Nähe. / Tiefsitzende Oralität. / Fehlen von Schuldgefühlen.	Hoffnungslos. / Festgefahren. / Gefühl von Niederlage. / Viel angestaute Wut. / Gefühle von Trotz und Verlust. / Verachtung. / Starke Schuldgefühle.	Furcht vor Kontrollverlust, Frustration, Nichtakzeptiertwerden. / Furcht, sich nicht beweisen zu können. / Furcht vor einer Verletzung des Herzens. / Sehnsucht nach der Liebe des Vaters, nach Zärtlichkeit. / Fühlt sich gefordert, behindert.	Enttäuschung. / Nicht beachtet, verloren, sehnt sich nach Schutz und Liebe, fürchtet sich vor tiefem emotionalem Einlassen. / Tiefes Gefühl von Verletzung und Verrat.
Abwehr gegen	Drohende Vernichtung. / Konfliktgefühle / Kontakt.	Schmerz der Isolation, Leere, Armut. / Drohendes Verlassenwerden. *Kompensiert-oral:* Schmerz der Verweigerung von Unterstützung und Hilfe.	Abhängigkeit. / Benutztwerden. / Schwäche. / Nutzlosigkeit. / Uneffektivität. / Impuls zum Töten.	Kontrolle durch andere und Wut. / Trennung von geliebten Personen, die Verantwortung verlangen.	Ausdruck starker und weicher Gefühle.	Trennung von anderen.
Kortikale Kontrolle	Überkontrolliert.	Unterkontrolliert.	*Psychopath I:* überkontrolliert. *Psychopath II:* unterkontrolliert.	Überkontrolliert.	Überkontrolliert.	Unterkontrolliert.
Informations-überlastungs-strategie	Flucht / Blockbildung / Filtern.	Ersatzkanäle (Hilfe holen).	Abstrahieren / Ersatzkanäle / (Manipulieren).	Warteliste / Verzögerung.	Schneller machen.	Schneller machen / Flucht.
Bio-strategie	Erstarren / Verstecken / Rüsten.	Abhängigkeit / Harmlosigkeit / Bedürftigkeit.	*Psychopath I:* Täuschung / gefährlich, wichtig aussehen / sich einpassen. *Psychopath II:* vorgetäuschte Oralität und Sinnlichkeit.	Warten / Rüsten.	Stark und ausdauernd sein. / Bereit und vorbereitet sein. / Wachsam / konzentriert / spezialisiert.	Geräuscherhöhung / Handeln / Aufmerksamkeit erregen.
Tiere	Beutelratte.	Alle Jungtiere von Vögeln und Säugetieren.	Insekten / Motten / Schimpansen / Katzen / Gorillas / Pfauen / Chamäleons.	Austern / Schildkröten.	Bulldogge.	Schreikraniche / Feuerfliegen / alle „aufgeputzten" Tiere / Blumen.

	Schizoid	*Oral*	*Psychopath*	*Masochist*	*Phalliker*	*Hysteriker*
Bilder	Hexen, Tod.	Trübe Zukunft, wüste leere Orte. *Kompensiert-oral:* Ein Mann allein in der Wildnis, gegen alle Aussichten.	Totale Freiheit / Supermann / der Held / der Erlöser.	Hartnäckigkeit / Aushalten / Niemals nachgeben / Gefangener.	Was kleine Erwachsene alles sein sollten.	Feen / Prinzen.
Sinn der Körperstruktur	Allgemeine Spannung hindert innere Impulse am Herauskommen und äußere Reize am Hereinkommen.	Der Körper erscheint kindlich und bedürftig, damit andere ihn nicht verlassen, sondern für ihn sorgen.	*Psychopath I:* Die Mobilisierung nach oben täuscht andere, läßt sie stärker und mächtiger aussehen, als sie sind. *Psychopath II:* Der recht symmetrische Körper zieht die Aufmerksamkeit auf sich und reflektiert die Neigung zum Verführen.	Der Körper quetscht nach unten, um den Selbstausdruck zu unterdrücken. / Sagt mit dem Körper „nein“.	Allgemeine Spannung kontrolliert Gefühle, schützt vor äußerer Gefahr. / Körper ist für gute Leistung aktiviert.	Kind-Frau. / Sehr geeignet für Lockung, Verführung. / Schützt das Herz durch den engen Brustkorb.
Körper	Geladener Körper / gewöhnlich schmal und zusammengezogen / unkoordiniert / unintegriert. / Kopf, Rumpf und Beine stehen im Winkel zueinander. / Kühle Haut / gerötete, gespannte Gelenke. / Rückgrat dreht sich nicht frei. / Linke und rechte Hälfte des Körpers passen nicht zusammen. / Sehr starke Spannung an der Schädelbasis.	Körper sinkt nach unten. / Sieht abhängig aus. / Dünn, schlaff, blaß, ohne Energie. / Muskulatur schwach und schlaff, unterentwickelt. / Verringerte genitale Erregungsfähigkeit. / Wenig Körperbehaarung, kleine Hände und Füße. / Kindlicher Körper. *Kompensiert-oral:* „Revolverhelden“-Körper. / Nicht zusammengesunken. / Kann eher phallisch aussehen. / Drahtig.	*Psychopath I:* Körper aufwärts mobilisiert. / Sieht vor Stolz oder Wut aufgeblasen aus. / Untere Körperhälfte ist dünn. / Körper kann steif sein. *Psychopath II:* Körper ist regelmäßiger. / Verführerisch rund oder „V“-Form. / Oberflächenmuskulatur weich, tiefe Muskulatur gespannt.	Körper ist zusammengepreßt / muskulös. / Strebt abwärts und nach hinten. / Widersteht einem Schubs von hinten. / Vorne kurz und dick / gespannt. / Neigt zu Übergewicht. / Haut ist dunkel, bräunlich, großporig. / Viel Körperbehaarung. / Hautspannung ist in den Flexoren. / Sieht aus wie von einer Zange gehalten.	Proportioniert / integriert / gut koordiniert. / Lebendige Qualität. / Bogen gespannt. / Bereit / steif / Hab-acht-Stellung. / In schweren Fällen reduzierte Beweglichkeit und Anmut. / Für Herausforderungen vorbereitet. / Kurz im Rücken. / Besonders die Strecker sind dauernd leicht gespannt. / „Kettenhemdpanzerung“.	Verführerischer Körper. / Spaltung zwischen oben und unten. / Kinderrumpf auf einem fraulichen Becken. / Oberteil starr und festhaltend, Unterteil weich und nachgebend.
Kopf	Versucht sich abzuwenden. / erscheint unverbunden mit dem Körper. / Steht vom Körper abgewinkelt. / Spannung an der Schädelbasis. / Maskenhaftes, manchmal „teuflisches“ Gesicht. / Mund kann asymmetrisch sein.	Vorgeschoben. / Großer Mund. / Ausgestreckt. / Große, volle Lippen. / Kindliches Aussehen.	*Psychopath I:* Kann im Verhältnis zum Körper groß sein, aber übergeladen, festgehalten. / Schädelbasis gespannt. *Psychopath II:* Ohne Linien im Gesicht. / Weicher „Plastik“ausdruck.	Scheint in den Schultergürtel eingezogen zu sein. / Unterkiefer ist dick und gespannt. / Der Kopf „duckt sich“, als ob er einen Schlag von hinten erwartet. / Gesicht hat einen unschuldigen Ausdruck: „Wer — ich?“	Hochgehalten. / Spannung auf der Stirn. / Unterkiefer ist vorspringend, stark. / Feine Linien.	Hochgehalten. / Fester, energischer Unterkiefer. / Gesicht kann „tot“ wirken. / Stolze Kopfhaltung.

	Schizoid	*Oral*	*Psychopath*	*Masochist*	*Phalliker*	*Hysteriker*
Augen	Blank / leer. / Macht nicht wirklich Kontakt. / Starke Spannung um die Augen. / „Eingesperrter" Blick. / Vermeidet Augenkontakt.	Fragend / bittend / ungläubig / schwach. / Tendenz zur Kurzsichtigkeit.	*Psychopath I:* wachsam, mißtrauisch, machmal stechend. *Psychopath II:* weicher, verführerischer.	Weich / traurig / leidend.	Hell / in Problemfällen kurzsichtig.	Erschreckt / aufgerissen.
Hals	Lang / eng / oft schlank.	Vorgestreckt.	Blockiert. / Unterbricht den Energiefluß.	Tiefsitzend / kurz / dick.	Steif.	Schmal / steif.
Schultern	Kleine Schultern, nach innen „festgenagelt" / uneffektiv.	Nach vorne gerundet.	Breit / stark.	Vornüber gerollt / schwer gebaut / Anschein von Niederlage.	Manchmal breit / zurückgezogen und hoch. / „Soldatenschultern". / Sieht verantwortlich aus.	Eng / knochig / schmal / manchmal abfallend.
Arme	Lang / hängen und schwingen nicht / ungewöhnlich gewinkelt.	Schwach / schlaff / machtlos.	*Psychopath I:* vornweg getragen, können groß sein. *Psychopath II:* weiche, schwache Hände.	Stark	Ansehnlich / wohlgeformt	Uneffektiv / schwach / dünn.
Brust	Zusammenhalten von „Ringen". / Fest zusammengeschürt.	Hat eine Senke. / Insgesamt eingesunken.	*Psychopath I:* aufgeblasen. *Psychopath II* weniger aufgeblasen, aber fest.	Zusammengestaucht / zusammengepreßt.	Wohlgeformt, aber fest.	Schmal / eng / oft kleine Brüste.
Bauchdecke	Schwere Spannung, die eine vertikale Spaltung erzeugt.	Vorgewölbt.	Eingeengt. / Bauch drängt nach oben. / Kann sich oben vorwölben.	Fest. / Taille kurz und dick.	Im allgemeinen flach. / Guter Tonus.	Weich, rund.
Becken	Zusammengezogen. / Hüften sind „festgenagelt".	Klein / vom Rückgrat abgewinkelt / nach vorn gekippt. / Druck auf Kreuz und Rückgrat.	*Psychopath I:* Kann dünn und schmal sein. / Kalt, untergeladen, fest. *Psychopath II:* übergeladen, nicht verbunden.	Flaches Gesäß. / Becken eingezogen. / „Schwanz einziehen".	Geladen, aber „spastisch". / Schmal. / Manchmal nach hinten und oben gezogen. / Revolverhahnspannung". / Hintern oft wohlgerundet.	Breit / oft schlaff / ausladend.
Beine	Lang / oft spillerig. / Hohe Fußbögen. / Zusammengezogen / kalt / oft nach außen gedreht. / Manchmal Hammerzehen.	Lang. / Durchgedrückte Knie. / Flache, zusammengefallene Füße.	Dünn / kalt. / Füße sehen aus, als ob sie schweben.	Schenkel sind vorne schwer, hinten gespannt.	Stark, manchmal gebogen, gut proportioniert. / Rückseiten der Beine sind gespannt.	Starr / schwer.

	Schizoid	*Oral*	*Psychopath*	*Masochist*	*Phalliker*	*Hysteriker*
Rücken	Rückgrat kann verdreht sein.	Alle Biegungen sind übertrieben.	*Psychopath I:* mächtig. *Psychopath II:* hyperflexibel.	Sieht belastet, besiegt aus.	Hohlkreuz / feste Strecker / zusammengezogene Schulterblätter.	Unbeugsam / steif / Hohlkreuz.
Kräfte	Nach außen gerichteter innerer Druck	„Werde erwachsen, steh auf eigenen Beinen:"	Klein machen, zerdrücken.	Von hinten geschubst.	Von vorne blockiert.	Weggestoßen.
	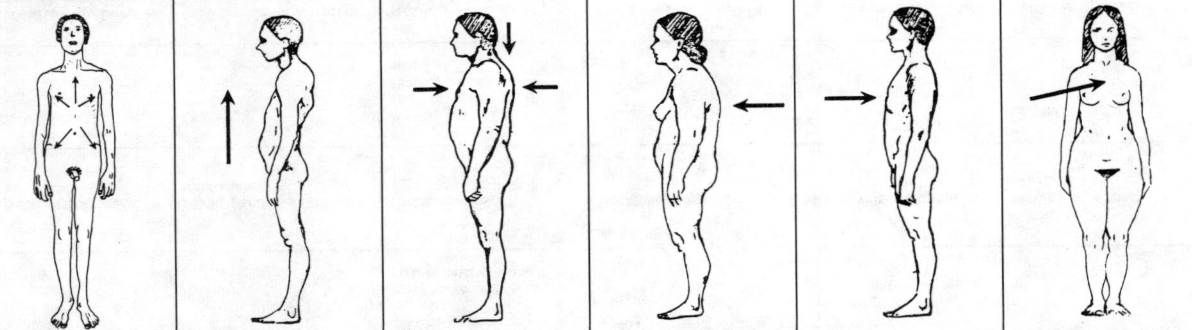					
Reaktion	Zieht sich nach innen zusammen.	Bricht zusammen.	Schwillt auf.	Klammert sich zusammen, klebt am Boden.	Spannt den Rücken und lehnt sich vorwärts.	Verengt die Brust und kompensiert mit dem Becken.
Energiefluß	Energie ist im Kern gefroren. / Zieht sich von der Peripherie zurück. / Explosive Ladung.	Untergeladen. / Rasch verströmende, niedrige Energie. / Schwacher Fluß zur Peripherie.	Energie nach oben verschoben. / (Bei Ärger rötet sich das Gesicht, der Körper bleibt ruhig.) / Wenig Energie in der unteren Körperhälfte.	Voll geladen, aber festgehalten. / Energie hat sich in Masse verwandelt. / Festgefahren.	Gute hohe Energie, aber kein spontaner Fluß.	Gute Energie, aber explosiv, ungleichmäßig. / Neigt zu plötzlichen Energieerhöhungen.
Schwerkraftmechanismus	Aufwärts.	Aufwärts.	*Psychopath I:* aufwärts. *Psychopath II:* abwärts.	Abwärts.	Abwärts.	Abwärts.

	Schizoid	*Oral*	*Psychopath*	*Masochist*	*Phalliker*	*Hysteriker*
Stimme	Mechanisch / unbeteiligt / verwirrend. / Wortsalat. / Manchmal „teuflisches" Lachen.	Schwach / traurig / kindlich.	Weich / angenehm / verführerisch / manchmal nuschelnd.	Jammernd und irritierend.	Stark / fest / manchmal tief. / Spricht schnell.	Übermäßig ausdrucksvoll. / Kann schrill sein. / Kann schnell sprechen.
Atmen	Paradoxes Atemmuster. / Kann beim Einatmen den Bauch einziehen.	Flach. / Kann nicht genug Luft kriegen. / Kann nicht hereinnehmen.	Atmet in die Brust. / Kann die Brust aufblasen und so halten.	Kann viel seufzen.	Neigt zur Bauchatmung.	Atmet nicht vollständig aus.
Bewegung	Mechanisch / abgerissen unharmonisch. / Kann einseitig gehen.	Zusammengebrochen / besiegt / energielos / müde.	*Psychopath I:* Kann gehen, als ob er jemanden umbringen wollte./ Ärgerlich. *Psychopath II:* verführerischer Gang.	Mühsam / entmutigt / langsam / bedächtig / schwer / oft unterbrochen.	Bestimmt / energisch / schnell.	Rollend / weich / verführerisch.
Stoffwechseltyp	Hoch sympathikoton.	Mäßig parasympathikoton/ uneffizient.	Parasympathisch.	Hoch parasympathisch.	Mäßig sympathikoton.	Mäßig sympathikoton.
Entwicklungsphase	Taktil (sensorisch).	Oral.	*Psychopath I:* oral *Psychopath II:* anal	Anal.	Genital.	Genital.
Ergänzende, körperbezogene Maßnahmen	Aston-Pattering. / Erdungsübungen. / Kontaktimprovisation. / Ganzkörpermassage. / Arbeit an den Füßen und Gelenken. / Bringe die Energie in die Extremitäten. / Schwimmen. / Träger-Arbeit. / Feldenkrais-Arbeit.	Ermutige sie zur Körperertüchtigung. / Laufen ist gut. / Gewichtheben. / Karate. / Tanzen. / Ermutige tiefes Atmen. / Hereinnehmen. / Energetisierendes Atmen. / Rolfing./ Gewahrsein der Haltung. / Brust erweitern. / Knie gebeugt halten. / Arbeite an Beinen, Fußgelenken und Füßen.	Tai Chi. / Rolfing. / Feldenkrais-Beckenarbeit. / Erdungsübungen. / Bei der Körperarbeit: Schwerpunkt auf der Entspannung der Beine, dann des ganzen Körpers, ebenso Gesicht, Kopf, Hals. / Vermeide bewußtseinserweiternde Drogen	Jede Bewegungsarbeit ist gut. / Tanzen, Spielen. / Rolfing und Ähnliches zur Erhöhung der Flexibilität ./ Stretching. / Aerobic. / Arbeit an den Beinen.	Tiefe Entspannung. / Meditation. / Yoga. / Reichianische Massage. / Aston-Pattering. / Feldenkrais. / Brustatmung. / Keine anstrengenden Aktivitäten.	Wettkampfsportarten. / Judo. / Aikido. / Karate. / Rolfing. / Alles, was Energie und Handeln fördert. / Stärkung der Arme (Holzhacken). / Fördere entspanntes Atmen, übertriebene Ausatmung.

22 Therapeut und Therapie

Wie ich herausfand . . .

Ich möchte euch gerne erzählen, wie ich herausfand, daß der liebe Gott mich zum Psychotherapeuten bestimmt hat. Es hat mit einem Mann zu tun, der auf bestimmte Weise atmete. Ich hatte noch nie Psychotherapie gemacht. Ich hatte an Selbsterfahrungsgruppen und solchen Sachen teilgenommen. Ich war in Esalen und bei Janov gewesen, und das hatte für mich nicht hingehauen. Ich war pleite, ich hatte mir Geld geliehen, und es ging mir schlecht. Ich überlegte mir, ob ich zu meinem alten Job auf der Bowlingbahn zurückkehren sollte. Ich kam gerade durch Albany im Bundesstaat New York (das kann man sich kaum vorstellen, daß sich das Leben eines Menschen in Albany, N.Y., ändern kann). Ich besuchte einen Freund, der Psychologe am Albany Medical College war. Dieser Mann war tief gläubig, ein Anhänger von Meher Baba, und er sagte zu mir: „Sag mal, warum kommst du nicht mal vorbei und arbeitest als Gast-Therapeut an unserem Krankenhaus?"

Ich hatte noch niemals in meinem Leben eine Spur von Therapie gemacht, also sagte ich: „Natürlich ja — ich komme gern." Da ich Psychopath bin, nahm ich einfach an, daß ich auch Psychotherapeut wäre. An meinem ersten Tag dort stellte er mich der Gruppe vor, und ich schaute erst mal jeden in der Runde an; denn ich war ja in Selbsterfahrungsgruppen gewesen, und das macht man dort so. Man sucht, wo die Energie sitzt. Man möchte ja nicht arbeiten, wenn nicht irgendwo Energie sitzt, oder? Ich guck' mir also die Leute an, und ich sehe diesen einen Mann, der mich anstarrt. Ich überlege mir: „Der hat's — bei ihm sitzt Energie." Also sage ich zu ihm: „Ich spüre, daß du wütend bist — stimmt das?!"

Und er antwortet — in meinem ganzen Leben habe ich noch nie so eine Stimme gehört. Die Stimme dieses Mannes kommt aus einem leeren 200-Liter-Faß: „Jaaah . . .!" sagte er.

Plötzlich wird mir klar, daß ich in einer Klapsmühle bin! Ich sage mir: „Mach trotzdem weiter, was soll's!" Also sage ich zu ihm: „Möchtest du damit arbeiten?" Wieder: „Jaaaahh . . ."

Ich beschließe, das zu tun, was ich die Selbsterfahrungsleute mit normalen Menschen habe tun sehen. Ich winke mit der Hand und sage: „Leg dich doch mal hin." Ich schaue mir den Boden an — Linoleum. Wir alle reden darüber, bis schließlich jemand rausläuft und einen Teppich holt — ungefähr einen halben Quadratmeter groß. Der Mann legt sich auf den Teppich, und ich überlege mir, daß ich ihn zum Treten, Schlagen und Schreien bringen sollte. Laß das Zeug raus, Mensch! So wird's doch allgemein gemacht. Als er sich hinlegt, bemerke ich als erstes, daß er rückwärts atmet: Er spannt seinen Bauch an, wenn er einatmet. Ich denke mir, daß ich das erst mal in Ordnung bringe, bevor wir treten, schlagen usw. Nun ist dieser Raum voll von Leuten, es sind vielleicht 25 Patienten der geschlossenen Abteilung eines psychiatrischen Krankenhauses plus ca. 15 Schwestern, Psychiater und Angestellte. Ich knie also neben dem Mann am Boden nieder, was in der Geschichte dieses Krankenhauses noch nie vorgekommen ist. Ich lege eine Hand auf seinen Bauch und die andere auf seinen Kopf. Ich will versuchen, ihn dazu zu bringen, daß er richtig atmet, und ich benutze eine Hand, ihm zu helfen, die Bewegung seines Bauches zu fühlen, und die andere Hand, um ihn zu beruhigen.

Ich denke nicht groß darüber nach, wie das wohl für all diese Leute aussieht, die noch nie jemanden angefaßt haben. Ich kann mir vorstellen, daß sie sich gesagt haben: „Was für ein Quatsch ist denn das?" Aber daran denke ich gar nicht, sondern mache munter weiter und finde es toll, Psychotherapeut zu sein.

Ich beuge mich also über diesen Mann, meine Hände auf ihm, und flüstere in sein Ohr. Niemand kann ein Wort verstehen, außer mir und vielleicht ihm. Ich sag' zu ihm: „Hör mal zu, Mann — versuch mal, meine Hand hochzudrücken, wenn du einatmest, hm? Was meinst du?" Es dauert ungefähr zwei Minuten. Schließlich seufzt er und fängt an zu atmen. Also sag' ich: „Ja, Mann, — das ist richtig! Das ist wunderbar, mach's noch einmal." „Hahhh." „Hahhh." „Ja, weiter!" „Hahhh."

Er atmet jetzt gut, und ich unterstütze ihn. Ich fühle mich voll in Kontrolle. Er sagt allerdings nichts. Er hat seit drei oder vier Minuten kein einziges Wort gesprochen. Er ist eingeschlafen! Ich möchte irgendeine Bemerkung machen, wie: „Bist du wach?" Aber ich habe Angst davor, was dann die Leute denken. Ich soll hier Therapie machen, und der Mann ist eingeschlafen!

Also beschließe ich, mich einfach hinzusetzen und so auszusehen, als wüßte ich, was ich tue. Ich halte das für die beste Lösung. Ich setze mich mit einem zufriedenen Gesichtsausdruck auf meinen Stuhl, als ob ich sagen wollte: „Das war's, was passieren sollte." Dann schaue ich noch mal hin und bemerke, daß er den ganzen Boden vollgepinkelt hat.

Er hat auf den Boden gepinkelt — ich nehme an, während wir dort unten zusammen waren —, und ich hatte es nicht gemerkt. Es entsteht eine lange Stille. *Ich* will nicht sprechen. Ich hab' nicht den blassesten Schimmer, was los ist. Ich bin geschlagen! *Sie* sagen auch nichts. Vielleicht denken sie sich: „Das könnte eine neue Technik sein." Aber es ist wahrscheinlicher, daß sie sich fragen, ob sie mich wieder rauslassen sollen oder nicht. Die lange Stille wird schließlich unterbrochen.

Der Mann kühlt ein bißchen ab und wacht auf. Er stützt sich auf seine Ellenbogen und schaut umher. Er sagt nichts, er sieht mich an. Ich bin in einer Art Schockzustand, und mir fehlen die Worte. Es hätte alles hier zu Ende sein können. Irgendeine Schwester hat die Geistesgegenwart, meine Karriere zu retten. Sie sagt zu dem Mann: „Möchten Sie sich gerne umziehen?" Er nickt, steht auf und verläßt ohne ein Wort den Raum. Ich überlege mir, daß ich mich nun bemerkbar machen sollte. Also sage ich: „Irgendwelche Fragen?" Und die ganze Gruppe — und damit meine ich jeden einzelnen — wendet sich ganz leicht ab. Ihre Augen sehen mich an, aber ihre Köpfe drehen sich weg. Keine Fragen. Nicht eine einzige Frage. 35 bis 40 Leute im Raum. Ich denke mir: „Das ist das Ende. Ich werde einen anderen Job bekommen. Ich kann immer noch Bücher schreiben. Ich kann Taxi fahren." Es ist . . . sehr still.

Genau in diesem Moment kommt er zurück. Ich überlege mir, daß vielleicht *er* mit mir sprechen wird. Er setzt sich auf einen Stuhl, und ich sehe ihn an und frage: „Wie geht's dir?" Und er sagt mit völlig normaler Stimme, einer schönen vollen, weichen Stimme: „Mir geht es wunderbar!" Rumms! Es ist, als ob der Blitz eingeschlagen hätte. Man kann es knistern fühlen! „Wie hat er das gemacht?"

Das denken sie. „Wie hat er das gemacht?" Seit Wochen hatten sie versucht, diesen Mann auf den Weg der Besserung zu bringen. Und ich — mit ruhigem Selbstvertrauen und magischen Händen, ich hab' das in 15 Minuten geschafft. Natürlich weiß ich, daß das nicht stimmt. Ich weiß, daß ein kleines Wunder geschehen war. Wenn nicht im Leben dieses Patienten, so doch ganz gewiß in meinem. Ich stelle mir vor: Da gibt's ein paar Engel mit dem unmittelbaren, strengen Befehl: „Holt Kurtz da raus! Er hat sich schon wieder reingeritten. Holt ihn da raus!" Irgend jemand „da oben", wie man so sagt, wollte, daß ich Psychotherapeut werde, und hat mir einen Vorschuß gegeben.

So habe ich es also herausgefunden . . . Ich meine, wenn Er mich da rausgeholt hat, muß Er gewollt haben, daß ich Psychotherapeut werde. Und hin und wieder bin ich in Albany, und dann spreche ich mit dem Leiter des Krankenhauses, und das erste, was er mir dann immer sagt, ist: „Er ist draußen!

Er ist immer noch draußen!“ Damit meint er diesen Mann, der ein paar Tage später entlassen wurde und nie wieder zurück mußte. Irgendwann erzähle ich euch auch die Geschichte vom nächsten Tag, als ich den Trick wiederholen wollte und ihn total versaut habe. Aber da war ich ja schon Psychotherapeut.

Die kleine Geschichte erschien zuerst im *New Age Magazin* im Oktober 1981. Sie ist ganz und gar wahr, außer der Tatsache, daß ich diese Ereignisse anfangs nicht als Zeichen von oben interpretierte. Ich habe sie einfach in meinem psychopathischen Schwung hingenommen und eine Karriere daraus gemacht.

Die Verwurzelung des Therapeuten

Vor einiger Zeit hörte ich die Werbekassette eines Mannes, der einen Kurs über den Weg zum Meistertherapeuten anbot. Der Kurs kostete 3000 Dollar und dauerte ein Wochenende. Er sagt auf diesem Band, daß er nicht lehrt, was Meistertherapeuten tun — er lehrt, „woher sie kommen“. Damit meint er, glaube ich, Einstellung, Perspektive, Gefühle usw. Die Philosophie und Arbeitsprinzipien eines Meistertherapeuten glaubte ich auch zu lehren. Und ich dachte: „Ich bin selbst ganz gut. Wo komme ich her? In welchen Prinzipien, Einstellungen usw. bin ich verwurzelt? Wie bin ich gestaltet, daß ich Therapie machen kann?“

Ich werde nicht über Meister sprechen, ich werde sie „Handwerkskünstler“ nennen. Es gibt eine Art, wie Handwerkskünstler arbeiten, wie sie sich selbst gestaltet haben, so daß sie ihre Kunst gut, effizient, effektiv und kreativ ausführen. Ich begann, mich selbst zu studieren. Was an meiner Arbeit macht sie zur Kunst? Ich bin mit dieser Analyse nicht sehr weit gekommen, aber ich habe einige Gedanken entwickelt. Ich möchte euch erzählen, wie meiner Meinung nach ein wirklich kunstfertiger Therapeut gestaltet ist, wo er oder sie herkommt. Ich möchte über die Verwurzelung des Therapeuten reden.

Dabei will ich drei Bereiche ansprechen: Einstellungen, die Wirkung jener Einstellungen und wie der Therapeut diese Einstellungen in sich selbst heranzieht. Ich greife einfach die Einstellungen heraus, von denen ich glaube, daß sie am wichtigsten für einen Therapeuten sind:

Neugier ist ein sehr wichtiger Teil der Ausrüstung des Therapeuten. *Vertrauen* und *Glauben* ist eine weitere mächtige Grundlage. Der Therapeut muß einen positiven Geist haben, einen Optimismus, einen fast törichten

Optimismus. Ein dritter Teil ist *Flexibilität*. Ein Therapeut muß auf verschiedenen Ebenen flexibel sein. Er muß flexibel Distanz setzen können, das heißt, er muß in der Lage sein, in jedem Moment von einem Detail-Fokus zum Überblick auf das gesamte Bild zu wechseln. Der Therapeut muß Kontrolle flexibel handhaben: Übernehmen und Nachgeben, direktiv und nicht-direktiv sein. Einseitig zu sein bedeutet eine Art von Tod, weil eine solche Einstellung keine Bewegung, keine Kreativität zuläßt. Neugier zum Beispiel ist mit Erfahrung und Wissen gepaart, neue Information mit alter, Neuigkeit mit Bestätigung. Und natürlich ist der Therapeut in den Prinzipien der Achtsamkeit und der Gewaltlosigkeit begründet, was zu Sensibilität und Präsenz führt.

Woher kommen diese Einstellungen, und wie funktionieren sie in der Therapie? Natürlich hilft es, von sich aus neugierig auf Menschen zu sein. Aber es ist mehr als das. Es ist mehr, als nur über Menschen im allgemeinen zu reden und nachzudenken und über diese oder jene Person im besonderen. Es ist eine Offenheit für Entdeckung, eine Bereitwilligkeit, etwas Neues zu lernen, selbst wenn du das Gebiet schon aus 100 Blickwinkeln studiert hast. Es heißt, niemals mit dem Lernen aufhören zu wollen. Bei jedem Klienten kannst du dich immer noch wundern: „Wer ist diese Person? Was passiert hier wirklich?" Wenn du fortwährend offen für die kleinen Dinge wie Bewegungen, Gesten, Gesichtsausdruck und so weiter bist, kannst du sowohl lernen als auch handeln. Du wirst in der Lage sein, deine eigene Achtsamkeit einzusetzen und deine unbewußten und intuitiven Kräfte zugänglich zu machen.

Du mußt auch die Gewaltsamkeit vermeiden, die in Zuvielwissen, zuviel Autorität und zu frühem, unnötigem und ungewolltem Übernehmen liegt. Neugier ist ein Luxus, der dir erlaubt, dir die Zeit zu nehmen, offenzubleiben, zu studieren und zu lernen. Josef Delagrotte erzählte mir die folgende Geschichte. Er saß einmal mit Moshe Feldenkrais und einigen seiner Schüler zusammen, und jemand sprach über eine neue Arbeitsweise. Einer der anderen Schüler wandte ein, daß der neue Weg nicht nach Feldenkrais-Arbeit klang und deshalb noch nicht einmal erörtert werden sollte. Für diesen Schüler war es keine „Feldenkrais-Arbeit", und er wollte nichts davon hören. Für ihn gab es DIE WAHRHEIT, die er mit den Dingen, die Moshe lehrte, gleichsetzte. Alles andere war nicht interessant. Aber jemand sagte: „Einen Augenblick, laß ihn sprechen! Ich will ihn hören!" Das war natürlich Feldenkrais selber. Er war neugierig. Er war immer noch offen. Moshe war bereit, alles anzuhören, was auch nur den geringsten Sinn ergab.

Ich möchte noch etwas über Kunstfertigkeit sagen. Du kannst nicht meisterhaft werden, indem du den Meister imitierst, weil der Meister selbst niemanden imitiert. Handwerkskünstler haben von vielen Menschen gelernt, aber durch die ganze Erfahrung hindurch blieben sie sich treu und machten sich zu eigen, was sie lernten. Als ich Therapie lernte, begegnete mir immer wieder etwas, was ich mochte, und ich probierte es ein oder zwei Tage oder eine Woche lang aus, und in dem Lernprozeß und beim Experimentieren damit erfand ich Variationen. Ich spielte damit und modifizierte es. Ich dachte darüber nach, wie es mit den Dingen, die ich bereits kannte, und mit den Theorien, die ich mochte und anwendete, verknüpft war. Und nach einer Woche hatte ich die Teile, die ich in meine Arbeit eingliedern wollte, aufbewahrt, und die Teile, die ich nicht mochte, waren weggefallen. Ich hatte es mir zu eigen gemacht. Ich glaube, du mußt das auch tun.

Eine andere wichtige Einstellung ist *Selbstvertrauen*. Du vermittelst das dem Klienten. Es ist ziemlich offensichtlich, wie Selbstvertrauen der Therapie nützt. Um Selbstvertrauen zu gewinnen, mußt du wahrscheinlich einfach eine Reihe von Erfolgen haben und aus deinen Fehlern lernen. Nur laß dich nicht darauf ein, dich selber zu verurteilen. *Folge den Prinzipien und feiere deine Erfolge*. Selbstvertrauen entspringt dem Wissen, daß du etwas kannst. Und das braucht Erfahrung. Hab keine Angst vor dem Nichtwissen. Finde heraus, was funktioniert. Nimm deine Leistungen an. Schätze dich selbst und das, was du tun kannst. Das baut Selbstvertrauen auf.

Wenn du nach dem Unterschied zwischen uns und den Tieren fragst, dann haben wir mehr Ausrüstung, mehr Prozesse, mehr Varietät, mehr Freiheit, imaginativ zu sein, und deshalb leben wir ein reicheres Leben. Wir haben mehr Spaß als Insekten; ich weiß nicht, ob du das weißt. Die Motte kann nur einen Ton hören. Sie weiß nur, ob das ein Ton ist oder nicht. Sie hört keine Musik. Und sie weiß nur, ob der Ton laut oder leise ist. Sie kennt keine Abstufungen. Also, was für eine Art von Musik würde eine Motte wertschätzen? (Rock 'n' Roll, wenn es hochkommt!) Motten sind nur daran interessiert, ob eine Fledermaus oder ein Weibchen in der Nähe ist. Das ist alles. Wir führen ein reicheres Leben. Wir können alle möglichen Klänge hören. Und dasselbe gilt für Sprache, Imagination und Kunst. Und du kannst diese Art von Reichtum in die Therapie einbringen. Wenn du alles, was du weißt, alles, was du über Menschen gelernt hast, einbringst, dann hast du an die hundert Hinweise darauf, was gerade geschieht. Du suchst nicht nur nach dem einen Hinweis. Du lehnst dich zurück, und hundert Hinweise tauchen auf.

Lino Stanchich, bei dem ich etwas über Ernährung lernte, vermutete einen Nierenschaden, wenn er bei jemandem dunkle Schatten unter den Augen entdeckte. Also fragte er: „Was ißt du?" Lino weiß, wie bestimmte Nahrungsmittel mit bestimmten Organen in Verbindung stehen. Wenn du eine Lieblingsspeise hattest, dann hatte Lino eine ziemlich genaue Vorstellung davon, warum dein Körper dieses Nahrungsmittel brauchte und welche Auswirkungen es auf deine Gesundheit hatte. Dann fragte Lino nach Schmerzen, Schlafgewohnheiten, allen möglichen Dingen: „Hast du Schmerzen im Kreuz? Mußt du um halb drei am Nachmittag pinkeln gehen? Welche Farbe hat der Urin?" Nach einer Weile wird das Muster deutlich, und alle Antworten bestätigen, was Lino bereits vermutet hatte. Genauso geht es, wenn man 25 Charaktertheorien kennt, wenn man weiß, wie der Körper zu lesen ist, wie man auf den Klang der Stimme hört, was man mit Träumen anfangen kann, und wenn man über Verhalten usw. Bescheid weiß. Wenn du die Charaktertypen aus 15 verschiedenen Perspektiven kennst, dann brauchst du nicht sehr lange, bevor du eine klare Vorstellung davon hast, was vor sich geht. Diese Art Reichtum und diese Art Flexibilität machen einen Therapeuten aus.

Flexibilität erlernt man, wenn man viele verschiedene Dinge studiert; Selbstvertrauen entsteht, wenn man sie erfolgreich anwendet. Noch etwas kann ein kunstfertiger Therapeut tun. Er kann irgendwie vollständig mit seinem Klienten in emphatischer Beziehung stehen. Auf eine bestimmte Weise nimmt er die Welt des Klienten an. Mit nur wenigen Hinweisen als Ausgangspunkt tritt er in die Welt des Klienten ein. Ich habe die Erfahrung gemacht, daß ich erleben kann, wenn ich mit jemandem arbeite, was der Klient erlebt, daß sich mein Gesicht anfühlt, als ob es sein Gesicht wäre. Ich kann in die andere Person schlüpfen, wie in einen Pullover. Wenn ich jemanden beobachte und er sich auf irgendeine Art bewegt, die ich nicht verstehe, dann vollziehe ich die Bewegung selbst nach. Ich denke nicht weiter darüber nach, es geschieht automatisch. Ich versuche, mich in seine Erfahrung, in seine Welt einzuschalten. Wie du einen Charaktertyp „anprobieren" kannst, kannst du auch eine bestimmte Person „anprobieren". Ich glaube, daß man mehr als genug Informationen erhalten kann, indem man einfach nur mit der Person schwingt, mit der man zusammen ist.

Und natürlich gibt es eine Verwurzelung in den Prinzipien. Selbstvertrauen bedeutet auch Glauben, und die besten Dinge, an die man glauben kann, sind die Prinzipien und der Prozeß. Du mußt sie kennen, als Lebensweg und als Möglichkeit annehmen, Dinge zu tun, und dann findest du, daß sie funktionieren.

Eine Teilnehmerin einer Ausbildungsgruppe erzählte mir, wie sie in einer Charakterübung Partner eines „Masochisten" war und daß sie sehr ärgerlich wurde. Wir beeinflussen fortwährend unsere gegenseitige Erfahrung. Hier war ein Masochist, und wenn du nicht weißt, wie man mit einem Masochisten umgehen kann, wirst du ärgerlich werden. Dasselbe trifft zu, wenn du mit einem Klienten zusammen bist, der depressiv, angstvoll, verwirrt usw. ist. Wenn du keinen Optimismus, Vertrauen und Glauben hast, wenn du nicht die richtige Art von Energie verbreitest, leidet die Therapie. Du erzeugst schon dadurch eine Weltsicht, daß du da bist. Du bist Haltung, du bist Stimme, alles an dir sagt etwas über die Art aus, wie deine Welt ist. Und der Klient nimmt das auf, und es steht im Konflikt mit seiner Weltsicht. Du kannst dir diese gegenseitige Beeinflussung als eine Diskussion vorstellen. Nun, ich möchte nicht, daß ihr den Argumenten des Klienten erliegt. Daher müßt ihr selbst in den dunkelsten Momenten der Therapie daran glauben, daß es schon o.k. werden wird, daß, was immer ist, in Ordnung ist.

Schließlich will ich sagen, daß es hier etwas Spirituelles gibt — nämlich einen Glauben an die Kraft des anderen, sich zu heilen. Mit einem solchen Glauben kannst du spontanes Verhalten unterstützen. Du kannst den Reaktionen des Klienten die Kontrolle über den Prozeß überlassen. Du brauchst keine Probleme zu lösen. All das beruht auf der Akzeptanz der Heilkraft des Organismus. Dieser Glaube gibt dir Raum zum Atmen. Der innengeleitete Prozeß kommt von selbst zu einem gesunden Abschluß. Du pflegst den Prozeß, du bist seine Hebamme. Deine Unterstützung, Glaube und Fürsorge schaffen einen Raum für seine natürliche Entfaltung. Wenn du die Person unterstützt, wenn du ihr Mut, Kraft und Stärkung zur Verfügung stellst, dann verändert sie sich natürlich. In der letzten Synthese ist es dieser Glaube, welcher sowohl den Heiler als auch den Geheilten verändert.

Register

In diesem Register aufgeführte Personennamen sind durch *kursive* Schrift, Titel von Büchern, Zeitschriften usw. (ohne Artikel) durch Anführungszeichen gekennzeichnet. Die verschiedenen Charaktertypen (Hysteriker, Masochist usw.) sind dem Stichwort PROZESS zugeordnet.

Ron Kurtz, 1934 in Brooklyn, New York, geboren, ist in den USA ein bekannter Psychotherapeut, dessen Arbeit einen immer stärkeren Einfluß auf die traditionellen und neuen Formen erfahrungsorientierter Therapien gewinnt. Nach seiner Ausbildung als Informatiker und dann als Psychologe hat er an der Universität von Indiana und am San Francisco State College gelehrt. Eine Zeitlang hat er als körperzentrierter Psychotherapeut in Esalen gearbeitet, ist nun seit mehr als zehn Jahren in privater Praxis tätig und leitet Workshops überall in Nordamerika und Europa.

Wesentliche Einflüsse erhielt seine Arbeit durch Erfahrungen mit Bioenergetik, Gestalt, Rolfing, Primärtherapie, Feldenkrais, Milton Erikson, Vipassana-Meditation, Yoga, asiatischer Medizin und dem Taoismus. Ron arbeitet heute als Leiter in dem von ihm gegründeten Hakomi-Institut.

NEUERSCHEINUNGEN (bereits erschienen)

Roger Hicks u. Ngakpa Chögyam
Weiter Ozean - DALAI LAMA
Eine autorisierte Biographie
ISBN 3-922026-36-2

240 S.,
Pbk., 14,0 x 20,5
31 z.T. bisher nicht veröffentlichte Fotos

DM 28,–

Diese autorisierte Biographie ist die erste Aufzeichnung des Lebens Seiner Heiligkeit seit seiner Autobiographie „Mein Leben und mein Volk" (1962). Es ist auch die erste Darstellung der Leben der vorhergehenden dreizehn Dalai Lamas, die einem breiteren Publikum zugänglich ist.

Bodo J. Baginski u. Shalila Sharamon
REIKI - Universale Lebensenergie zur ganzheitlichen Selbstheilung, Patientenbehandlung, Fernheilung
ISBN 3-922026-35-4

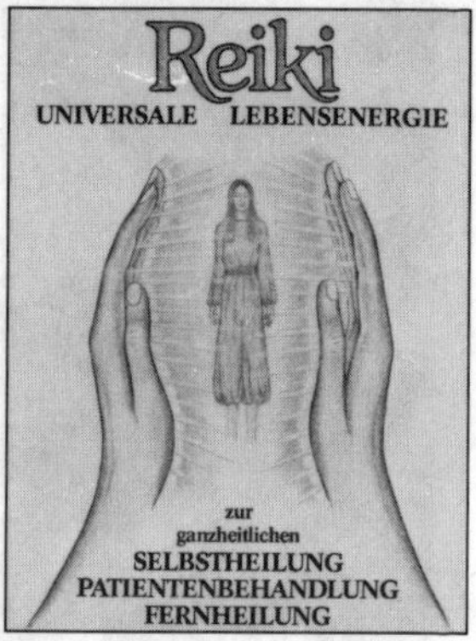

240 S.,
Pbk., 14,0 x 20,5
48 Abbildungen

DM 28,–

Reiki wird als jene Kraft definiert, die die Grundlage allen Lebens bildet. Diese universale Lebensenergie kann durch entsprechende Einstimmung in jedem Menschen geweckt und aktiviert werden, so daß sie als heilende, ordnende und harmonisierende Kraft durch seine Hände fließt. Reiki bewirkt eine Heil-Werdung im ursprünglichen Sinn, denn es führt den Menschen zu einer Harmonie mit sich selbst und den grundlegenden Kräften des Universums zurück.

Dr. Malcolm Brown
Die Heilende Berührung - Die Methode des direkten Körperkontaktes in der Psychotherapie
ISBN 3-922026-17-6

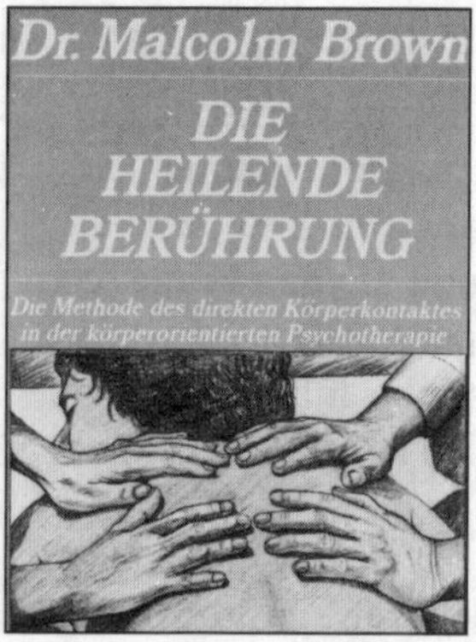

336 S.,
14,5 x 21,0
38 Abbildungen

DM 39,–

Browns Theorie der chronischen Muskelspannung und deren Auflösung im Zusammenhang mit den intuitiven Kräften Eros, Hara, Logos und dem spirituellen Krieger führt weit über den bisherigen körpertherapeutischen Ansatz hinaus zu dem ursprünglichen energetischen Verständnis der höheren geistigen Entwicklung und dem persönlichen Wachstum des Menschen.

Dr. John Pierrakos
CORE - Das Zentrum Deiner Energie

ISBN 3-922026-14-1

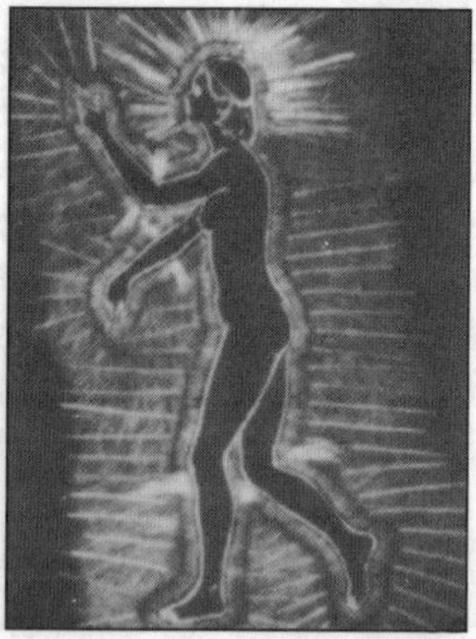

320 S., gebunden,
14,5 x 21,0
Zahlr. 4-Farb-Abb.

DM 48,–

Pierrakos therapeutischer Ansatz basiert auf: 1. Der Mensch ist eine psychosomatische Einheit. 2. Die Quelle der Heilung liegt im Selbst. 3. Alles Existierende bildet eine Einheit. Über die Weiterentwicklung des Reichschen Therapieansatzes in Verbindung mit den Erkenntnissen der neuen Physik und unter Einbeziehung seiner geistig/spirituellen Erfahrungen, entwickelte Pierrakos sein Konzept der Core-Energetik-Therapie, der Kraft des menschlichen Zentrums.